名师课程 海量题库

按以下流程激活，立马学习全套课程！

第一步

扫一扫，下载会计学堂APP

第二步

点击注册，输入注册信息

第三步

登录账户，在“我的”中点击“课程激活”

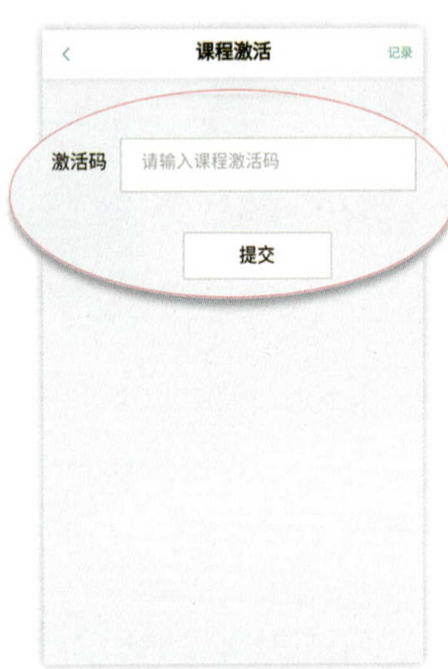

第四步

刮学习卡的背面，输入激活码并提交

第五步

从激活记录页点击“去学习”

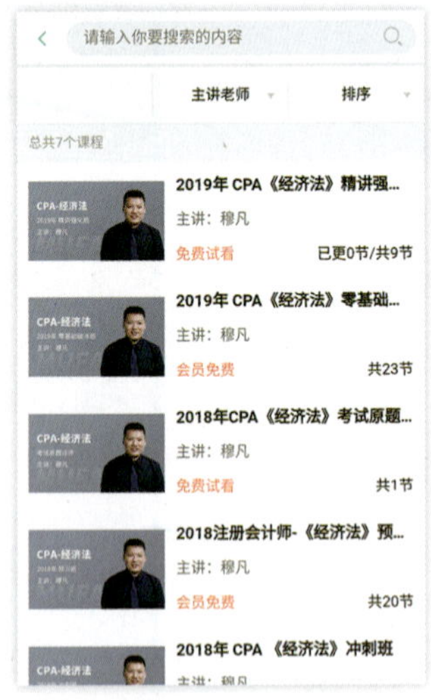

第六步

直播授课、高清录播
真题模拟、在线答疑

高分经验谈

依依（会计71分）

合理规划，按部就班

秘诀一： 跟着视频学习，遇到难理解的章节要多看几遍。

秘诀二： 看完视频再做题，题库有配套课后练习题，不懂的及时在交流群咨询讨论。

秘诀三： 回归书本，归纳总结知识点，我在看书过程中会把各个相似的知识点归纳总结，记得更牢！

秘诀四： 做试卷，题库里有很多试卷，做完总结错题，避免再犯错。

博文（财管75分）

保持良好状态，高效学习

秘诀一： 不必连续长时间学习，每天抽出最少2小时学习时间，并保持最好的学习状态。

秘诀二： 学习要抓住重点，并善于总结，不可盲目看书，这样反而记不住知识点。

秘诀三： 不要随意找来题目就做，一定要选好试题，会计考试GO APP的题库根据最新考纲编写，非常适合考前练习。

秘诀四： 多熟悉机考模拟系统，带着满满的信心进考场。

Alley（经济法78分）

制定切实可行的学习计划

秘诀一： 根据自己情况制定一份学习计划，不断地查看进度是否跟计划相符，如果比计划慢了，一定要赶上来，要给以后的复习预留充分的时间。

秘诀二： 老师的视频很重要，要跟着老师的思路有规划地学习，不懂的要反复地看，并做好笔记。

秘诀三： 多做题是必不可少的，能帮你巩固已经学过的知识点，考前更新的押题也很重要，押题命中率很高。

秘诀四： 考前一天重温考前速记手册，巩固知识点。

shuya（审计79分）

选择正确的复习方式

秘诀一： CPA官方教材内容太多太杂，没有规划重点，很难把握考试要点。

秘诀二： 会计学堂考点汇编，对考试重点、难点、高频考点归纳总结，非常适合考前复习。

秘诀三： 结合会计学堂的课程，从入门班着手，了解科目重点难点分布，再系统学习。

秘诀四： 考前要听习题班和冲刺班，结合配套习题，能在短期内大幅提升成绩。

2019年注册会计师全国统一考试辅导教材

税法 CPA

Taxation Laws | 应试指导

刘　丹◎编著

SPM 南方出版传媒　广东人民出版社
·广州·

图书在版编目（CIP）数据

税法应试指导 / 刘丹编著. —广州：广东人民出版社，2019.5（2019.7重印）
ISBN 978-7-218-13521-2

Ⅰ. ①税… Ⅱ. ①刘… Ⅲ. ①税法—中国—资格考试—自学参考资料
Ⅳ. ①D922.22

中国版本图书馆CIP数据核字（2019）第072364号

Shuifa Yingshi Zhidao
税 法 应 试 指 导
刘丹 编著

出 版 人：肖风华

责任编辑：严耀峰
封面设计：钱国标
内文设计：奔流文化
责任技编：周 杰 吴彦斌

出版发行：广东人民出版社
地　　址：广州市海珠区新港西路204号2号楼（邮政编码：510300）
电　　话：（020）85716809（总编室）
传　　真：（020）85716872
网　　址：http://www.gdpph.com
印　　刷：佛山市浩文彩色印刷有限公司
开　　本：787毫米×1092毫米 1/16
印　　张：20.5 **插 页**：1 **字 数**：300千
版　　次：2019年5月第1版 2019年7月第3次印刷
定　　价：54.00元
（随书附赠《税法重点难点随身记》《税法历年真题》）

如发现印装质量问题，影响阅读，请与出版社（020-32449105）联系调换。
售书热线：020-83780517

税法应试指导编委会

主　　编：刘　丹

编委会成员：戚纯生　杨善长　荆　晶　储成兵

黄　静　柳　齐　黄根生　戴怡芳

刘文平　王毓震　吴　涛　杨皓然

姚美华　周　艳

前 言

时至2019年，注册会计师考试（简称CPA）已进行数载，每年一次的CPA考试对于每一个考生来说都是一次洗礼，CPA在会计界被认为是证书的王冠，是会计专业能力的最强背书，相信有理想的您已经在为顺利通关而努力。据中国注册会计师协会公布，2018年，CPA专业阶段考试的报名人数已达139.3万，比2017年增加23.4万人，2019年仍将有约10%的增长，而单科通过率仅在15%左右，每年通过CPA的人数也仅2万左右。为帮助各位考生顺利通过考试，本书编委会根据《2019年注册会计师全国统一考试大纲——专业阶段考试（概述）》的要求，针对性地推出了本套辅导系列丛书。

本套丛书附赠《重点难点随身记》与《历年真题》等配套资料，是业内名师的心血之作，对于考点把握、知识梳理、重难点解答及命题规律总结，都有其独到见解之处。

本套书具备如下特点：1. 重点突出、讲解细致，每本书都是对考纲和教材内容的高度提炼，对于重难点的讲解尤为细致；2. 图表总结简洁明了，对于许多需要记忆与容易混淆的考点，书中均使用图表的方式加以对比总结，让人一目了然；3. 导图引领，脉络清晰，书中每章内容都有思维导图，目的是让考生迅速把握本章脉络以及重要知识点；4. 题目存疑，官网答疑，考生可以将不懂的例题或习题发布至会计学堂官网https://www.acc5.com/的答疑区，或使用“会计考试GO”APP进行提问，将有专业的老师及时为大家解答。

本书编写与出版过程中，尽管编者精益求精，但书中难免有出现错漏和不足之处，恳请广大读者批评指正。

辅导资料不在量而在精，做题也必须有个度，我们不提倡题海战术，而是更倾向于于帮助考生系统掌握知识。我们希望这套“快速通关”辅导丛书能在您的CPA征程上助您拿到通关之匙。

付出终会得到回报。最后，预祝各位考生顺利通过今年的CPA考试！

本书编委会

2019年4月

复习指导

一、考试基本情况

考试时间	2019年10月20日　17:30～19:30
考试形式	机考
题型及分值	单选题1分/题×24题=24分
	多选题1.5分/题×14题=21分
	计算问答题6分/题×4题=24分
	综合题1题×15分/题+1题×16分/题=31分

二、命题特点分析

（一）专业深化，突出实务

CPA税法的教材将特点类似的税种进行章节合并，在专业程度上有了进一步的提升。不仅如此，近年来税法的考试内容也越来越务实，考生不仅应知道税额的计算，还应掌握相关政策法规与实际运用的方法。

（二）考点全面，视角细腻

考试的涉及面非常广泛，几乎每章都会有考题，而且往往会考到一些细微之处，或是考生平时容易忽视的细节。试题难度可能不大，但如果考生未注意到这些知识点，就很容易失分了。

（三）重点分明，规律相近

每年的增值税、消费税、企业所得税等重要章节都少不了出一道综合题，或者跨章结合进行命题，具有较强的综合性。这是税法命题的规律，也再一次提示了考生复习时应该侧重的内容。

三、2019年教材变化情况及章节重要程度

章节	变化内容	重要程度
第一章　税法总论	本章内容无实质变化。	★
第二章　增值税法	调整增值税税率、农产品进项扣除率、小规模纳税人登记等内容。	★★★
第三章　消费税法	调整外购应税消费品已纳税款的扣除范围。	★★★

（续上表）

章节	变化内容	重要程度
第四章　企业所得税法	按新政策重编了部分税收优惠项目。	★★★
第五章　个人所得税法	全部按新政策重新编写。	★★★
第六章　城市维护建设税法和烟叶税法	调整了烟叶税应纳税额计算公式和纳税期限。	★★
第七章　关税法和船舶吨税法	船舶吨税税率和征管内容重新编写。	★
第八章　资源税法和环境保护税法	新增资源税代扣代缴范围、视同销售、税收优惠等内容。	★★★
第九章　城镇土地使用税法和耕地占用税法	城镇土地使用税新增部分优惠政策，耕地占用税按新法重新编写。	★
第十章　房产税法、契税法和土地增值税法	房产税、契税新增部分税收优惠，土地增值税修改纳税地点规定。	★★★
第十一章　车辆购置税法、车船税法和印花税法	车辆购置税按新法重新编写，车船税和印花税新增部分税收优惠。	★★
第十二章　国际税收税务管理实务	内容有所删减，部分调整至第四章介绍。	★★
第十三章　税收征收管理法	税务登记有关内容重新编写。	★
第十四章　税务行政法制	修改了国地税合并的有关描述，新增了税务行政处罚裁量权行使规则的内容。	★

四、复习方法

（一）寻找规律，对比记忆

CPA税法涉及我国的多部税法，而每一部税法都会介绍征税范围、征税依据、税率、税额计算等内容。因此，在学习过程中我们应该按照以上内容的规律循序渐进地攻破这些知识点，每学完一个税种，就回顾一下前面学习过的其他税种，对比进行记忆，会起到更好的效果。

（二）反复回顾，善于总结

税法的种类繁多，各税种之间同时存在着许多共性与差异性，初学者容易出现理解上的混淆与记忆上的偏差。因此，建议考生边学习边回顾前文，遇到记忆模糊的知识点应立即回过头查找教材或辅导书，并定期梳理、总结。虽然死记硬背不是最好的办法，但是一定量的记忆是必不可少的。

（三）跨章练习，必不可少

税法考试的综合性非常强，因此在考前一定要花几周的时间做一下跨章节的练习，不然很容易出现章节与章节之间脱节之感，学完了也不知如何运用，到了紧张的考场上更可能连思路都理不清了。

（四）收集错题，集中攻克

税法的题型会有类似之处，因此考生在做练习题时，应把错题标记起来反复看，尽量把同一类型的题目用一道题捋顺。我们不提倡考生用题海战术，但是一定要注意做题的效率。

五、考试技巧与注意事项

（一）看清题目，注意反选

单选题和多选题经常要求考生选择“不正确”“不属于”“不符合”的选项，对于这些否定性字眼，考生一定要非常敏感，因此失分可谓得不偿失。

（二）通读答案，巧用排除

对于能一眼看出或算出答案的选择题，不要浪费时间，直接选出。万一出现记忆模糊，可尝试排除法，提高正确率。

（三）主观题目，体现思路

老师在阅卷过程中通常会给一定的“印象分”，因此，在回答主观题时，切忌只列式子，而没有体现做题思路的任何说明。建议考生用简洁的语言说明自己做题的逻辑，这也能让阅卷老师更加清晰地理解答题的意图。

（四）关键信息，做好标注

税法考试中容易出现各种数字、税率、地点、事件等，考生一定要仔细看清楚题目，对于有效、关键信息应适当做好一定的标记，这样不至于看完一遍还是毫无头绪。

（五）放平心态，有的放矢

考生在考试过程中切忌浮躁，遇到不会的题可以跳过，先完成自己有把握的题目。若有剩余时间可以回顾此题，万一没有时间，战略放弃也是一种答题策略，毕竟我们的目标只是考过60分。最后，祝愿各位考生能顺利通过今年的CPA税法考试。

目　录

第一章　税法总论　/ 1

第一节　税法概念　/ 2
第二节　税法原则　/ 4
第三节　税法要素　/ 6
第四节　税收立法与我国税法体系　/ 9
第五节　税收执法　/ 11
第六节　税务权利与义务　/ 13
第七节　国际税收关系　/ 14

第二章　增值税法　/ 16

第一节　征税范围与纳税义务人　/ 17
第二节　一般纳税人和小规模纳税人的登记　/ 28
第三节　税率与征收率　/ 30
第四节　增值税的计税方法　/ 33
第五节　一般计税方法应纳税额的计算　/ 34
第六节　简易征税方法应纳税额的计算　/ 52
第七节　进口环节增值税的征收　/ 53
第八节　出口和跨境业务增值税的退（免）税和征税　/ 55
第九节　税收优惠　/ 64
第十节　征收管理　/ 72
第十一节　增值税发票的使用及管理　/ 73

第三章　消费税法 / 75

第一节　纳税义务人与税目、税率 / 76

第二节　计税依据 / 81

第三节　应纳税额的计算 / 84

第四节　征收管理 / 95

第四章　企业所得税法 / 97

第一节　纳税义务人、征税对象与税率 / 98

第二节　应纳税所得额 / 100

第三节　资产的税务处理 / 118

第四节　资产损失的所得税处理 / 123

第五节　企业重组的所得税处理 / 124

第六节　税收优惠 / 126

第七节　应纳税额的计算 / 132

第八节　征收管理 / 136

第五章　个人所得税法 / 138

第一节　纳税义务人与征税范围 / 139

第二节　税率与应纳税所得额的确定 / 144

第三节　税收优惠 / 152

第四节　境外所得的税额扣除 / 154

第五节　应纳税额的计算 / 154

第六节　应纳税额计算中的特殊问题处理 / 160

第七节　征收管理 / 177

第六章 城市维护建设税法和烟叶税法 / 183

第一节 城市维护建设税法 / 184

第二节 烟叶税法 / 186

第三节 教育费附加和地方教育附加 / 188

第七章 关税法和船舶吨税法 / 189

第一节 征税对象与纳税义务人 / 190

第二节 进出口税则 / 190

第三节 完税价格与应纳税额的计算 / 192

第四节 减免规定 / 198

第五节 征收管理 / 199

第六节 船舶吨税法 / 201

第八章 资源税法和环境保护税法 / 203

第一节 资源税法 / 204

第二节 环境保护税法 / 215

第九章 城镇土地使用税法和耕地占用税法 / 223

第一节 城镇土地使用税法 / 223

第二节 耕地占用税法 / 227

第十章 房产税法、契税法和土地增值税法 / 230

第一节 房产税法 / 231

第二节 契税法 / 238

第三节 土地增值税法 / 242

第十一章　车辆购置税法、车船税法和印花税法 / 256

第一节　车辆购置税法 / 257
第二节　车船税法 / 260
第三节　印花税法 / 263

第十二章　国际税收税务管理实务 / 271

第一节　国际税收协定 / 272
第二节　非居民企业税收管理 / 274
第三节　境外所得税收管理 / 277
第四节　国际反避税 / 282
第五节　转让定价税务管理 / 284
第六节　国际税收征管合作 / 287

第十三章　税收征收管理法 / 290

第一节　概述 / 291
第二节　税务管理 / 291
第三节　税款征收 / 295
第四节　税务检查 / 300
第五节　法律责任 / 302
第六节　纳税担保和抵押 / 303
第七节　纳税信用管理 / 305

第十四章　税务行政法制 / 306

第一节　税务行政处罚 / 307
第二节　税务行政复议 / 311
第三节　税务行政诉讼 / 315

第一章 税法总论

本章思维导图

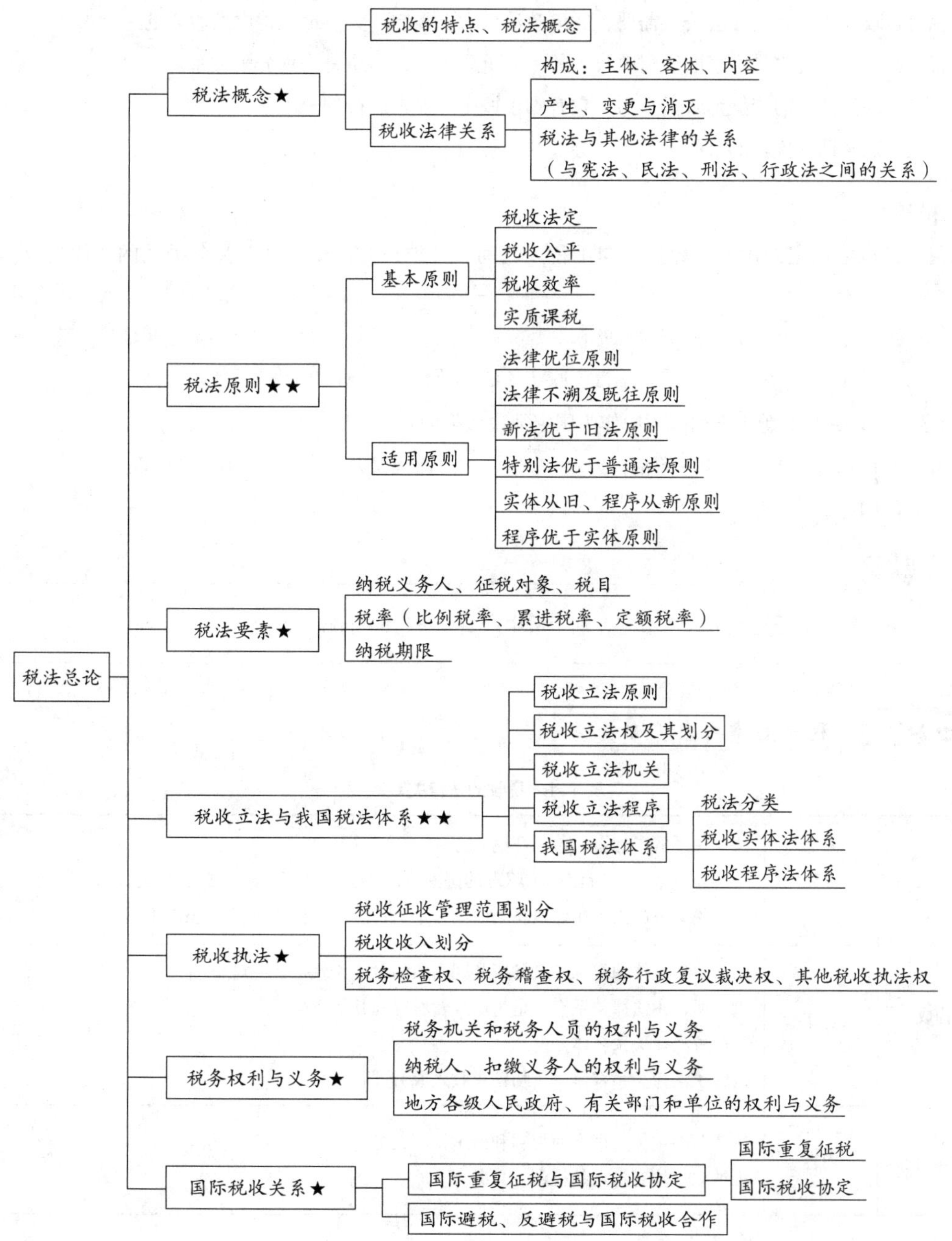
税法总论
税法概念★
税收的特点、税法概念
税收法律关系
构成：主体、客体、内容
产生、变更与消灭
税法与其他法律的关系
（与宪法、民法、刑法、行政法之间的关系）
税法原则★★
基本原则
税收法定
税收公平
税收效率
实质课税
适用原则
法律优位原则
法律不溯及既往原则
新法优于旧法原则
特别法优于普通法原则
实体从旧、程序从新原则
程序优于实体原则
税法要素★
纳税义务人、征税对象、税目
税率（比例税率、累进税率、定额税率）
纳税期限
税收立法与我国税法体系★★
税收立法原则
税收立法权及其划分
税收立法机关
税收立法程序
我国税法体系
税法分类
税收实体法体系
税收程序法体系
税收执法★
税收征收管理范围划分
税收收入划分
税务检查权、税务稽查权、税务行政复议裁决权、其他税收执法权
税务权利与义务★
税务机关和税务人员的权利与义务
纳税人、扣缴义务人的权利与义务
地方各级人民政府、有关部门和单位的权利与义务
国际税收关系★
国际重复征税与国际税收协定
国际重复征税
国际税收协定
国际避税、反避税与国际税收合作

本章知识点精讲

微信扫一扫
习题免费练

第一节　税法概念

知识点1　税法概念（★）

一、税收

税收是政府为了满足社会公共需要，凭借政治权力，强制、无偿地取得财政收入的一种形式。

特点：（一）税收是国家取得财政收入的一种重要工具，本质是一种分配关系。

（二）国家征税的依据是政治权力，它有别于按生产要素进行的分配。

（三）国家课征税款的目的是满足社会公共需要。

二、税法

税法是国家制定的用以调整国家与纳税人之间在征纳税方面的权利及义务关系的法律规范的总称。

特点：（一）义务性法规：纳税人的权利建立在其纳税义务的基础之上，属于从属地位。

（二）综合性法规：是由一系列单行税收法律法规及行政规章制度组成的体系。

【例1-2016-单选题】下列权力中作为国家征税依据的是（　　）。

A. 管理权力　　B. 政治权力　　C. 社会权力　　D. 财产权力

【答案】B

学堂点拨

国家征税的依据是政治权力，它有别于按生产要素进行的分配。

知识点2　税收法律关系（★）

表1-1　税收的法律关系

构成	主体	法律关系的参加者，包括征纳双方。 一方是代表国家行使征税职责的国家行政机关：各级税务机关、海关；另一方是履行纳税义务的人（属地兼属人原则判定）：法人、自然人、其他组织。
	客体	法律关系主体的权利、义务所共同指向的对象，就是征税对象。 例：所得税法律关系客体是生产经营所得和其他所得。 财产税法律关系客体是财产。 流转税法律关系客体是货物销售收入或劳务收入。
	内容	法律关系主体所享有的权利和所承担的义务。 征纳双方均有各自的权利、义务。

（续上表）

产生、变更、消灭	1. 税法是引起税收法律关系的前提条件，但税法本身并不能产生具体的税收法律关系。 2. 税收法律关系的产生、变更、消灭由税收法律事实决定。 3. 税收法律事实分为税收法律事件和税收法律行为。 税收法律事件（客观）：如自然灾害导致的税收减免。 税收法律行为（主观）：纳税人开业经营或转业停业。
保护	税收法律关系的保护对权利主体双方是平等的，不能只对一方保护，而对另一方不予保护。

【例2-2015-多选题】以下属于纳税人权利的有（　　）。

A. 要求税务机关保护商业秘密

B. 对税务机关作出的决定，享有陈述权、申辩权

C. 有权控告和检举税务机关、税务人员违法违纪行为

D. 依法申请减免税权

【答案】ABCD

【例3-2010-单选题】下列关于税收法律关系的表述中，正确的是（　　）。

A. 税法是引起法律关系的前提条件，税法可以产生具体的税收法律关系

B. 税收法律关系中权利主体双方法律地位并不平等，双方的权利义务也不对等

C. 代表国家行使征税职责的各级国家税务机关是税收法律关系中的权利主体之一

D. 税收法律关系总体上与其他法律关系一样，都是由权利主体、权利客体两方面构成

【答案】C

学堂点拨

选项A应为税收法律事实，选项B应为法律地位平等但权利义务不对等，选项D应由主体、客体、内容三方面构成。

知识点3　税法与其他法律的关系（★）

税法属于国家法律体系中的一个重要部门法。

表 1-2　税法与其他法律的关系

宪法	宪法是我国的根本大法，它是制定所有法律、法规的依据和章程。税法依据宪法原则制定。
民法	民法是调整平等主体之间财产关系和人身关系的法律规范。税法一般援引民法条款，如印花税中合同关系成立及房产税中产权认定等。 民法和税法的区别： 调整范围不同：民法调整平等主体之间关系，税法调整国家和纳税人关系。 调整方法不同：民法平等、等价有偿，税法为命令和服从。

（续上表）

刑法	刑法是关于犯罪、刑事责任与刑罚的法律规范的总和。刑法对于违反税法有相应的处罚条款。 刑法和税法的区别： 调整范围不同：刑法调整犯罪责任刑罚，税法调整征纳关系。 适用情况不同：差别在于情节是否严重，轻者给予行政处罚，重者则要承担刑事责任，给予刑事处罚。
行政法	行政法是指行政主体在行使行政职权和接受行政法制监督过程中而与行政相对人、行政法制监督主体之间发生的各种关系，以及行政主体内部发生的各种关系的法律规范的总称。 税法具有行政法的一般特性。内容涉及国家机关，争议解决适用行政复议及诉讼程序。 行政法与税法的区别： 法律性质不同：税法为义务性法规，行政法多数为授权性法规。 税法具有经济分配性质，无偿单方转移，比一般行政法更具有广度和深度。

第二节　税法原则

微信扫一扫
习题免费练

知识点　税法原则（★★）

表 1-3　税法原则

基本原则	适用原则
税收法定；税收公平；税收效率；实质课税。	法律优位；法律不溯及既往；新法优于旧法；特别法优于普通法；实体从旧、程序从新；程序优于实体。

一、基本原则

表 1-4　税法基本原则

税收法定	税收法定又称为税收法定主义，是指税法主体的权利义务必须由法律加以规定，税法的各类构成要素皆必须且只能由法律予以明确。 包括：税收要件法定原则和税务合法性原则。
	税收要件法定原则具体要求： 1. 国家对其开征的任何税种都必须由法律对其进行专门确定才能实施； 2. 国家对任何税种征税要素的变动都应当按相关法律的规定进行； 3. 征税的各个要素不仅应当由法律作出专门规定，这种规定还应当尽量明确。
	税务合法性原则： 是指税务机关按法定程序依法征税，不得随意减征、停征或免征，无法律依据不征税。

（续上表）

税收公平	税收公平包括税收横向公平和纵向公平。 即税收负担必须根据纳税人的负担能力分配，负担能力相等，税负相同；负担能力不等，税负不同。 禁止对特定纳税人给予歧视性对待，也禁止在没有正当理由的情况下对特定纳税人给予特别优惠。
税收效率	包括经济效率和行政效率。
实质课税	是指应根据客观事实确定是否符合课税要件，并根据纳税人的真实负担能力决定纳税人的税负，而不能仅考虑相关外观和形式。

二、适用原则

表 1–5　税法适用原则

法律优位	税收法律效力＞税收行政法规效力＞税收行政规章的效力 效力低的税法与效力高的税法发生冲突，效力低的税法即是无效的。
法律不溯及既往	一部新法实施后，对新法实施之前人们的行为不得适用新法，而只能沿用旧法。目的在于维护税法的稳定性和可预测性。
新法优于旧法	也称后法优于先法原则。 其含义为：新法、旧法对同一事项有不同规定时，新法的效力优于旧法。 但是当新税法与旧税法处于普通法与特别法的关系时，以及某些程序性税法引用“实体从旧、程序从新原则”时，可以例外。
特别法优于普通法	对同一事项两部法律分别定有一般和特别规定时，特别规定的效力高于一般规定的效力。 即居于特别法地位的级别较低的税法，其效力可以高于作为普通法的级别较高的税法。
实体从旧、程序从新	实体税法不具备溯及力，程序性税法在特定条件下具备一定的溯及力。 即对于新税法公布实施之前发生，却在新税法公布实施之后进入税款征收程序的纳税义务，原则上新税法具有约束力。
程序优于实体	是关于税收争诉法的原则，其基本含义为，在诉讼发生时税收程序法优于实体法。 目的是为了确保国家课税权的实现，不因争议的发生而影响税款的及时、足额入库。

【例1–2014–单选题】税法基本原则的核心原则是（　　）。

A．税收法定原则　　B．税收公平原则

C．税收效率原则　　D．实质课税原则

【答案】A

学堂点拨

税收法定原则是税法基本原则的核心。

【例2-2018-多选题】下列各项中，属于税法适用原则的有（　　）。

A．国内法优于国际法

B．在同一层次法律中，特别法优于普通法

C．层次高的法律优于层次低的法律

D．实体从旧，程序从新

【答案】BCD

学堂点拨

在税收执法过程中，对其适用性或法律效力的判断，一般按以下原则掌握：一是层次高的法律优于层次低的法律；二是同一层次的法律中，特别法优于普通法；三是国际法优于国内法；四是实体法从旧，程序法从新。

【例3-2010-多选题】下列关于税法原则的表述中，正确的有（　　）。

A．新法优于旧法原则属于税法的适用原则

B．税法主体的权利义务必须由法律加以规定，这体现了税收法定原则

C．税法的原则反映税收活动的根本属性，包括税法基本原则和税法适用原则

D．税法适用原则中的法律优位原则明确了税收法律的效力高于税收行政法规的效力

【答案】ABCD

微信扫一扫
习题免费练

第三节　税法要素

一、纳税义务人

表 1-6　税收的纳税义务人

分类	自然人、法人、其他组织。
	居民纳税人、非居民纳税人。
比较	扣缴义务人：代扣代缴、代收代缴。

二、征税对象（权利客体）

表 1-7　税收的征税对象（权利客体）

项目	含义	举例
征税对象	又叫课税对象、征税客体，指税法规定对什么征税，是征纳税双方权利义务共同指向的客体或标的物，是区别一种税与另一种税的重要标志。 征税对象按其性质的不同，通常可划分为流转额、所得额、财产、资源、特定行为等5大类。	消费税的征税对象：列举的应税消费品。 房产税的征税对象：房屋。

（续上表）

项目	含义	举例
税目	是在税法中对征税对象分类规定的具体的征税项目，反映具体的征税范围，是对课税对象质的界定。 【学堂点睛】并非所有税种都需要规定税目。	消费税税目：15类消费品。 车船税税目：列明车船。
税基	又叫计税依据，是据以计算征税对象应纳税款的直接数量依据，它解决对征税对象课税的计算问题，是对课税对象的量的规定。 计税依据按照计量单位的性质划分，有两种基本形态：价值形态和物理形态。 价值形态包括应纳税所得额、销售收入、营业收入等；物理形态包括面积、体积、容积、重量等。	从价计征：企业所得税、增值税、房产税等。 从量计征：城镇土地使用税、耕地占用税、部分消费税。

三、税率

税率是对征税对象的征收比例或征收额度。

税率是计算税额的尺度，也是衡量税负轻重与否的重要标志。

表 1–8 税率的形式及其具体分类

形式	具体分类	备注
比例税率	单一比例税率	如：车辆购置税
	差别比例税率	产品差别比例税率 行业差别比例税率 地区差别比例税率
	幅度比例税率	如：契税
定额税率	——	如：城镇土地使用税
累进税率	超额累进税率	个人所得税部分所得
	超率累进税率	土地增值税

学堂点睛

两种累进税率：

1. 全额累进税率：把征税对象的数额划分为若干等级，对每个等级分别规定相应税率，当税基超过某个级距时，课税对象的全部数额都按提高后级距的相应税率征税。（我国未采用此种税率）

2. 超额累进税率：征税对象依据属等级同时适用几个税率分别计算，将计算结果相加后得出应纳税额。（我国部分个人所得税采用）

【举例1】全额累进税率表如下：

级数	全月应纳税所得额（元）	税率（%）
1	5 000（含）以下	10
2	5 000～20 000（含）	20
3	20 000以上	30

例如，某纳税人某月应纳税所得额为6 000元，按所列税率，适用第二级次，其应纳税额＝6 000×20%＝1 200（元）。

结论：全额累进税率计算方法简便，但税收负担不合理，特别是在划分级距的临界点附近，税负呈跳跃式递增，甚至会出现税额增加超过课税对象数额增加的不合理现象，不利于鼓励纳税人增加收入。

【举例2】超额累进税率表如下：

级数	全月应纳税所得额（元）	税率（%）
1	5 000（含）以下	10
2	5 000～20 000（含）	20
3	20 000以上	30

假如某人某月应纳税所得额为6 000元，用所列税率，其应纳税额可以分步计算：

第一级的5 000元适用10%的税率，应纳税额＝5 000×10%＝500（元）；

第二级的1 000元（6 000－5 000）适用20%的税率，应纳税额＝1 000×20%＝200（元）；

其该月应纳税额＝5 000×10%＋1 000×20%＝700（元）。

【举例3】超额累进税率下简便计算方法：

速算扣除数＝按全额累进方法计算的税额－按超额累进方法计算的税额

按超额累进方法计算的税额＝按全额累进方法计算的税额－速算扣除数

级数	全月应纳税所得额（元）	税率（%）	速算扣除数
1	5 000（含）以下	10	0
2	5 000～20 000（含）	20	500
3	20 000以上	30	2 500

如果用简化的方法计算，则6 000元应纳税所得额的应纳税额＝6 000×20%－500＝700（元）。

四、纳税期限

比较与纳税期限有关的三个概念。

表 1-9 与纳税期限有关的三个概念的比较

纳税义务发生时间	是指应税行为发生的时间。 如增值税种规定采取预收货款方式销售货物的，其纳税义务发生时间为货物发出的当天。
纳税期限	即每隔固定时间汇总一次纳税义务的时间。 如增值税的具体纳税期限分别为1日、3日、5日、10日、15日、1个月或者1个季度。 纳税人的具体纳税期限，由主管税务机关根据纳税人应纳税额的大小分别核定；不能按照固定期限纳税的，可以按次纳税。
缴库期限	即税法规定的纳税期满后，纳税人将应纳税款缴入国库的期限。 如增值税以1个月或者1个季度为1个纳税期的，自期满之日起15日内申报纳税；以1日、3日、5日、10日或者15日为1个纳税期的，自期满之日起5日内预缴税款，于次月1日起15日内申报纳税并结清上月应纳税款。

第四节 税收立法与我国税法体系

微信扫一扫
习题免费练

知识点1 税收立法（★★）

一、立法原则和立法权划分

表 1-10 税收的立法原则和立法权划分

税收立法原则	1. 从实际出发的原则。2. 公平原则。3. 民主决策的原则。4. 原则性与灵活性相结合的原则。5. 法律的稳定性、连续性与废、改、立相结合的原则。
税收立法权划分	中央税、中央与地方共享税以及全国统一实行的地方税的立法权集中在中央。
	依法赋予地方适当的地方税收立法权。

二、税收立法机关

表 1-11 税收的立法机关

种类		立法机关	举例
法律	正式立法	中华人民共和国全国人民代表大会、全国人民代表大会常务委员会	企业所得税、个人所得税、车船税、环境保护税、烟叶税、船舶吨税、车辆购置税、耕地占用税。
			税收征收管理法。
	授权立法	中华人民共和国国务院	《中华人民共和国增值税暂行条例》《中华人民共和国消费税暂行条例》《中华人民共和国资源税暂行条例》《中华人民共和国土地增值税暂行条例》。

（续上表）

种类		立法机关	举例
法规	行政法规	中华人民共和国国务院	《中华人民共和国企业所得税法实施条例》《中华人民共和国税收征收管理法实施细则》。
	地方法规	地方各级人民代表大会及其常务委员会	地方权力机关制定税收地方法规不是无限制的，而是要严格按照税收法律的授权行事。
规章	部门规章	国务院各部门：中华人民共和国财政部、中华人民共和国国家税务总局、中华人民共和国海关总署	财政部颁发的《中华人民共和国增值税暂行条例实施细则》、国家税务总局颁发的《税务代理试行办法》。
	地方政府规章	经授权的地方政府	国务院发布实施的城市维护建设税、房产税等地方性税种暂行条例，规定了省、自治区、直辖市人民政府可根据条例制定实施细则。

【例1-2016-多选题】税收立法程序是税收立法活动中必须遵循的法定步骤，目前我国税收立法程序经过的主要阶段有（　　）。

A．审议阶段　　B．通过阶段　　C．提议阶段　　D．公布阶段

【答案】ABCD

学堂点拨

目前我国税收立法程序主要包括以下几个阶段：1．提议阶段；2．审议阶段；3．通过和公布阶段。

【例2-2013-单选题】下列各项税收法律法规中，属于国务院制定的行政法规是（　　）。

A．《中华人民共和国个人所得税法》

B．《中华人民共和国税收征收管理法》

C．《中华人民共和国企业所得税法实施条例》

D．《中华人民共和国增值税暂行条例实施细则》

【答案】C

学堂点拨

选项A、B属于税收法律；选项D，属于国务院税务主管部门制定的税收部门规章。

【例3-2011-单选题】下列各项税收法律法规中，属于部门规章的是（　　）。

A．《中华人民共和国个人所得税法》

B．《中华人民共和国消费税暂行条例》

C．《中华人民共和国企业所得税法实施条例》

D．《中华人民共和国消费税暂行条例实施细则》

【答案】D

学堂点拨

选项A属于全国人大及其常委会制定的税收法律；选项B属于全国人大或人大常委会授权立法；选项C属于国务院制定的税收行政法规。

知识点2 我国税法体系（★）

我国目前是间接税和直接税“双主体”税制。

实体法体系：由多个涉及具体税种的税收法律、法规组成。

程序法体系：税收征收管理法律制度，包括税务机关征收税种依据的《中华人民共和国税收征收管理法》（以下简称《税收征收管理法》）、海关征收税种依据的《中华人民共和国海关法》和《中华人民共和国进出口关税条例》。

表 1-12 我国税法体系的划分标准

划分标准	具体内容
按基本内容和效力不同划分	税收基本法：我国没有。
	税收普通法：我国现行所有税法都是税收普通法。
按职能作用不同划分	税收实体法：确定具体税种各要素的法。
	税收程序法：税务管理方面的法。
按征收对象不同划分	商品（货物）和劳务税法：增值税、消费税、关税等。
	所得税法：企业所得税、个人所得税、土地增值税等。
	财产和行为税法：房产税、车船税、印花税、契税等。
	资源税和环境保护税法：资源税、环境保护税、城镇土地使用税等。
	特定目的税法：城市维护建设税、车辆购置税、耕地占用税、船舶吨税、烟叶税等。
按主权国家行使税收管辖权不同划分	国内税法、国际税法。

第五节 税收执法

微信扫一扫
习题免费练

一、税收征管范围划分

表 1-13 税收征管范围的划分

机关	负责征管税种
税务	1. 增值税、消费税、车辆购置税。 2. 企业所得税、个人所得税。 3. 资源税、城镇土地使用税、耕地占用税、土地增值税。 4. 房产税、车船税、印花税、契税、城市维护建设税、环境保护税、烟叶税。

（续上表）

机关	负责征管税种
海关	1. 关税、船舶吨税。 2. 代征进出口环节的增值税和消费税。

二、税收收入划分

表 1-14　税收收入的划分及具体税种

收入归属	具体税种
中央政府固定收入	消费税（含进口环节海关代征的部分）、车辆购置税、关税、海关代征的进口环节增值税等。
地方政府固定收入	城镇土地使用税、耕地占用税、土地增值税、房产税、车船税、契税、环境保护税、烟叶税。
中央地方共享收入	增值税（不含进口海关代征部分）中央50%，地方50%。 企业所得税（中国铁路总公司、各银行总行、海洋石油企业缴纳的部分归中央，其余中央60%，地方40%）。 个人所得税（除储蓄存款利息的个税外，其余中央60%，地方40%）。 资源税（海洋石油企业缴纳部分归中央，其余归地方）。 城市维护建设税（中国铁路总公司、各银行总行、各保险总公司集中缴纳部分归中央，其余归地方）。 印花税（证券交易印花税归中央，其余归地方）。

三、税收执法权

税收执法权具体包括：税款征收管理权、税务检查权、税务稽查权、税务行政复议裁决权及税务行政处罚权等。

税务行政处罚种类：警告（责令限期改正）、罚款、停止出口退税权、没收违法所得、收缴发票或者停止发售发票、提请吊销营业执照、通知出境管理机关阻止出境等。

【例1-2015-单选题】下列税种中属于中央政府与地方政府共享收入的是（　　）。

A. 耕地占用税　　B. 个人所得税　　C. 车辆购置税　　D. 土地增值税

【答案】B

学堂点拨

选项A、D属于地方固定收入，选项C属于中央固定收入。

【例2-2018-单选题】下列税种中，其收入全部作为中央政府固定收入的是（　　）。

A. 耕地占用税　　B. 个人所得税　　C. 车辆购置税　　D. 企业所得税

【答案】C

学堂点拨

中央政府固定收入包括消费税（含进口环节海关代征的部分）、车辆购置税、关税、海关代征的进口环节增值税等。

第六节　税务权利与义务

微信扫一扫
习题免费练

知识点　征纳双方的权利与义务（★）

一、税务机关和税务人员的权利与义务

表 1–15　税务机关和税务人员的权利与义务

权利	1. 负责税收征收管理工作。 2. 税务机关依法执行职务，任何单位和个人不得阻挠。
义务	1. 税务机关应当广泛宣传税收法律、行政法规，普及纳税知识，无偿地为纳税人提供纳税咨询服务。 2. 税务机关应当加强队伍建设，提高税务人员的政治业务素质。 3. 税务机关、税务人员必须秉公执法、忠于职守、清正廉洁、礼貌待人、文明服务，尊重和保护纳税人、扣缴义务人的权利，依法接受监督。 4. 税务人员不得索贿受贿、徇私舞弊、玩忽职守，不征或者少征应征税款；不得滥用职权多征税款或者故意刁难纳税人和扣缴义务人。 5. 各级税务机关应当建立、健全内部制约和监督管理制度。 6. 上级税务机关应当对下级税务机关的执法活动依法进行监督。 7. 各级税务机关应当对其工作人员执行法律、行政法规和廉洁自律准则的情况进行监督检查。 8. 税务机关负责征收、管理、稽查，行政复议人员的职责应当明确，并相互分离、相互制约。 9. 税务机关应为检举人保密，并按照规定给予奖励。 10. 税务人员在核定应纳税额、调整税收定额、进行税务检查、实施税务行政处罚、办理税务行政复议时，与纳税人、扣缴义务人或者其法定代表人、直接责任人有下列关系之一的，应当回避：（1）夫妻关系；（2）直系血亲关系；（3）三代以内旁系血亲关系；（4）近姻亲关系；（5）可能影响公正执法的其他利益关系。

二、纳税人、扣缴义务人的权利与义务

表 1–16　纳税人、扣缴义务人的权利与义务

权利	1. 纳税人、扣缴义务人有权向税务机关了解国家税收法律、行政法规的规定以及与纳税程序有关的情况。 2. 纳税人、扣缴义务人有权要求税务机关为纳税人、扣缴义务人的情况保密。税务机关应当为纳税人、扣缴义务人的情况保密。 保密是指纳税人、扣缴义务人的商业秘密及个人隐私。纳税人、扣缴义务人的税收违法行为不属于保密范围。 3. 纳税人依法享有申请减税、免税、退税的权利。

（续上表）

权利	4. 纳税人、扣缴义务人对税务机关所作出的决定，享有陈述权、申辩权；依法享有申请行政复议、提起行政诉讼、请求国家赔偿等权利。 5. 纳税人、扣缴义务人有权控告和检举税务机关、税务人员的违法违纪行为。
义务	1. 纳税人、扣缴义务人必须依照法律、行政法规的规定缴纳税款、代扣代缴、代收代缴税款。 2. 纳税人、扣缴义务人和其他有关单位应当按照国家有关规定如实向税务机关提供与纳税和代扣代缴、代收代缴税款有关的信息。 3. 纳税人、扣缴义务人和其他有关单位应当接受税务机关依法进行的税务检查。

三、地方各级人民政府、有关部门和单位的权利与义务（略）

四、发展涉税专业服务促进税法遵从

（一）涉税专业服务机构涉税业务内容

纳税申报代理、一般税务咨询、专业税务顾问、税收策划、涉税鉴证、纳税情况审查、其他税务事项代理等。（如代理建账记账、发票领用、减免退税申请等）

（二）税务机关对涉税专业服务机构实施监管内容

1. 对税务师事务所实施行政登记管理。

2. 对涉税专业服务机构及其从事涉税服务人员进行实名制管理等。

微信扫一扫
习题免费练

第七节　国际税收关系

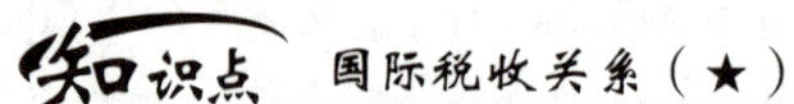

一、国际重复征税

表 1-17　国际重复征税

税收管辖权	属人原则：居民管辖权、公民管辖权。 属地原则：地域管辖权。 【学堂点睛】我国采用了属地兼属人原则。
国际重复征税	纳税人所得或收益的国际化和各国所得税制的普遍化是产生重复征税的前提条件。各国行使税收管辖权的重叠是国际重复征税的根本原因。
	类型：法律性：不同国家对同一纳税人的同一税源进行重复征税（主要）； 经济性：不同国家对不同纳税人的同一税源进行重复征税； 税制性：一国对同一征税对象征收几种税。
	形式：1. 居民（公民）管辖权同地域管辖权的重叠； 2. 居民（公民）管辖权与居民（公民）管辖权的重叠； 3. 地域管辖权与地域管辖权的重叠。
国际避税	是指纳税人利用两个或两个以上国家的税法和国家间的税收协定的漏洞、特例和缺陷，规避或减轻其全球总纳税义务的行为。

二、国际税收协定

表 1-18 国际税收协定

概念	国际税收协定是指两个或两个以上的主权国家为了协调相互间在处理跨国纳税人征税事务和其他有关方面的税收关系，本着对等原则，经由政府谈判所签订的一种书面协议或条约，也称为国际税收条约。
分类	1. 按处理的税种不同来划分，可分为所得税的国际税收协定、遗产税和赠与税的国际税收协定。 2. 按所涉及的缔约国数量来划分，可分为双边税收协定、多边税收协定。 3. 按处理问题的广度为标准来划分，可分为综合性的国际税收协定和单项的国际税收协定。
目标	1. 通过采取一定的措施（如免税法、抵免法等）来有效地处理对跨国所得和一般财产价值的双重征税问题。 2. 要实行平等负担的原则，取消税收差别待遇。 3. 要互相交换税收情报，防止或减少国际避税和国际偷逃税。

三、国际反避税

表 1-19 国际反避税

国际避税	国际避税是指纳税人利用两个或两个以上国家的税法和国家间的税收协定的漏洞、特例和缺陷，规避或减轻其全球总纳税义务的行为。（不违法行为）
国际反避税与国际税收合作	税基侵蚀和利润转移（以下简称BEPS）是指跨国企业利用国际税收规则存在的不足，以及各国税制差异和征管漏洞，最大限度地减少其全球总体税负，甚至达到双重不征税的效果，造成对各国税基的侵蚀。
	签署《多边税收征管互助公约》。

【例-单选题】下列不属于国际重复征税形式的是（　　）。

A. 居民管辖权同地域管辖权的重叠

B. 居民管辖权与居民管辖权的重叠

C. 地域管辖权与地域管辖权的重叠

D. 居民管辖权与收入管辖权的重叠

【答案】D

学堂点拨

国际重复征税的形式包括：居民（公民）管辖权同地域管辖权的重叠；居民（公民）管辖权与居民（公民）管辖权的重叠；地域管辖权与地域管辖权的重叠。

第二章 增值税法

本章思维导图

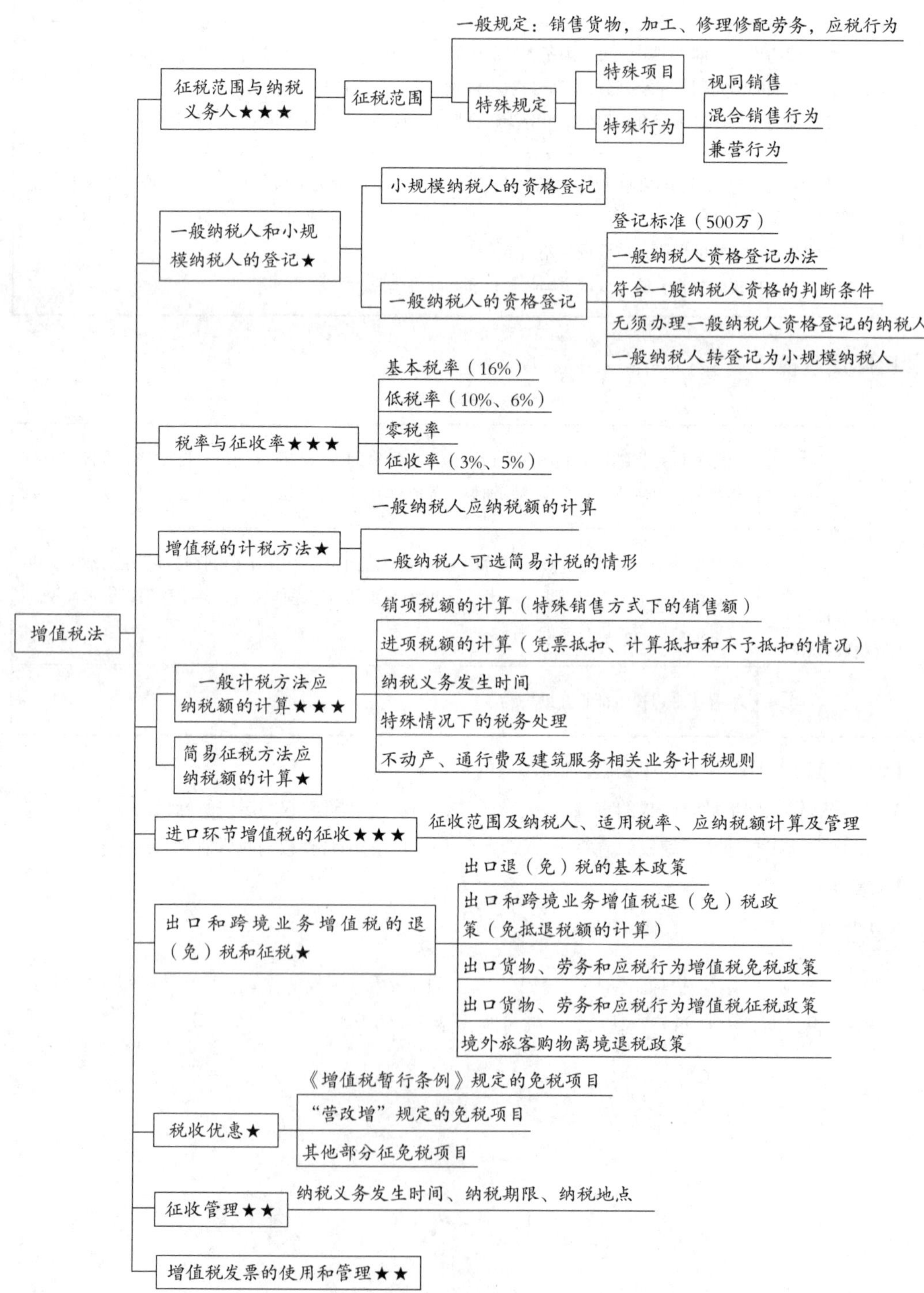

增值税法
征税范围与纳税义务人★★★
征税范围
一般规定：销售货物，加工、修理修配劳务，应税行为
特殊规定
特殊项目
特殊行为
视同销售
混合销售行为
兼营行为
一般纳税人和小规模纳税人的登记★
小规模纳税人的资格登记
一般纳税人的资格登记
登记标准（500万）
一般纳税人资格登记办法
符合一般纳税人资格的判断条件
无须办理一般纳税人资格登记的纳税人
一般纳税人转登记为小规模纳税人
税率与征收率★★★
基本税率（16%）
低税率（10%、6%）
零税率
征收率（3%、5%）
增值税的计税方法★
一般纳税人应纳税额的计算
一般纳税人可选简易计税的情形
一般计税方法应纳税额的计算★★★
销项税额的计算（特殊销售方式下的销售额）
进项税额的计算（凭票抵扣、计算抵扣和不予抵扣的情况）
纳税义务发生时间
特殊情况下的税务处理
不动产、通行费及建筑服务相关业务计税规则
简易征税方法应纳税额的计算★
进口环节增值税的征收★★★
征收范围及纳税人、适用税率、应纳税额计算及管理
出口和跨境业务增值税的退（免）税和征税★
出口退（免）税的基本政策
出口和跨境业务增值税退（免）税政策（免抵退税额的计算）
出口货物、劳务和应税行为增值税免税政策
出口货物、劳务和应税行为增值税征税政策
境外旅客购物离境退税政策
税收优惠★
《增值税暂行条例》规定的免税项目
“营改增”规定的免税项目
其他部分征免税项目
征收管理★★
纳税义务发生时间、纳税期限、纳税地点
增值税发票的使用和管理★★

本章知识点精讲

微信扫一扫
习题免费练

第一节 征税范围与纳税义务人

知识点1 征税范围的一般规定（★★★）

在中华人民共和国境内销售货物、提供应税劳务、发生应税行为以及进口货物的单位和个人，为增值税的纳税人。

表 2-1 增值税的征税范围

货物	销售或者进口的货物。 货物是指有形动产，包括电力、热力、气体在内。
劳务	加工和修理修配劳务。 单位或者个体工商户聘用的员工为本单位或者雇主提供加工、修理修配劳务，不包括在内。
应税行为	应税行为分为3大类：销售应税服务、销售无形资产、销售不动产。
	应税服务包括交通运输服务、邮政服务、电信服务、建筑服务、金融服务、现代服务、生活服务。
	销售无形资产，是指转让无形资产所有权或者使用权的业务活动。 无形资产包括技术、商标、著作权、商誉、自然资源使用权和其他权益性无形资产。 其他权益性无形资产包括基础设施资产经营权、公共事业特许权、配额、经营权（包括特许经营权、连锁经营权、其他经营权）、经销权、分销权、代理权、会员权、席位权、网络游戏虚拟道具、域名、名称权、肖像权、冠名权、转会费等。
	销售不动产，是指转让不动产所有权的业务活动。 转让建筑物有限产权或者永久使用权的、转让在建的建筑物或者构筑物所有权的，以及在转让建筑物或者构筑物时一并转让其所占土地的使用权的，按照销售不动产缴纳增值税。

应税服务详解，如表2-2所示。

表 2-2 增值税的应税服务详解

交通运输服务	陆路运输服务	包括铁路运输服务和其他陆路运输服务。 1. 其他陆路运输服务，是指铁路运输以外的陆路运输业务活动，包括公路运输、缆车运输、索道运输、地铁运输、城市轻轨运输等。 2. 出租车公司向使用本公司自有出租车的出租车司机收取的管理费用，按照陆路运输服务缴纳增值税。
	水路运输服务	远洋运输的程租、期租业务，属于水路运输服务。
	航空运输服务	航空运输的湿租业务，属于航空运输服务。 航天运输服务，按照航空运输服务缴纳增值税。
	管道运输服务	——
	自2018年1月1日起，纳税人已售票但客户逾期未消费取得的运输逾期票证收入，按照“交通运输服务”缴纳增值税。	

（续上表）

邮政服务	邮政普遍服务	函件、包裹等邮件寄递，以及邮票发行、报刊发行和邮政汇兑等业务活动。
	邮政特殊服务	义务兵平常信函、机要通信、盲人读物和革命烈士遗物的寄递等业务活动。
	其他邮政服务	邮册等邮品销售、邮政代理等业务活动。
电信服务	基础电信服务	利用固网、移动网、卫星、互联网，提供语音通话服务的业务活动，以及出租或者出售带宽、波长等网络元素的业务活动。
	增值电信服务	利用固网、移动网、卫星、互联网、有线电视网络，提供短信和彩信服务、电子数据和信息的传输及应用服务、互联网接入服务等业务活动。
建筑服务	工程、安装、修缮、装饰、其他建筑服务	1. 固定电话、有线电规、宽带、水、电、燃气、暖气等经营者向用户收取的安装费、初装费、开户费、扩容费以及类似收费，按照“安装服务”缴纳增值税。 2. 物业服务企业为业主提供的装修服务，按照“建筑服务”缴纳增值税。 3. 纳税人将建筑施工设备出租给他人使用并配备操作人员的，按照“建筑服务”缴纳增值税。
金融服务	贷款服务	1. 以货币资金投资收取的固定利润或者保底利润，按照贷款服务缴纳增值税。 2. 金融商品持有期间（含到期）取得的非保本收益，不属于利息或利息性质的收入，不征收增值税。 3. 融资性售后回租业务属于“贷款服务”。
	直接收费金融服务	包括提供货币兑换、账户管理、电子银行、信用卡、信用证、财务担保、资产管理、信托管理、基金管理、金融交易场所（平台）管理、资金结算、资金清算、金融支付等服务。
	保险服务	包括人身保险服务和财产保险服务。
	金融商品转让	转让外汇、有价证券、非货物期货和其他金融商品所有权的业务活动。 纳税人购入基金、信托、理财产品等各类资产管理产品持有至到期，不属于金融商品转让。
现代服务	研发和技术服务	包括研发服务、合同能源管理服务、工程勘察勘探服务、专业技术服务。
	信息技术服务	包括软件服务、电路设计及测试服务、信息系统服务、业务流程管理服务和信息系统增值服务。
	文化创意服务	包括设计服务、知识产权服务、广告服务和会议展览服务。 宾馆、旅馆、旅社、度假村和其他经营性住宿场所提供会议场地及配套服务的活动，按“会议展览服务”缴纳增值税。
	物流辅助服务	包括航空服务、港口码头服务、货运客运场站服务、打捞救助服务、装卸搬运服务、仓储服务和收派服务。
	租赁服务	包括融资租赁服务和经营租赁服务。 标的物包括不动产和有形动产。 1. 融资性售后回租属于“金融服务——贷款服务”。 2. 将建筑物、构筑物等不动产或者飞机、车辆等有形动产的广告位出租给其他单位或者个人用于发布广告，按“经营租赁服务”缴纳增值税。 3. 车辆停放服务、道路通行服务（包括过路费、过桥费、过闸费等）等按照“不动产经营租赁服务”缴纳增值税。 4. 水路运输的光租业务、航空运输的干租业务，属于经营租赁。

（续上表）

<table>
<tr><td rowspan="4">现代服务</td><td>鉴证咨询服务</td><td>包括认证服务、鉴证服务和咨询服务。
翻译服务和市场调查服务按照“咨询服务”缴纳增值税。</td></tr>
<tr><td>广播影视服务</td><td>包括广播影视节目（作品）的制作服务、发行服务和播映（含放映）服务。</td></tr>
<tr><td>商务辅助服务</td><td>包括企业管理服务、经纪代理服务、人力资源服务、安全保护服务。
1. 经纪代理服务，是指各类经纪、中介、代理服务，包括金融代理、知识产权代理、货物运输代理、代理报关、法律代理、房地产中介、职业中介、婚姻中介、代理记账、拍卖等。
2. 纳税人提供武装守护押运服务，按照“安全保护服务”缴纳增值税。
3. 拍卖行受托拍卖取得的手续费或佣金收入，按照“经纪代理服务”缴纳增值税。</td></tr>
<tr><td>其他现代服务</td><td>1. 纳税人为客户办理退票而向客户收取的退票费、手续费等收入；
2. 纳税人对安装运行后的电梯提供的维护保养服务。</td></tr>
<tr><td rowspan="6">生活服务</td><td>文化体育服务</td><td>1. 提供游览场所，属于“文化体育服务”。
2. 在游览场所经营索道、摆渡车、电瓶车、游船等取得的收入，按照“文化体育服务”缴纳增值税。</td></tr>
<tr><td>教育医疗服务</td><td>医疗服务包括与医疗服务相关的提供药品、医用材料器具、救护车、病房住宿和伙食的业务。</td></tr>
<tr><td>旅游娱乐服务</td><td>——</td></tr>
<tr><td>餐饮住宿服务</td><td>提供餐饮服务的纳税人销售的外卖食品，按照“餐饮服务”缴纳增值税。</td></tr>
<tr><td>居民日常服务</td><td>——</td></tr>
<tr><td>其他生活服务</td><td>纳税人提供植物养护服务。</td></tr>
</table>

学堂点睛

税目区分。

1. 代理类业务

表 2–3 增值税的税目区分之代理类业务

<table>
<tr><td>无运输工具承运</td><td>交通运输服务</td></tr>
<tr><td>邮政代理</td><td>邮政服务</td></tr>
<tr><td>广告代理</td><td>文化创意服务</td></tr>
<tr><td>金融代理</td><td rowspan="10">现代服务——商务辅助——经纪代理服务</td></tr>
<tr><td>知识产权代理</td></tr>
<tr><td>货物运输代理</td></tr>
<tr><td>代理报关</td></tr>
<tr><td>法律代理</td></tr>
<tr><td>房产中介</td></tr>
<tr><td>婚姻中介</td></tr>
<tr><td>代理记账</td></tr>
<tr><td>拍卖</td></tr>
</table>

2. 交通运输和租赁：是否配备人员

表 2-4 增值税的税目区分之交通运输和租赁业务

程租、期租、湿租（配备人员）	交通运输服务
光租、干租（不配备人员）	现代服务——租赁服务

3. 租赁

表 2-5 增值税的税目区分之租赁业务

融资租赁	现代服务——租赁服务
融资性售后回租	金融服务——贷款服务

【例1-2018-多选题】金融企业提供金融服务取得的下列收入中，按“贷款服务”缴纳增值税的有（　　）。

A. 以货币资金投资收取的保底利润

B. 融资性售后回租业务取得的利息收入

C. 买入返售金融商品利息收入

D. 金融商品持有期间取得的非保本收益

【答案】ABC

学堂点拨

金融商品持有期间（含到期）利息（保本收益、报酬、资金占用费、补偿金等）收入、信用卡透支利息收入、买入返售金融商品利息收入、融资融券收取的利息收入，以及融资性售后回租、押汇、罚息、票据贴现、转贷等业务取得的利息及利息性质的收入，按照贷款服务缴纳增值税。

【例2-单选题】下列关于计征增值税的说法错误的是（　　）。

A. 广告代理属于“现代服务——商务辅助服务——经纪代理服务”

B. 以程租、期租、湿租形式提供运输服务，属于“交通运输服务”

C. 融资性售后回租业务属于“金融服务”

D. 武装守护押运服务属于“现代服务——商务辅助服务——安全保护服务”

【答案】A

学堂点拨

选项A，广告代理属于“现代服务——文化创意服务”。

知识点2 征税范围的判定（★）

一、确定纳税一般应同时具备以下4个条件：

（一）应税行为是发生在中华人民共和国境内；

（二）应税行为是属于《销售服务、无形资产、不动产注释》范围内的业务活动；

（三）应税服务是为他人提供的；

（四）应税行为是有偿的。

学堂点睛

这里要注意无偿应税行为视同销售情形。

二、满足上述4个增值税征税条件但不需要缴纳增值税的情形：

（一）行政单位收取的同时满足条件的政府性基金或者行政事业性收费；

（二）存款利息；

（三）被保险人获得的保险赔付；

（四）房地产主管部门或者其指定机构、公积金管理中心、开发企业以及物业管理单位代收的住宅专项维修资金；

（五）在资产重组过程中，通过合并、分立、出售、置换等方式，将全部或者部分实物资产以及与其相关联的债权、负债和劳动力一并转让给其他单位和个人，其中涉及的不动产、土地使用权转让行为。

三、不同时满足上述4个增值税征税条件但需要缴纳增值税的情形：（视同销售）

（一）单位或者个体工商户向其他单位或者个人无偿提供服务，但用于公益事业或者以社会公众为对象的除外；

（二）单位或者个人向其他单位或者个人无偿转让无形资产或者不动产，但用于公益事业或者以社会公众为对象的除外；

（三）财政部和国家税务总局规定的其他情形。

四、境内的判定

（一）属于境内情形

1. 服务（租赁不动产除外）或无形资产（自然资源使用权除外）的销售方或购买方在境内。

2. 所销售或租赁的不动产在境内。

3. 所销售自然资源使用权的自然资源在境内。

（二）不属于境内情形

1. 境外单位或者个人向境内单位或者个人销售完全在境外发生的服务。

2. 境外单位或者个人向境内单位或者个人销售完全在境外使用的无形资产。

3. 境外单位或者个人向境内单位或者个人出租完全在境外使用的有形动产。

4. 财政部和国家税务总局规定的其他情形：

（1）为出境的函件、包裹在境外提供的邮政服务、收派服务；

（2）向境内单位或者个人提供的工程施工地点在境外的建筑服务、工程监理服务；

（3）向境内单位或者个人提供的工程、矿产资源在境外的工程勘察勘探服务；

（4）向境内单位或者个人提供的会议展览地点在境外的会议展览服务。

五、非经营活动（不纳税）

（一）非企业性单位按规定收取的政府性基金或者行政事业收费的活动。

（二）单位或者个体户聘用的员工为本单位或雇主提供取得工资的服务。

（三）单位或者个体工商户为员工提供应税服务。

（四）财政部和国家税务总局规定的其他情形。

【教材例题】下列行为中，属于增值税征收范围的有（　　）。

A．甲公司将房屋与乙公司土地交换

B．丙银行将房屋出租给丁饭店，而丁饭店长期不付租金，后经双方协商，由银行在饭店就餐抵账

C．戊房地产开发企业委托己建筑工程公司建造房屋，双方在结算价款时，房地产企业将若干套房屋给建筑公司冲抵工程款

D．庚运输公司与辛汽车修理公司商订，庚运输公司为辛汽车修理公司免费提供运输服务，辛汽车修理公司为其免费提供汽车维修作为回报

【答案】ABCD

学堂点拨

在A选项中，甲公司将不动产换取了乙公司的土地使用权，此时虽没有取得货币，但相对于甲公司而言，它是取得了乙公司的土地使用权；同样乙公司也是以土地为代价换取了甲公司的房屋所有权，这里的土地使用权和房屋所有权就是我们所说的其他经济利益。

在B选项中，丙银行将房屋出租给丁饭店，而丁饭店长期不付租金，后经双方协商，由丙银行在饭店就餐抵账，对丙银行而言，出租房屋取得的是免费接受餐饮服务；对丁饭店而言，提供餐饮服务取得的是免费使用房屋。这两者都涉及到了餐饮服务和房屋出租等，也是其他经济利益，因此都应征收增值税。

在C选项中，戊房地产开发企业委托己建筑工程公司建造房屋，双方在结算价款时，戊房地产企业将若干套房屋给己建筑公司冲抵工程款，看上去没有资金往来，但实际上戊房地产开发企业取得的好处是接受了己建筑工程公司的建筑劳务，同样己建筑工程公司获得了房屋所有权，双方都取得了经济利益，因此也应当缴纳增值税。

在D选项中，庚运输公司与辛汽车修理公司商订，庚运输公司为辛汽车修理公司免费提供运输服务，辛汽车修理公司为其免费提供汽车维修作为回报。这里运输服务和汽车维修都属于其他经济利益，因此对辛公司提供的运输服务应征收增值税。

【例3-多选题】根据营改增相关规定，下列情形不属于在境内提供应税服务的有（　　）。

A．境外单位或个人向境内单位或个人提供完全在境外消费的应税服务

B．境外单位或个人向境内单位或个人提供完全在境内消费的应税服务

C．境外单位或个人向境内单位或个人出租完全在境外使用的有形动产

D．境外单位或个人向境内单位或个人出租完全在境内使用的有形动产

【答案】AC

学堂点拨

在境内提供应税服务，是指应税服务提供方或者接受方在境内。下列情形不属于在境内提供应税服务：1．境外单位或者个人向境内单位或者个人提供完全在境外消费的应税服务。2．境外单位或者个人向境内单位或者个人出租完全在境外使用的有形动产。3．财政部和国家税务总局规定的其他情形。

【例4-单选题】根据营改增的相关规定，下列单位提供的服务中，属于应税服务的是（　　）。

A．某动漫设计公司为其他单位提供动漫设计服务

B．某广告公司聘用广告制作人才为本公司设计广告

C．某运输企业为本单位员工无偿提供汽车运输服务

D．某单位聘用的员工为本单位负责人提供专车驾驶服务

【答案】A

学堂点拨

根据规定，单位或者个体工商户聘用的员工为本单位或者雇主提供交通运输业和部分现代服务业服务，属于非营业活动，不属于应税服务；单位和个体工商户向其他单位或者个人无偿提供交通运输业和部分现代服务业服务，视同提供应税服务，但以公益活动为目的或者以社会公众为对象的除外；选项A属于现代服务业应税范围中的文化创意服务。

知识点3 征税范围中的特殊项目（★★）

一、罚没物品

执罚部门和单位查处的商品，其拍卖收入、变价收入、按收兑或收购价所取得的收入作为罚没收入由执罚部门和单位如数上缴财政，不予征税。

对经营单位购入拍卖物品再销售的应照章征收增值税。

二、航空运输企业已售票但未提供航空运输服务取得的逾期票证收入，按照“航空运输服务”征收增值税。

三、纳税人取得的中央财政补贴，不属于增值税应税收入，不征收增值税。

四、融资性售后回租业务中，承租方出售资产的行为不属于增值税的征税范围，不征收增值税。

五、药品生产企业销售自产创新药的销售额，为向购买方收取的全部价款和价外费用，其提供给患者后续免费使用的相同创新药，不属于增值税视同销售范围。

六、根据国家指令无偿提供的铁路运输、航空运输服务，属于用于公益事业，不征收增值税。

七、存款利息不征收增值税。

八、被保险人获得的保险赔付不征收增值税。

九、房地产主管部门或者其指定机构、公积金管理中心、开发企业以及物业管理单位代收的住宅专项维修资金，不征收增值税。

十、纳税人在资产重组过程中，通过合并、分立、出售、置换等方式，将全部或者部分实物资产以及与其相关联的债权、负债和劳动力一并转让给其他单位和个人，不属于增值税的征税范围。

十一、单用途商业预付卡业务计税规则：

（一）单用途卡发卡企业或者售卡企业销售单用途卡，或者接受单用途卡持卡人充值取得的预收资金，不缴纳增值税。售卡方可向购卡人、充值人开具增值税普通发票，不得开具增值税专用发票。

（二）售卡方因发行或者销售单用途卡并办理相关资金收付结算业务取得的手续费、结算费、服务费、管理费等收入，应缴纳增值税。

（三）持卡人使用单用途卡购买货物或服务时，货物或者服务的销售方应按照现行规定缴纳增值税，且不得向持卡人开具增值税发票。

（四）销售方与售卡方不是同一个纳税人的，销售方在收到售卡方结算的销售款时，应向售卡方开具增值税普通发票，并在备注栏注明“收到预付卡结算款”，不得开具增值税专用发票。售卡方从销售方取得的增值税普通发票，作为其销售单用途卡或接受单用途卡充值取得预收资金不缴纳增值税的凭证，留存备查。

十二、支付机构预付卡（多用途卡）计税规则：

（一）支付机构销售多用途卡取得的等值人民币资金，或者接受多用途卡持卡人充值取得的充值资金，不缴纳增值税。支付机构可向购卡人、充值人开具增值税普通发票，不得开具增值税专用发票。

（二）支付机构因发行或者受理多用途卡并办理相关资金收付结算业务取得的手续费、结算费、服务费、管理费等收入，应缴纳增值税。

（三）持卡人使用多用途卡，向与支付机构签署合作协议的特约商户购买货物或服务，特约商户应按照现行规定缴纳增值税，且不得向持卡人开具增值税发票。

（四）特约商户收到支付机构结算的销售款时，应向支付机构开具增值税普通发票，并在备注栏注明“收到预付卡结算款”，不得开具增值税专用发票。支付机构从特约商户取得的增值税普通发票，作为其销售多用途卡或接受多用途卡充值取得预收资金不缴纳增值税的凭证，留存备查。

【例5-2015改编-多选题】下列收入中，应当征收增值税的是（　　）。

A. 增值税纳税人接受单用途卡持卡人充值取得的预收资金

B. 经营单位购入拍卖的罚没物品后再销售

C. 航空运输企业已售票但未提供航空运输服务取得的逾期票证收入

D. 融资性售后回租业务中承租人出售资产取得的收入

【答案】BC

学堂点拨

选项A，不征收增值税；选项D，承租方出售资产的行为不需要纳税，出租方取得融资租赁收入应该纳税。

【例6-2017-单选题】下列需要缴纳增值税的是（ ）。

A. 获得保险赔偿　　B. 取得存款利息

C. 收取包装物租金　　D. 取得中央财政补贴

【答案】C

学堂点拨

选项A、B、D均不属于增值税征税收入，选项C作为价外费用，需换算成不含税销售额并入包装物的销售收入计算缴纳增值税。

知识点4 征税范围中的视同销售（★★★）

视同发生应税销售行为的情形：

一、将货物交付其他单位或者个人代销（代销业务中的委托方）。

二、销售代销货物（代销业务中的受托方）。

三、设有两个以上机构并实行统一核算的纳税人，将货物从一个机构移送至其他机构用于销售，但相关机构设在同一县（市）的除外。

“用于销售”，是指受货机构发生以下情形之一的经营行为：

（一）向购货方开具发票；（二）向购货方收取货款。

未发生上述两项情形的，则应由总机构统一缴纳增值税。

四、将自产、委托加工的货物用于集体福利或个人消费。

五、将自产、委托加工或购进的货物作为投资。

六、将自产、委托加工或购进的货物分配给股东或投资者。

七、将自产、委托加工或购进的货物无偿赠送。

八、向其他单位或者个人无偿销售应税服务、无偿转让无形资产或不动产，应视同销售计税。但以公益事业或以社会公众为对象的除外。

九、财政部、国家税务总局规定的其他情形。

学堂点睛

1. 将自产或委托加工的货物用于“非应税项目”此条规定，在全面营改增后不再有意义，应取消。

2. 代销业务中委托方、受托方均应视同销售。

受托代销时收取的手续费，按“现代服务——商务辅助服务——经纪代理服务”计税。

3. 视同销售和不得抵扣进项税额的区别。

表 2-6　征税范围中的视同销售和不得抵扣进项税额的区别

用途	自产及委托货物	购进货物
集体福利、个人消费	视同销售	不得抵扣进项税
投资、分配、赠送	视同销售	视同销售

4. 视同销售计算销项税额后，其对应的进项税额可正常抵扣。

【例7-2015改编-单选题】下列行为中，视同销售货物缴纳增值税的是（　　）。

A. 将购进的货物用于集体福利

B. 将购进的货物用于个人消费

C. 将购进的货物用于对外投资

D. 将购进的货物用于非增值税应税项目

【答案】C

学堂点拨

将购进货物用于集体福利、个人消费、非增值税应税项目属于增值税进项税额不可以抵扣的情形。将购进的货物用于对外投资视同销售缴纳增值税。

知识点5　混合销售行为（★）

一、混合销售判定

一项销售行为如果既涉及货物又涉及服务，为混合销售。

混合销售行为成立的行为标准有两点：

（一）其销售行为必须是一项；

（二）该项行为必须既涉及货物销售又涉及应税行为。

二、计税规则

从事货物的生产、批发或者零售的单位和个体工商户的混合销售，按照销售货物缴纳增值税；其他单位和个体工商户的混合销售，按照销售服务缴纳增值税。

学堂点睛

混合销售按主业纳税。

三、不属于混合销售的业务应按兼营处理

兼营业务应分别核算适用不同税率或征收率的销售额；未分别核算的，从高适用税率。

【链接】纳税人销售活动板房、机器设备、钢结构件等自产货物的同时提供建筑、安装服务，不属于规定的混合销售，应分别核算货物和建筑服务的销售额，分别适用不同的税率或征收率。

学堂点睛

兼营和混合销售的区别在于兼营业务是多种经营，向不同客户分别提供不同的服务；而混合销售强调向同一客户同时销售货物和提供服务。但上述提示属于特例。

【举例】医院提供医疗服务同时销售药品，属于混合销售，应按医疗服务计算增值税。电器城销售电器同时负责安装，属于混合销售，应按销售货物计算增值税。打印社既提供打印服务又销售办公用品，对应不同客户，则属于兼营业务，应分别按提供服务和销售货物计税，未分开核算的从高计税。

【例8-单选题】下列行为中，不属于混合销售行为的是（　　）。

A. 销售外购空调并提供上门安装服务　　B. 饭店提供餐饮服务并销售酒水饮料

C. 打印社销售台历，另提供打字复印服务　　D. 生产企业销售货物并负责运输

【答案】C

学堂点拨

打印社销售台历和提供打字复印服务面向不同的客户，不属于同一项销售行为，不属于混合销售。

知识点6 纳税人与扣缴义务人（★）

一、纳税人

（一）在中华人民共和国境内销售货物、劳务、服务、无形资产或者不动产的单位和个人，为增值税纳税人。

（二）资管产品运营过程中发生的应税行为，以资管产品管理人为纳税人。

学堂点睛

资管产品于2018年起开始纳税，采用简易征收按3%征收率计税。

（三）采用承包、承租、挂靠经营方式下，区分以下两种情况界定纳税人。

1. 同时满足以下两个条件的，以发包人为纳税人：

（1）以发包人名义对外经营；

（2）由发包人承担相关法律责任。

2. 不同时满足上述两个条件的，以承包人为纳税人。

二、扣缴义务人

中华人民共和国境外（以下称境外）单位或者个人在境内销售劳务，在境内未设经营机构的，以其境内代理人为扣缴义务人；在境内没有代理人的，以购买方为扣缴义务人。

【例9-2018-单选题】下列承包经营的情形中，应以发包人为增值税纳税人的是（　　）。

A. 以承包人名义对外经营，由承包人承担法律责任的

B. 以发包人名义对外经营，由发包人承担法律责任的

C. 以发包人名义对外经营，由承包人承担法律责任的

D. 以承包人名义对外经营，由发包人承担法律责任的

【答案】B

学堂点拨

以承包、承租、挂靠方式经营的，承包人、承租人、挂靠人（以下统称承包人）以发包人、出租人、被挂靠人（以下统称发包人）名义对外经营并由发包人承担相关法律责任的，以该发包人为纳税人；否则以承包人为纳税人。

第二节　一般纳税人和小规模纳税人的登记

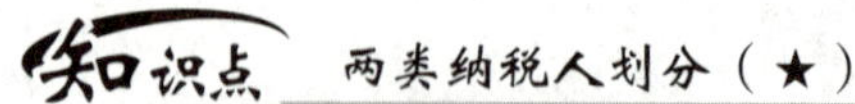
知识点　两类纳税人划分（★）

微信扫一扫
习题免费练

一、一般纳税人资格实施登记制度

2018年2月1日起实施《增值税一般纳税人登记管理办法》。

二、分类依据

年应税销售额：连续不超过12个月或4个季度的经营期内累计应征增值税销售额，包括纳税申报销售额、稽查查补销售额、纳税评估调整销售额。

【**链接**】具体分类标准：

表 2-7　两类纳税人的具体分类标准

纳税人类型	小规模	一般纳税人
各类增值税纳税人	年销售额≤500万元	年销售额>500万元

学堂点睛

1. 销售服务、无形资产或不动产有扣除项目的纳税人，年销售额按未扣除之前的销售额计算。

2. 纳税人偶然发生的销售无形资产、转让不动产的销售额，不计入年应税销售额。

3. 年应税销售额虽未超过规定标准的纳税人，但会计核算健全，能够提供准确税务资料的，可以办理一般纳税人资格登记。

4. 小规模纳税人满足条件后可以被登记为一般纳税人，但一旦成为一般纳税人后不得再转为小规模纳税人。国家税务总局另有规定的除外。（注意后续可转情形）

三、无须办理一般纳税人资格登记的纳税人

（一）按照政策规定，选择按照小规模纳税人纳税的。

（二）年应税销售额超过规定标准的其他个人。

四、增值税纳税人管理

（一）纳税人在机构所在地主管税务机关办理一般纳税人资格登记。

（二）时限：销售额超标的月份（季度）所属申报期结束后15日内办理。未按规定时限办理的，主管税务机关应规定时限结束后5日内制作《税务事项通知书》，告知纳税人应当在5日内向主管税务机关办理相关手续；逾期仍不办理的，次月起按销售额依据增值税税率计算应纳税额，不得抵扣进项税额，直至纳税人办理相关手续为止。

（三）生效：纳税人办理登记当月1日或次月1日，由纳税人在办理登记手续时自行选择。纳税人自一般纳税人生效之日起，按照增值税一般计税方法计算应纳税额，并可以按照规定领用增值税专用发票，财政部、国家税务总局另有规定的除外。

（四）风险管理：对税收遵从度低的一般纳税人，主管税务机关可以实行纳税辅导期管理。

五、一般纳税人转登记为小规模纳税人

（一）可转登记的一般纳税人范围

同时符合以下条件的一般纳税人，在2018年12月31日前可选择按照规定，转登记为小规模纳税人，或选择继续作为一般纳税人：

1. 根据《增值税暂行条例》第十三条和《增值税暂行条例实施细则》第二十八条的有关规定，登记为一般纳税人。（原年销售额50万、80万的旧标准）

2. 转登记日前连续12个月或者连续4个季度累计应征增值税销售额未超过500万元。

学堂点睛

转登记日前连续12个月或者连续4个季度累计应征增值税销售额未超过500万元的一般纳税人，在2019年12月31日前，可选择转登记为小规模纳税人。

（二）转登记纳税人，自转登记日的下期起，按照简易计税方法计算缴纳增值税；转登记日当期仍按照一般纳税人的有关规定计算缴纳增值税。

（三）转登记纳税人尚未申报抵扣的进项税额以及转登记日当期的期末留抵税额，计入“应交税费——待抵扣进项税额”核算。

（四）转登记纳税人可以继续使用现有税控设备开具增值税发票，不需要缴销税控设备和增值税发票。

（五）转登记纳税人在一般纳税人期间发生的增值税应税销售行为，未开具增值税发票需要补开的，应当按照原适用税率或者征收率补开增值税发票；发生销售折让、中止或者退回等情形，需要开具红字发票的，按照原蓝字发票记载的内容开具红字发票；开票有误需要重新开具的，先按照原蓝字发票记载的内容开具红字发票后，再重新开具正确的蓝字发票。

（六）自转登记日的下期起连续不超过12个月或者连续不超过4个季度的经营期内，转登记纳税人应税销售额超过小规模纳税人标准的，应当按规定，向主管税务机关办理一般纳税人登记。再次登记为一般纳税人后，不得再转登记为小规模纳税人。

第三节　税率与征收率

微信扫一扫
习题免费练

适用于一般纳税人购进扣税法计税的情况，如下表：

表 2-8　适用于一般纳税人购进扣税法计税的税率

类别	税率	适用范围
基本税率	16%	绝大多数货物的销售或进口、加工修理修配劳务、有形动产租赁服务。
低税率	10%	销售或进口税法列举的货物：（分类整理） 1. 粮食等农产品、食用植物油、食用盐； 2. 自来水、暖气、冷气、热水、煤气、石油液化气、天然气、二甲醚、沼气、居民用煤炭制品； 3. 图书、报纸、杂志、音像制品、电子出版物； 4. 饲料、化肥、农药、农机、农膜； 5. 国务院及其有关部门规定的其他货物。
		交通运输、邮政、基础电信、建筑、销售不动产、不动产租赁服务、转让土地使用权。
	6%	增值电信、除租赁外的现代服务业、金融服务、生活服务、销售无形资产（土地使用权除外）。
零税率	0	出口货物、跨境应税行为。 跨境应税行为包括： 1. 境内单位和个人提供的国际运输服务和航天运输、港澳台运输。 国际运输服务是指： （1）在境内载运旅客或者货物出境； （2）在境外载运旅客或者货物入境； （3）在境外载运旅客或者货物。 2. 境内单位和个人向境外单位提供的完全在境外消费的下列服务：研发、合同能源管理、设计、广播影视作品制作发行（不含播映放映）、软件、电路设计及测试、信息系统、业务流程管理、离岸服务外包业务、转让技术。

【注意】从2019年4月1日起，增值税税率再次调整：原16%税率调整为13%，原10%税率调整为9%，原6%税率保持不变。

学堂点睛

部分农产品税率的明确规定：

低税率的农产品：动植物的初级产品

1. 干姜、姜黄税率10%；

2. 销售自产人工合成牛胚胎免征增值税；

3. 花椒油、橄榄油、核桃油、杏仁油、葡萄籽油、牡丹籽油税率10%；

4. 肉桂油、桉油、香茅油、环氧大豆油、氢化植物油税率16%；

5. 麦芽、复合胶、人发税率16%；

6. 巴氏杀菌乳、灭菌乳税率10%，调制乳税率16%；

7. 淀粉税率16%；

8. 密集型烤房设备、频振式杀虫灯、自动虫情测报灯、粘虫板、卷帘机、农用挖掘机、养鸡养猪设备属于农机，税率为10%；

9. 动物骨粒税率10%。

知识点2 征收率（★★★）

适用于小规模纳税人计税和一般纳税人简易计税的情况，有3%和5%两档，并有部分优惠情形。

表 2-9 简易计税方法下的差额计税情形

业务	征收率	计税规则
建筑服务	3%	适用简易计税方法的，以取得的全部价款和价外费用扣除支付的分包款后的余额为销售额。
物业管理服务	3%	收取的自来水费扣除对外支付的自来水费之后的差额为销售额。
劳务派遣	5%	可选择简易征收，扣除代用工单位支付给劳务派遣员工的工资、福利、社保、住房公积金后的差额为销售额。 【学堂点睛】小规模全额计税征收率3%，一般纳税人全额计税税率6%。
转让不动产	5%	一般纳税人转让2016年4月30前取得（不含自建）的不动产，选择简易计税；小规模纳税人转让其取得（不含自建）的不动产应简易计税。
		应缴税款=（收入—购置原价或取得作价）/1.05×5%
		1. 同时保留取得不动产时的发票和其他能证明契税计税金额的完税凭证资料的，应凭发票差额扣除。 2. 无法取得发票时，提供其他证明契税计税金额的完税凭证资料，差额计税。 2016年4月30日前缴纳契税的： 增值税应纳税额=［全部交易价格（含增值税）—契税计税金额（含营业税）］/（1+5%）×5% 2016年5月1日后缴纳契税的： 增值税应纳税额=［全部交易价格（含增值税）/（1+5%）—契税计税金额（不含增值税）］×5%

表 2-10 简易计税的范围

征收率	适用范围
3%	1. 小规模或一般纳税人简易征收，除特殊项目外一般采用3%征收率。 2. 提供物业管理服务的纳税人，向服务接受方收取的自来水水费，以扣除其对外支付的自来水水费后的余额为销售额，按照简易计税方法依3%的征收率计算缴纳增值税。 3. 非企业性单位中的一般纳税人提供的研发和技术服务、信息技术服务、鉴证咨询服务，以及销售技术、著作权等无形资产，可以选择简易计税方法按照3%征收率计算缴纳增值税。 4. 一般纳税人和小规模纳税人销售自己使用过的属于不得抵扣且未抵扣进项税额的固定资产，按3%征收率减按2%征收。 5. 一般纳税人和小规模纳税人销售旧货，按3%征收率减按2%征收。 6. 一般纳税人提供教育辅助服务，可以选择简易计税方法按照3%征收率计算缴纳增值税。 7. 自2018年5月1日起，增值税一般纳税人生产销售和批发、零售抗癌药品可选择按照简易办法依照3%征收率计算缴纳增值税。 8. 自2019年3月1日起，增值税一般纳税人生产销售和批发、零售罕见病药品，可选择按照简易办法依照3%征收率计算缴纳增值税。
5%	1. 小规模纳税人销售自建或者取得的不动产。 2. 一般纳税人选择简易计税方法计税的不动产销售。 3. 房地产开发企业中的小规模纳税人，销售自行开发的房地产项目。 4. 其他个人销售其取得（不含自建）的不动产（不含其购买的住房）。 5. 一般纳税人选择简易计税方法计税的不动产经营租赁。 6. 小规模纳税人出租（经营租赁）其取得的不动产（不含个人出租住房）。 7. 其他个人出租（经营租赁）其取得的不动产（不含住房）。 8. 个人出租住房，应按照5%的征收率减按1.5%计算应纳税额。 9. 一般纳税人和小规模纳税人提供劳务派遣服务选择差额纳税的。 10. 一般纳税人2016年4月30日前签订的不动产融资租赁合同，或以2016年4月30日前取得的不动产提供的融资租赁服务，选择适用简易计税方法的。 11. 一般纳税人收取试点前开工的一级公路、二级公路、桥、闸通行费，选择适用简易计税方法的。 12. 一般纳税人提供人力资源外包服务，选择适用简易计税方法的。 13. 纳税人转让2016年4月30日前取得的土地使用权，选择适用简易计税方法的。

学堂点睛

1. 一般纳税人选择适用简易计税方法的，一律不得抵扣进项税额；并且一经选择适用简易计税方法计税，36个月内不得变更。

2. 计税方法举例：

（1）个人出租住房，按5%的征收率减按1.5%计税：

应纳增值税＝销售额/（1+5%）×1.5%

（2）简易征收的旧货及使用过的固定资产，按3%征收率减按2%计税：

应纳增值税＝销售额/（1+3%）×2%

【例-2017-多选题】增值税一般纳税人可以选择简易计税的有（　　）。

A．提供文化教育服务　　B．装卸搬运服务

C．公共交通运输服务　　D．税务咨询服务

【答案】ABC

第四节　增值税的计税方法

微信扫一扫
习题免费练

增值税的计税方法（★）

一、一般纳税人应纳税额的计算

应纳税额＝销项税额－（进项税额－进项税额转出）－留抵税额＋简易计税税额

表 2-11　增值税的计税方法

一般计税方法	当期应纳增值税税额＝当期销项税额－当期进项税额
简易计税	当期应纳增值税税额＝当期销售额（不含增值税）×征收率
扣缴计税	应扣缴税额＝接受方支付的价款/（1＋税率）×税率

二、一般纳税人可选简易计税的情形

（一）县级及县级以下小型水力发电单位生产的自产电力。小型水力发电单位，是指各类投资主体建设的装机容量为5万千瓦以下（含本数）的小型水力发电单位。

（二）自产建筑用和生产建筑材料所用的沙、土、石料。

（三）以自己采掘的沙、土、石料或其他矿物连续生产的砖、瓦、石灰（不含黏土实心砖、瓦）。

（四）自己用微生物、微生物代谢产物、动物毒素、人或动物的血液或组织制成的生物制品。

（五）自产的自来水。

（六）自来水公司销售自来水。

（七）自产的商品混凝土（仅限于以水泥为原料生产的水泥混凝土）。

（八）单采血浆站销售非临床用人体血液。

（九）寄售商店代销寄售物品（包括居民个人寄售的物品在内）。

（十）典当业销售死当物品。

（十一）药品经营企业销售生物制品。

（十二）公共交通运输服务。

（十三）经认定的动漫企业为开发动漫产品提供的动漫脚本编撰、形象设计、背景设计等，以及在境内转让动漫版权。

（十四）电影放映服务、仓储服务、装卸搬运服务、收派服务和文化体育服务。

（十五）以纳入“营改增”试点之日前取得的有形动产为标的物提供的经营租赁服务。

（十六）在纳入“营改增”试点之日前签订的尚未执行完毕的有形动产租赁合同。

（十七）以清包工方式提供的建筑服务。

（十八）为甲供工程提供的建筑服务。

（十九）销售2016年4月30日前取得的不动产。

（二十）房地产开发企业销售自行开发的房地产老项目。

（二十一）出租2016年4月30日前取得的不动产。

（二十二）提供非学历教育服务。

（二十三）一般纳税人收取试点前开工的一级公路、二级公路、桥、闸通行费。

（二十四）一般纳税人提供人力资源外包服务。

（二十五）一般纳税人2016年4月30日前签订的不动产融资租赁合同，或以2016年4月30日前取得的不动产提供的融资租赁服务。

（二十六）纳税人转让2016年4月30日前取得的土地使用权。

（二十七）一般纳税人提供劳务派遣服务，可以选择差额纳税，以取得的全部价款和价外费用，扣除代用工单位支付劳务派遣员工的工资、福利和为其办理社会保险及住房公积金后的余额为销售额，按照简易计税方法依5%的征收率计算缴纳增值税。

（二十八）一般纳税人销售电梯的同时提供安装服务，其安装服务可以按照甲供工程选择用简易计税方法计税。

第五节　一般计税方法应纳税额的计算

微信扫一扫
习题免费练

销项税额=销售额×适用税率

一、一般销售方式下的销售额

表2-12　一般销售方式下的销售额

包括	全部价款+价外费用 不含税销售额=含税销售额/（1+税率） 【学堂点睛】向购买方收取的价外费用应视为含税收入，在征税时应换算成不含税收入再并入销售额。
不包括	价外费用是指价外收取的各种性质的收费，但下列项目不包括在内： 1．受托加工应征消费税的消费品所代收代缴的消费税。

（续上表）

不包括	2. 同时符合以下条件代为收取的政府性基金或者行政事业性收费： （1）由国务院或者财政部批准设立的政府性基金，由国务院或者省级人民政府及其财政、价格主管部门批准设立的行政事业性收费； （2）收取时开具省级以上财政部门印制的财政票据； （3）所收款项全额上缴财政。 3. 以委托方名义开具发票代委托方收取的款项。 4. 销售货物的同时代办保险等而向购买方收取的保险费，以及向购买方收取的代购买方缴纳的车辆购置税、车辆牌照费。

二、特殊销售方式下的销售额

（一）采取折扣方式销售

表 2-13　采取折扣方式销售的销售额及税务处理

方式	特点	税务处理
折扣销售	因购货方购货数量较大等原因而给予购货方价格上的优惠。	价格折扣：同一发票金额栏上注明的折扣可从销售额中减除。 【学堂点睛】折扣在备注栏注明或另开发票注明的不得减除。
		实物折扣：按视同销售中“赠送他人”处理。
销售折扣	为了鼓励购货方及早偿还货款而协议许诺给予购货方的一种折扣优待。	不得从销售额中减除。
销售折让	纳税人销售货物后因为劳动成果质量不合格等原因在售价上给予的减让。	可开红字发票从销售额中减除。

学堂点睛

纳税人销售货物、提供应税劳务或者发生应税行为因销售折让、中止或者退回的，应扣减当期的销项税额（一般计税方法）或销售额（简易计税方法）。

（二）以旧换新

采取以旧换新方式销售货物的，应按新货物的同期销售价格确定销售额，不得扣减旧货物的收购价格。但是，对金银首饰以旧换新业务，可以按销售方实际收取的不含增值税的全部价款征收增值税。

学堂点睛

消费税中的以旧换新规定与此处一致。

（三）还本销售

其销售额就是货物的销售价格，不得从销售额中减除还本支出。

（四）以物易物

以物易物双方都应作购销处理，以各自发出的货物核算销售额并计算销项税额，以各自收到的货物按规定核算购货金额并计算进项税额。

在以物易物活动中，应分别开具合法的票据，如收到的货物不能取得相应的增值税专用发票或其他合法票据的，不能抵扣进项税额。

学堂点睛

必做销项，但进项是否可抵要看情况。

（五）包装物押金

表 2-14　包装物押金的增值税处理

包装物押金类型	增值税处理
酒类产品以外的货物	收取不计税； 逾期（或超1年）计税。
啤酒、黄酒	
啤酒、黄酒以外酒类	收取计税； 逾期（或超1年）不计税。

学堂点睛

逾期包装物押金和其他价外收费一样，均为含税，需要用不含税的金额并入销售额计税。价税分离适用税率采用所包装货物税率。

（六）直销

直销企业先将货物销售给直销员，直销员再将货物销售给消费者的，直销企业的销售额为其向直销员收取的全部价款和价外费用。直销员将货物销售给消费者时，应按照现行规定缴纳增值税。

直销企业通过直销员向消费者销售货物，直接向消费者收取货款，直销企业的销售额为其向消费者收取的全部价款和价外费用。

三、营改增业务销售额：全额计税

（一）贷款服务

贷款服务，以提供贷款服务取得的全部利息及利息性质的收入为销售额。

银行提供贷款服务按期计收利息的，结息日当日计收的全部利息收入，均应计入结息日所属期的销售额计税。

自2018年1月1日起，资管产品管理人运营资管产品提供的贷款服务，以2018年1月1日起产生的利息及利息性质的收入为销售额。

（二）直接收费金融服务

直接收费金融服务，以提供直接收费金融服务收取的手续费、佣金、酬金、管理费、服务费、经

手费、开户费、过户费、结算费、转托管费等各类费用为销售额。

（三）银行卡跨机构资金清算服务

发卡机构：发卡行服务费。清算机构：网络服务费。收单机构：收单服务费。

四、营改增业务销售额：差额计税

表 2–15　差额计税规则

类别	税率	计税规则
金融商品转让	6%	销售额=（卖出价—买入价）/1.06 1. 金融商品转让，按照卖出价扣除买入价后的余额为销售额。 2. 转让金融商品出现的正负差，按盈亏相抵后的余额为销售额。若相抵后出现负差，可结转下一纳税期与下期转让金融商品销售额相抵，但年末时仍出现负差的，不得转入下一个会计年度。 3. 金融商品的买入价，可以选择按照加权平均法或者移动加权平均法进行核算，选择后36个月内不得变更。 4. 金融商品转让，不得开具增值税专用发票。 5. 公式中的卖出价及买入价均含增值税，但不考虑买卖过程中的其他税费。
经纪代理服务	6%	以取得的全部价款和价外费用，扣除向委托方收取并代为支付的政府性基金或者行政事业性收费后的余额为销售额。 向委托方收取的政府性基金或者行政事业性收费，不得开具增值税专用发票。
融资租赁	租赁服务16%或10%	经批准的纳税人，提供融资租赁服务，以取得的全部价款和价外费用，扣除支付的借款利息（包括外汇借款和人民币借款利息）、发行债券利息和车辆购置税后的余额为销售额。
融资性售后回租	贷款服务6%	经批准的纳税人，提供融资性售后回租服务，以取得的全部价款和价外费用（不含本金），扣除对外支付的借款利息（包括外汇借款和人民币借款利息）、发行债券利息后的余额作为销售额。
航空运输企业	10%	销售额不包括代收的机场建设费和代售其他航空运输企业客票而代收转付的价款。 自2018年1月1日起，航空运输销售代理企业提供境外航段机票代理服务，以取得的全部价款和价外费用，扣除向客户收取并支付给其他单位或者个人的境外航段机票结算款和相关费用后的余额为销售额。 航空运输销售代理企业提供境内机票代理服务，以取得的全部价款和价外费用，扣除向客户收取并支付给航空运输企业或其他航空运输销售代理企业的境内机票净结算款和相关费用后的余额为销售额。
提供客运场站服务	6%	以其取得的全部价款和价外费用，扣除支付给承运方运费后的余额为销售额。
旅游服务	6%	可选择以取得的全部价款和价外费用，扣除向旅游服务购买方收取并支付给其他单位或者个人的住宿费、餐饮费、交通费、签证费、门票费和支付给其他接团旅游企业的旅游费用后的余额为销售额。 选择上述办法计算销售额的试点纳税人，向旅游服务购买方收取并支付的上述费用，不得开具增值税专用发票，可以开具普通发票。

（续上表）

类别	税率	计税规则
房企售房	10%	房地产开发企业中的一般纳税人销售其开发的房地产项目（选择简易计税方法的房地产中的老项目除外），以取得的全部价款和价外费用，扣除受让土地时向政府部门支付的土地价款后的余额为销售额。 销售额＝（全部价款和价外费用－当期允许扣除的土地价款）÷（1+10%） 【学堂点睛】 1. 向政府部门支付的土地价款，包括土地受让人向政府部门支付的征地和拆迁补偿费用、土地前期开发费用和土地出让收益等。 2. 可以扣除的土地价款应按配比原则扣除： 当期允许扣除的土地价款＝（当期销售房地产项目建筑面积/房地产项目可供销售建筑面积）×支付的土地价款 【举例】若销售了40%的建筑面积，则收入中只能减除对应40%的土地价款。
建筑服务	3%	适用简易计税方法的，全部价款和价外费用扣除支付的分包款后的余额为销售额。
转让不动产	5%	按照有关规定差额缴纳增值税的，如因丢失等原因无法提供取得不动产时的发票，可向税务机关提供其他能证明契税计税金额的完税凭证等资料，进行差额扣除。

五、视同销售销售额

纳税人发生视同销售货物或者视同发生应税行为的情形，价格明显偏低或者偏高且不具有合理商业目的的，主管税务机关有权按照下列顺序确定销售额：

（一）按照纳税人最近时期销售同类货物或者应税行为的平均价格确定。

（二）按照其他纳税人最近时期销售同类货物或者应税行为的平均价格确定。

（三）按照组成计税价格确定。组成计税价格的公式为：

组成计税价格＝成本×（1＋成本利润率）

如果需要组价的货物是应征消费税的货物，则组价中应含有消费税：

组成计税价格＝成本×（1＋成本利润率）＋消费税

成本利润率由国家税务总局确定。

六、含税销售额换算

不含税销售额＝含税销售额/（1＋税率）

（一）什么时候需要换算：

零售金额、普通发票销售额、价外费用等。

（二）不含税销售额换算时采用的比例为相应货物或劳务服务等的适用税率。

【教材例题1】假设某金融公司（一般纳税人）2018年第四季度转让债券卖出价为100 000元（含增值税价格，下同），该债券是2016年9月购入的，买入价为60 000元。该公司2018年第四季度之前转让金融商品亏损15 000元。则转让债券的销售额和销项税额分别是：

销售额＝100 000－60 000－15 000＝25 000（元）

销项税额＝25 000/（1＋6%）×6%＝1 415.09（元）

【例1-单选题】下列一般纳税人计税规则说法不正确的是（　　）。

A．经纪代理服务应以扣除向委托方收取并代为支付的政府性基金或行政事业收费之后的差额计税

B．建筑服务简易计税应以扣除分包款之后的差额计税

C．贷款服务应以利息收入扣除利息支出后的差额计税

D．航空公司销售额不包括代收的机场建设费和代售其他企业客票代收转付的价款

【答案】C

学堂点拨

贷款服务应以利息收入全额计税。

【例2-多选题】下列关于增值税计税销售额的说法正确的是（　　）。

A．劳务派遣服务选择差额纳税的，应扣除代为支付的员工工资、福利、社保、住房公积金

B．房地产开发企业一般纳税人销售房地产销售额为全部销售收入

C．金融商品转让销售额为卖出价扣除买入价后的余额

D．一般融资租赁服务的销售额应为扣除资产购置本金、利息、保险费、安装费后的余额

【答案】AC

学堂点拨

房地产企业一般纳税人销售其开发的房地产项目的，销售额为收入扣除受让时向政府部门支付的土地价款后的余额；一般融资租赁业务销售额为收入扣除借款利息、发行债券利息、车辆购置税后的余额。

知识点2 进项税额（★★★）

一、准予从销项税额中抵扣的进项税额

表2-16 准予抵扣的进项税额的类型及抵扣金额

类型	抵扣金额
以票抵扣	从销售方取得的增值税专用发票上注明的增值税税额。（增值税专用发票、机动车销售统一发票）
	从海关取得的进口增值税专用缴款书上注明的增值税税额。
	从境外单位或者个人购进服务、无形资产或者不动产，为税务机关或者扣缴义务人取得的代扣代缴税款的完税凭证上注明的增值税额。

（续上表）

类型	抵扣金额
计算抵扣	购进农产品，除取得增值税专用发票或者海关进口增值税专用缴款书外，按农产品收购发票或者销售发票上注明的农产品买价和10%的扣除率计算的进项税额，进项税额=买价×扣除率 【学堂点睛1】扣除率为10%或12%。纳税人购进用于生产销售或委托受托加工16%税率货物的农产品计算扣除比例为12%，其他情形扣除比例为10%。 【学堂点睛2】买价，是指纳税人购进农产品在农产品收购发票或者销售发票上注明的价款和按照规定缴纳的烟叶税。 【学堂点睛3】烟叶准予抵扣的进项税： 烟叶税应纳税额=收购烟叶实际支付的价款总额×税率（20%） 准予抵扣的进项税额=（收购烟叶实际支付的价款总额+烟叶税应纳税额）×扣除率

【提示】其他准予抵扣进项税额的情形：

1. 原增值税一般纳税人自用的应征消费税的摩托车、汽车、游艇，其进项税额准予从销项税额中抵扣。

2. 增值税一般纳税人在资产重组过程中，将全部资产、负债、劳动力一并转让给其他一般纳税人，并按程序办理注销税务登记的，其注销登记前尚未抵扣的进项税额可以结转至新纳税人处继续抵扣。

学堂点睛

1. 通行费进项税额抵扣规则

表 2-17 通行费进项税额抵扣规则

通行费增值税电子普通发票 ——凭票抵扣	2018年1月1日起，纳税人支付的道路通行费，按照收费公路通行费增值税电子普通发票上注明的增值税额抵扣进项税额。
通行费发票（纸质） ——计算抵扣	1. 2018年1月1日至6月30日，纳税人支付的高速公路通行费，如果暂时未能取得收费公路通行费增值税电子普通发票，可凭取得的通行费发票（不含财政票据）注明的收费金额计算抵扣进项税额。 高速公路通行费可抵扣进项税额=通行费发票金额/（1+3%）×3% 2. 2018年1月1日至12月31日，纳税人支付的一级、二级公路通行费，如果暂时未能取得收费公路通行费增值税电子普通发票，可凭取得发票上注明的收费金额按照相应的公式计算抵扣进项税额。 一级公路、二级公路通行费可抵扣进项税额=通行费发票金额/（1+5%）×5% 3. 纳税人支付的桥、闸通行费，暂凭取得的通行费发票上注明的收费金额计算抵扣进项税额。 桥、闸通行费可抵扣进项税额=通行费发票金额/（1+5%）×5%

2. 不动产进项税额抵扣规则

表 2–18 不动产进项税额抵扣规则

二次抵扣	2016年5月1日后： 1. 取得并按固定资产核算的不动产； 2. 取得的不动产在建工程。 购进货物、设计服务、建筑服务，用于改建、扩建、修缮、装饰不动产并增加不动产原值超过50%。
一次抵扣	1. 房地产开发企业自行开发的房地产项目。 2. 施工现场修建的临时建筑物、构筑物。 3. 融资租入的不动产。 4. 购进货物、设计服务、建筑服务，用于改建、扩建、修缮、装饰不动产并增加不动产原值未超过50%。

二次抵扣具体规则：

（1）进项税额中60%的部分于取得扣税凭证的当期抵扣；40%的部分为待抵扣进项税额，于取得扣税凭证的当月起第13个月抵扣。

（2）购进时已全额抵扣进项税额的货物和服务，转用于不动产在建工程的，其已抵扣进项税额的40%部分，应于转用的当期从进项税额中扣减，计入待抵扣进项税额，并于转用的当月起第13个月从销项税额中抵扣。

（3）纳税人销售其取得的不动产或者不动产在建工程时，尚未抵扣完毕的待抵扣进项税额，允许于销售的当期抵扣。

（4）纳税人注销税务登记时，其尚未抵扣完毕的待抵扣进项税额于注销清算的当期抵扣。

（5）已抵扣进项税额的不动产，发生非正常损失，或改变用途，专用于简易计税项目、免税项目、集体福利或者个人消费的，按下列公式计算不得抵扣的进项税额：

不得抵扣的进项税额＝（已抵扣进项税额＋待抵扣进项税额）×不动产净值率

不动产净值率＝（不动产净值/不动产原值）×100%

（6）不得抵扣进项税额的不动产（或无形资产、固定资产），发生用途改变，用于允许抵扣进项税额的应税项目，可在改变用途的次月计算可抵进项税额：

可抵进项税额＝增值税扣税凭证注明或计算的进项税额×不动产净值率

或＝不动产净值/（1＋适用税率）×适用税率

可抵扣的进项税额60%在改变用途的次月抵扣，40%为待抵扣进项税额，于改变用途次月起第13个月抵扣。

3. 农产品增值税进项税额核定

（1）试点范围：自2012年7月起，以购进农产品为原料生产销售液体乳及乳制品、酒及酒精、植物油的增值税一般纳税人。

（2）核定方法：

表 2-19 农产品增值税进项税额的核定方法

<table>
<tr><th>用途</th><th>方法</th><th>抵扣计算</th></tr>
<tr><td rowspan="3">继续生产</td><td>投入产出法</td><td>可抵进项税额=耗用数量×平均购买单价×扣除率/（1+扣除率）
耗用数量=销售数量×单耗数量</td></tr>
<tr><td>成本法</td><td>可抵进项税额=主营业务成本×农产品耗用率×扣除率/（1+扣除率）
耗用率=上年投入生产的农产品外购金额/上年生产成本</td></tr>
<tr><td>参照法</td><td>参照所属行业或者生产结构相近的纳税人单耗数量或耗用率计算</td></tr>
<tr><td colspan="3">上述方法中的扣除率按销售货物的适用税率计算。如购入牛奶连续生产酸奶，由于酸奶的增值税税率为16%，则进项税额扣除率也为16%；如购入牛奶生产的是鲜奶，由于鲜奶的增值税税率为10%，则进项税额扣除率也为10%。</td></tr>
<tr><td>直接销售</td><td colspan="2">可抵进项税额=销售农产品数量/（1−损耗率）×平均购买单价×10%/（1+10%）</td></tr>
<tr><td>生产经营不构成货物实体</td><td colspan="2">可抵进项税额=耗用农产品数量×平均购买单价×10%/（1+10%）</td></tr>
</table>

4. 农产品进项税额抵扣特别规定

（1）纳税人购进农产品，取得一般纳税人开具的增值税专用发票或海关进口增值税专用缴款书的，以增值税专用发票或海关进口增值税专用缴款书上注明的增值税额为进项税额。

从按照简易计税方法依照3%征收率计算缴纳增值税的小规模纳税人取得增值税专用发票的，以增值税专用发票上注明的金额和10%的扣除率计算进项税额。

取得（开具）农产品销售发票或收购发票的，以农产品销售发票或收购发票上注明的农产品买价和10%的扣除率计算进项税额。

（2）试点期间，纳税人购进用于生产销售或委托受托加工16%税率货物的农产品按照12%的扣除率计算进项税额：购入时先抵扣10%，领用时再抵扣2%。

（3）纳税人购进农产品既用于生产销售或委托受托加工16%税率货物又用于生产销售其他货物服务的，应当分别核算用于生产销售或委托受托加工16%税率货物和其他货物服务的农产品进项税额。未分别核算的，统一以增值税专用发票或海关进口增值税专用缴款书上注明的增值税额为进项税额，或以农产品收购发票或销售发票上注明的农产品买价和10%的扣除率计算进项税额。

【举例】某日化公司2018年7月1日之后购入一批芦荟，用于生产芦荟护肤品。

如芦荟是从经销商手中购入，则可以取得增值税专用发票。如取得的是一般纳税人开具的增值税专用发票，可以直接抵扣票面注明的10%的进项税。但如果取得的是小规模纳税人代开的增值税专用发票则不能按票面注明的进项税直接抵扣，应抵扣的进项税=发票金额×10%。也就是在此情形下实际抵扣的进项税额和票面注明的税额并不一致。

如芦荟是从生产者手中购入的，则应凭收购发票买价的10%抵扣进项税。

此批芦荟，在领用去进行护肤品生产的时候，由于护肤品的增值税税率为16%，所以此农产品可以抵扣12%的进项税额。即购买时先抵扣10%的进项税额，在领用芦荟时再扣除2%的进项税额。

二、不得从销项税额中抵扣的进项税额

（一）不得抵扣的情形

表 2-20 进项税额不得抵扣的情形

分类	不得抵扣的具体情形
抵扣资格	1．一般纳税人会计核算不健全，或者不能够提供准确税务资料的。 2．应当办理一般纳税人资格登记而未办理的。
扣税凭证	取得的增值税扣税凭证不符合规定。
不得抵扣范围	1．用于简易计税项目、免税项目、集体福利或个人消费的购进货物、劳务、服务、无形资产和不动产。 【学堂点睛1】购入材料等要准确划分可以抵扣和不可抵扣范围。可按收入比例划分可以抵扣部分。 【学堂点睛2】专用于不得抵扣范围的固定资产、无形资产（不包括其他权益性无形资产）或不动产，不得抵扣进项；兼用的，可以抵扣全部进项。 【学堂点睛3】其他权益性无形资产无论专用或兼用于不得抵扣项目，均可抵扣进项税额。 【学堂点睛4】自2018年1月1日起，纳税人租入固定资产、不动产，既用于一般计税方法计税项目，又用于简易计税方法计税项目、免征增值税项目、集体福利或者个人消费的，其进项税额准予从销项税额中全额抵扣。 2．非正常损失的购进货物及相关的加工修理修配劳务和交通运输服务。 3．非正常损失的在产品、产成品所耗用的购进货物（不含固定资产）、加工修理修配劳务和交通运输服务。 4．非正常损失的不动产，以及该不动产所耗用的购进货物、设计服务和建筑服务。 5．非正常损失的不动产在建工程所耗用的购进货物、设计服务和建筑服务。 【学堂点睛1】非正常损失，指因管理不善造成货物被盗、丢失、霉烂变质，以及因违反法律法规造成货物或不动产被依法没收、销毁、拆除。 【学堂点睛2】自然灾害和正常损耗的，其对应的进项税额可以抵扣。 6．购进的旅客运输服务、贷款服务、餐饮服务、居民日常服务、娱乐服务。 【学堂点睛1】纳税人接受贷款服务向贷款方支付的有关投融资顾问费、手续费、咨询费等，不得抵扣进项税额。 【学堂点睛2】住宿服务，可凭专用发票抵扣进项税额。

（二）不得抵扣转可以抵扣

不得抵扣且未抵扣进项税额的固定资产、无形资产、不动产，用途改变可以抵扣进项税额的：

可以抵扣进项税额＝固定资产、无形资产、不动产净值/（1＋适用税率）×适用税率

（三）进项税额转出计算

表 2-21 进项税额转出计算

按原抵扣进项税额转出。	
按现在成本转出	实际成本＝进价＋运费＋保险费＋其他有关费用

（续上表）

分解税额转出	兼营简易计税方法计税项目、免征增值税项目而无法划分不得抵扣的进项税额，按照下列公式计算不得抵扣的进项税额： 不得抵扣的进项税额＝当期无法划分的全部进项税额×（当期简易计税方法计税项目销售额＋免征增值税项目销售额）/当期全部销售额
特殊资产税额转出	一般纳税人已抵扣进项税额的固定资产、无形资产或者不动产，按照下列公式计算不得抵扣的进项税额： 不得抵扣的进项税额＝固定资产、无形资产或者不动产净值×适用税率 固定资产、无形资产或者不动产净值，是指纳税人根据财务会计制度计提折旧或摊销后的余额。

进项税额转出相关计算举例：

1．购入材料一批，专用发票注明价款100万元，税额16万元。30%用于生产免税产品。

不得抵扣进项税额＝16×30%＝4.8（万元）

可以抵扣进项税额＝16×70%＝11.2（万元）

2．购入材料一批，专用发票注明价款100万元，税额16万元。该材料同时用于生产免税和应税药品，且无法准确划分用量。已知当月免税药品销售额200万元，应税药品不含税销售额100万元。

可以抵扣进项税额＝16×100/300＝5.33（万元）

应纳税额＝100×16%－5.33＝10.67（万元）

3．购入一套中央空调设备，职工食堂和车间共用，其专用发票注明价款100万元，税额16万元，安装费价款10万元，税额1万元。

可以抵扣进项税额＝16+1＝17（万元）

4．购入一套三层办公楼，一层作为职工食堂、二、三层为办公区域。其专用发票注明价款1 000万元，税额100万元。

可以抵扣进项税额100万元，但应分两年抵扣，第一年抵扣60%，第二年抵扣40%。

5．由于管理不善原因导致企业库存一批外购服装被盗，成本金额为110万元（含运费10万元）。

进项税额转出＝100×16%＋10×10%＝17（万元）

6．由于管理不善导致企业库存一批外购免税玉米被盗，成本金额为110万元（含运费10万元）。

项目	计入成本的金额	计算抵扣的进项税额
免税农产品	买价×90%	买价×10%

进项税额转出＝100/90%×10%＋10×10%＝12.11（万元）

学堂点睛

烟丝不是免税农产品，烟叶是农产品。如本题改为烟叶的话，也是按上述计算进项税额转出金额；但如果改为烟丝，则按例5的方法计算进项税额转出金额。

7．企业以前年度购入车间生产用的锅炉，目前改变用途用于职工浴室。已知其购入原值100万，进项税额16万已做进项税额抵扣，累计折旧金额为40万。

进项税额转出＝（100－40）×16%＝9.6（万元）

学堂点睛

已抵扣过进项税额的固定资产、无形资产或不动产发生不得抵扣情形的，以净值为依据做进项税额转出。

三、扣减当期进项税额

（一）进货退回。

（二）商业企业向供货方收取与商品销售量、销售额挂钩的各种返还收入，均应冲减当期增值税进项税额。

应冲减进项税额＝返还资金/（1＋货物适用增值税税率）×适用增值税税率

【例3-2007-单选题】下列行为中，涉及的进项税额不得从销项税额中抵扣的是（　　）。

A．将外购的货物用于本单位集体福利

B．将外购的货物分配给股东和投资者

C．将外购的货物无偿赠送给其他个人

D．将外购的货物作为投资提供给其他单位

【答案】A

学堂点拨

选项B、C、D均为视同销售。

【例4-单选题】下列项目所包含的进项税额，可以从销项税额中抵扣的是（　　）。

A．生产过程中出现的正常损耗

B．非正常损失的在产品耗用的货物和交通运输服务

C．接受贷款服务支付的投融资顾问费

D．非正常损失的不动产在建工程所耗用的购进货物、设计服务和建筑服务

【答案】A

学堂点拨

选项B，非正常损失的在产品所耗用的购进货物（不含固定资产）和交通运输服务，不得抵扣进项税；选项C，贷款服务以及相应的投融资顾问费、手续费、咨询费等，不得抵扣进项；选项D，非正常损失的不动产在建工程所耗用的购进货物、设计服务和建筑服务，不得抵扣进项。

知识点3 纳税义务发生时间

一、计算销项税额的时间限定

计算销项税额的时间限定：纳税义务发生时间。（见本章第十节“征收管理”知识点）

二、进项税额抵扣的时间限定

表 2-22 进项税额抵扣的时间限定

凭证	抵扣时限
增值税专用发票	取消增值税发票认证。 一般纳税人取得增值税发票后，可以自愿使用增值税发票选择确认平台查询、选择用于申报抵扣、出口退税或者代办退税的增值税发票信息。
海关进口增值税专用缴款书	自开具之日起360日内向税务机关申请稽核比对，比对相符可以申报抵扣进项税额。

知识点4 特殊情况下的税务处理

一、销售折让、中止或者退回涉及销项税额和进项税额的税务处理

纳税人适用一般计税方法计税的，因销售折让、中止或者退回而退还给购买方的增值税额，应当从当期的销项税额中扣减；因销售折让、中止或者退回而收回的增值税额，应当从当期的进项税额中扣减。销货方和购货方应相应地对当期的销项税额和进项税额进行调整。

对于一些企业在发生进货退出或折让并收回价款和增值税额时，没有相应减少当期进项税额，造成进项税额虚增，减少纳税的现象，这是税法所不能允许的，都将被认定为是逃避缴纳税款行为，并按逃避缴纳税款予以处罚。

二、向供货方取得返还收入的税务处理

对商业企业向供货方收取的与商品销售量、销售额挂钩（如以一定比例、金额、数量计算）的各种返还收入，均应按照平销返利行为的有关规定冲减当期增值税进项税额。

当期应冲减进项税额＝当期取得的返还资金/（1＋所购货物适用增值税税率）×所购货物适用增值税税率

商业企业向供货方收取的各种返还收入，一律不得开具增值税专用发票。

三、计算应纳税额时进项税额不足抵扣的处理

当期销项税额不足抵扣进项税额的部分可以结转下期继续抵扣。

原增值税一般纳税人兼有应税服务的，试点前的留抵税额不得从应税行为的销项税额中抵扣。

四、一般纳税人注销时进项税额的处理

一般纳税人注销或被取消辅导期一般纳税人资格，转为小规模纳税人时，其存货不作进项税额转出处理，其留抵税额也不予以退税。

【教材例题2】某生产企业为增值税一般纳税人，货物适用增值税税率为16%，2018年8月的有关生产经营业务如下：

1．销售甲产品给某大商场，开具增值税专用发票，取得不含税销售额80万元；同时取得销售甲产品的送货运输费收入5.85万元（含增值税价格，与销售货物不能分别核算）。

2．销售乙产品，开具普通发票，取得含税销售额29万元。

3．将自产的一批应税新产品用于本企业集体福利项目，成本价为20万元，该新产品无同类产品市场销售价格，国家税务总局确定该产品的成本利润率为10%。

4．销售2016年10月购进作为固定资产使用过的进口摩托车5辆，开具增值税专用发票，上面注明每辆取得销售额1万元。

5．购进货物取得增值税专用发票，注明支付的货款60万元、进项税额9.6万元；另外支付购货的运输费6万元，取得运输公司开具的增值税专用发票，上面注明的税金为0.6万元。

6．从农产品经营者（小规模纳税人）购进免税农产品一批（不适用进项税额核定扣除办法），取得的增值税专用发票上注明的金额为30万元，税额为0.9万元，同时支付给运输单位的运费5万元（不含增值税），取得运输部门开具的增值税专用发票，上面注明的增值税税额为0.5万元。该月下旬将购进的农产品的20%用于本企业职工福利。

7．当月租入商用楼房一层，取得对方开具的增值税专用发票上注明的税额为5.8万元。该楼房的1/3用于工会的集体福利项目，其余为企业管理部门使用。

以上相关票据均符合税法的规定。请按下列顺序计算该企业8月应缴纳的增值税税额。

1．计算销售甲产品的销项税额。

2．计算销售乙产品的销项税额。

3．计算新产品的销项税额。

4．计算销售使用过的摩托车应纳税额。

5．计算当月允许抵扣的进项税额的合计数。

6．计算该企业8月合计应缴纳的增值税税额。

学堂点拨

1．销售甲产品的销项税额＝80×16%＋5.85/（1＋16%）×16%＝13.6（万元）

2．销售乙产品的销项税额＝29/（1＋16%）×16%＝4（万元）

3．自用新产品的销项税额＝20×（1＋10%）×16 %＝3.52（万元）

4．销售使用过的摩托车销项税额＝1×16%×5＝0.8（万元）

5．外购货物应抵扣的进项税额＝9.6＋0.6＋（30×12%＋0.5）×（1－20%）＋5.8＝19.28（万元）

6．该企业8月应缴纳的增值税税额＝13.6＋4＋3.52＋0.8－19.28＝2.64（万元）

【例5-2014改编-单选题】某航空公司为增值税一般纳税人并具有国际运输经营资质，2018年6月购进飞机配件取得的增值税专用发票上注明价款650万元、税额104万元；开展航空服务开具普通发票取得的含税收入包括国内运输收入1 375万元、国际运输收入288.6万元、飞机清洗消毒收入127.2万元。该公司6月应缴纳的增值税为（　　）。

A．28.2万元　　B．50.54万元　　C．62.8万元　　D．68.21万元

【答案】A

学堂点拨

国际运输服务，适用增值税零税率；飞机清洗消毒服务属于物流辅助服务，税率为6%。该公司6月应缴纳的增值税＝1 375/（1＋10%）×10%＋127.2/（1＋6%）×6%－104＝28.2（万元）。注意：自2018年5月1日起，交通运输服务增值税税率从11%调整为10%。

【例6-2014改编-单选题】某船运公司为增值税一般纳税人，2018年6月购进船舶配件取得的增值税专用发票上注明价款360万元、税额57.6万元；开具普通发票取得的含税收入包括国内运输收入1 276万元、期租业务收入253万元、打捞收入116.6万元。该公司6月应缴纳的增值税为（　　）。

A．87.45万元　　B．92.4万元　　C．88万元　　D．103.25万元

【答案】C

学堂点拨

国内运输收入和期租业务收入应按“交通运输业”计算缴纳增值税；取得的打捞收入应按“现代服务业——物流辅助服务”计算缴纳增值税。应纳增值税＝（1 276＋253）/（1＋10%）×10%＋116.6/（1＋6%）×6%－57.6＝88（万元）。

【例7-2014改编-多选题】某船运公司为增值税一般纳税人并具有国际运输经营资质，2018年7月取得的含税收入包括货物保管收入40.28万元、装卸搬运收入97.52万元、国际运输收入355.2万元、国内运输收入748万元。该公司计算的下列增值税销项税额，正确的有（　　）。

A．货物保管收入的销项税额2.28万元　　B．装卸搬运收入的销项税额9.66万元

C．国际运输收入的销项税额35.2万元　　D．国内运输收入的销项税额68万元

【答案】AD

学堂点拨

货物保管服务、装卸搬运范围属于物流辅助服务，税率为6%；国际运输服务，适用增值税零税率；国内运输范围属于交通运输业服务，税率为10%。

货物保管收入的销项税额＝40.28/（1＋6%）×6%＝2.28（万元）

装卸搬运收入的销项税额＝97.52/（1＋6%）×6%＝5.52（万元）

国际运输收入的销项税额＝0

国内运输收入的销项税额＝748/（1＋10%）×10%＝68（万元）

知识点5 不动产、通行费及建筑服务相关业务计税规则（★★）

学堂点睛

房地产业务预缴比例速记口诀：

房企转让都是3

其他转让都是5

建筑用2/3

租赁用3/5

注意：应当预缴税款的小规模纳税人，凡在预缴地实现的月销售额未超过10万元的，当期无须预缴税款。

一、非房企转让不动产

（一）一般纳税人

不动产所在地和机构所在地不一致的，在不动产所在地主管税务机关预缴税款，向机构所在地主管税务机关申报纳税。

全额计税：应纳税额＝全部价款和价外费用/（1+5%）×5%

差额计税：应纳税额＝（全部价款和价外费用－不动产购置原价或作价）/（1+5%）×5%

全额预缴：预缴税额＝全部价款和价外费用/（1+5%）×5%

差额预缴：预缴税额＝（全部价款和价外费用－不动产购置原价或作价）/（1+5%）×5%

表 2-23　一般纳税人非房企转让不动产的转让情形及计税和预缴规定

转让情形	计税和预缴规定
转让其2016年4月30日前取得（不含自建）的不动产，可以选择适用简易计税方法计税，以取得的全部价款和价外费用扣除不动产购置原价或者取得不动产时的作价后的余额为销售额，按照5%的征收率计算应纳税额。	差额计税，差额预缴
转让其2016年4月30日前自建的不动产，可以选择适用简易计税方法计税，以取得的全部价款和价外费用为销售额，按照5%的征收率计算应纳税额。	全额计税，全额预缴
转让其2016年4月30日前取得（不含自建）的不动产，选择适用一般计税方法计税的，以取得的全部价款和价外费用为销售额计算应纳税额。	全额计税，差额预缴
转让其2016年4月30日前自建的不动产，选择适用一般计税方法计税的，以取得的全部价款和价外费用为销售额计算应纳税额。	全额计税，全额预缴
转让其2016年5月1日后取得（不含自建）的不动产，适用一般计税方法，以取得的全部价款和价外费用为销售额计算应纳税额。	全额计税，差额预缴
转让其2016年5月1日后自建的不动产，适用一般计税方法，以取得的全部价款和价外费用为销售额计算应纳税额。	全额计税，全额预缴

（二）小规模纳税人转让其取得的不动产，除个人转让其购买的住房外。

表 2-24　小规模纳税人转让其取得的不动产

取得（不含自建）的不动产	取得的全部价款和价外费用扣除不动产购置原价或者取得不动产时的作价后的余额为销售额，按照5%的征收率计算应纳税额。
转让其自建的不动产	以取得的全部价款和价外费用为销售额，按照5%的征收率计算应纳税额。

（三）个人转让其购买的住房，按照以下规定缴纳增值税：

表 2-25 对个人转让其购买的住房缴纳增值税的规定

全额计税	应纳税额＝全部价款和价外费用/（1+5%）×5%
差额计税	应纳税额＝（全部价款和价外费用－购买住房价款）/（1+5%）×5%

（四）其他个人以外的纳税人转让其取得的不动产，区分以下情形计算应向不动产所在地主管地税机关预缴的税款：

1. 以转让不动产取得的全部价款和价外费用作为预缴税款计算依据的，计算公式为：

应预缴税款＝全部价款和价外费用/（1+5%）×5%

2. 以转让不动产取得的全部价款和价外费用扣除不动产购置原价或者取得不动产时的作价后的余额作为预缴税款计算依据的，计算公式为：

应预缴税款＝（全部价款和价外费用－不动产购置原价或者取得不动产时的作价）/（1+5%）×5%

（五）其他个人转让其取得的不动产，按照上述第四条规定的计算方法计算应纳税额并向不动产所在地主管地税机关申报纳税。

（六）纳税人转让不动产缴纳增值税差额扣除的有关规定：

1. 纳税人转让不动产，按照有关规定差额缴纳增值税的，如因丢失等原因无法提供取得不动产时的发票，可向税务机关提供其他能证明契税计税金额的完税凭证等资料，进行差额扣除。

2. 纳税人以契税计税金额进行差额扣除的，按照下列公式计算增值税应纳税额：

（1）2016年4月30日及以前缴纳契税的：

增值税应纳税额＝［全部交易价格（含增值税）－契税计税金额（含营业税）］/（1+5%）×5%

（2）2016年5月1日及以后缴纳契税的：

增值税应纳税额＝［全部交易价格（含增值税）/（1+5%）－契税计税金额（不含增值税）］×5%

3. 纳税人同时保留取得不动产时的发票和其他能证明契税计税金额的完税凭证等资料的，应当凭发票进行差额扣除。

二、跨县（市、区）建筑服务（不含其他个人）

纳税人跨县（市、区）提供建筑服务，按照以下规定预缴税款：

表 2-26 跨县（市、区）提供建筑服务的纳税人预缴税款的规定

纳税人		预缴规定	预缴计算
一般纳税人	营改增之后的项目	适用一般计税方法计税的，以取得的全部价款和价外费用扣除支付的分包款后的余额，按照2%的预征率计算应预缴税款。	应预缴税款＝（全部价款和价外费用－支付的分包款）/（1+10%）×2%
	营改增之前的项目	选择适用简易计税方法计税的，以取得的全部价款和价外费用扣除支付的分包款后的余额，按照3%的征收率计算应预缴税款。	应预缴税款＝（全部价款和价外费用－支付的分包款）/（1+3%）×3%

（续上表）

纳税人	预缴规定	预缴计算
小规模纳税人	以取得的全部价款和价外费用扣除支付的分包款后的余额，按照3%的征收率计算应预缴税款。	应预缴税款＝（全部价款和价外费用－支付的分包款）/（1＋3%）×3%

三、不动产经营租赁

表 2-27　不动产经营租赁的纳税人预缴税款的计算

一般纳税人	2016年4月30日之前取得	可选简易征收5%。 预缴税款＝含税销售额/（1+5%）×5%
	2016年5月1日之后取得	一般计税方法。 预缴税款＝含税销售额/（1+10%）×3%
小规模纳税人	非住房	简易征收5%。
	住房	简易征收5%，减按1.5%计税（其他个人同样）。 应纳税款＝含税销售额/（1+5%）×1.5% 预缴税款＝应纳税款
通行费	高速通行费	应纳税款＝收入/（1+3%）×3%
	一级、二级公路、桥、闸通行费	应纳税额＝收入/（1+5%）×5%

四、房企销售自行开发的房地产项目

表 2-28　房企销售自行开发的房地产项目的增值税计税规则

一般纳税人	老项目	可选简易征收5%全额计税
	新项目	销售额＝（收入－土地价款）/（1+10%）
小规模纳税人	简易征收	销售额＝收入/（1+5%）
预收款	简易征收	预缴税款＝预收款/（1+5%）×3%
	一般计税	预缴税款＝预收款/（1+10%）×3%

注：老项目是指2016年4月30日前取得的不动产，新项目是指2016年5月1日后取得的不动产。

【例8-单选题】2018年7月，张某销售一套住房，取得含税销售收入460万元，该住房于2017年3月购进，购进时支付房价100万元，手续费0.2万元，契税1.5万元，张某销售住房应纳增值税（　　）万元。

A．21.90　　B．17.14　　C．12.05　　D．0

【答案】A

学堂点拨

个人将购买不足2年的住房对外销售，按5%的征收率全额缴纳增值税。

张某应纳增值税＝460/（1＋5%）×5%＝21.90（万元）。

【例9-单选题】一般纳税人销售其试点前自建的不动产，采用的增值税政策是（　　）。

A. 可以选择简易计税，以全部价款和价外费用减去成本为销售额，按5%征收率计税

B. 可以选择简易计税，以全部价款和价外费用为销售额，按5%征收率计税

C. 应使用一般计税方法，以全部价款和价外费用为销售额计税

D. 应使用一般计税方法，以全部价款和价外费用减去成本为销售额计税

【答案】B

学堂点拨

一般纳税人销售其试点前自建的不动产，可以选择简易计税，以全部价款和价外费用为销售额，按5%征收率计税。

第六节　简易征税方法应纳税额的计算

微信扫一扫
习题免费练

知识点　简易征税方法应纳税额的计算（★）

一、应纳税额的计算

应纳税额＝不含税销售额×征收率

二、含税销售额的换算

不含税销售额＝含税销售额/（1＋征收率）

学堂点睛

1. 简易征收比率为3%或5%。
2. 简易征收方式下不能抵扣进项税。

三、资管产品增值税处理办法

表2-29　资管产品增值税处理办法

计税方法	资管产品管理人运营资管产品过程中发生的增值税应税行为，暂适用简易计税方法，按照3%的征收率缴纳增值税。
资管产品管理人	包括银行、信托公司、公募基金管理公司及其子公司、证券公司及其子公司、期货公司及其子公司、私募基金管理人、保险资产管理公司、专业保险资产管理机构、养老保险公司。

（续上表）

资管产品	包括银行理财产品、资金信托（包括集合资金信托、单一资金信托）、财产权信托、公开募集证券投资基金、特定客户资产管理计划、集合资产管理计划、定向资产管理计划、私募投资基金、债权投资计划、股权投资计划、股债结合型投资计划、资产支持计划、组合类保险资产管理产品、养老保障管理产品。
其他增值税处理	1. 管理人应分别核算资管产品运营业务和其他业务的销售额和增值税应纳税额。未分别核算的，资管产品运营业务不得适用上述规定。 2. 管理人可选择分别或汇总核算资管产品运营业务销售额和增值税应纳税额。 3. 管理人应按照规定的纳税期限，汇总申报缴纳资管产品运营业务和其他业务增值税。 4. 2017年7月1日（含）以后，资管产品运营过程中发生的增值税应税行为，以资管产品管理人为增值税纳税人，按规定纳税。 5. 对资管产品在2017年7月1日前运营过程中发生的增值税应税行为，未缴纳增值税的，不再缴纳；已缴纳增值税的，已纳税额从资管产品管理人以后月份的增值税应纳税额中抵减。

第七节　进口环节增值税的征收（★★★）

微信扫一扫
习题免费练

表 2-30　进口货物征税规定

征税范围	报关进口的应税货物。
纳税人	进口货物的收货人或办理报关手续的单位和个人。 代理进口的为海关完税凭证上注明的纳税人。购买跨境电子商务零售进口商品的个人作为纳税义务人。电子商务企业、电子商务交易平台企业或物流企业可作为代收代缴义务人。
适用税率	按货物类别适用税率16%或10%，不适用征收率。进口抗癌药品，自2018年 5月1日起，减按3% 征收进口环节增值税。 对进口罕见病药品，自2019年3月1日起，减按3%征收进口环节增值税。 对跨境电子商务零售进口商品的单次交易限值为人民币5 000元，个人年度交易限值为人民币26 000元以内进口的跨境电子商务零售进口商品，关税税率暂设为0%。
税额计算	进口增值税＝组成计税价格×税率
	组成计税价格 ＝关税完税价格＋关税＋消费税 ＝（关税完税价格＋关税）/（1－消费税税率）
	关税完税价格：包括货价、运抵我国境内输入地点起卸前的包装费、运费、保险费和其他劳务费等。（到岸价格CIF）

（续上表）

税额计算	计算步骤：关税完税价格→关税→组成计税价格→增值税/消费税/车辆购置税。 【学堂点睛】进口增值税可以凭海关完税凭证抵扣进项。
征收管理	纳税义务发生时间：报关进口当天。 纳税地点：进口货物报关地海关。 纳税期限：海关填发税款缴纳书之日起15日内。

学堂点睛

1. 在计算进口环节的应纳增值税税额时不得抵扣任何税额，即在计算进口环节的应纳增值税税额时，不得抵扣发生在我国境外的各种税金。

2. 纳税人进口货物取得的合法海关完税凭证，是计算增值税进项税额的唯一依据，其价格差额部分以及从境外供应商取得的退还或返还资金，不作进项税额转出处理。

3. 跨境电子商务零售进口商品按照货物征收关税和进口环节增值税、消费税，以实际交易价格（包括货物零售价格、运费和保险费）作为完税价格。

4. 跨境电子商务零售进口商品的进口环节增值税、消费税取消免征税额，暂按法定应纳税额的70%征收。完税价格超过5 000元单次交易限值但低于26 000元年度交易限值，且订单下仅一件商品时，可以自跨境电商零售渠道进口，按照货物税率全额征收关税和进口环节增值税、消费税，交易额计入年度交易总额，但年度交易总额超过年度交易限值的，应按一般贸易管理。

5. 对“来料加工、进料加工”贸易方式进口国外的原材料、零部件等在国内加工后复出口的，对进口的料、件按规定给予免税或减税，但这些进口免、减的料件不能加工复出口，而是销往国内的，就要予以补税。

【例-计算题】2018年8月甲企业（一般纳税人）进口高档化妆品一批，关税完税价格150万元，假设进口关税税率为20%，消费税税率为15%，购进后内销，取得含税销售额348万元，计算甲企业进口环节应缴纳的关税、消费税和国内应纳增值税。

【答案】进口关税＝150×20%＝30（万元）

进口环节消费税＝（150＋30）/（1－15%）×15%＝31.76（万元）

进口环节增值税＝（150＋30）/（1－15%）×16%＝33.88（万元）

国内应纳增值税＝348/（1＋16%）×16%－33.88＝48－33.88＝14.12（万元）

学堂点拨

如果进口货物属于消费税的应税消费品，组成的计税价格中应当包含消费税。

第八节 出口和跨境业务增值税的退（免）税和征税（★）

微信扫一扫
习题免费练

知识点1 适用增值税退（免）税政策的范围

表 2–31 出口增值税政策

政策	解释
出口免税并退税	指对货物、劳务和跨境应税行为在出口销售环节免征增值税，其在出口前实际承担的税收负担，按规定退税率计算后予以退还。 【学堂点睛】免销项税，退进项税，即零税率。
出口免税不退税	适用这个政策的出口货物、劳务和跨境应税行为因为在前一道生产、销售环节或进口环节是免税的，所以出口时该货物、劳务和跨境应税行为的价格中本身就不含税，也无须退税。 【学堂点睛】只免销项税，不退进项税。因为之前环节中没有负担进项税。
出口不免税也不退税	是指对国家限制或禁止出口的某些货物、劳务和跨境应税行为的出口环节视同内销环节，照常征税。

学堂点睛

适用增值税免税政策的出口货物和劳务，其进项税额不得抵扣和退税，应当转入成本。（可以选择放弃免税）

表 2–32 出口免税并退税政策的适用范围（零税率）

适用范围	具体内容
出口企业出口货物	1. 生产企业出口自产货物或视同自产货物。 2. 外贸企业出口货物。
出口企业或其他单位视同出口的货物	1. 出口企业对外援助、对外承包、境外投资的出口货物。 2. 出口企业经海关报关进入特殊区域并销售给特殊区域内单位或境外单位、个人的货物。 3. 免税品经营企业销售的货物。 4. 出口企业或其他单位销售给用于国际金融组织或外国政府贷款国际招标建设项目的中标机电产品。 5. 出口企业或其他单位销售给国际运输企业用于国际运输工具上的货物。（航空食品） 6. 出口企业或其他单位销售给特殊区域内生产企业生产耗用且不向海关报关而输入特殊区域的水（包括蒸汽）、电力、燃气。
出口企业对外提供加工修理修配劳务	指对进境复出口货物或从事国际运输的运输工具进行的加工修理修配。
融资租赁货物出口退税	经批准的金融租赁公司以融资租赁方式租赁给境外承租人且租赁期限在5年（含）以上，并向海关报关后实际离境的货物，试行增值税、消费税出口退税政策。

（续上表）

适用范围	具体内容
跨境行为	1. 境内单位和个人提供的国际运输服务和航天运输、港澳台运输。 国际运输服务是指： （1）在境内载运旅客或者货物出境； （2）在境外载运旅客或者货物入境； （3）在境外载运旅客或者货物。 2. 境内单位和个人向境外单位提供的完全在境外消费的下列服务：研发、合同能源管理、设计、广播影视作品制作发行（不含播映放映）、软件、电路设计及测试、信息系统、业务流程管理、离岸服务外包业务、转让技术。

试点纳税人销售货物、提供应税劳务、发生应税行为适用不同税率或者征收率的，应当分别核算适用不同税率或者征收率的销售额，未分别核算销售额的，按照以下方法适用税率或者征收率：

1. 兼有不同税率的销售货物、提供应税劳务、发生应税行为，从高适用税率；

2. 兼有不同征收率的销售货物、提供应税劳务、发生应税行为，从高适用征收率；

3. 兼有不同税率和征收率的销售货物、提供应税劳务、发生应税行为，从高适用税率；

4. 纳税人销售活动板房、机器设备、钢结构等自产货物的同时提供建筑安装服务，不属于混合销售，应分别核算货物与建筑服务的销售额，分别适用不同的税率或征收率。

学堂点睛

此项业务属于特别规定，注意“销售自产货物＋建筑安装”是按兼营处理；但如果是“销售外购货物＋建筑安装”则一般应按混合销售处理。

【例1-单选题】下列销售货物中，适用16%的增值税税率的是（　　）。

A. 居民用煤炭制品　　B. 自来水　　C. 水果罐头　　D. 食用植物油

【答案】C

学堂点拨

选项A、B、D适用10%的低税率。

【例2-2018-单选题】境内单位和个人发生的下列跨境应税行为中，适用增值税零税率的是（　　）。

A. 向境外单位转让的完全在境外使用的技术

B. 在境外提供的广播影视节目的播映服务

C. 无运输工具承运业务的经营者提供的国际运输服务

D. 向境外单位提供的完全在境外消费的电信服务

【答案】A

学堂点拨

境内单位和个人向境外单位提供的完全在境外消费的下列服务，适用零税率：研发服务；合同能源管理服务；设计服务；广播影视节目（作品）的制作和发行服务；软件服务；电路设计及测试服务；信息系统服务；业务流程管理服务；离岸服务外包业务；转让技术。

选项C，境内单位和个人以无运输工具承运方式提供的国际运输服务，由境内实际承运人适用增值税零税率；无运输工具承运业务的经营者适用增值税免税政策。

知识点2 退税计算

一、退税方法

表 2-33 出口货物的退税方法

方法	适用范围
免抵退税	1. 生产企业出口自产和视同自产货物及对外提供加工修理修配劳务。 2. 列明的74家生产企业出口非自产货物。 3. 外贸企业直接将服务或自行研发的无形资产出口。
免退税	1. 不具备生产能力的出口企业（外贸企业）或其他单位出口货物劳务。 2. 外贸企业外购服务或无形资产出口。

二、退税率

表 2-34 出口货物的退税率

一般规定	1. 除明确有规定退税率的情况外，出口货物的退税率为其适用税率。 2. 服务和无形资产的退税率为其适用的增值税税率。 【学堂点睛】货物退税率≤征税率；服务和无形资产退税率=征税率。
特殊规定	1. 外贸企业购进按简易办法征税的出口货物、从小规模纳税人购进的出口货物，其退税率分别为简易办法实际执行的征收率、小规模纳税人征收率。上述出口货物取得增值税专用发票的，退税率按照增值税专用发票上的税率和出口货物退税率孰低的原则确定。 2. 出口企业委托加工修理修配货物，其加工修理修配费用的退税率，为出口货物的退税率。 3. 中标机电产品、出口企业向海关报关进入特殊区域销售给特殊区域内生产企业生产耗用的列名原材料、输入特殊区域的水电气，其退税率为适用税率。
其他规定	适用不同退税率的货物、劳务及跨境应税行为，应分开报关、核算并申报退（免）税，未分开报关、核算或划分不清的，从低适用退税率。

学堂点睛

退税率≤征税率，可能形成一部分不能退的进项税，应在会计账簿中作进项税额转出处理，计入出口业务成本。此征退之差是免抵退公式中的“不得免征和抵扣税额”。

三、退税依据

出口货物、劳务的增值税退（免）税的计税依据，按出口货物、劳务的出口发票（外销发票）、其他普通发票或购进出口货物、劳务的增值税专用发票、海关进口增值税专用缴款书确定。

具体退税依据规定总结：

表 2–35 出口货物的退税依据

情形	退税依据
生产企业出口货物、劳务（进料加工复出口货物除外）	出口货物、劳务的实际离岸价（FOB）。
进料加工复出口货物	出口货物离岸价－出口货物耗用的保税进口料件金额。
国内购进无进项税额且不计提进项税额的免税原材料加工后出口	出口货物离岸价－出口货物所含的国内购进免税原材料金额。
外贸企业出口货物（委托加工修理修配货物除外）	购进出口货物的增值税专用发票注明的金额或海关进口增值税专用缴款书注明的完税价格。
外贸企业出口委托加工修理修配货物	加工修理修配费用增值税专用发票注明的金额。
出口进项税额未计算抵扣的已使用过的设备	退（免）税计税依据＝增值税专用发票上的金额或海关进口增值税专用缴款书注明的完税价格×设备净值/设备原值 净值＝设备原值－累计折旧

学堂点睛

1．简化记忆退税依据：外贸企业用进价；生产企业用FOB价，有免税料件用FOB价－保税免税料件金额。

2．保税进口料件：是指海关以进料加工贸易方式监管的出口企业从境外和特殊区域等进口的料件。包括出口企业从境外单位或个人购买并从海关保税仓库提取且办理海关进料加工手续的料件，以及保税区外的出口企业从保税区内的企业购进并办理海关进料加工手续的进口料件。

四、免抵退税计算（必须掌握）

（一）“免抵退”含义

“免”税，是指免征出口货物的销项税。

“退”税，是指外销应退进项税超过内销应纳税部分。

“抵”税，是指外销应退税额抵减内销应纳税额。

抵税是为了简化征管手续，不用一边交税，一边退税，而是合并考虑。

（二）基本计算公式

表 2-36　出口货物的免抵退税的基本计算公式

<table>
<tr><td>剔</td><td>免抵退税不得免征和抵扣的税额＝出口离岸价格×外汇牌价×（出口货物征税率－退税率）</td><td rowspan="4">比较应纳税额绝对数和退税限额，退较小者。
如：应纳税额绝对数>退税限额
应退税额＝退税限额
免抵＝0
留抵＝应纳税额绝对数－退税限额
如：应纳税额绝对数≤退税限额
应退税额＝应纳税额绝对数
免抵＝退税限额－应纳税额绝对数
留抵＝0</td></tr>
<tr><td>抵</td><td>当期应纳税额＝内销销项税额－（进项税额－免抵退税不得免征和抵扣税额）－上期末留抵税额</td></tr>
<tr><td>比</td><td>免抵退税额＝出口离岸价格×外汇牌价×退税率</td></tr>
<tr><td>退</td><td>比较后确定应退税额、免抵税额或留抵税额</td></tr>
</table>

（三）修正计算公式

如果出口企业存在免税或保税料件购进的情况（国内免税料件或进料加工保税进口料件），应在出口销售额中减除免税料件的价款。

表 2-37　出口货物的免抵退税的修正计算公式

<table>
<tr><td>剔</td><td>免抵退税不得免征和抵扣的税额＝出口离岸价格×外汇牌价×（出口货物征税率－退税率）－免抵退税不得免征和抵扣税额抵减额
免抵退税不得免征和抵扣税额抵减额＝当期免税购进原材料价格×（出口货物征税率－出口货物退税率）</td></tr>
<tr><td>抵</td><td>当期应纳税额＝内销销项税额－（进项税额－免抵退税不得免征和抵扣税额）－上期末留抵税额</td></tr>
<tr><td>比</td><td>免抵退税额＝出口离岸价格×外汇牌价×退税率－免抵退税额抵减额
免抵退税额抵减额＝当期免税购进原材料价格×出口货物退税率</td></tr>
<tr><td>退</td><td>比较后确定应退税额、免抵税额或留抵税额</td></tr>
</table>

学堂点睛

当期免税购进原材料价格包括当期国内购进的无进项税额且不计提进项税额的免税原材料的价格和当期进料加工保税进口料件的价格。当期进料加工保税进口料件的价格为进料加工出口货物耗用的保税进口料件金额：

进料加工出口货物耗用的保税进口料件金额＝进料加工出口货物人民币离岸价×进料加工计划分配率

计划分配率＝计划进口总值/计划出口总值×100%

【举例1】如果出口离岸价格为100万，当月进料加工免税进口料件耗用料件金额为20万，则计算退税时用100万计算不得免征和抵扣税额以及免抵退税额，用20万计算其抵减额。或直接用80万作为退税依据直接用基本公式计算退税。

【举例2】如果出口离岸价格为100万，进料加工的计划分配率为10%，相当于出口货物的价格中有10%是耗用的免税料件。则计算退税时用100万计算不得免征和抵扣税额及免抵退税额，用10万（100×10%）计算其抵减额。或直接用90万作为退税依据根据基本公式计算退税。

【教材例题1】某自营出口的生产企业为增值税一般纳税人，出口货物的征税税率为16%，退税税率为13%，2018年6月的有关经营业务为：购进原材料一批，取得的增值税专用发票注明的价款200万元，外购货物准予抵扣的进项税额32万元通过认证。上月末留抵税款3万元，本月内销货物不含税销售额100万元，收款116万元存入银行，本月出口货物的销售额折合人民币200万元。试计算该企业当期的“免、抵、退”税额。

1. 当期“免、抵、退”税不得免征和抵扣税额=200×（16%−13%）=6（万元）

2. 当期应纳税额=100×16%−（32−6）−3=16−26−3=-13（万元）

3. 出口货物“免、抵、退”税额=200×13%=26（万元）

4. 按规定，如当期期末留抵税额 ≤ 当期“免、抵、退”税额时：

当期应退税额=当期期末留抵税额

即该企业当期应退税额=13（万元）

5. 当期免抵税额=当期“免、抵、退”税额−当期应退税额

当期免抵税额=26−13=13（万元）

【教材例题2】某自营出口的生产企业为增值税一般纳税人，出口货物的征税税率为16%，退税税率为13%。2018年8月有关经营业务为：购原材料一批，取得的增值税专用发票注明的价款400万元，外购货物准予抵扣的进项税额64万元通过认证。上期末留抵税款5万元。本月内销货物不含税销售额100万元，收款116万元存入银行。本月出口货物的销售额折合人民币200万元。试计算该企业当期的“免、抵、退”税额。

1. 当期“免、抵、退”税不得免征和抵扣税额=200×（16%−13%）=6（万元）

2. 当期应纳税额=100×16%−（64−6）−5 =16−58−5 =-47（万元）

3. 出口货物“免、抵、退”税额=200×13%=26（万元）

4. 按规定，如当期期末留抵税额>当期“免、抵、退”税额时：

当期应退税额=当期“免、抵、退”税额

即该企业当期应退税额=26（万元）

5. 当期免抵税额=当期“免、抵、退”税额−当期应退税额

该企业当期免抵税额=26−26=0（万元）

6. 8月期末留抵结转下期继续抵扣税额为21万元（47−26）。

【教材例题3】某自营出口生产企业是增值税一般纳税人，出口货物的征税税率为16%，退税税率为13%。2018年10月有关经营业务为：购原材料一批，取得的增值税专用发票注明的价款200万元，外购货物准予抵扣进项税额32万元通过认证。当月进料加工出口货物耗用的保税进口料件金额100万元。上期末留抵税款6万元。本月内销货物不含税销售额100万元。收款116万元存入银行。本月出口货物销售额折合人民币200万元。试计算该企业当期的“免、抵、退”税额。

1. “免、抵、退”税不得免征和抵扣税额抵减额=进料加工出口货物耗用的保税进口料件金额×（出口货物征税税率−出口货物退税税率）=100×（16%−13%）=3（万元）

2. “免、抵、退”税不得免征和抵扣税额=当期出口货物离岸价×外汇人民币牌价×（出口货

物征税税率－出口货物退税税率）－“免、抵、退”税不得免征和抵扣税额抵减额＝200×（16%－13%）－3＝6－3＝3（万元）

3. 当期应纳税额＝100×16%－（32－3）－6＝16－29－6＝－19（万元）

4. “免、抵、退”税额抵减额＝免税购进原材料×材料出口货物退税税率＝100×13%＝13（万元）

5. 出口货物“免、抵、退”税额＝200 ×13%－13＝13（万元）

6. 按规定，如当期期末留抵税额＞当期“免、抵、退”税额时：

当期应退税额＝当期“免、抵、退”税额

即该企业应退税额＝13（万元）

7. 当期免抵税额＝当期“免、抵、退”税额－当期应退税额

当期该企业免抵税额＝13－13＝0（万元）

8. 10月期末留抵结转下期继续抵扣税额为6万元（19－13）。

【教材例题4】某国际运输公司，已登记为一般纳税人，该企业实行“免、抵、退”税管理办法。该企业2018年8月实际发生如下业务：

1. 该企业当月承接了3个国际运输业务，取得确认的收入60万元人民币。

2. 企业增值税纳税申报时，期末留抵税额为15万元人民币。

要求：计算该企业当月的退税额。

当期零税率应税行为“免、抵、退”税额＝当期零税率应税行为“免、抵、退”税计税依据×外汇人民币折合率×零税率应税行为增值税退税率＝60×10%＝6（万元）

因为当期期末留抵税额15万元＞当期“免、抵、退”税额6万元，所以当期应退税额＝当期“免、抵、退”税额＝6（万元）。退税申报后，结转下期留抵的税额为9万元。

五、免退税计算方法

（一）外贸企业出口委托加工修理修配货物以外的货物

增值税应退税额＝增值税退（免）税计税依据×出口货物退税率

【教材例题5】某进出口公司2016年6月出口美国平纹布2 000米，进货增值税专用发票列明单价20元/平方米，计税金额为40 000元，增值税出口退税率为13%。要求：计算当期应退增值税税额。

应退税额＝2 000×20×13%＝5 200（元）

（二）外贸企业出口委托加工修理修配货物

出口委托加工修理修配货物的增值税应退税额＝委托加工修理修配的增值税退（免）税计税依据×出口货物退税率

【教材例题6】某进出口公司2018年6月购进牛仔布委托加工成服装出口，取得牛仔布增值税发票一张，注明计税金额10 000元；取得服装加工费计税金额2 000元，受托方将原材料成本并入加工修理修配费用并开具了增值税专用发票。假设增值税出口退税率16%。要求：计算当期应退的增值税税额。

应退税额＝（10 000＋2 000）×16%＝1 920（元）

【例3-2016改编-单选题】某自营出口的生产企业为增值税一般纳税人，出口货物的征税率为16%，退税率为13%。2018年6月购进原材料一批，取得的增值税专用发票注明金额500万元、税额80万元。6月内销货物取得不含税销售额150万元，出口货物取得销售额折合人民币200万元，上月增值税留抵税额10万元。该企业当期“免、抵、退”税不得免征和抵扣税额为（　　）。

A．6万元　　B．8万元　　C．20万元　　D．26万元

【答案】A

学堂点拨

不得免征和抵扣税额＝出口货物离岸价×外汇人民币折合率×（出口货物适用税率－出口货物退税率）＝200×（16%－13%）＝6（万元）。

知识点3 出口货物、劳务和跨境应税行为增值税免税政策

该出口免税政策主要是由于购入环节未负担进项税或未核算进项税，所以出口环节不退还进项税，只能免除销项税。

一、出口企业或其他单位出口规定的货物，具体是指：

（一）增值税小规模纳税人出口的货物。

（二）避孕药品和用具，古旧图书。

（三）软件产品，含动漫软件。

（四）含黄金、铂金成分的货物，钻石及其饰品。

（五）国家计划内出口的卷烟。

（六）非出口企业委托出口的货物。

（七）非列名生产企业出口的非视同自产货物。

（八）农业生产者自产农产品。

（九）油、花生果仁、黑大豆等财政部和国家税务总局规定的出口免税的货物。

（十）外贸企业取得普通发票、废旧物资收购凭证、农产品收购发票、政府非税收入票据的货物。

（十一）来料加工复出口的货物。

（十二）特殊区域内的企业出口的特殊区域内的货物。

（十三）以人民币现金作为结算方式的边境地区出口企业从所在省（自治区）的边境口岸出口到接壤国家的一般贸易和边境小额贸易出口货物。

（十四）以旅游购物贸易方式报关出口的货物。

二、出口企业或其他单位视同出口的下列货物和劳务：

（一）国家批准设立的免税店销售的免税货物，包括进口免税货物和已实现退（免）税的货物；

（二）特殊区域内的企业为境外的单位或个人提供加工修理修配劳务；

（三）同一特殊区域、不同特殊区域内的企业之间销售特殊区域内的货物。

三、出口企业或其他单位未按规定申报或未补齐增值税退（免）税凭证的出口货物和劳务。

四、境内的单位和个人销售的列明服务和无形资产免征增值税，但财政部和国家税务总局规定适用增值税零税率的除外。

学堂点拨

跨境服务除列明项目享受零税率外，其余情形为免税。如国际运输服务符合规定的可以享受零税率，即又免又退的政策，不符合规定资质要求的则享受免税政策。

五、对跨境电子商务综合试验区电子商务出口企业出口未取得有效进货凭证的货物，同时符合列明条件的，试行增值税、消费税免税政策。

六、市场经营户自营或委托市场采购贸易经营者以市场采购贸易方式出口的货物免征增值税。

知识点4 出口货物、劳务和跨境应税行为增值税征税政策

出口货物、劳务和跨境应税行为增值税征税政策适用于列明情形：

一、出口企业出口或视同出口财政部和国家税务总局根据国务院决定明确的取消出口退（免）税的货物（不包括来料加工复出口货物、中标机电产品、列名原材料、输入特殊区域的水电气、海洋工程结构物）。

二、出口企业或其他单位销售给特殊区域内的生活消费用品和交通运输工具。

三、出口企业或其他单位因骗取出口退税被税务机关停止办理增值税退（免）税期间出口的货物。

四、出口企业或其他单位提供虚假备案单证的货物。

五、出口企业或其他单位增值税退（免）税凭证有伪造或内容不实的货物。

六、出口企业或其他单位未在国家税务总局规定期限内申报免税核销以及经主管税务机关审核不予免税核销的出口卷烟。

七、出口企业或其他单位具有以下情形之一的出口货物和劳务：

如：以自营名义出口而实际不是等情形。

八、不适用跨境应税行为适用增值税零税率和免税政策规定的出口服务和无形资产。

知识点5 境外旅客购物离境退税政策

一、境外旅客：是指在我国境内连续居住不超过183天的外国人和港澳台同胞。

二、退税物品：是指由境外旅客本人在退税商店购买且符合退税条件的个人物品，但不包括禁止或限制出口物品、免税物品等。

三、申请退税，应当同时符合以下条件：

（一）同一境外旅客同一日在同一退税商店购买的退税物品金额达到500元人民币；

（二）退税物品尚未启用或消费；

（三）离境日距退税物品购买日不超过90天；

（四）所购退税物品由境外旅客本人随身携带或随行托运出境。

四、退税率：10%。

五、退税计算公式：

应退增值税额=退税物品销售发票金额（含增值税）×退税率

六、退税方式：包括现金退税和银行转账退税两种方式。

退税额未超过10 000元的，可自行选择退税方式。退税额超过10 000元的，以银行转账方式退税。

第九节　税收优惠（★）

微信扫一扫
习题免费练

知识点1　免税优惠

一、《增值税暂行条例》规定的免税项目

（一）农业生产者销售的自产农产品。

学堂点睛

1. 农业生产者，包括从事农业生产的单位和个人。农业产品是指种植业、养殖业、林业、牧业、水产业生产的各类植物、动物的初级产品。

2. 纳税人采取“公司+农户”经营模式从事畜禽饲养，纳税人回收再销售畜禽，属于农业生产者销售自产农产品，应免征增值税。

3. 农产品计税规则：农业生产者销售自产农产品免税；经营者销售农产品适用低税率10%；一般纳税人销售工业加工后的农产品适用基本税率16%。

（二）避孕药品和用具。

（三）古旧图书，是指向社会收购的古书和旧书。

（四）直接用于科学研究、科学试验和教学的进口仪器、设备。

（五）外国政府、国际组织无偿援助的进口物资和设备。

（六）由残疾人的组织直接进口供残疾人专用的物品。

（七）销售的自己使用过的物品。自己使用过的物品，是指其他个人自己使用过的物品。

二、“营改增通知”及有关部门规定的税收优惠政策

表 2-38　营改增相关免税

文教卫生	1. 托儿所、幼儿园提供的保育和教育服务。 2. 养老机构提供的养老服务。 3. 残疾人福利机构提供的育养服务。

（续上表）

文教卫生	4．婚姻介绍服务。 5．殡葬服务。 6．残疾人员本人为社会提供的服务。 7．医疗机构提供的医疗服务。 8．从事学历教育的学校提供的教育服务。 9．学生勤工俭学提供的服务。 10．政府举办的从事学历教育的高等、中等和初等学校（不含下属单位），举办进修班、培训班取得的全部归该学校所有的收入。 11．政府举办的职业学校设立的主要为在校学生提供实习场所，并由学校出资自办、由校负责经营管理、经营收入归学校所有的企业，从事“现代服务”（不含融资租赁服务、广告服务和其他现代服务）、“生活服务”（不含文化体育服务、其他生活服务和桑拿、氧吧）业务活动取得的收入。 12．纪念馆、博物馆、文化馆、文物保护单位管理机构、美术馆、展览馆、书画院、图书馆在自己的场所提供文化体育服务取得的第一道门票收入。 13．寺院、宫观、清真寺和教堂举办文化、宗教活动的门票收入。 14．境外教育机构与境内从事学历教育的学校开展中外合作办学，提供学历教育服务取得的收入免征增值税。 15．自2018年1月1日起至2020年12月31日，免征图书批发、零售环节增值税。 16．自2018年1月1日起至2020年12月31日，对科普单位的门票收入，以及县级及以上党政部门和科协开展科普活动的门票收入免征增值税。
个人	1．个人转让著作权。 2．个人销售自建自用住房。 3．个人从事金融商品转让业务。 4．涉及家庭财产分割的个人无偿转让不动产、土地使用权。 【学堂点睛】家庭财产分割，包括：离婚财产分割；无偿赠与配偶、父母、子女、祖父母、外祖父母、孙子女、外孙子女、兄弟姐妹；无偿赠与对其承担直接抚养或者赡养义务的抚养人或者赡养人；房屋产权所有人死亡，法定继承人、遗嘱继承人或者受遗赠人依法取得房屋产权。 5．个人住房销售： 将购买不足2年的住房对外销售的，按照5%的征收率全额缴纳增值税；个人将购买2年以上（含2年）的住房对外销售的，免征增值税。上述政策适用于北京市、上海市、广州市和深圳市之外的地区。 个人将购买2年以上（含2年）的非普通住房对外销售的，以销售收入减去购买住房价款后的差额按照5%的征收率缴纳增值税；个人将购买2年以上（含2年）的普通住房对外销售的，免征增值税。上述政策仅适用于北京市、上海市、广州市和深圳市。
房地资源	1．军队空余房产租赁收入。 2．企业、行政事业单位按房改成本价、标准价出售住房取得的收入。 3．将土地使用权转让给农业生产者用于农业生产。 4．土地所有者出让土地使用权和土地使用者将土地使用权归还给土地所有者。 5．县级以上地方人民政府或自然资源行政主管部门出让、转让或收回自然资源使用权（不含土地使用权）。

（续上表）

金融保险	1. 列明利息收入： 金融机构农户小额贷款的利息收 入（10万元及以下）、国家助学贷款、国债、地方政府债、人民银行对金融机构的贷款、住房公积金个人住房贷款、外汇管理部门委托金融机构发放的外汇贷款、统借统还业务中按不高于支付给金融机构的借款利率水平或者支付的债券票面利率水平收取的利息。 【学堂点睛】1. 统借方向资金使用单位收取的利息，高于支付给金融机构借款利率水平或者支付的债券票面利率水平的，应全额缴纳增值税。2. 企业集团内单位（含企业集团）之间的资金无偿借贷行为，免征增值税。 2. 被撤销金融机构以货物、不动产、无形资产、有价证券、票据等财产清偿债务。被撤销金融机构所属、附属企业，不享受此免税政策。 3. 保险公司开办的一年期以上人身保险产品取得的保费收入。 4. 再保险服务。 5. 下列金融商品转让收入： （1）合格境外投资者（QFII）委托境内公司在我国从事证券买卖业务。 （2）香港市场投资者（单位和个人）通过沪港通和深港通买卖上海证券交易所和深圳证券交易所上市A股；内地投资者（包括单位和个人）通过沪港通买卖香港联交 所上市股票。 （3）对香港市场投资者（单位和个人）通过基金互认买卖内地基金份额。 （4）证券投资基金管理人运用基金买卖股票、债券。 （5）个人从事金融商品转让业务。 6. 金融同业往来利息收入。 7. 同时符合条件的担保机构从事中小企业信用担保或者再担保业务取得的收入（不含信用评级、咨询、培训等收入）3年内免征增值税。 8. 全国社会保障基金理事会、全国社会保障基金投资管理人运用全国社会保障基金买卖证券投资基金、股票、债券取得的金融商品转让收入，免征增值税。 9. 对社保基金会、社保基金投资管理人在运用社保基金投资过程中提供贷款服务，取得的全部利息及利息性质的收入和金融商品转让收入，免征增值税。 10. 对境外机构投资境内债券市场取得的债券利息收入暂免征收增值税。 11. 对金融机构向小型企业、微型企业和 个体工商户发放小额贷款取得的利息收入，免征增值税。 12. 金融企业发放贷款后，自结息日起90天内发生的应收未收利息按现行规定缴纳增值税，自结息日起90天后发生的应收未收利息暂不缴纳增值税，待实际收到利息时按规定缴纳增值税。
特殊人群	1. 随军家属。 2. 军队转业干部： （1）安置二类人员而新开办的企业，自领取税务登记证之日起3年免征增值税。 （2）从事个体经营的二类人员，自办理税务登记事项之日起3年内免征增值税。
其他免税	1. 纳税人提供技术转让、技术开发和与之相关的技术咨询、技术服务。 2. 同时符合条件的合同能源管理服务。 3. 福利彩票、体育彩票的发行收入。 4. 农业机耕、排灌、病虫害防治、植物保护、农牧保险以及相关技术培训业务，家禽、牲畜、水生动物的配种和疾病防治。 5. 行政单位之外的其他单位收取的符合条件的政府性基金和行政事业性收费。

（续上表）

其他免税	6. 各党派、共青团、工会、妇联、中科协、青联、台联、侨联收取党费、团费、会费，以及政府间国际组织收取会费，属于非经营活动，不征收增值税。 7. 家政服务企业由员工制家政服务员提供家政服务取得的收入。 8. 对列明国际航运保险业务免征增值税。 9. 台湾航运公司、航空公司从事海峡两岸海上直航、空中直航业务在大陆取得的运输收入。 10. 纳税人提供的直接或者间接国际货物运输代理服务。 11. 国家商品储备管理单位及其直属企业承担商品储备任务，从中央或地方财政取得的利息补贴收入和价差补贴收入。 12. 青藏铁路公司提供的铁路运输服务免征增值税。 13. 中国邮政集团公司及其所属邮政企业提供的邮政普遍服务和邮政特殊服务，免征增值税。 14. 自2016年1月1日起，中国邮政集团公司及其所属邮政企业为金融机构代办金融保险业务取得的代理收入，在"营改增"期间免征增值税。 15. 中国信达、中国华融、中国长城、中国东方资产管理公司及各自分支机构，在收购、承接和处置剩余政策性剥离不良资产和改制银行剥离不良资产过程中开展的特定业务免征增值税。 16. 对国家级、省级科技企业孵化器、大学科技园和国家备案众创空间向在孵对象提供孵化服务取得的收入，免征增值税。 17. 列明的国际航运保险业务免征增值税。 18. 自2017年1月1日至2019年12月31日，对广播电视运营服务企业收取的有线数字电视基本收视维护费和农村有线电视基本收视费，免征增值税。

三、财政部、国家税务总局规定的其他部分征免税项目

（一）纳税人销售自产的综合利用产品和提供资源综合利用劳务，可享受增值税即征即退政策。退税比例有30%、50%、70%和100%4个档次。

（二）对从事蔬菜批发、零售的纳税人销售的蔬菜免征增值税。

学堂点睛

蔬菜免征各个流通环节的增值税。此处蔬菜的范围包括经挑选、清洗、切分、晾晒、包装、脱水、冷藏、冷冻等工序加工的蔬菜，但不包括各种蔬菜罐头。

（三）除豆粕外的其他粕类饲料产品，均免征增值税。

（四）制种行业列明经营模式下生产销售种子，属于农业生产者销售自产农业产品，免征增值税。

（五）纳税人生产销售和批发、零售有机肥产品免征增值税。

（六）按债转股企业与金融资产管理公司签订的债转股协议，债转股原企业将货物资产作为投资提供给债转股新公司的，免征增值税。

（七）自2014年3月1日起，对外购用于生产乙烯、芳烃类化工产品（以下称特定化工产品）的石脑油、燃料油（以下称两类油品），且使用两类油品生产特定化工产品的产量占本企业用石脑油、燃料油生产各类产品总量50%（含）以上的企业，其外购两类油品的价格中消费税部分对应的增值税额，予以退还。

予以退还的增值税额＝已缴纳消费税的两类油品数量×两类油品消费税单位税额×16%

（八）小规模纳税人发生增值税应税销售行为，合计月销售额未超过10 万元（以1个季度为1个纳税期的，季度销售额未超过30万元）的，免征增值税 。

1．小规模纳税人发生增值税应税销售行为，合计月销售额超过10万元，但扣除本期发生的销售不动产的销售额后未超过10万元的，其销售货物、劳务、服务、无形资产取得的销售额免征增值税。

2．适用增值税差额征税政策的小规模纳税人，以差额后的销售额确定是否可以享受上述规定的免征增值税政策。

（九）境内的单位和个人销售规定的服务和无形资产免征增值税，但按规定适用增值税零税率的除外。

（十）自2016年1月1日至2018年供暖期结束，对供热企业向居民个人供热而取得的采暖费收入免征增值税。

（十一）2017年1月1日至2019年12月31日，对广播电视运营服务企业收取的有线数字电视基本收视维护费和农村有线电视基本收视费，免征增值税。

（十二）对符合规定的内资研发机构和外资研发中心采购国产设备全额退还增值税。

学堂点睛

研发机构已退税的国产设备，自增值税发票开具之日起3年内，设备所有权转移或移作他用的，研发机构须向主管国税机关补缴已退税款。

应补税款=增值税发票上注明的金额×（设备折余价值/设备原值）×增值税适用税率

设备折余价值=设备原值－累计已提折旧

（十三）原对城镇公共供水用水户在基本水价（自来水价格）外征收水资源税的试点省份，在水资源费改税试点期间，按照不增加城镇公共供水企业负担的原则，城镇公共供水企业缴纳的水资源税所对应的税费收入，不计征增值税，按“不征税自来水”项目开具增值税普通发票。

（十四）纳税人采取转包、出租、互换、转让、入股等方式将承包地流转给农业生产者用于农业生产，免征增值税。

（十五）自2018年1月1日至2019年12月31日，纳税人为农户、小型企业、微型企业及个体工商户借款、发行债券提供融资担保取得的担保费收入，以及为上述融资担保提供再担保取得的再担保费收入，免征增值税。再担保合同对应多个原担保合同的，原担保合同应全部使用免征增值税政策。否则，再担保合同应按规定缴纳增值税。

（十六）自2016年5月1日起，社会团体收取的会费，免征增值税。2017年12月25日前已征的增值税，可抵减以后月份应缴纳的增值税，或办理退税。

（十七）其他个人，采取一次性收取租金形式出租不动产取得的租金收入，可在对应的租赁期内平均分摊，分摊后的月租金收入未超过10 万元的，免征增值税。

社会团体开展经营服务性活动取得的其他收入，一律照章缴纳增值税。

（十八）对赞助企业及参与赞助的下属机构根据赞助协议及补充赞助协议向北京冬奥组委免费提供的，与北京2022年冬奥会、冬残奥会、测试赛有关的服务，免征增值税 。

（十九）增值税期末留抵税额的退还政策

1．企业范围：退还增值税期末留抵税额的行业包括装备制造等先进制造业、研发等现代服务业和电网企业。

2．纳税人条件：纳税信用等级为A级或B级。

3．退还期末留抵税额的计算

纳税人向主管税务机关申请退还期末留抵税额，当期退还的期末留抵税额，以纳税人申请退税上期的期末留抵税额和退还比例计算，并以纳税人2017年底期末留抵税额为上限。

（1）可退还的期末留抵税额＝纳税人申请退税上期的期末留抵税额×退还比例

退还比例按下列方法计算：

①2014年12月31日前（含）办理税务登记的纳税人，退还比例为2015年、2016年和2017年三个年度已抵扣的增值税专用发票、海关进口增值税专用缴款书、解缴税款完税凭证注明的增值税额占同期全部已抵扣进项税额的比重。

②2015年1月1日后（含）办理税务登记的纳税人，退还比例为实际经营期间内已抵扣的增值税专用发票、海关进口增值税专用缴款书、解缴税款完税凭证注明的增值税额占同期全部已抵扣进项税额的比重。

（2）当可退还的期末留抵税额不超过2017年底期末留抵税额时，当期退还的期末留抵税额为可退还的期末留抵税额。当可退还的期末留抵税额超过2017年底期末留抵税额时，当期退还的期末留抵税额为2017年底期末留抵税额。

（二十）小规模纳税人月销售额未超过10万元的，当期因开具增值税专用发票已经缴纳的税款，在增值税专用发票全部联次追回或者按规定开具红字专用发票后，可以向主管税务机关申请退还。

知识点2 增值税即征即退

一、增值税一般纳税人销售其自行开发生产的软件产品，按16%税率征收增值税后，对其增值税实际税负超过3%的部分实行即征即退政策。

学堂点睛

> 增值税一般纳税人将进口软件产品进行本地化改造后对外销售，其销售的软件产品可享受上述规定的增值税即征即退政策。单纯对进口软件产品进行汉字化处理不包括在内。

二、一般纳税人提供管道运输服务，对其增值税实际税负超过3%的部分实行增值税即征即退政策。

三、经人民银行、银监会或者商务部批准从事融资租赁业务的试点纳税人中的一般纳税人，提供有形动产融资租赁服务和有形动产融资性售后回租服务，对其增值税实际税负超过3%的部分实行增值税即征即退政策。

四、自2018年5月1日至2020年12月31日，对动漫企业增值税一般纳税人销售其自主开发生产的动漫软件，按照16%的税率征收增值税后，对其增值税实际税负超过3% 的部分，实行即征即退政策。

学堂点睛

税负率＝实际交纳增值税税额/不含税的实际销售收入×100%。

五、安置残疾人的单位和个体户，按安置人数限额即征即退增值税。

本期应退增值税额＝本期所含月份每月应退增值税额之和

月应退增值税额＝纳税人本月安置残疾人员人数×本月最低工资标准的4倍

学堂点睛

纳税人本期已缴增值税小于本期应退税额不足退还的，可在本年度内以前纳税期已缴增值税额扣除已退增值税额的余额中退还，仍不足退还的可结转本年度内以后纳税期退还。

年度已缴增值税小于或等于年度应退税额的，退税额为年度已缴增值税税额；年度已缴增值税额大于年度应退税额的，退税额为年度应退税额。

年度已缴增值税税额不足退还的，不得结转以后年度退还。

知识点3 增值税先征后退

自2018年1月1日起至2020年12月31日，对宣传文化执行增值税先征后退政策：列明出版物在出版环节执行增值税100%或50%先征后退的政策。

知识点4 增值税起征点的规定

一、起征点仅适用于个人，包括个体工商户和其他个人，但不适用于登记为一般纳税人的个体工商户。

二、个人发生应税行为的销售额未达到增值税起征点的，免征增值税；达到起征点的，全额计算缴纳增值税。

学堂点睛

税收优惠中：对月销售额10万元以下（含本数）的增值税小规模纳税人，免征增值税。

三、起征点幅度：

（一）按期纳税的，为月销售额5 000～20 000元（含本数）；

（二）按次纳税的，为每次（日）销售额300～500元（含本数）。

知识点5 其他有关减免税的规定

一、兼营免税、减税项目的纳税人需分别核算减免税货物与其他货物的销售额，未分别核算的不得减免。

学堂点睛

销售免税货物，一般不开增值税专用发票。

二、适用免税规定的，可以按规定选择放弃免税。

纳税人放弃免税权：提交书面声明，报主管税务机关备案，次月起正常计税；符合规定的可认定为一般纳税人并使用专用发票；不能选择部分免税，免税期内取得的用于免税项目的进项税不得抵扣。放弃免税后，次月起36个月内不得再申请免税。

学堂点睛

零税率也可以放弃，选择免税或正常纳税。

三、安置残疾人单位符合多个增值税优惠政策的，可同时享受多项优惠，但年度申请退还增值税总额不得超过本年度内应纳增值税总额。

四、既享受即征即退、先征后退，又享受免抵退税的，应分别核算，分别适用政策。

无法划分的进项中用于即征即退或先征后退部分＝当月无法划分的全部进项税额×当月即征即退或先征后退销售额/当月全部销售额营业额

【例1-2015-多选题】下列行为免征增值税的有（　　）。

A．个人转让著作权　　B．残疾人个人提供应税服务

C．航空公司提供飞机播洒农药服务　　D．会计师事务所提供管理咨询服务

【答案】ABC

学堂点拨

会计师事务所提供管理咨询服务按照“现代服务——鉴证咨询服务”缴纳增值税。

【例2-多选题】根据“营改增”通知的优惠政策的规定，下列项目免征增值税的是（　　）。

A．个人从事金融商品转让业务　　B．退役士兵创业就业

C．个人转让著作权　　D．飞机修理

【答案】AC

学堂点拨

个人转让著作权和个人从事金融商品转让业务在“营改增”通知的优惠政策中免征增值税。

第十节　征收管理（★★）

微信扫一扫
习题免费练

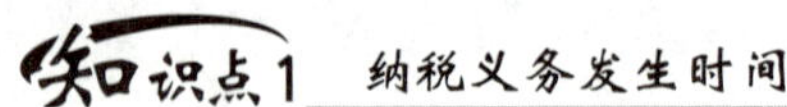

知识点1　纳税义务发生时间

表 2-39　纳税义务发生时间

预收款方式	一般货物：货物发出当天。 长期货物：收到预收款或书面合同约定收款日当天。 租赁服务：收到预收款当天。
赊销和分期收款方式	书面合同约定的收款日期当天。 无书面合同的或者书面合同没有约定收款日期的，为货物发出的当天。
托收承付委托收款方式	发出货物并办妥托收手续的当天。
委托代销	收到代销单位的代销清单。 收到全部或者部分货款。 发出代销货物满180天的当天。
进口货物	报关进口当天。
金融商品转让	所有权转移当天。
视同销售	货物：移送当天。 服务、无形资产：转让完成当天。 不动产：权属变更当天。

学堂点睛

1. 自2017年7月1日起，建筑服务纳税义务发生时间不再是收到预收款时，而是纳税人发生建筑服务并收讫销售款项或者取得索取销售款项凭据的当天；先开具发票的，为开具发票的当天。

2. 如果纳税人提前开具发票的，则应提前产生纳税义务。

【教材例题】某试点纳税人出租一辆小轿车，租金5 000元/月，一次性预收了对方一年的租金共60 000元，该纳税人则应在收到60 000元租金的当天确认纳税义务发生，并按60 000元确认收入。而不能将60 000元租金采取按月分摊确认收入的方法，也不能在该业务完成后再确认收入。

知识点2　纳税期限

一般为按月或按季纳税，税款缴库期15日。

以1个季度为纳税期限的规定适用于：小规模纳税人、银行、财务公司、信托投资公司、信用社，以及财政部和国家税务总局规定的其他纳税人。

进口货物，应自海关填发进口专用缴款书之日起15日内缴纳税款。按固定期限纳税的小规模纳税人可以选择以1个月或1个季度为纳税期限，一经选择，一个会计年度内不得变更。

知识点3 纳税地点

一、固定业户

本地经营在机构所在地纳税；总分机构不在同一县（市）的，应分别纳税。经批准，可由总机构汇总向总机构所在地申报纳税。

汇总纳税审批权限：

（一）总分机构不在同一省、自治区、直辖市的：财政部和国家税务总局批准。

（二）总分机构不再同一县（市），但在同一省、自治区、直辖市范围内的：省、自治区、直辖市财政厅（局）、国家税务局批准。

二、固定业户外县（市）经营

固定业户到外县市销售货物或劳务，应向机构所在地报告外出经营事项，并向机构所在地税务申报纳税；未报告的，应向销售地或劳务发生地税务申报纳税；未向销售地或劳务发生地税务申报纳税的，由机构所在地税务机关补征税款。

三、非固定业户

在销售地、劳务发生地纳税，否则，机构所在地或居住地税务补征税款。

四、进口货物，应向报关地海关申报纳税。

五、扣缴义务人应当向其机构所在地或居住地申报缴纳其扣缴的税款。

【例–单选题】某食品厂为增值税小规模纳税人，2018年8月购进一批模具，取得的增值税普通发票注明金额4 000元；以赊销方式销售一批饼干，货已发出，开具了增值税普通发票，金额60 000元，截至当月底收到50 000元货款。当月该食品厂应纳增值税（　　）元。

A．776.31　　B．1 067.57　　C．1 456.31　　D．1 747.57

【答案】D

学堂点拨

应纳增值税＝60 000/（1＋3%）×3%＝1 747.57（元）。

第十一节　增值税发票的使用及管理

微信扫一扫
习题免费练

知识点 增值税专用发票的使用和管理（★）

表2–40　增值税专用发票的使用和管理

联次	基本联次为3联：发票联、抵扣联和记账联。
领购	一般纳税人有下列情形之一的，不得领购开具专用发票： 1．会计核算不健全，不能向税务机关准确提供增值税销项税额、进项税额、应纳税额数据及其他有关增值税税务资料的。

（续上表）

领购	2. 有《税收征收管理法》规定的税收违法行为，拒不接受税务机关处理的。 3. 有下列行为之一，经税务机关责令限期改正而仍未改正的： （1）虚开增值税专用发票； （2）私自印制专用发票； （3）向税务机关以外的单位和个人买取专用发票； （4）借用他人专用发票； （5）未按要求开具专用发票； （6）未按规定保管专用发票和专用设备； （7）未按规定申请办理防伪税控系统变更发行； （8）未按规定接受税务机关检查。
不得开具专票范围	1. 商业企业一般纳税人零售的烟、酒、食品、服装、鞋帽（不包括劳保专用部分）、化妆品等消费品不得开具专用发票。 2. 销售免税货物不得开具专用发票，法律、法规及国家税务总局另有规定的除外。 3. 向消费者个人提供应税服务。 4. 适用免征增值税规定的应税服务。 【学堂点睛1】增值税小规模纳税人需要开具专用发票的，可向主管税务机关申请代开。 【学堂点睛2】扩大小规模纳税人自行开具增值税专用发票试点范围： （1）目前将小规模纳税人自行开具增值税专用发票试点范围由住宿业，鉴证咨询业，建筑业，工业，信息传输、软件和信息技术服务业，扩大至租赁和商务服务业，科学研究和技术服务业，居民服务、修理和其他服务业。 （2）试点纳税人销售其取得的不动产，需要开具增值税专用发票的，向税务机关申请代开。 （3）已经使用增值税发票管理系统的小规模纳税人，月销售额未超过10万元的，可以继续使用现有税控设备开具发票；已经自行开具增值税专用发票的，可以继续自行开具增值税专用发票，并就开具增值税专用发票的销售额计算缴纳增值税。
代开虚开专用发票	1. 对代开、虚开专用发票的，一律按票面所列货物的适用税率全额征补税款，并按《税收征收管理法》的规定按偷税给予处罚。 2. 取得代开、虚开的增值税专用发票，不得作为增值税合法抵扣凭证抵扣进项税额。 3. 代开、虚开发票构成犯罪的，应处以刑罚。
虚开发票处理	1. 纳税人虚开增值税专用发票，未就其虚开金额申报并缴纳增值税的，应按照其虚开金额补缴增值税；已就其虚开金额申报并缴纳增值税的，不再按照其虚开金额补缴增值税。 2. 税务机关对纳税人虚开增值税专用发票的行为，应按《税收征收管理法》及《中华人民共和国发票管理办法》的有关规定给予处罚。
善意取得虚开发票	1. 对购货方不以偷税或者骗取出口退税论处，但应按有关规定不予抵扣进项税款或者不予出口退税；购货方已经抵扣的进项税款或者取得的出口退税，应依法追缴。 2. 购货方能够重新从销售方取得防伪税控系统开出的合法、有效专用发票的，或者取得手工开出的合法、有效专用发票且取得了销售方所在地税务机关已经或者正在依法对销售方虚开专用发票行为进行查处证明的，购货方所在地税务机关应依法准予抵扣进项税款或者出口退税。

第三章　消费税法

本章思维导图

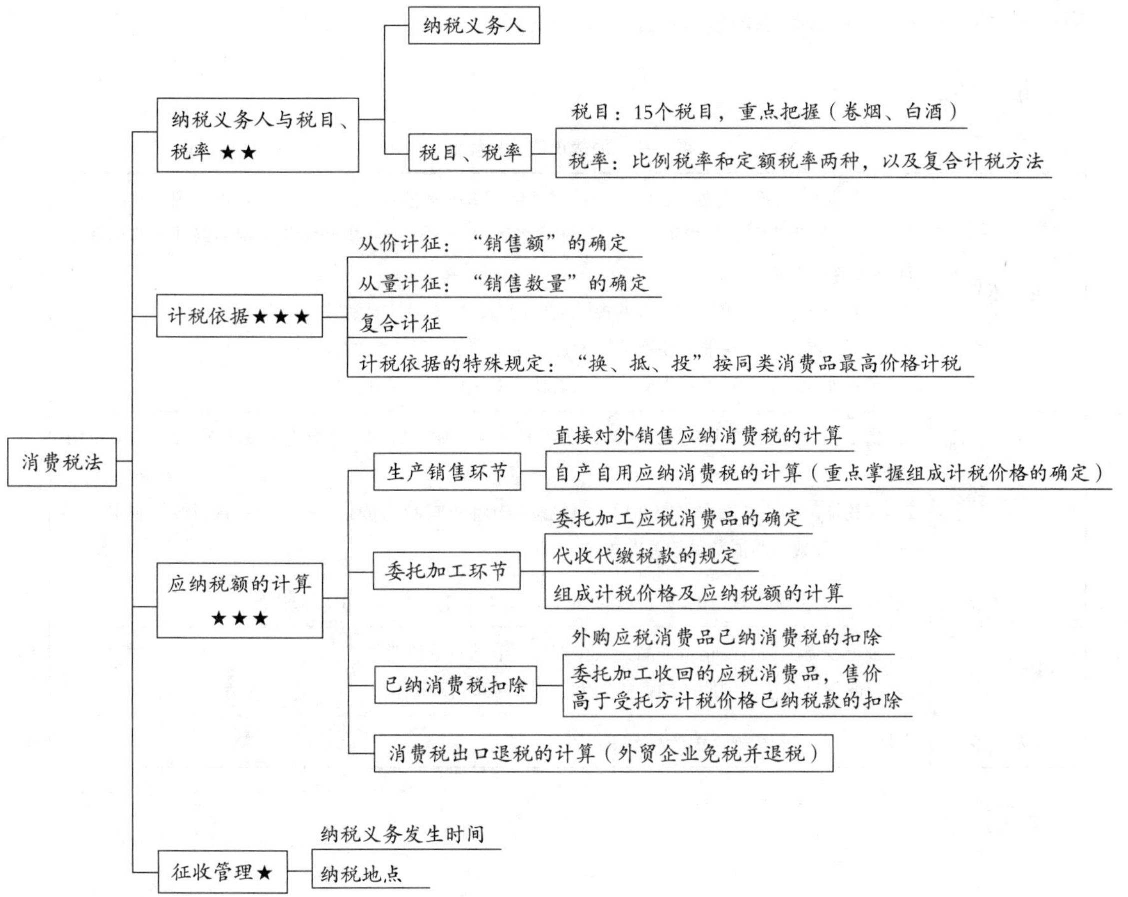
消费税法
纳税义务人与税目、税率★★
纳税义务人
税目、税率
税目：15个税目，重点把握（卷烟、白酒）
税率：比例税率和定额税率两种，以及复合计税方法
计税依据★★★
从价计征："销售额"的确定
从量计征："销售数量"的确定
复合计征
计税依据的特殊规定："换、抵、投"按同类消费品最高价格计税
应纳税额的计算★★★
生产销售环节
直接对外销售应纳消费税的计算
自产自用应纳消费税的计算（重点掌握组成计税价格的确定）
委托加工环节
委托加工应税消费品的确定
代收代缴税款的规定
组成计税价格及应纳税额的计算
已纳消费税扣除
外购应税消费品已纳消费税的扣除
委托加工收回的应税消费品，售价高于受托方计税价格已纳税款的扣除
消费税出口退税的计算（外贸企业免税并退税）
征收管理★
纳税义务发生时间
纳税地点

本章知识点精讲

微信扫一扫
习题免费练

第一节 纳税义务人与税目、税率

知识点1 纳税义务人和纳税环节（★★）

一、纳税义务人

在中华人民共和国境内生产、委托加工和进口消费税暂行条例规定的消费品的单位和个人，以及国务院确定的销售《消费税暂行条例》规定的消费品的其他单位和个人，为消费税的纳税人。

二、纳税环节

表 3–1 消费税的纳税环节

生产环节	1. 纳税人生产应税消费品，除了直接对外销售应征收消费税外，如将生产的应税消费品换取生产资料、消费资料、投资入股、偿还债务，以及用于继续生产应税消费品以外的其他方面都应缴纳消费税。 2. 工业企业以外的单位和个人的视同生产行为，按规定征收消费税： （1）将外购的消费税非应税产品以消费税应税产品对外销售的； （2）将外购的消费税低税率应税产品以高税率应税产品对外销售的。
委托加工环节	1. 指委托方提供原料和主要材料，受托方只收取加工费和代垫部分辅助材料加工的应税消费品。 2. 委托加工的应税消费品收回后，再继续用于生产应税消费品销售且符合现行政策规定的，其加工环节缴纳的消费税款可以扣除。
进口环节	进口属于消费税征税范围的货物，在进口环节要缴纳消费税，由海关代征。
零售环节	1. 金银首饰、钻石及钻石饰品：只在零售环节纳一道消费税。 2. 超豪华小汽车：纳两道消费税，生产环节+零售环节。
批发环节	卷烟：纳两道消费税，生产环节+批发环节。

学堂点睛

1. 只有超豪华小汽车和卷烟需要征两道消费税，其他应税消费品均只征一道消费税。

2. 增值税每一个流转环节都要计征，而消费税通常只在特定环节一次或两次征收。

3. 如果企业在生产经营过程中，将应税消费品移送用于加工非应税消费品，则应对移送部分征收消费税。

4. 纳税人兼营卷烟批发和零售业务的，应当分别核算批发和零售环节的销售额、销售数量，未分别核算的，按照全部销售额、销售数量计征批发环节消费税。

5. 纳税人销售给纳税人以外的单位和个人的卷烟于销售时纳税，纳税人之间销售的卷烟不缴纳消费税。

6. 卷烟消费税在生产和批发环节征收后，批发企业在计算纳税时不得扣除已含的生产环节的消费税税款。

【例1–多选题】下列关于消费税纳税环节的说法，正确的有（　　）。

A．金店销售金银饰品在销售环节纳税　　B．啤酒屋自制的啤酒在销售时纳税

C．白酒在生产环节和批发环节纳税　　D．销售珍珠饰品在零售环节纳税

【答案】AB

学堂点拨

选项C，白酒在批发环节不征收消费税；选项D，珍珠饰品在零售环节不征收消费税。

【例2–多选题】下列属于消费税纳税义务人的有（　　）。

A．钻石首饰的进口单位　　B．金银首饰零售商店

C．卷烟批发商　　D．化妆品零售商店

【答案】BC

学堂点拨

选项A，钻石及钻石饰品在零售环节征收消费税；选项D，化妆品在生产环节征收消费税。

【例3–2017–单选题】下列消费品中，应在零售环节征收消费税的是（　　）。

A．卷烟　　B．钻石　　C．高档手表　　D．镀金首饰

【答案】B

学堂点拨

金银首饰、钻石及钻石饰品在零售环节征收消费税，选项A卷烟在生产和批发环节征收消费税，选项C、D在生产环节征收消费税。

【例4–2018–单选题】下列应税消费品中，除了在生产销售环节征收消费税外，还应在批发环节征收消费税的是（　　）。

A．卷烟　　B．超豪华小汽车　　C．高档手表　　D．高档化妆品

【答案】A

学堂点拨

自2009年5月1日起，在卷烟批发环节加征一道从价消费税。

知识点2 税目（★★★）

消费税税目：15类。

表 3-2　消费税的税目

类别	包括	不包括
烟	卷烟、雪茄烟、烟丝。 卷烟包括进口卷烟、白包卷烟、手工卷烟、未纳入计划的卷烟。	——
酒	白酒、黄酒、啤酒、其他酒（如葡萄酒）。 对饮食业、商业、娱乐业举办的啤酒屋（啤酒坊）利用啤酒生产设备生产的啤酒，应当征收消费税。 【学堂点睛】此类企业销售购入的瓶装或听装等啤酒无须纳消费税。因为生产企业已经在生产环节纳过消费税。	——
高档化妆品	1. 高档美容、修饰类化妆品。 2. 高档护肤类化妆品。 3. 成套化妆品。 【学堂点睛】高档美容、修饰类化妆品和高档护肤类化妆品是指生产（进口）环节销售（完税）价格（不含增值税）在10元/毫升（克）或15元/片（张）及以上的化妆品。	护肤护发品；舞台戏剧影视演员化妆用的上妆油、卸装油、油彩。
贵重首饰及珠宝玉石	1. 金银首饰、铂金首饰和钻石及钻石饰品（零售环节计税）。 2. 其他贵重首饰和珠宝玉石。 【学堂点睛】对出国人员免税商店销售的金银首饰征收消费税。	——
鞭炮焰火	各种鞭炮、焰火。	体育上用的发令纸；鞭炮药引线。
成品油	7个子目：汽油、柴油、石脑油、溶剂油、航空煤油、润滑油、燃料油。	取消车用含铅汽油消费税；航空煤油的消费税暂缓征收；符合条件的纯生物柴油免税。
小汽车	1. 乘用车。 2. 中轻型商用客车。 3. 超豪华小汽车（零售环节计税）。 【学堂点睛】用排气量小于1.5升（含）的乘用车底盘（车架）改装、改制的车辆属于乘用车征收范围。用排气量大于1.5升的乘用车底盘（车架）或用中轻型商用客车底盘（车架）改装、改制的车辆属于中轻型商用客车征收范围。	电动汽车、沙滩车、雪地车、卡丁车、高尔夫车；车身长度大于7米（含），并且座位在10～23座（含）以下的商用客车。
摩托车	轻便摩托车、摩托车。	气缸容量250毫升（不含）以下的小排量摩托车不征收消费税。
高尔夫球及球具	1. 高尔夫球、球包、球杆。 2. 高尔夫球杆的杆头、杆身、握把。	——
高档手表	销售价格（不含增值税）每只在10 000元（含）以上的各类手表。	——

（续上表）

类别	包括	不包括
游艇	艇身长度大于8米（含）小于90米（含），内置发动机，一般为私人或团体购置，主要用于水上运动和休闲娱乐等非营利活动的各类机动艇。	无动力艇、帆艇。
木制一次性筷子	包括各类木质一次性筷子，含未经打磨、倒角的木制一次性筷子。	竹制筷子、木制非一次性筷子。
实木地板	各类规格的实木地板、实木指接地板、实木复合地板及用于装饰墙壁、天棚的侧端面为榫、槽的实木装饰板，包括未经涂饰的素板。	——
电池	原电池、蓄电池、燃料电池、太阳能电池和其他电池。	——
涂料	是指涂于物体表面能形成具有保护、装饰或特殊性能的固态涂膜的一类液体或固体材料的总称。	施工状态下挥发性有机物（VOC）含量低于420克/升（含）的涂料免征消费税。

【例5-2018-多选题】目前属于消费税征税范围的有（　　）。

A．铅蓄电池　　B．高尔夫车　　C．变压器油　　D．翡翠首饰

【答案】AD

【例6-2016-单选题】企业生产销售的下列产品中，属于消费税征税范围的是（　　）。

A．铅蓄电池　　B．电动汽车

C．体育用鞭炮药引线　　D．销售价格为9 000元的手表

【答案】A

学堂点拨

电动汽车、体育用鞭炮药引线和价格（不含增值税）低于10 000元的手表不属于消费税征税范围。

知识点3 税率（★）

一、税率适用规则汇总

表 3-3　消费税的税率及其适用规则

比例税率	适用于大多数应税消费品，税率自1%至56%。
定额税率	适用于啤酒、黄酒、成品油。
复合计税	适用于白酒、卷烟。

二、部分常考消费品的税率规定

（一）烟

表 3-4　烟的税率规定

		每标准条调拨价格	税率
卷烟	甲类卷烟	≥70元	56%加0.003元/支（生产环节）
	乙类卷烟	<70元	36%加0.003元/支（生产环节）
	各类卷烟	——	11%加0.005元/支（批发环节）
雪茄烟		——	36%
烟丝		——	30%

（二）酒

表 3-5　酒的税率规定

品种		税率
白酒		20%加0.5元/500克（或者500毫升）
黄酒		240元/吨
啤酒	甲类啤酒	250元/吨
	乙类啤酒	220元/吨
其他酒		10%

（三）贵重首饰及珠宝玉石

表 3-6　贵重首饰及珠宝玉石的税率规定

品种	税率
金银首饰、铂金首饰、钻石及钻石饰品	5%（零售环节）
其他贵重首饰和珠宝玉石	10%（生产环节）

（四）超豪华小汽车

零售环节税率为10%。

（五）高档化妆品

2016年10月1日起，为15%。

三、兼营不同税率应税消费品

表 3-7　兼营不同税率应税消费品的消费税处理

经营形式	消费税处理
兼营不同税率消费品	分别核算，分别计税； 未分别核算，从高计税。
将不同税率消费品组成成套消费品销售	一律从高计税（即使分别核算）。

【例7–多选题】下列货物中，采用从量定额方法计征消费税的有（　　）。

A. 黄酒　　B. 游艇　　C. 润滑油　　D. 雪茄烟

【答案】AC

学堂点拨

游艇和雪茄烟从价计征消费税。

第二节　计税依据

微信扫一扫
习题免费练

知识点1　从价计征（★★★）

一、销售额＝全部价款＋价外费用

销售额＝含增值税的销售额/（1＋增值税税率或征收率）

但下列项目不包括在内：

（一）同时符合以下条件的代垫运输费用：

1. 承运部门的运输费用发票开具给购买方的；

2. 纳税人将该项发票转交给购买方的。

（二）同时符合以下条件代为收取的政府性基金或者行政事业性收费：

1. 由国务院或者财政部批准设立的政府性基金，由国务院或者省级人民政府及其财政、价格主管部门批准设立的行政事业性收费；

2. 收取时开具省级以上财政部门印制的财政票据；

3. 所收款项全额上缴财政。

其他价外费用，无论是否属于纳税人的收入，均应并入销售额计算征税。

学堂点睛

1. 消费税销售额和增值税的规定基本一致，为不含增值税，但含各类价外费用的金额。此处的价外费用同增值税一样也不包括代收代垫的部分。

2. 白酒生产企业向商业销售单位收取的“品牌使用费”，不论企业采取何种方式或以何种名义收取价款，均应并入白酒的销售额中。

二、包装物

表 3–8　包装物的消费税处理

情况	消费税处理
随同销售	实行从价定率办法计算应纳税额的应税消费品连同包装销售的，无论包装是否单独计价，也不论在会计上如何核算，均应并入应税消费品的销售额中征收消费税。

（续上表）

情况	消费税处理
收取押金	1. 一般规则：时间在1年以内，单独核算又未过期的，收取时不征税。逾期未收回的包装物不再退还的或已收取时间超过12个月的押金，应并入销售额中计税。 2. 特殊规则：酒类产品（黄酒、啤酒除外）收取的包装物押金，收取时一律计税。 【学堂点睛】啤酒、黄酒、成品油从量计征消费税，其包装物押金不影响消费税税额计算。
销售+押金	对包装物既作价随同应税消费品销售，又另外收取押金的包装物的押金，凡纳税人在规定的期限内没有退还的，均应并入应税消费品的销售额，按照应税消费品的适用税率缴纳消费税。

纳税人销售应税消费品，以外汇结算销售额的，其销售额的人民币折合率可以选择结算当天或当月1日的国家外汇牌价（原则上为中间价）。纳税人应在事先确定采用何种折合率，确定后1年内不得变更。

知识点2 从量计征（★★★）

销售数量规定：

一、销售应税消费品的，为应税消费品的销售数量；

二、自产自用应税消费品的，为应税消费品的移送使用数量；

三、委托加工应税消费品的，为纳税人收回的应税消费品数量；

四、进口的应税消费品，为海关核定的应税消费品进口征税数量。

知识点3 从价从量复合计征

一、现行消费税的征税范围中，只有卷烟、白酒采用复合计征方法。

二、应纳税额等于应税销售数量乘以定额税率再加上应税销售额乘以比例税率。

三、生产销售卷烟、白酒从量定额计税依据为实际销售数量。

进口、委托加工、自产自用卷烟、白酒从量定额计税依据分别为海关核定的进口征税数量、委托方收回数量、移送使用数量。

知识点4 计税依据的特殊规定

一、纳税人通过自设非独立核算门市部销售的自产应税消费品，应按门市部对外销售额或销售量征消费税。

二、纳税人用于换取生产资料和消费资料，投资入股和抵偿债务等方面的应税消费品，应以纳税人同类应税消费品的最高销售价格作为计税依据计算消费税。

学堂点睛

增值税中的视同销售，销售额只采用同类价中的平均销售价格，不使用最高销售价格。

三、卷烟计税价格的核定

（一）核定范围：卷烟生产企业在生产环节销售的所有牌号、规格的卷烟。

（二）核定公式：某牌号、规格卷烟计税价格＝批发环节销售价格×（1－适用批发毛利率）

（三）未经国家税务总局核定计税价格的新牌号、新规格卷烟，生产企业应按卷烟调拨价格申报纳税。

（四）已经国家税务总局核定计税价格的卷烟，生产企业实际销售价格高于计税价格的，按实际销售价格确定适用税率计税；实际销售价格低于计税价格的，按计税价格确定适用税率计税。

四、白酒最低计税价格的核定

（一）核定范围：

1. 白酒生产企业销售给销售单位的白酒，生产企业消费税计税价格低于销售单位对外销售价格（不含增值税）70%以下的。

2. 纳税人将委托加工收回的白酒销售给销售单位，消费税计税价格低于销售单位对外销售价格（不含增值税）70%以下的。

（二）核定规则：

白酒消费税最低计税价格由白酒生产企业自行申报，税务机关核定。

（三）核定权限：

主管税务机关应将白酒生产企业申报的销售给销售单位的消费税计税价格低于销售单位对外销售价格70%以下、年销售额1 000万元以上的各种白酒，在规定的时限内逐级上报至国家税务总局。税务总局选择其中部分白酒核定消费税最低计税价格。

其他按规定需要核定最低计税价格的白酒，由各省、自治区、直辖市和计划单列市国家税务局核定。

（四）核定标准：

1. 白酒生产企业销售给销售单位的白酒，生产企业消费税计税价格高于销售单位对外销售价格70%（含70%）以上的，税务机关暂不核定消费税最低计税价格。

2. 白酒生产企业销售给销售单位的白酒，生产企业消费税计税价格低于销售单位对外销售价格70%以下的，消费税最低计税价格由税务机关根据生产规模、白酒品牌、利润水平等情况在销售单位对外销售价格50%～70%范围内自行核定。其中生产规模较大、利润水平较高的企业生产的需要核定消费税最低计税价格的白酒，税务机关核价幅度原则上应选择在销售单位对外销售价格60%～70%范围内。

（五）重新核定：

已核定最低计税价格的白酒，销售单位对外销售价格持续上涨或下降时间达到3个月以上、累计上涨或下降幅度在20%（含）以上的白酒，税务机关重新核定最低计税价格。

（六）计税价格适用（孰高原则）：

已核定最低计税价格的白酒，生产企业实际销售价格高于消费税最低计税价格的，按实际销售价格申报纳税；实际销售价格低于消费税最低计税价格的，按最低计税价格申报纳税。

五、对既销售金银首饰，又销售非金银首饰的生产、经营单位，应将两类商品划分清楚，分别核算销售额。凡划分不清楚或不能分别核算的，在生产环节销售的，一律从高适用税率征收消费税；在零售环节销售的，一律按金银首饰征收消费税。

金银首饰与其他产品组成成套消费品销售的，应按销售额全额征收消费税。

金银首饰连同包装物销售的，无论包装是否单独计价，也无论会计上如何核算，均应并入金银首饰的销售额，计征消费税。

【例1-2010-多选题】企业生产销售白酒取得的下列款项中，应并入销售额计征消费税的有（　　）。

A．优质费　　B．包装物租金　　C．品牌使用费　　D．包装物押金

【答案】ABCD

学堂点拨

选项均为价外费用，应并入销售额计算消费税。

【例2-多选题】下列各项关于从量计征消费税计税依据确定方法的表述中，正确的有（　　）。

A．销售应税消费品的，为应税消费品的销售数量

B．进口应税消费品的，为海关核定的应税消费品数量

C．以应税消费品投资入股的，为应税消费品移送使用数量

D．委托加工应税消费品的，为加工完成的应税消费品数量

【答案】ABC

学堂点拨

选项D，委托加工应税消费品的，按收回的应税消费品数量计算缴纳消费税。

微信扫一扫
习题免费练

第三节　应纳税额的计算

知识点1　生产环节计税（★★★）

对于大多数消费税应税商品而言，在生产销售环节征税以后，流通环节不用再缴纳消费税。纳税人生产应税消费品，除了直接对外销售应征收消费税外，如将生产的应税消费品换取生产资料、消费资料、投资入股、偿还债务，以及用于继续生产应税消费品以外的其他方面都应缴纳消费税。

一、直接对外销售应纳消费税计算

表3-9　直接对外销售应纳消费税计算

计税方法	适用范围	税额计算
从价定率	大多数消费品	应纳税额＝销售额×比例税率
从量定额	啤酒、黄酒、成品油	应纳税额＝销售数量×定额税率
复合计税	卷烟、白酒	应纳税额＝销售数量×定额税率＋应税销售额×比例税率

二、自产自用消费税处理

（一）自产自用是否应纳税？

表 3–10 自产自用消费税处理

用途	税务处理
自用于连续生产应税消费品	无须缴纳消费税。
自用于其他方面： 如用于生产非应税消费品、在建工程、管理部门、非生产机构、提供劳务，以及用于馈赠、赞助、集资、广告、样品、职工福利、奖励等方面	于移送使用时缴纳消费税。

【举例1】卷烟厂生产烟丝，再用生产的烟丝连续生产卷烟，虽然烟丝是应税消费品，但用于连续生产卷烟的烟丝就不用缴纳消费税，只对生产销售的卷烟征收消费税。如果生产的烟丝直接用于销售，则烟丝需要缴纳消费税。

【举例2】原油加工厂用生产出的应税消费品汽油调和制成溶剂汽油，该溶剂汽油就属于非应税消费品，加工厂应就该自产自用行为缴纳消费税，但是不用缴纳增值税。

（二）如何计算消费税？

表 3–11 消费税计税依据

计税方法	计税依据
从量定额	移送使用数量。
从价定率	1．纳税人生产同类消费品的售价。 指纳税人当月销售的同类消费品的销售价格，如果当月同类消费品各期销售价格高低不同，应按销售数量加权平均计算。 2．无同类价的，为组成计税价格。 组成计税价格＝（成本＋利润）/（1－消费税比例税率）
复合计税	组价＝（成本＋利润＋自产自用数量×定额税率）/（1－消费税比例税率） 应纳税额＝组成计税价格×比例税率＋自产自用数量×定额税率

学堂点睛

消费税所采用的同类销售价格一般为平均价，换取生产资料和消费资料、投资入股和抵偿债务情况下为最高价，但在增值税视同销售中一律使用平均价计税。

【教材例题1】某化妆品公司将一批自产的化妆品用作职工福利，化妆品的成本80万元，该化妆品无同类产品市场销售价格，但已知其成本利润率为5%，消费税税率为15%。计算该批化妆品应缴纳的消费税税额。

组成计税价格＝成本×（1＋成本利润率）/（1－消费税税率）

＝80×（1＋5%）/（1－15%）

＝98.82（万元）

应纳税额＝98.82×15%＝14.82（万元）

【例1-2016-多选题】下列关于缴纳消费税适用计税依据的表述中，正确的有（　　）。

A．换取生产资料的自产应税消费品应以纳税人同类消费品平均价格作为计税依据

B．作为福利发放的自产应税消费品应以纳税人同类消费品最高价格作为计税依据

C．委托加工应税消费品应当首先以受托人同类消费品销售价格作为计税依据

D．投资入股的自产应税消费品应以纳税人同类应税消费品最高售价作为计税依据

【答案】CD

学堂点拨

选项A、D，纳税人用于换取生产资料和消费资料、投资入股和抵偿债务等方面的应税消费品，应当以纳税人同类应税消费品的最高销售价格作为计税依据计算消费税；选项B，纳税人自产自用的应税消费品，凡用于连续生产应税消费品以外的其他方面的，应当纳税，按照纳税人生产的同类消费品的平均销售价格计算纳税；选项C，委托加工的应税消费品，按照受托方的同类消费品的平均销售价格计算纳税。

【例2-2014-单选题】某地板企业为增值税一般纳税人，2014年1月销售自产地板两批：第一批800箱取得不含税收入160万元，第二批500箱取得不含税收入113万元；另将同型号地板200箱赠送福利院，300箱发给职工作为福利。实木地板消费税税率为5%。该企业当月应缴纳的消费税为（　　）万元。

A．16.8　　B．18.9　　C．18.98　　D．19.3

【答案】B

学堂点拨

将自产地板赠送给福利院和发给职工作为福利，均属于自产应税消费品用于其他方面，要视同销售，于移送使用时按照纳税人生产的同类消费品的销售价格计算纳税，注意：这里不是“换、抵、投”业务，不用最高售价，而是平均价。

应纳消费税＝［（160＋113）/（800＋500）×（200＋300）＋160＋113］×5%＝18.9（万元）。

知识点2　委托加工环节计税（★★★）

一、委托加工的判定

委托加工应税消费品是指委托方提供原料和主要材料，受托方只收取加工费和代垫部分辅助材料加工的应税消费品。

不属于委托加工的情况：（按生产销售计税）

（一）由受托方提供原材料生产的应税消费品；

（二）受托方先将原材料卖给委托方，再接受加工的应税消费品；

（三）由受托方以委托方名义购进原材料生产的应税消费品。

二、委托加工消费税计税规则

（一）对于确实属于委托方提供原料和主要材料，受托方只收取加工费和代垫部分辅助材料加工

的应税消费品，税法规定，由受托方在向委托方交货时代收代缴消费税。

（二）如果受托方对委托加工的应税消费品没有代收代缴或少代收代缴消费税，应按照《税收征收管理法》的规定，承担代收代缴的法律责任。对受托方处以应代收代缴税款50%以上3倍以下的罚款。

（三）委托个人（含个体工商户）加工的应税消费品，由委托方收回后缴纳消费税。

（四）委托加工的应税消费品，受托方在交货时已代收代缴消费税，委托方将收回的应税消费品，以不高于受托方的计税价格出售的，为直接出售，不再缴纳消费税；委托方以高于受托方的计税价格出售的，不属于直接出售，需按照规定申报缴纳消费税，在计税时准予扣除受托方已代收代缴的消费税。

（五）对于受托方没有按规定代收代缴税款的，不能因此免除委托方补缴税款的责任。

对委托方补征税款的计税依据是：如果在检查时，收回的应税消费品已经直接销售的，按销售额计税；收回的应税消费品尚未销售或不能直接销售的（如收回后用于连续生产等），按组成计税价格计税。

三、委托加工税额计算

表 3-12　委托加工环节的税额计算方法

计税方法	计税依据
从量定额	按委托加工收回数量计税。
从价定率或复合计税	1. 受托方代收代缴消费税时，应按受托方同类价计算纳税；无同类价的应按组价计税。 2. 委托方自行纳税的（受托方未履行代收代缴义务），已经销售按售价计税，未售或用于连续生产按组价计税。
组价公式	从价定率组价＝（材料成本＋加工费）/（1－比例税率） 复合计税组价＝（材料成本＋加工费＋委托加工数量×定额税率）/（1－比例税率）

学堂点睛

表 3-13　组价公式中的组价构成

材料成本	委托方所提供加工材料的实际成本（不包括增值税税金）。 委托加工应税消费品的纳税人，必须在委托加工合同上如实注明（或以其他方式提供）材料成本，凡未提供材料成本的，受托方所在地主管税务机关有权核定其材料成本。
加工费	受托方加工应税消费品向委托方所收取的全部费用（包括代垫辅助材料的实际成本，不包括增值税税金）。

【教材例题2】某鞭炮企业2017年4月受托为某单位加工一批鞭炮，委托单位提供的原材料金额为60万元，收取委托单位不含增值税的加工费8万元，鞭炮企业无同类产品市场价格。计算鞭炮企业应代收代缴的消费税。

鞭炮的适用税率为15%。

组成计税价格＝（60＋8）/（1－15%）＝80（万元）

应代收代缴消费税＝80×15%＝12（万元）

【例3-2014-单选题】甲企业为增值税一般纳税人，2019年1月外购一批木材，取得的增值税专用发票注明价款50万元、税额8万元；将该批木材运往乙企业委托其加工木制一次性筷子，取得税务局代开的增值税专用发票注明运费1万元、税额0.03万元，支付不含税委托加工费5万元。假定乙企业无同类产品对外销售，木制一次性筷子消费税税率为5%。乙企业当月应代收代缴的消费税为（　　）万元。

A．2.62　　B．2.67　　C．2.89　　D．2.95

【答案】D

学堂点拨

木制一次性筷子从价计征消费税，委托加工环节，应代收代缴的消费税＝组成计税价格×消费税税率，其中，组价＝（材料成本＋加工费）/（1－消费税税率）。甲企业支付的运费1万元应计入材料成本中。乙企业当月应代收代缴的消费税＝（50＋1＋5）/（1－5%）×5%＝2.95（万元）。

【例4-2015改编-计算题】甲企业从农户收购了高粱140 000千克，3元/千克，总价42万元；所收购的高粱当月全部委托乙公司生产白酒35 000千克，收回乙公司开具增值税专用发票金额5万元，税额0.8万元。当月收回的白酒全部销售，收取了不含税价款100万元。

根据以上资料，按下列顺序回答问题，如有计算需计算合计数。

1．列举至少3种核定扣除方法。

2．计算收购高粱可抵扣进项税额（适用投入产出法）。

3．计算乙公司代收代缴消费税。

4．计算甲公司当月应缴消费税。

5．计算甲公司当月应缴增值税。

学堂点拨

1．投入产出法、成本法、参照法。

2．收购高粱可抵扣进项税额＝42×16%/（1＋16%）＝5.79（万元）

3．乙公司代收代缴消费税＝（42＋5＋35 000×0.5×2/10 000）/（1－20%）×20%＋35 000×0.5×2/10 000＝16.13（万元）

4．甲公司当月应缴消费税＝100×20%－（42＋5＋35 000×0.5×2/10 000）/（1－20%）×20%＝7.38（万元）

5．甲公司当月应缴增值税＝100×16%－5.79－0.8＝9.41（万元）

知识点3 进口环节计税（★★★）

一、进口消费税征管规则

进口的应税消费品，于报关进口时缴纳消费税；进口的应税消费品的消费税由海关代征；进口的应税消费品，由进口人或者其代理人向报关地海关申报纳税；纳税人进口应税消费品，按照关税征收管理的相关规定，应当自海关填发海关进口消费税专用缴款书之日起15日内缴纳税款。

二、进口消费税税额计算

表 3-14 进口消费税的税额计算

从量定额	应纳税额＝应税消费品数量×消费税定额税率
从价定率	组成计税价格＝（关税完税价格＋关税）/（1－消费税比例税率） 应纳税额＝组成计税价格×消费税比例税率
复合计税	组成计税价格＝（关税完税价格＋关税＋进口数量×消费税定额税率）/（1－消费税比例税率） 应纳税额＝组成计税价格×消费税比例税率＋进口数量×消费税定额税率

学堂点睛

进口环节缴纳消费税后，再对外销售一般无须再计税。卷烟和超豪华小汽车需要二次计算消费税的消费品除外。

【教材例题3】某商贸公司，2017年5月从国外进口一批应税消费品，已知该批应税消费品的关税完税价格为90万元，按规定应缴纳关税18万元，假定进口的应税消费品的消费税税率为10%。请计算该批消费品进口环节应缴纳的消费税税额。

组成计税价格＝（90＋18）/（1－10%）＝120（万元）

应缴纳消费税税额＝120×10%＝12（万元）

【例5-单选题】2018年某公司进口10箱卷烟，经海关审定，关税完税价格22万元/箱，关税税率50%，消费税税率56%，定额税率150元/箱。2018年该公司进口环节应纳消费税（　　）万元。

A．100.80　　B．288.88　　C．420.34　　D．1 183.64

【答案】C

学堂点拨

进口环节应纳消费税＝［10×22×（1＋50%）＋10×150/10 000］/（1－56%）×56%＋10×150 / 10 000=420.34（万元）。

知识点4 零售环节计税（★★）

表 3-15 零售环节计税

金银首饰5%	在零售环节征收消费税的金银首饰仅限于金基、银基合金首饰以及金、银和金基、银基合金的镶嵌首饰，钻石及钻石饰品。 1．对既销售金银首饰，又销售非金银首饰的生产、经营单位，应将2类商品划分清楚，分别核算销售额。凡划分不清楚或不能分别核算的，在生产环节销售的，一律从高适用税率征收消费税；在零售环节销售的，一律按金银首饰征收消费税。 2．金银首饰与其他产品组成成套消费品销售的，应按销售额全额征收消费税。 3．金银首饰连同包装物销售的，无论包装是否单独计价，也无论会计上如何核算，均应并入金银首饰的销售额，计征消费税。

（续上表）

金银首饰5%	4．带料加工的金银首饰，应按受托方销售同类金银首饰的销售价格确定计税依据征收消费税。没有同类金银首饰销售价格的，按照组成计税价格计算纳税。 5．纳税人采用以旧换新（含翻新改制）方式销售的金银首饰，应按实际收取的不含增值税的全部价款确定计税依据征收消费税。
超豪华小汽车10%	1．纳税人：将超豪华小汽车销售给消费者的单位和个人。 2．纳税环节：零售环节。 3．应纳税额=零售环节销售额（不含增值税）×10% 4．国内汽车生产企业直接销售给消费者超豪华小汽车，生产环节和零售环节税率加总计税。 应纳税额=销售额×（生产环节税率+零售环节税率）

【例6-多选题】下列关于贵重首饰消费税计税规则的说法，正确的有（　　）。

A．同时销售金银首饰和其他首饰的生产企业，不能分别核算的一律按10%计税

B．同时销售金银首饰和其他首饰的零售企业，不能分别核算的一律按5%计税

C．金银首饰以旧换新应以新首饰对外售价计税

D．首饰连同包装物销售的，应并入销售价格计税

【答案】ABD

学堂点拨

选项C，金银首饰以旧换新或翻新改制应以实际收到的差价款征收消费税。

知识点5 批发环节计税（★★）

卷烟应在生产环节和批发环节征收两道消费税。

一、纳税人销售给纳税人以外的单位和个人的卷烟于销售时纳税。纳税人之间销售的卷烟不缴纳消费税。

二、卷烟批发环节消费税以不含增值税的销售额以及销售数量复合计税。

三、卷烟批发企业在计算纳税时不得扣除已含的生产环节的消费税税款。

四、纳税人兼营卷烟批发和零售业务的，应当分别核算批发和零售环节的销售额、销售数量；未分别核算批发和零售环节销售额、销售数量的，按照全部销售额、销售数量计征批发环节消费税。

五、卷烟批发企业的机构所在地，总机构与分支机构不在同一地区的，由总机构申报纳税。

【例7-单选题】某烟草批发企业为增值税一般纳税人，从烟厂购买卷烟500箱，支付不含税金额500万元，2018年1月将购进的卷烟200箱销售给位于A地的烟草批发商，取得不含税销售收入250万元；其余的销售给位于B地的零售单位，取得不含税销售收入400万元。则该烟草批发企业应缴纳消费税（　　）万元。

A．32.5　　B．20　　C．51.5　　D．0

【答案】C

学堂点拨

烟草批发企业将从烟厂购买的卷烟又销售给零售单位，那么烟草批发企业要再缴纳一道消费税。自2015年5月10日起，将卷烟批发环节从价税税率由5%提高至11%，并按0.005元/支加征从量税1箱=50 000支。则该烟草批发企业应缴纳的消费税=400×11%+300×250/10 000=51.5（万元）。

知识点6 已纳消费税扣除（★★★）

为了避免重复征税，将外购应税消费品和委托加工收回的应税消费品继续生产应税消费品销售的，可以将外购应税消费品和委托加工收回应税消费品已缴纳的消费税给予扣除。

如本期消费税应纳税额不足抵扣的，余额留待下期抵扣。

一、连续生产允许扣除的范围

外购和委托加工收回的消费品连续生产允许扣税的范围一致，可一并记忆。

表 3–16 连续生产允许扣除消费税的范围

外购	1. 外购已税烟丝生产的卷烟。 2. 外购已税高档化妆品生产的高档化妆品。 3. 外购已税珠宝玉石生产的贵重首饰及珠宝玉石。 4. 外购已税鞭炮焰火生产的鞭炮焰火。 5. 外购已税杆头、杆身和握把为原料生产的高尔夫球杆。 6. 外购已税木制一次性筷子为原料生产的木制一次性筷子。 7. 外购已税实木地板为原料生产的实木地板。 8. 外购已税汽油、柴油、石脑油、燃料油、润滑油用于连续生产应税成品油。 【学堂点睛】从葡萄酒生产企业购进、进口葡萄酒连续生产应税葡萄酒的，准予从葡萄酒消费税应纳税额中扣除所耗用应税葡萄酒已纳消费税税款。
委托加工收回	1. 以委托加工收回的已税烟丝为原料生产的卷烟。 2. 以委托加工收回的已税高档化妆品为原料生产的高档化妆品。 3. 以委托加工收回的已税珠宝玉石为原料生产的贵重首饰及珠宝玉石。 4. 以委托加工收回的已税鞭炮、焰火为原料生产的鞭炮、焰火。 5. 以委托加工收回的已税杆头、杆身和握把为原料生产的高尔夫球杆。 6. 以委托加工收回的已税木制一次性筷子为原料生产的木制一次性筷子。 7. 以委托加工收回的已税实木地板为原料生产的实木地板。 8. 以委托加工收回的已税汽油、柴油、石脑油、燃料油、润滑油用于连续生产应税成品油。 9. 以委托加工收回的已税摩托车连续生产应税摩托车（如用外购两轮摩托车改装三轮摩托车）。

学堂点睛

1. 只有列明的连续生产情形才允许扣除已纳消费税，未列明情形如酒类、高档手表、小汽车、游艇、电池、涂料、部分成品油不得扣除。

2. 纳税人用外购或委托加工收回的已税珠宝玉石生产的改在零售环节征收消费税的金银首饰（镶嵌首饰），在计税时一律不得扣除外购或委托加工收回珠宝玉石的已纳税款。因为金银首饰在零售环节缴纳消费税，在生产环节无须纳税，自然也就无法扣税。

二、扣税计算

按当期连续生产领用的数量扣税，而不是外购或委托加工收回的数量。

表 3-17 消费税的扣税计算

外购	当期准予扣除的外购应税消费品已纳税款＝当期准予扣除的外购应税消费品买价× 外购应税消费品适用税率 当期准予扣除的外购应税消费品买价＝期初库存的外购应税消费品的买价＋当期购进的应税消费品的买价－期末库存的外购应税消费品的买价
委托加工	当期准予扣除的委托加工应税消费品已纳税款＝期初库存的委托加工应税消费品已纳税款＋当期收回的委托加工应税消费品已纳税款－期末库存的委托加工应税消费品已纳税款

【教材例题4】某卷烟生产企业，某月初库存外购应税烟丝金额50万元，当月又外购应税烟丝金额500万元（不含增值税），月末库存烟丝金额30万元，其余被当月生产卷烟领用。请计算卷烟厂当月准许扣除的外购烟丝已缴纳的消费税税额。

烟丝适用的消费税税率为30%。

当期准许扣除的外购烟丝买价＝50＋500－30＝520（万元）

当月准许扣除的外购烟丝已缴纳的消费税税额＝520×30%＝156（万元）

【例8-2015-多选题】下列产品中，在计算缴纳消费税时准许扣除外购应税消费品已纳消费税的有（　　）。

A．外购已税烟丝生产的卷烟

B．外购已税白酒加工生产的白酒

C．外购已税手表镶嵌钻石生产的手表

D．外购已税实木素板涂漆生产的实木地板

【答案】AD

【例9-2018-计算题】甲厂为增值税一般纳税人，主要经营实木地板的生产，2018年6月发生下列业务：

1．委托乙厂加工一批白坯板，甲厂提供的原木成本为1 000万元，取得的增值税专用发票上注明的加工费400万元，增值税64万元。甲厂收回白坯板后全部直接对外销售，取得不含增值税销售额2 500万元。乙厂未代收代缴消费税。

2．采取分期收款方式销售一批实木地板，合同约定不含税销售额合计1 500万元，本月按合同约定收取40%货款，其余货款下月20日收取。

3．外购一批实木素板，取得的增值税专用发票上注明的价款1 000万元，增值税160万元。本月期初库存外购素板金额为500万元，期末库存外购素板金额为200万元，当期领用素板用于加工装饰地板。（实木地板消费税税率5%）

要求：

1．简要说明税法意义上委托加工应税消费品的含义。

2．业务1中乙厂未履行代收代缴消费税义务应承担的法律责任。

3．业务1中甲厂应补缴的消费税税额。

4．业务2中甲厂应缴的消费税税额。

5．业务3计算甲厂当月可抵扣的消费税税额。

学堂点拨

1. 委托加工应税消费品是指委托方提供原料和主要材料，受托方只收取加工费和代垫部分辅助材料加工的应税消费品。

2. 乙厂未履行代收代缴消费税义务，应按照《税收征收管理法》规定，对其处以应代收代缴税款50%以上3倍以下的罚款。

3. 业务1中甲厂应补缴的消费税税额=2500×5%=125（万元）

4. 业务2中甲厂应缴的消费税税额=1500×40%×5%=30（万元）

5. 业务3甲厂当月可抵扣的消费税税额=（500+1000−200）×5%=65（万元）

【例10–2018–计算题】甲酒厂为增值税一般纳税人，主要经营粮食白酒的生产与销售，2018年6月发生下列业务：

1. 以自产的10吨A类白酒换入乙企业的蒸汽酿酒设备，取得乙企业开具的增值税专用发票上注明价款20万元，增值税3.2万元。已知该批白酒的生产成本为1万元/吨，不含增值税平均销售价格为2万元/吨，不含增值税最高销售价格为2.5万元/吨。

2. 移送50吨B类白酒给自设非独立核算门市部，不含增值税售价为1.5万元/吨，门市部对外不含增值税售价为3万元/吨。

3. 受企业丙委托加工20吨粮食白酒，双方约定由丙企业提供原材料，成本为30万元，开具增值税专用发票上注明的加工费8万元、增值税1.28万元。甲酒厂同类产品售价为2.75万元/吨。

（其他相关资料：白酒消费税税率为20%加0.5元/500克，粮食白酒成本利润率为10%。）

要求：根据上述资料，按照下列序号回答问题，如有计算需计算出合计数。

1. 简要说明税务机关应核定白酒消费税最低计税价格的两种情况。

2. 计算业务1应缴纳的消费税税额。

3. 计算业务2应缴纳的消费税税额。

4. 说明业务3的消费税纳税义务人和计税依据。

5. 计算业务3应缴纳的消费税税额。

学堂点拨

1. （1）白酒生产企业销售给销售单位的白酒，生产企业消费税计税价格低于销售单位对外销售价格（不含增值税）70%以下的，税务机关应核定消费税最低计税价格；（2）自2015年6月1日起，纳税人将委托加工收回的白酒销售给销售单位，消费税计税价格低于销售单位对外销售价格（不含增值税）70%以下的，也应核定消费税最低计税价格。

2. 业务1应缴纳的消费税=10×2.5×20%+10×2 000×0.5/10 000=6（万元）

纳税人用于换取生产资料、消费资料、投资入股、抵偿债务的应税消费品，按照同类应税消费品的最高销售价格计算消费税。

3. 业务2应缴纳的消费税=3×50×20%+50×2 000×0.5/10 000=35（万元）

纳税人通过自设非独立核算门市部销售的自产应税消费品，应按门市部对外销售额或者销售数量征收消费税。

4.（1）业务3的消费税纳税义务人是丙企业。

符合委托加工条件的应税消费品的加工，消费税的纳税人是委托方。

（2）从价部分的计税依据=2.75×20=55（万元）

从量部分的计税依据为20吨。

委托加工的应税消费品，按照受托方的同类消费品的销售价格计算纳税；没有同类消费品销售价格的，按照组成计税价格计算纳税。

5. 业务3应缴纳的消费税=2.75×20×20%+20×2 000×0.5/10 000=13（万元）

知识点7 消费税出口退税（★）

一、出口政策

表3-18 消费税出口退税的政策

免税并退税	有出口经营权的外贸企业购进应税消费品直接出口，或委托其他外贸企业代理出口。 【学堂点睛】外贸企业只有受其他外贸企业委托，代理出口应税消费品才可办理退税，外贸企业受其他企业（主要是非生产性的商贸企业）委托，代理出口应税消费品是不予退（免）税的。
免税不退税	有出口经营权的生产企业自营出口或委托外贸企业代理出口自产应税消费品。
不免也不退	其他企业出口应税消费品。

二、退税依据

出口货物的消费税应退税额的计税依据，按购进出口货物的消费税专用缴款书和海关进口消费税专用缴款书确定。

表3-19 消费税出口退税的依据

计税方式	退税依据
从价定率	已征且未在内销应税消费品应纳税额中抵扣的购进出口货物金额。
从量定额	已征且未在内销应税消费品应纳税额中抵扣的购进出口货物数量。
复合计征	按从价定率和从量定额的计税依据分别确定。 消费税应退税额=从价定率计征消费税的退税计税依据×比例税率+从量定额计征消费税的退税计税依据×定额税率

【例11-2018-多选题】企业出口的下列应税消费品中，属于消费税出口免税并退税范围的有（　　）。

A. 生产企业委托外贸企业代理出口的应税消费品

B. 有出口经营权的生产企业自营出口的应税消费品

C. 有出口经营权的外贸企业购进用于直接出口的应税消费品

D. 有出口经营权的外贸企业受其他外贸企业委托代理出口的应税消费品

【答案】CD

学堂点拨

有出口经营权的生产性企业自营出口或生产企业委托外贸企业代理出口的应税消费品出口免税但不退税，因此选项A、B不符合题意。

第四节 征收管理

微信扫一扫
习题免费练

知识点1 纳税义务发生时间（★）

消费税纳税义务发生时间：和增值税规定类似。

表 3-20 消费税的纳税义务发生时间

销售	1. 采取赊销和分期收款结算方式的，为书面合同约定的收款日期的当天，书面合同没有约定收款日期或者无书面合同的，为发出应税消费品的当天。 2. 采取预收货款结算方式的，其纳税义务的发生时间，为发出应税消费品的当天。 3. 采取托收承付和委托银行收款方式销售的应税消费品，其纳税义务的发生时间，为发出应税消费品并办妥托收手续的当天。 4. 采取其他结算方式的，其纳税义务的发生时间，为收讫销售款或者取得索取销售款凭据的当天。
自产自用	移送使用的当天。
委托加工	纳税人提货的当天。
进口	报关进口的当天。

知识点2 纳税地点（★）

表 3-21 消费税的纳税地点

具体情况	纳税地点
销售的应税消费品	除国务院财政、税务主管部门另有规定外，应当向纳税人机构所在地或者居住地的主管税务机关申报纳税。
自产自用的应税消费品	
委托加工的应税消费品（除委托个人）	受托方所在地。
委托个人加工应税消费品	委托方机构所在地或居住地。
进口的应税消费品	报关地海关。
到外县（市）销售或委托外县（市）代销自产应税消费品	纳税人机构所在地或居住地缴纳消费税。

（续上表）

具体情况	纳税地点
总机构与分支机构不在同一县（市）	分别向各自机构所在地，经省级国税批准可在总机构所在地汇总纳税。
销售的应税消费品后退回	经批准后可退还已征收的消费税，但不能自行直接抵减应纳税款。

【例1-2016-多选题】甲企业从境外进口一批化妆品，下列关于该业务征缴消费税的表述中，正确的有（　　）。

A．甲企业应向报关地海关申报缴纳消费税

B．甲企业应当自海关填发进口消费税专用缴款书之日起15日内缴纳税款

C．海关代征的消费税应分别入中央库和地方库

D．甲企业使用该进口已税化妆品生产化妆品准予扣除进口环节已缴纳的消费税

【答案】ABD

学堂点拨

选项C，海关代征的消费税属于中央政府固定收入。

【例2-2016改编-单选题】下列关于消费税税收管理的表述中，正确的是（　　）。

A．消费税收入分别入中央库和地方库

B．委托个体工商户加工应税消费品应纳的消费税由受托方代收向其所在地主管税务机关申报缴纳

C．进口消费品应纳消费税应在报关地海关申报缴纳

D．消费税纳税人总分支机构在同一地级市但不同县的，由市级税务机关审批同意后汇总缴纳消费税

【答案】C

学堂点拨

选项A，消费税收入为中央政府固定收入；选项B，委托个体户加工应税消费品的由委托方收回后向其所在地主管税务机关申报纳税；选项D，消费税纳税人的总机构与分支机构不在同一县（市），但在同一省（自治区、直辖市）范围内，经省（自治区、直辖市）财政厅（局）、国家税务局审批同意，可以由总机构汇总向总机构所在地的主管税务机关申报缴纳消费税。

第四章 企业所得税法

本章思维导图

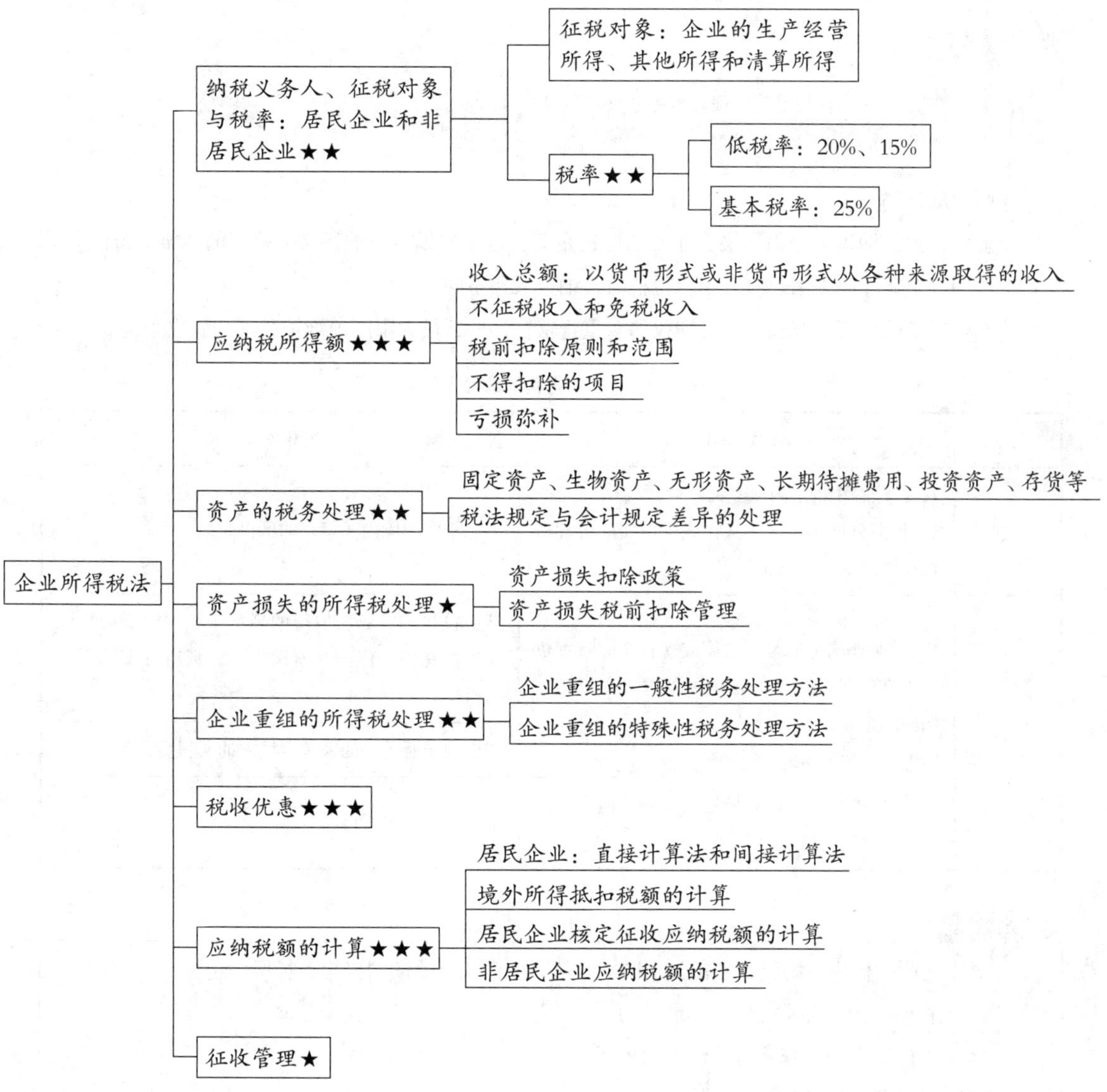
企业所得税法
纳税义务人、征税对象与税率：居民企业和非居民企业★★
征税对象：企业的生产经营所得、其他所得和清算所得
税率★★
低税率：20%、15%
基本税率：25%
应纳税所得额★★★
收入总额：以货币形式或非货币形式从各种来源取得的收入
不征税收入和免税收入
税前扣除原则和范围
不得扣除的项目
亏损弥补
资产的税务处理★★
固定资产、生物资产、无形资产、长期待摊费用、投资资产、存货等
税法规定与会计规定差异的处理
资产损失的所得税处理★
资产损失扣除政策
资产损失税前扣除管理
企业重组的所得税处理★★
企业重组的一般性税务处理方法
企业重组的特殊性税务处理方法
税收优惠★★★
应纳税额的计算★★★
居民企业：直接计算法和间接计算法
境外所得抵扣税额的计算
居民企业核定征收应纳税额的计算
非居民企业应纳税额的计算
征收管理★

本章知识点精讲

微信扫一扫
习题免费练

第一节　纳税义务人、征税对象与税率

知识点1　纳税义务人和征税对象（★）

一、纳税人

企业所得税的纳税义务人，是指在中华人民共和国境内的企业和其他取得收入的组织。

学堂点睛

个人独资企业、合伙企业不适用企业所得税法，而适用个人所得税法。

二、纳税人分类

企业所得税的纳税人分为居民企业和非居民企业，这是根据企业纳税义务范围的宽窄进行的分类方法，不同的企业在向中国政府缴纳所得税时，纳税义务不同。

我国选择了地域管辖权和居民管辖权的双重管辖权标准，最大限度地维护我国的税收利益。

表 4–1　企业所得税的纳税人分类

类别	判定标准	征税对象
居民	1. 依法在中国境内成立的企业。 2. 依照外国（地区）法律成立但实际管理机构在中国境内的企业。	来源于中国境内、境外的所得。
非居民	1. 依照外国（地区）法律成立且实际管理机构不在中国境内，但在中国境内设立机构、场所的企业。	其所设机构、场所取得的来源于境内的所得，以及发生在境外但与其所设机构、场所有实际联系的所得。
		与机构场所无关的来源于境内的所得。
	2. 在中国境内未设立机构、场所，但有来源于中国境内所得的企业。	来源于境内的所得。

学堂点睛

1. 上述所称机构、场所，是指在中国境内从事生产经营活动的机构、场所，包括：

（1）管理机构、营业机构、办事机构。

（2）工厂、农场、开采自然资源的场所。

（3）提供劳务的场所。

（4）从事建筑、安装、装配、修理、勘探等工程作业的场所。

（5）其他从事生产经营活动的机构、场所。

非居民企业委托营业代理人在中国境内从事生产经营活动的，包括委托单位或者个人经常代其签订合同，或者储存、交付货物等，该营业代理人视为非居民企业在中国境内设立的机构、场所。

2．上述所称实际联系，是指非居民企业在中国境内设立的机构、场所拥有的据以取得所得的股权、债权，以及拥有、管理、控制据以取得所得的财产。

三、所得来源地的确定

企业所得税的征收对象是指企业的生产经营所得、其他所得和清算所得。

所得来源地的确定：

（一）销售货物所得，按照交易活动发生地确定。

（二）提供劳务所得，按照劳务发生地确定。

（三）转让财产所得。不动产转让所得按不动产所在地确定，动产转让所得按转让方机构、场所所在地确定，权益性投资转让所得按被投资企业所在地确定。

（四）股息、红利等权益性投资所得，按照分配所得的企业所在地确定。

（五）利息所得、租金所得、特许权使用费所得，按照负担、支付所得的企业或者机构、场所所在地确定，或者按照负担、支付所得的个人的住所地确定。

（六）其他所得，由国务院财政、税务主管部门确定。

【例-2012-多选题】注册地与实际管理机构所在地均在法国的某银行，取得的下列各项所得中，应按规定缴纳我国企业所得税的有（　　）。

A．转让位于我国的一处不动产取得的财产转让所得

B．在香港证券交易所购入我国某公司股票后取得的分红所得

C．在我国设立的分行为我国某公司提供理财咨询服务取得的服务费收入

D．在我国设立的分行为位于日本的某电站提供流动资金贷款取得的利息收入

【答案】ABCD

表 4-2　企业所得税的税率

种类	税率	适用范围
基本税率	25%	1．居民企业。 2．境内设有机构、场所且所得与机构、场所有关联的非居民企业。
优惠税率	15%	1．国家重点扶持的高新技术企业。 2．经认定的技术先进型服务企业。
	20%	符合条件的小型微利企业。
低税率（扣缴所得税）	20%（实际适用10%）	1．在中国境内未设立机构、场所的非居民企业。 2．虽设立机构、场所但取得的所得与其所设机构、场所没有实际联系的非居民企业。

第二节　应纳税所得额

微信扫一扫
习题免费练

应纳税所得额计算公式一（直接法）：

应纳税所得额＝收入总额－不征税收入－免税收入－各项扣除－允许弥补的以前年度亏损

应纳税所得额计算公式二（间接法）：

应纳税所得额＝会计利润总额＋纳税调整增加额－纳税调整减少额

知识点1　一般收入的确认（★★★）

一、企业所得税中收入的确认规则

表 4-3　企业所得税中收入的确认规则

项目	含义	收入确认时间
1. 销货收入	销售商品、产品、原材料、包装物、低值易耗品以及其他存货取得的收入。	按销售收入的一般规则确认时间。
2. 劳务收入	从事建筑安装、修理修配、交通运输、仓储租赁、金融保险、邮电通信、咨询经纪、文化体育、科学研究、技术服务、教育培训、餐饮住宿、中介代理、卫生保健、社区服务、旅游、娱乐、加工以及其他劳务服务活动取得的收入。	按劳务收入的一般规则确认时间。
3. 转让财产收入	转让固定资产、生物资产、无形资产、股权、债权等财产取得的收入。	企业转让股权收入，应于转让协议生效且完成股权变更手续时，确认收入的实现。
4. 股息红利等权益性投资收益	企业因权益性投资从被投资方取得的收入。	股息、红利等权益性投资收益，除国务院财政、税务主管部门另有规定外，按照被投资方作出利润分配决定的日期确认收入的实现。
5. 利息收入	企业将资金提供他人使用但不构成权益性投资，或者因他人占用本企业资金取得的收入，包括存款利息、贷款利息、债券利息、欠款利息等收入。	1. 利息收入按合同约定的债务人应付利息的日期确认收入。 2. 混合性投资处理规则和借款类似。
6. 租金收入	企业提供固定资产、包装物或者其他有形资产的使用权取得的收入。	1. 按照合同约定的承租人应付租金的日期确认收入。 2. 跨年租金提前收取的，租赁期内分期均匀计入相关年度收入。
7. 特许权使用费收入	企业提供专利权、非专利技术、商标权、著作权以及其他特许权的使用权取得的收入。	特许权使用费收入，按照合同约定的特许权使用人应付特许权使用费的日期确认收入的实现。

（续上表）

项目	含义	收入确认时间
8．接受捐赠收入	企业接受的来自其他企业、组织或者个人无偿给予的货币性资产、非货币性资产。	按实际收到捐赠资产的日期确认收入。
9．其他收入	包括企业资产溢余收入、逾期未退包装物押金收入、确实无法偿付的应付款项、已作坏账损失处理后又收回的应收款项、债务重组收入、补贴收入、违约金收入、汇兑收益等。	按其他收入的一般规则确认时间。

（一）财产转让收入详解

1．转让股权收入扣除为取得该股权所发生的成本后，为股权转让所得。企业在计算股权转让所得时，不得扣除被投资企业未分配利润等股东留存收益中按该项股权所可能分配的金额。

【举例】甲持有乙公司20%的股份，投资成本为100万元。目前甲将该股权转让，取得收入180万元。已知截止到转让日乙公司全部留存收益为300万元。则甲转让该股权的所得＝180－100＝80（万元）。注意不能扣除留存收益中可能归属于甲的份额。

2．被清算企业的股东分得的剩余资产的金额，其中相当于被清算企业累计未分配利润和累计盈余公积中按该股东所占股份比例计算的部分，应确认为股息所得；剩余资产减去股息所得后的余额，超过或低于股东投资成本的部分，应确认为股东的投资转让所得或损失。

3．投资企业从被投资企业撤回或减少投资，其取得的资产中，相当于初始出资的部分，应确认为投资收回；相当于被投资企业累计未分配利润和累计盈余公积按减少实收资本比例计算的部分，应确认为股息所得；其余部分确认为投资资产转让所得。

【举例】甲持有乙公司20%的股份，投资成本为100万元。目前甲将该投资撤回，乙公司作减资处理。乙公司支付给甲全部撤资款项180万元。已知乙公司截止到甲撤资全部留存收益为300万元。则甲撤资所得＝180－100－300×20%＝20（万元）。

学堂点睛

转让股权所得中不得扣除留存收益中可能分配的金额。但清算、减资、撤资时的所得＝收入－成本－留存收益份额，即可以扣除留存收益中可分配的金额。

（二）权益性投资收益详解

1．被投资企业将股权（票）溢价所形成的资本公积转为股本的，不作为投资方企业的股息、红利收入，投资方企业也不得增加该项长期投资的计税基础。

学堂点睛

企业所得税按历史成本法确认投资的计税基础，不能随意变动计税基础；股息红利应在被投资方作出利润分配决定时才能够确认，其他情形不得确认。

2．自2014年11月17日起，对内地企业投资者通过沪港通投资香港联交所上市股票取得的股息红利所得，计入其收入总额，依法计征企业所得税。其中，内地居民企业连续持有H股满12个月取得的股息红利所得，依法免征企业所得税。

（三）捐赠收入详解

1．受赠货币性资产：直接并入当期的应纳税所得。

2．受赠非货币性资产：收入包括受赠资产价值和由捐赠企业代为支付的增值税，不包括由受赠企业另外支付或应付的相关税费。

3．企业接受捐赠的存货、固定资产、无形资产和投资等，在经营中使用或将来销售处置时，可按税法规定结转存货销售成本、投资转让成本或扣除固定资产折旧、无形资产摊销额。

二、收入确认时间的规定总结

税法上的收入确认时间和会计上的收入确认时间可能存在差异，这会影响应纳税所得额的计算。此类差异应作纳税调整处理。

表 4–4　企业所得税中收入的确认时间

收入类型	企业所得税中收入确认时间
股权转让收入	转让协议生效且完成股权变更手续时。
权益投资收益	被投资方作出利润分配决定的日期。
利息、租金、特许权收入	按照合同约定的应付日期。
受赠收入	实际收到时。
分期收款方式销售货物的	按照合同约定的收款日期确认收入。
受托加工制造大型货物，以及从事建筑、安装、装配工程业务或者提供其他劳务等，持续时间超过12个月的	按照纳税年度内完工进度或者完成的工作量确认收入。
采取产品分成方式取得收入	按照企业分得产品的日期确认收入，其收入额按照产品的公允价值确定。
销货收入	1．托收承付：办妥托收手续时确认收入。 2．预收款：发出商品时确认收入。 3．需安装检验：在购买方接受商品以及安装和检验完毕时确认收入；如安装简单，可在发出商品时确认收入。 4．支付手续费方式委托代销：收到代销清单时确认收入。
售后回购	按售价确认收入，回购的商品作为购进商品处理。 不符合收入确认条件的（融资），收到的款项应确认为负债，回购价格大于原售价的，差额应在回购期间确认为利息费用。
以旧换新	销售确认收入，回收的商品作为购进处理。
折扣折让	商业折扣：按扣除商业折扣后的金额确定收入。 现金折扣：按扣除现金折扣前的金额确定收入。 销售折让、退回：应当在发生当期冲减当期收入。

（续上表）

收入类型	企业所得税中收入确认时间
劳务收入	1. 安装费：根据安装完工进度确认收入；安装工作是商品销售附带条件的，安装费在确认商品销售实现时确认收入。 2. 宣传媒介收费：在相关广告或商业行为出现于公众面前时确认收入；广告制作费根据完工进度确认收入。 3. 软件费：根据开发的完工进度确认收入。 4. 服务费：包含在商品售价内可区分的服务费，在提供服务的期间分期确认收入。 5. 艺术表演、招待宴会和其他特殊活动的收费：在相关活动发生时确认收入。收费涉及几项活动的，预收的款项应合理分配给每项活动，分别确认收入。 6. 会员费：只有会籍，其他服务商品另行收费的，取得收入时确认；取得会籍，另可免费或低价获得商品服务的，受益期内分期确认。 7. 特许权费：属于提供设备和其他有形资产的特许权费，在交付资产或转移资产所有权时确认收入；属于提供初始及后续服务的特许权费，在提供服务时确认收入。 8. 劳务费：长期为客户提供重复的劳务收取的劳务费，在相关劳务活动发生时确认收入。
买一赠一	买一赠一不属于捐赠，应将总的销售金额按各项商品的公允价值的比例来分摊确认各项的销售收入。 【学堂点睛】增值税视同销售，所得税不视同销售。

【例1-多选题】下列关于企业所得税收入确认时间的说法中，正确的有（　　）。

A．转让股权收入在签订股权转让合同时确认收入

B．采取预收款方式销售商品的，在发出商品时确认收入

C．提供初始及后续服务的特许权费，在提供服务时确认收入

D．采用分期收款方式销售商品的，根据实际收款日期确认收入

【答案】BC

学堂点拨

选项A，转让股权收入，应于转让协议生效且完成股权变更手续时，确认收入的实现；选项D，以分期收款方式销售货物的，按照合同约定的收款日期确认收入的实现。

知识点2 处置资产收入的确认（★★★）

一、处置资产收入的税务处理规则

表4-5 处置资产收入的税务处理规则

具体内容	税法处理
企业发生下列情形的处置资产，除将资产转移至境外以外，由于资产所有权属在形式和实质上均不发生改变，可作为内部处置资产，不视同销售确认收入，相关资产的计税基础延续计算。	内部处置，不用视同销售。

（续上表）

具体内容	税法处理
1. 将资产用于生产、制造、加工另一产品。 2. 改变资产形状、结构或性能。 3. 改变资产用途（如自建商品房转为自用或经营）。 4. 将资产在总机构及其分支机构间转移。 5. 上述两种或两种以上情形的混合。 6. 其他不改变资产所有权属的用途。	
企业将资产移送他人的下列情形，因资产所有权属已发生改变而不属于内部处置资产，应按规定视同销售确定收入。 1. 用于市场推广或销售。 2. 用于交际应酬。 3. 用于职工奖励或福利。 4. 用于股息分配。 5. 用于对外捐赠。 6. 其他改变资产所有权属的用途。	外部处置应视同销售： 自制资产：按同类资产同期对外售价确定销售收入。 外购资产：按被移送资产的公允价值确定销售收入。

二、增值税与所得税视同销售的区别

不同税种对视同销售的确定有不同规定。增值税作为流转税强调的是货物流转到了下一个环节，为了保障销项进项的抵扣链条完整应作视同销售处理。所得税作为一个对净所得征收的税种，强调的是货物真正流向了企业外部，才应该确认视同销售。

【例2-2016-单选题】企业在境内发生处置资产的下列情形中，应视同销售确认企业所得税应税收入的是（　　）。

A．将资产用于职工奖励或福利　　B．将资产用于加工另一种产品

C．将资产在总分支机构之间转移　　D．将资产结构或性能改变

【答案】A

学堂点拨

选项A的所有权发生了改变，应视同销售处理；其他情形下所有权并未发生改变，不应视同销售。

【例3-单选题】2018年12月甲饮料厂给职工发放自制果汁和当月外购的取暖器作为福利，其中果汁的成本为20万元，同期对外销售价格为25万元；取暖器的公允价值为10万元。根据企业所得税相关规定，该厂发放上述福利应确认的收入是（　　）万元。

A．10　　B．20　　C．30　　D．35

【答案】D

学堂点拨

企业发生视同销售情形时，属于企业自制的资产，应按企业同类资产对外销售价格确定销售收入，属于外购的资产，应按照被移送资产的公允价值确定销售收入。应确认的收入=25+10=35（万元）。

知识点3 特殊收入的所得税处理（★★）

一、非货币性资产对外投资

非货币性资产，是指现金、银行存款、应收账款、应收票据以及准备持有至到期的债券投资等货币性资产以外的资产。

表 4-6 非货币性资产对外投资

投资方（居民）	1. 非货币性资产转让所得=评估公允价值-计税基础 2. 投资协议生效并办理股权登记手续时确认收入。 3. 所得可在不超过5年期限内，分期均匀计入相应年度的应纳税所得额。 4. 取得股权成本（逐年调整）=非货币性资产原计税成本+每年确认的非货币性资产转让所得
	停止执行递延纳税，未确认所得一次纳税： 1. 5年内转让上述股权或投资收回。 2. 对外投资5年内注销。
被投资方（居民）	计税基础：非货币性资产公允价值。

二、企业转让上市公司限售股

表 4-7 企业转让上市公司限售股

纳税人	转让限售股取得收入的企业。
所得额	计算所得：转让收入-限售股原值-合理税费。 核定所得：转让收入×（1-15%）。 核定所得适用于未提供原值凭证，不能准确计算原值的情况。
特殊规定	1. 个人出资由企业代持的，企业转让时计税，收入余额转付给实际所有人时不再纳税。 2. 依法院判定、裁定等原因，企业将其代持的个人限售股直接变更到实际所有人名下的，不视同转让限售股。 3. 解禁前转让限售股的企业以全部收入计入当年应税收入计税，如协议转让但未办理变更股权登记、仍由企业持有的，应按上述方法计税，余额转付给受让方的，受让方不再纳税。

三、企业接收政府和股东划入资产

（一）关于企业接收政府划入资产的企业所得税处理

表 4-8　关于企业接收政府划入资产的企业所得税处理

接收项目	企业所得税处理
政府投资资产	不属于收入范畴，按国家资本金处理，资产计税基础按实际接收价确定。
政府指定用途资产	财政性资金性质的，作为不征税收入。
政府无偿划入资产	并入当期应税收入。 如果政府没有确定接收价值的，应按资产的公允价值确定应税收入。

（二）关于企业接收股东划入资产的企业所得税处理

1. 凡合同约定作为资本金（包括资本公积）处理的：属于正常接收投资行为，不能作为收入进行所得税处理；按公允价值确定计税基础。

2. 凡作为收入处理的，属于接受捐赠行为，按公允价值计入收入总额计算缴纳企业所得税，按公允价值确定计税基础。

【例4-2016-单选题】某企业转让代个人持有的限售股，取得转让收入68万元，但不能提供真实的限售股原值凭证。该企业就限售股转让应缴纳的企业所得税是（　　）万元。

A. 13.60　　B. 14.45　　C. 15.30　　D.12.75

【答案】B

学堂点拨

限售股转让收入扣除限售股原值和合理税费后的余额为限售股转让所得。企业未能提供完整、真实的限售股原值凭证，不能准确计算该限售股原值的，主管税务机关一律按该限售股转让收入的15%，核定为该限售股原值和合理税费。应纳所得税额＝68×（1－15%）×25%＝14.45（万元）。

知识点4　不征税收入和免税收入（★★★）

一、不征税收入

表 4-9　企业所得税中不征税收入的内容及特点

内容	1. 财政拨款。 2. 依法收取并纳入财政管理的行政事业性收费、政府性基金。 3. 国务院规定的其他：专项用途的财政性资金。 【学堂点睛1】财政性资金，指企业取得的来源于政府及有关部门的财政补助、补贴、贷款贴息，以及其他各类财政专项资金，包括直接减免的增值税和即征即退、先征后退、先征后返的各种税收，但不包括企业按规定取得的出口退税款。 【学堂点睛2】专项用途财政性资金：不征税收入处理后，在5年（60个月）内未发生支出且未缴回财政部门或其他拨付资金的政府部门的部分，应计入取得该资金第六年的应税收入总额；其相应支出，允许在计算应纳税所得额时扣除。

（续上表）

特点	不征税收入用于支出所形成的费用，不得在计算应纳税所得额时扣除；用于支出所形成的资产，其计算的折旧、摊销不得在计算应纳税所得额时扣除。 【学堂点睛】免税收入无此限制。

二、免税收入

表 4-10　企业所得税中免税收入的内容及具体规定

内容	具体规定
1．国债利息收入	（1）企业从发行者直接投资购买的国债持有至到期，其从发行者取得的国债利息收入，全额免征企业所得税。 （2）企业到期前转让国债，或者从非发行者投资购买的国债，计算的国债利息收入，免征企业所得税。 【学堂点睛1】国债利息收入免税，但国债转让收入计税。 【学堂点睛2】免税利息收入=国债金额×（适用年利率÷365）×持有天数。
2．符合条件的居民企业之间的股息、红利等权益性收益	该收益均不包括连续持有居民企业公开发行并上市流通的股票不足12个月取得的投资收益。
3．境内设立机构、场所的非居民企业从居民企业取得与该机构、场所有实际联系的股息、红利等权益性投资收益	
4．符合条件的非营利组织的收入	非营利组织从事营利性活动取得的收入为应税收入。

【链接】非营利组织的下列收入为免税收入：

1．接受其他单位或者个人捐赠的收入。

2．除规定的财政拨款以外的其他政府补助收入，但不包括因政府购买服务取得的收入。

3．按照省级以上民政、财政部门规定收取的会费。

4．不征税收入和免税收入孳生的银行存款利息收入。

5．财政部、国家税务总局规定的其他收入。

【例5-2018-多选题】某民办学校计划按照非营利组织的免税收入认定条件，申请学费收入免征企业所得税。下列各项中，属于非营利组织免税收入认定条件的有（　　）。

A．工作人员工资福利开支控制在规定的比例内

B．投入人对投入该学校的财产不保留或者享有任何财产权利

C．依法履行非营利组织登记手续

D．财产及孳生息可以在合理范围内根据确定的标准用于分配

【答案】ABC

学堂点拨

符合条件的非营利组织的收入属于企业所得税中的免税收入。其中符合条件的非营利组织是指：

1. 依法履行非营利组织登记手续。

2. 从事公益性或者非营利性活动。

3. 取得的收入除用于与该组织有关的、合理的支出外，全部用于登记核定或者章程规定的公益性或者非营利性事业。

4. 财产及其孳生息不用于分配。

5. 按照登记核定或者章程规定，该组织注销后的剩余财产用于公益性或者非营利性目的，或者由登记管理机关转赠给与该组织性质、宗旨相同的组织，并向社会公告。

6. 投入人对投入该组织的财产不保留或者享有任何财产权利。

7. 工作人员工资福利开支控制在规定的比例内，不变相分配该组织的财产。

8. 国务院财政、税务主管部门规定的其他条件。

知识点5 税前扣除原则和范围（★）

一、税前扣除原则

表 4-11　企业所得税税前扣除原则

扣除原则	应用举例
权责发生制原则	三项期间费用的扣除。
配比原则	扣除的销售成本与销售收入相配比。
相关性原则	与正常销售经营无关的罚款支出不能扣。
确定性原则	估计的坏账准备不能扣。
合理性原则	工资薪金不合理的不能扣。

二、扣除范围

表 4-12　企业所得税税前扣除项目的范围

1. 成本	销售成本、劳务成本、转让固定资产、无形资产成本等。
2. 费用	销售费用、管理费用、财务费用： （1）销售费用：广告费、销售佣金等。 （2）管理费用：业务招待费、职工福利费、工会经费、职工教育经费等。 （3）财务费用：利息支出、借款费用等。

（续上表）

3. 税金	税金及附加： 包括：已缴纳的消费税、城建税、资源税、土地增值税、出口关税及教育费附加、房产税、车船税、城镇土地使用税、印花税。 不包括：（1）已经计入资产成本中的税金。如契税、车辆购置税、进口关税等。 （2）已缴纳的增值税和企业所得税。 【学堂点睛】增值税是城建税和教育费附加的计税依据，所以会间接影响所得额。
4. 损失	企业在生产经营活动中发生的固定资产和存货的盘亏、毁损、报废损失，转让财产损失，呆账损失，坏账损失，自然灾害等不可抗力因素造成的损失以及其他损失。 【学堂点睛1】企业发生的损失，减除责任人赔偿和保险赔款后的余额，依照国务院财政、税务主管部门的规定扣除。 损失＝损失资产成本＋转出进项－赔偿补偿 【学堂点睛2】企业已经作为损失处理的资产，在以后纳税年度又全部收回或者部分收回时，应当计入当期收入。
5. 其他	其他和企业生产经营有关的合理支出。

【例6-计算题】A公司由于管理不善导致库存一批原材料被盗。已知此批材料的成本为1.2万元，其中含运费2 000元。库管已支付给公司责任赔偿0.5万元。求A公司所得税税前可以扣除的损失是多少。

学堂点拨

A公司所得税税前可以扣除的损失＝12 000＋（10 000×16%＋2 000×10%）－5 000＝8 800（元）。

此考点经常结合增值税进项税额转出出现，需要把握各类进项转出处理。

知识点6 具体扣除项目及其标准（★★★）

【考点提示】重点把握有明确限额标准的项目，如三项经费、业务招待费、广告费、捐赠等。

一、工资薪金支出

表4-13 工资薪金支出的税前扣除标准

一般	合理的工资、薪金支出准予据实扣除。
国企	超过限定部分，不得税前扣除。
股权激励	行权所得＝行权时公允价值－行权价格 可立即行权的：直接确认工资扣除。 未来才行权的：行权后或达到条件时确认工资扣除。
福利性补贴	列入工资制度、固定与工资一起发放，符合合理工资支出条件的，可列入工资薪金；不符合条件计入福利费。

（续上表）

劳务派遣	支付给派遣公司的费用作为劳务费支出。 直接支付给员工个人的作为工资薪金和福利费支出。
其他	年度汇算清缴结束前向员工实际支付的已预提汇缴年度工资薪金，准予在汇缴年度按规定扣除。

【例7-计算题】甲上市公司2018年度实发工资580万元。公司之前实施了股票期权激励计划，当年有部分员工满足行权条件，以每股3元的行权价购入股票100万股，当日该公司每股股票收盘价为8元。计算应当计入当年成本费用中的工资总额。

学堂点拨

2018年计入成本、费用的工资总额=580+100×（8−3）=1 080（万元）。

二、职工福利费、工会经费、职工教育经费（“三项经费”）

企业发生的职工福利费、工会经费、职工教育经费按工资薪金总额的特定标准扣除，未超过标准的按实际数扣除，超过标准的只能按标准扣除。

此处的工资薪金总额，是指企业按规定实际发放的工资薪金总额，不包括企业的职工福利费、职工教育经费、工会经费以及社会保险费和住房公积金。

表 4-14　三项经费的税前扣除标准

项目	限额	具体规定
福利费	工资总额×14%	未超标准的据实扣除，超标准的当期和后期均不能扣除。
工会经费	工资总额×2%	
职工教育经费	工资总额×8%	未超标准的准予扣除；超过部分准予结转以后年度扣除。 【学堂点睛1】软件企业的职工培训费用，全额扣除。 软件生产企业应准确划分职工教育经费中的职工培训费支出，对于不能准确划分的，以及准确划分后职工教育经费中扣除职工培训费用的余额，一律按照工资薪金总额8%的比例扣除。 【学堂点睛2】核电厂操作员培养费用，作为发电成本扣除。

【链接】企业福利费范围（了解）：

1. 尚未实行分离办社会职能的企业，其内设福利部门所发生的设备、设施和人员费用，包括职工食堂、职工浴室、理发室、医务所、托儿所、疗养院等集体福利部门的设备、设施及维修保养费用和福利部门工作人员的工资薪金、社会保险费、住房公积金、劳务费等。

2. 为职工卫生保健、生活、住房、交通等所发放的各项补贴和非货币性福利，包括企业向职工发放的因公外地就医费用、未实行医疗统筹企业职工医疗费用、职工供养直系亲属医疗补贴、供暖费补贴、职工防暑降温费、职工困难补贴、救济费、职工食堂经费补贴、职工交通补贴等。

3. 按照其他规定发生的其他职工福利费，包括丧葬补助费、抚恤费、安家费、探亲假路费等。

【例8-计算题】甲公司2018年实际发放职工工资1 300万元，符合工资条件并和工资一起发放的福利性补贴100万，发生职工福利费支出200万元，拨缴工会经费30万元并取得专用收据，发生职工教育经费支出25万元，以前年度累计结转至本年的职工教育经费扣除额为5万元。要求：计算三项经费在企业所得税中应纳税调整的金额。

学堂点拨

工资薪金总额＝1 300＋100＝1 400（万元）

可以扣除的福利费限额＝1 400×14%＝196（万元）

应调增应纳税所得额＝200－196＝4（万元）

可以扣除的工会经费限额＝1 400×2%＝28（万元）

应调增应纳税所得额＝30－28＝2（万元）

可以扣除的教育经费限额＝1 400×8%＝112（万元）

教育经费支出可全额扣除，并可扣除上年结转的扣除额5万元，应调减应纳税所得额5万元。

三、社会保险费

表 4-15　社会保险费的税前扣除标准

种类	扣除规定
五险一金	按范围和标准缴纳的，准予扣除。
补充养老、补充医疗	限额标准内准予扣除。
特殊工种人身安全保险费、商业保险费	符合规定的准予扣除。
财产保险费	准予扣除。
投资者、职工的商业保险费	不得扣除。

四、利息费用

表 4-16　利息费用的税前扣除标准

<table>
<tr><td>据实扣除</td><td colspan="2">1. 非金融企业向金融企业借款的利息支出。
2. 金融企业的各项存款利息支出。
3. 同业拆借利息支出。
4. 企业经批准发行债券的利息支出。</td></tr>
<tr><td rowspan="2">限额扣除</td><td>非金融企业向非金融企业借款的利息支出</td><td>不超过按照金融企业同期同类贷款利率计算的数额的部分可据实扣除，超过部分不许扣除。</td></tr>
<tr><td rowspan="2">关联利息费用</td><td>限额内据实扣除，超出部分不可扣除。
1. 限制本金：债资比例，金融企业为5∶1；其他企业为2∶1。
债资比：债权投资/权益投资。
2. 限制利率：同类金融机构贷款利率。</td></tr>
<tr><td>据实扣除</td><td>关联利息据实扣除的情形：
1. 能提供资料证明相关交易符合独立交易原则；
2. 该企业实际税负不高于境内关联方。</td></tr>
</table>

【例9-计算题】甲公司投资注册乙公司（均为非金融企业），在乙公司权益金额为200万。已知：银行同期贷款利率为8%；乙1月1日向甲借款500万元，约定借款期限为一年，10%年利率；已知乙实际税负高于甲，且无法证明借款活动符合独立交易原则。要求：计算该笔借款利息应在企业所得税中纳税调整的金额。

学堂点拨

利息扣除限额标准：200×2×8%=32（万元）

实际利息支出：500×10%=50（万元）

超过的18万元应在企业所得税计算中作纳税调增。

五、借款费用

表 4-17　借款费用的税前扣除标准

借款费用类型	扣除政策
生产经营活动中发生的合理的不需要资本化的借款费用	费用化，准予扣除。
有关资产购置、建造期间发生的合理的借款费用	资本化，折旧摊销准予扣除。
资产交付使用后发生的借款利息	费用化，可在发生当期扣除。
通过发行债券、取得贷款、吸收保户储金方式融资而发生的合理费用	资本化或费用化。

六、汇兑损失

汇率折算形成的汇兑损失，除计入有关资产成本及与利润分配有关的部分外，准予扣除。

七、业务招待费

发生额的60%且不超过当年销售（营业）收入的5‰。（孰低选谁做限额）

筹建期内的业务招待费按实际发生额计60%计入企业筹办费，按规定扣除。

学堂点睛

1. 业务招待费、广告费计算税前扣除限额的依据是相同的，均为销售（营业）收入。

2. 对从事股权投资业务的企业（包括集团公司总部、创业投资企业等），其从被投资企业所分配的股息、红利以及股权转让收入，可以按规定的比例计算业务招待费扣除限额。

八、广告费和业务宣传费

表 4-18　广告费和业务宣传费的税前扣除标准

范围	非广告性质的赞助支出不得税前扣除。
扣除限额	1. 一般行业发生的符合条件的广告费和业务宣传费支出，不超过当年销售（营业）收入15%的部分，准予扣除；超过部分，准予结转以后纳税年度扣除。 2. 自2016年1月1日起至2020年12月31日止，对化妆品制造或销售、医药制造和饮料制造（不含酒类制造）企业发生的广告费和业务宣传费支出，不超过当年销售（营业）收入30%的部分，准予扣除；超过部分，准予在以后纳税年度结转扣除。

（续上表）

扣除限额	3．对签订广告费和业务宣传费分摊协议（简称分摊协议）的关联企业，其中一方发生的不超过当年销售（营业）收入税前扣除限额比例内的广告费和业务宣传费支出可以在本企业扣除，也可以将其中的部分或全部按照分摊协议归集至另一方扣除。另一方在计算本企业广告费和业务宣传费支出企业所得税税前扣除限额时，可将按照上述办法归集至本企业的广告费和业务宣传费不计算在内。 4．企业筹建期间发生的广告费和业务宣传费，按实际发生额计入企业筹办费，可按上述规定税前扣除。 5．烟草企业的烟草广告费和业务宣传费支出，一律不得在计算应纳税所得额时扣除。

【例10–计算题】甲企业2018年经营业务如下：

1．全年直接销售彩电取得不含税销售收入8 000万元（不含换取原材料的部分）。

2．2月，企业将自产的一批彩电换取A公司原材料，市场不含税价值为200万元，成本为130万元，企业已作销售账务处理，换取的原材料价值200万元，双方均开具了专用发票。

3．企业接受捐赠原材料一批，不含税价值100万元并取得捐赠方开具的增值税专用发票，进项税额16万元，该项捐赠收入企业已计入营业外收入核算。

4．6月1日，企业将闲置的办公室出租给B公司，当年收取含税租金126万元。（增值税简易计税）

5．企业全年发生的销售费用为1 800万元（其中广告费为1 200万元），管理费用为800万元（其中业务招待费为90万元）。以前年度结转广告费300万。

要求：计算业务招待费、广告费纳税调整金额。

学堂点拨

销售（营业）收入＝8 000＋200＋126/1.05＝8 320（万元）

招待费限额1＝8 320×5‰＝41.6（万元），限额2＝90×60%＝54（万元），税前允许扣除招待费41.6万元，应该调增所得额48.4万元（90－41.6）。

广告费限额＝8 320×15%＝1 248（万元），实际发生1 200万，可另外将以前年度广告费扣除48万，应调减所得额48万。

九、环境保护专项资金

企业依照法律、行政法规有关规定提取的用于环境保护、生态恢复等方面的专项资金准予扣除；上述专项资金提取后改变用途的，不得扣除。

十、租赁费

表 4–19 租赁费的税前扣除标准

经营租赁：费用化	根据租赁期限均匀扣除。
融资性租赁：资本化	资本化处理，应当提取折旧费用，折旧可以扣除。 租赁费支出不得扣除。

十一、劳动保护费

合理的劳动保护支出，准予扣除。

2011年7月1日起，企业统一制作的工作服饰费用，可以税前扣除。

十二、公益性捐赠支出

表 4-20 公益性捐赠支出的税前扣除标准

扣除范围	通过公益性社会团体或者县级（含）以上人民政府及其部门，用于《中华人民共和国公益事业捐赠法》规定的公益事业的捐赠。 【学堂点睛】直接向受益人的捐赠不得税前扣除。
扣除标准	不超过年度利润总额12%的部分，准予扣除。 企业发生的公益性捐赠支出未在当年税前扣除的部分，自2017年1月1日起准予向以后年度结转扣除，但结转年限自捐赠发生年度的次年起计算最长不得超过3年。 企业对捐赠扣除时，应先扣除以前年度结转的捐赠支出，再扣除当年发生的捐赠支出。 2016年9月1日至2016年12月31日发生的公益性捐赠支出，未在2016年税前扣除的部分，可按上述规定执行。 【学堂点睛】 利润总额：是指企业依照国家统一会计制度的规定计算的年度会计利润。

十三、有关资产的费用

（一）企业转让各类固定资产发生的费用：允许扣除。

（二）企业按规定计算的固定资产折旧费、无形资产和递延资产的摊销费：准予扣除。

十四、总机构分摊的费用

非居民企业在中国境内设立的机构、场所，就其中国境外总机构发生的与该机构、场所生产经营有关的费用，能够提供总机构出具的费用汇集范围、定额、分配依据和方法等证明文件，并合理分摊的，准予扣除。

学堂点睛

居民企业的此类费用不能税前扣除。

十五、其他

如会员费、合理的会议费、差旅费、违约金、诉讼费用等，准予扣除。

十六、手续费及佣金支出

表 4-21 手续费及佣金支出的税前扣除标准

政策	限额标准内据实扣除，超过部分不得扣除。
限额	保险企业：财产保险为全部保费收入扣除退保金后余额的15%；人身保险为全部保费收入扣除退保金后余额的10%。 其他企业：与中介机构或个人所签订服务协议或合同确认的收入金额的5%。 电信企业：为发展客户、拓展业务支付的手续费佣金支出，不超过当年收入总额5%部分，据实扣除。

（续上表）

细节	1. 应签订协议或合同，除个人代理外，以现金等非转账方式支付的佣金及手续费不得税前扣除。 2. 企业发行权益性证券支付给有关证券承销机构的手续费及佣金不得税前扣除。 3. 资本化的手续费佣金，通过折旧摊销等方式分期扣除。 4. 不得将手续费佣金支出计入回扣、业务提成、返利、进场费等费用。 5. 手续费及佣金不得直接冲减服务协议或合同金额，并如实入账。 6. 应向主管税务机构提供相关计算分配资料，并依法取得合法真实凭证。 7. 从事代理服务、主营业务收入为手续费佣金的企业（如证券、期货、保险代理等），其为取得该类收入而实际发生的营业成本（包括手续费和佣金支出），准予在企业所得税前据实扣除。

十七、资产损失

企业当期发生的固定资产和流动资产盘亏、毁损净损失，由其提供清查盘存资料经主管税务机关审核后，准予扣除。

十八、企业维简费支出企业所得税税前扣除规定

企业实际发生维简费支出，属于收益性支出的，可作为当期费用税前扣除。属于资本性支出的，应计入有关资本成本，并按企业所得税法规定计提折旧或摊销费用在税前扣除。

十九、企业参加政府统一组织的棚户改造有关企业所得税政策

企业参加政府统一组织的工矿（含中央下放煤矿）棚户区改造、林区棚户区改造、垦区危房改造并同时符合一定条件的棚户区改造支出，准予在企业所得税前扣除。

二十、金融企业涉农贷款和中小企业贷款损失准备金税前扣除

（一）金融企业根据《贷款风险分类指引》，对其涉农贷款和中小企业贷款进行风险分类后，按照以下比例计提的贷款损失准备金，准予在计算应纳税所得额扣除。

1. 关注类贷款：计提比例为2%。
2. 次级类贷款：计提比例为25%。
3. 可疑类贷款：计提比例为50%。
4. 损失类贷款：计提比例为100%。

（二）中小企业贷款，是指金融企业对年销售额和资产总额均不超过2亿元的企业贷款。

（三）金融企业发生的符合条件的涉农贷款和中小企业贷款损失，应先冲减已在税前扣除的贷款损失准备金，不足冲减部分可据实在计算应纳税所得额时扣除 。

【总结】限额扣除的情形在考试中经常出现。另外需要特别注意职工教育经费、广告和业务宣传费、间接公益性捐赠有结转扣除的规定。

表 4–22 企业所得税税前限额扣除项目

扣除项目	扣除限额
三项经费	职工福利费、工会经费、职工教育经费分别为： 工资总额的14%、2%、8%。

（续上表）

扣除项目	扣除限额
利息	向非金融机构借款：限制利率。 向关联方借款：限制本金和利率。
业务招待费	发生额的60%且不超过当年销售（营业）收入的5‰。
广告和业务宣传费	当年销售（营业）收入的15%。
间接公益性捐赠	会计利润的12%。
手续费佣金	财产保险：净保费收入的15%。 人身保险：净保费收入的10%。 其他企业：收入的5%。

【例11-多选题】下列支出中，准予在企业所得税前全额扣除的有（　　）。

A．企业按规定缴纳的财产保险费

B．工业企业向保险公司借入经营性资金的利息支出

C．人身保险企业实际发生的，且占当年全部保费收入扣除退保金等后余额12%的手续费及佣金支出

D．直接给受灾地区群众的捐赠支出

【答案】AB

学堂点拨

选项C，人身保险企业按当年全部保费收入扣除退保金后余额的10%计算限额；选项D，直接向受益人的捐赠不得税前扣除。

知识点7 不得扣除的项目（★★★）

在计算应纳税所得额时，下列支出不得扣除：

一、向投资者支付的股息、红利等权益性投资收益款项。

二、企业所得税税款。

三、税收滞纳金。

四、罚金、罚款和被没收财物的损失。

学堂点睛

违约金、罚息等，可以税前扣除。

五、超过规定标准的捐赠支出。

六、赞助支出（非广告性质的）。

七、未经核定的准备金支出。

八、企业之间支付的管理费、企业内营业机构之间支付的租金和特许权使用费，以及非银行企业内营业机构之间支付的利息，不得扣除。

九、与取得收入无关的其他支出。

【例12-2015-单选题】企业发生的下列支出中，按企业所得税法的规定可在税前扣除的是（　　）。

A．税收滞纳金　　B．非广告性赞助

C．企业所得税税款　　D．按规定缴纳的财产保险费

【答案】D

【例13-2013-单选题】以下各项支出中，可以在计算企业所得税应纳税所得额时扣除的是（　　）。

A．支付给母公司的管理费

B．按规定缴纳的财产保险费

C．以现金方式支付给某中介公司的佣金

D．赴灾区慰问时直接向灾民发放的慰问金

【答案】B

学堂点拨

选项A，支付给母公司的管理费是不能税前扣除的；选项C，除委托个人代理外，企业以现金等非转账方式支付的手续费及佣金不得在税前扣除；选项D，直接向灾民发放的慰问金不能在税前扣除。

知识点8 亏损弥补（★）

一、亏损弥补政策

（一）税法上的亏损是指应纳税所得额小于0，而不是会计利润小于0。

（二）某一纳税年度发生的亏损可以用下年度的所得弥补，但最长不得超过5年。（先亏先补后亏后补）

【提示】自2018年1月1日起，当年具备高新技术企业或科技型中小企业资格的企业，其具备资格年度之前5个年度发生的尚未弥补完的亏损，准予结转以后年度弥补，最长结转年限由5年延长至10年。

（三）汇总计算企业所得税时，其境外营业机构的亏损不得抵减境内的盈利。（境外盈利可抵境内亏损）

【举例】下表是某企业近年的应税所得情况，请计算2018年应纳税额是多少。

年度	2012年	2013年	2014年	2015年	2016年	2017年	2018年
应纳税所得额（万元）	-90	-60	20	30	35	-10	100

学堂点拨

2018年应纳税额=（100－60－10）×25%=7.5（万元）。

二、筹办期规定

（一）企业筹办期间不计算为亏损年度，企业自开始生产经营的年度，为开始计算企业损益的年度。

（二）企业从事生产经营之前进行筹办活动期间发生筹办费用支出，不得计算为当期的亏损。企业可以在开始经营之日的当年一次性扣除，也可以按照新税法有关长期待摊费用的处理规定处理，但一经选定，不得改变。

第三节 资产的税务处理

微信扫一扫
习题免费练

知识点 资产的税务处理（★★）

一、固定资产的税务处理

（一）固定资产计税基础

自行建造的固定资产，以竣工结算前发生的支出为计税基础。（会计为达到预计可使用状态）

（二）固定资产折旧的范围

在计算应纳税所得额时，企业按照规定计算的固定资产折旧，准予扣除。

下列固定资产不得计算折旧扣除：

1. 房屋、建筑物以外未投入使用的固定资产；

学堂点睛

房屋、建筑物无论是否使用均折旧。

2. 以经营租赁方式租入的固定资产；
3. 以融资租赁方式租出的固定资产；
4. 已足额提取折旧仍继续使用的固定资产；
5. 与经营活动无关的固定资产；
6. 单独估价作为固定资产入账的土地；

（一般以无形资产入账摊销，和建筑物一体的可做固定资产，但单独估价的土地不折旧）

7. 其他不得计算折旧扣除的固定资产。

（三）固定资产折旧

1. 企业应当自固定资产投入使用月份的次月起计算折旧；停止使用的固定资产，应当自停止月份的次月起停止计算折旧。

2. 企业应当根据固定资产的性质和使用情况，合理确定固定资产的预计净残值。固定资产的预计净残值一经确定，不得变更。

3. 固定资产按照直线法计算的折旧，准予扣除。

学堂点睛

部分行业以及特定资产允许加速折旧，可选用加速折旧方法。

（四）折旧的所得税处理

1. 会计年限<税法最低年限：会计折旧年限内调增；会计年限已满，税法最低年限未到且税收折旧尚未足额扣除：尚未足额的折旧可在剩余年限继续扣除。（调减）

2. 会计年限>税法最低年限：按会计年限计算扣除，不调整。

3. 固定资产减值准备，不得税前扣除。折旧按税法规定的计税基础计算扣除。

【举例】如某电子设备计税基础为30万元，会计折旧年限为2年，无残值，每年计提折旧为15万元。税法规定最低折旧年限为3年，每年应计提折旧10万元。则前两年每年会计比税法多计提了5万元折旧，每年均应作纳税调增5万元的处理；但第三年会计上没有计提折旧，而税法应计提折旧10万元，则应作纳税调减10万元的处理。

（五）固定资产改扩建的税务处理

表 4-23 固定资产改扩建的税务处理

未足额提取折旧前	推倒重置	资产原值减除提取折旧后的净值，并入重置后的固定资产计税成本；投入使用后的次月起，按规定年限一并折旧。
	提升功能、增加面积	改扩建支出并入该固定资产计税基础。 从改扩建完工投入使用后固定资产的次月起，重新按规定折旧年限计提折旧，如改扩建后其尚可使用的年限低于税法规定的最低年限的，可以按尚可使用的年限计提折旧。
足额折旧后	改扩建支出计入长期待摊费用。	

二、生物资产的税务处理

（一）生物资产的计税基础

外购：购买价款＋相关税费。

其他：资产公允价值＋相关税费。

（二）生物资产的折旧

生产性生物资产按直线法折旧可扣：林木10年，畜类3年。

（三）生物性资产分类

生物性资产分为三类：消耗性生物资产、生产性生物资产、公益性生物资产。具体如表4-24所示：

表 4-24 生物性资产分类

项目	定义	具体内容
消耗性生物资产	出售而持有的，或在将来收获为农产品的生物资产。	生长中的农田作物、蔬菜、用材林以及存栏待售的牲畜等。
生产性生物资产	为生产农产品、提供劳务或出租等目的而持有的生物资产。	经济林、薪炭林、产畜和役畜等。
公益性生物资产	以防护、环境保护为主要目的的生物资产。	防风固沙林、水土保持林和水源涵养林等。

三、无形资产的税务处理

（一）无形资产的计税基础

外购：购买价款＋相关税费＋达到预定用途发生的其他支出。

自行开发：符合资本化条件后至达到预定用途前发生的支出。

其他：资产公允价值＋相关税费。

（二）无形资产摊销的范围

下列无形资产不得计算摊销费用扣除：

1. 自行开发的支出已在计算应纳税所得额时扣除的无形资产。
2. 自创商誉。
3. 与经营活动无关的无形资产。
4. 其他不得计算摊销费用扣除的无形资产。

（三）无形资产的摊销

无形资产的摊销采取直线法计算。无形资产的摊销不得低于10年。

外购商誉，在企业整体转让或者清算时准予扣除。

四、长期待摊费用的税务处理

长期待摊费用是指企业发生的应在一个季度以上或几个年度进行摊销的费用。具体内容可以包括：

（一）已足额提取折旧的固定资产的改建支出。

（二）租入固定资产的改建支出。

（三）固定资产的大修理支出。（一般修理支出在发生当期直接扣除）

（四）其他应当作为长期待摊费用的支出。（自支出发生月份的次月起，分期摊销，摊销年限不得低于3年）

学堂点睛

固定资产的大修理支出，是指同时符合下列条件的支出：

1. 修理支出达到取得固定资产时的计税基础50%以上。
2. 修理后固定资产的使用年限延长2年以上。

五、存货的税务处理

存货，是指企业持有以备出售的产品或者商品、处在生产过程中的在产品、在生产或者提供劳务过程中耗用的材料和物料等。

（一）存货的计税基础

生产性生物资产收获的农产品：以产出或采收过程中发生的材料费、人工费、分摊的间接费用等必要支出为成本。

（二）存货的成本计算方法

先进先出法、加权平均法、个别计价法中选用一种，一经选用，不得随意变更。（税法不认可后进先出法）

六、投资资产的税务处理

（一）投资资产的成本

通过支付现金以外的方式取得的投资资产，以该资产的公允价值和支付的相关税费为成本。

（二）投资资产成本的扣除方法

企业对外投资期间，投资资产的成本在计算应纳税所得额时不得扣除，企业在转让或者处置投资资产时，投资资产的成本准予扣除。

（三）投资企业撤回或减少投资的税务处理

1. 相当于初始投资的部分，应确认为投资收回。

2. 相当于被投资企业累计未分配利润和累计盈余公积按减少实收资本比例计算的部分，应确认为股息所得。（免税收入）

3. 其余部分确认为投资资产转让所得。（计税）

学堂点睛

1. 股权转让时的收入减去取得成本即为所得，不得扣除留存收益中可能分配的金额。

2. 被投资企业的经营亏损，由被投资企业按规定结转弥补；投资企业不得调整减低其投资成本，也不得将其确认为投资损失。

（四）投资方分得清算企业剩余财产税务处理

表 4–25 投资方分得清算企业剩余财产税务处理

清算所得	全部资产可变现价值或交易价格－资产净值－清算费用－相关税费。
清算财产	清算所得－所得税。
剩余资产	投资方企业从被清算企业分得的剩余资产： 1. 其中相当于从被清算企业累计未分配利润和累计盈余公积中应当分得的部分，应当确认为股息所得。（免税收入） 2. 剩余资产减除上述股息所得后的余额，超过或者低于投资成本的部分，应当确认为投资资产转让所得或者损失。（计入所得）

七、税法规定与会计规定差异的处理

（一）企业不能提供完整、准确的收入及成本、费用凭证，不能正确地计算应纳税所得额的，由税务机关核定其应纳税所得额。

（二）企业依法清算时，以其清算终了后的清算所得为应纳税所得额，按规定缴纳企业所得税。

（三）企业应纳税所得额是根据税收法规计算出来的，它在数额上与依据财务会计制度计算的利润总额往往不一致。

（四）企业当年度实际发生的相关成本、费用，由于各种原因未能及时取得该成本、费用的有效凭证，企业预缴季度所得税时，可暂时按账面发生金额进行核算。但在汇算清缴时，应当补充提供该成本、费用的有效凭证。

【例1-2015-单选题】企业发生的下列支出中，可在发生当期直接在企业所得税税前扣除的是（　　）。

A．固定资产改良支出　　B．租入固定资产的改建支出

C．固定资产的日常修理支出　　D．已足额提取折旧的固定资产的改建支出

【答案】C

学堂点拨

企业的固定资产改良支出，如果有关固定资产尚未提足折旧，可增加固定资产价值；如有关固定资产已提足折旧，可作为长期待摊费用，在规定的期间内平均摊销；租入固定资产的改建支出和已足额提取折旧的固定资产的改建支出作为长期待摊费用，按照规定摊销的，准予扣除。

【例2-2012-单选题】甲投资公司2009年10月将2 400万元投资于未公开上市的乙公司，取得乙公司40%的股权。2012年5月，甲公司撤回其在乙公司的全部投资，共计从乙公司收回4 000万元。撤资时乙公司的累计未分配利润为600万元，累计盈余公积为400万元。则甲公司撤资应确认的投资资产转让所得为（　　）。

A．0万元　　B．400万元　　C．1 200万元　　D．1 600万元

【答案】C

学堂点拨

自2011年7月1日起，投资企业从被投资企业撤回或减少投资，其取得的资产中，相当于初始出资的部分，应确认为投资收回；相当于被投资企业累计未分配利润和累计盈余公积按减少实收资本比例计算的部分，应确认为股息所得；其余部分确认为投资资产转让所得。撤资应确认的投资资产转让所得=4 000−2 400−（600+400）×40%=1 200（万元）。

第四节 资产损失的所得税处理

微信扫一扫
习题免费练

资产损失税前扣除的所得税处理（★）

一、资产净损失计算

资产净损失＝资产成本＋进项转出－赔偿补偿

二、确认损失的条件

表 4-26 确认资产损失的条件

项目	可确认损失条件
现金	清查出现金短缺减除责任赔偿后的余额。
货币性资金	货币性资金存入法定具有吸收存款职能的机构，因该机构依法破产、清算，或者政府责令停业、关闭等原因，确实不能收回的部分。
坏账损失	1. 债务人依法宣告破产、关闭、解散、被撤销，或者被依法注销、吊销营业执照，其清算财产不足清偿的。 2. 债务人死亡，或者依法被宣告失踪、死亡，其财产或遗产不足清偿的。 3. 债务人逾期3年以上未清偿，且有确凿证据证明已无力清偿债务的。 4. 与债务人达成债务重组协议或法院批准破产重整计划后，无法追偿的。 5. 因自然灾害、战争等不可抗力导致无法收回的。 6. 国务院、税务主管部门规定其他条件的。
贷款损失	见教材内容。
股权投资损失	1. 被投资方依法宣告破产、关闭、解散、被撤销，或者被依法注销、吊销营业执照的。 2. 被投资方财务状况严重恶化，累计发生巨额亏损，已连续停止经营3年以上，且无重新恢复经营改组计划的。 3. 对被投资方不具有控制权，投资期限届满或者投资期限已超过10年，且被投资单位因连续3年经营亏损导致资不抵债的。 4. 被投资方财务状况严重恶化，累计发生巨额亏损，已完成清算或清算期超过3年以上的。
盘亏、毁损、报废、被盗的固定资产或存货	以该固定资产的账面净值或存货的成本减除责任赔偿后的余额，其中不能从增值税销项税额中抵扣的进项税额，可以与存货损失一起在计算应纳税所得额时扣除。

三、资产损失税前扣除管理

（一）损失包括：实际资产损失、法定资产损失。企业实际资产损失，应当在其实际发生且会计上已做损失处理的年度申报扣除。

（二）未经申报的损失，不能税前扣除。

（三）以前年度资产损失未能在当年税前扣除的，可向税务说明并进行专项申报扣除。其中属于实际资产损失，准予追补至该损失发生年度扣除，追补期一般不超5年。属于法定资产损失，应在申报年度扣除。

第五节　企业重组的所得税处理

微信扫一扫
习题免费练

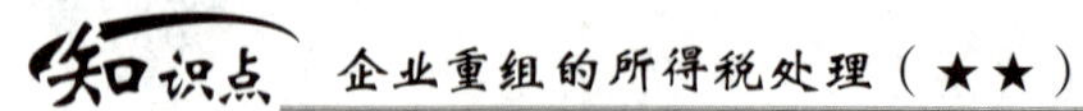

一、企业重组的一般性税务处理方法

表 4-27　企业重组的一般性税务处理方法

企业法律形式改变	1. 法人→非法人，境内→境外，视同清算分配，股东重新投资成立新企业。企业的全部资产以及股东投资的计税基础均应为公允价值。 2. 其他法律形式简单改变的，可直接变更税务登记，除另有规定外，有关企业所得税纳税事项（包括亏损结转、税收优惠等权益和义务）由变更后企业承继，但因住所发生变化而不符合税收优惠条件的除外。
企业债务重组	1. 以非货币资产清偿债务，应当分解为转让相关非货币性资产、按非货币性资产公允价值清偿债务两项业务，确认相关资产的所得或损失。 2. 发生债权转股权的，应当分解为债务清偿和股权投资两项业务，确认有关债务清偿所得或损失。 3. 债务人应当按照支付的债务清偿额低于债务计税基础的差额，确认债务重组所得；债权人应当按照收到的债务清偿额低于债权计税基础的差额，确认债务重组损失。 4. 债务人的相关所得税纳税事项原则上保持不变。
股权收购、资产收购	1. 被收购方应确认股权、资产转让所得或损失。 2. 收购方取得股权或资产的计税基础应以公允价值为基础确定。 3. 被收购企业的相关所得税纳税事项原则上保持不变。
企业合并	1. 合并企业应按公允价值确定接受被合并企业各项资产和负债的计税基础。 2. 被合并企业及其股东都应按清算进行所得税处理。 3. 被合并企业的亏损不得在合并企业结转弥补。
企业分立	1. 被分立企业对分立出去的资产应按公允价值确认资产转让所得或损失。 2. 分立企业应按公允价值确认接受资产的计税基础。 3. 被分立企业继续存在时，其股东取得的对价应视同被分立企业分配进行处理。 4. 被分立企业不再继续存在时，被分立企业及其股东都应按清算进行所得税处理。 5. 企业分立相关企业的亏损不得相互结转弥补。

二、企业重组的特殊性税务处理方法

（一）适用特殊性税务处理的条件

同时符合下列条件的，适用特殊性税务处理规定：

1. 具有合理的商业目的，且不以减少、免除或者推迟缴纳税款为主要目的。
2. 被收购、合并或分立部分的资产或股权比例符合规定的比例。（50%）
3. 企业重组后的连续12个月内不改变重组资产原来的实质性经营活动。
4. 重组交易对价中涉及股权支付金额符合规定比例。（85%）
5. 企业重组中取得股权支付的原主要股东，在重组后连续12个月内，不得转让所取得的股权。

（二）重组的特殊性税务处理的规定

表 4-28　重组的特殊性税务处理的规定

方式	特殊税务处理
债务重组	1. 债务重组确认的应纳税所得额占该企业当年应纳税所得额50%以上，可以在5个纳税年度的期间内，均匀计入各年度的应纳税所得额。 2. 债权转股权业务，对债务清偿和股权投资两项业务暂不确认有关债务清偿所得或损失，股权投资的计税基础以原债权的计税基础确定。
股权或资产划转	对100%直接控制的居民企业之间，以及受同一或相同多家居民企业100%直接控制的居民企业之间按账面净值划转股权或资产： 1. 双方均不确认所得。 2. 划入方取得被划转股权或资产的计税基础，以原账面净值确定。 3. 划入方取得的被划转资产，应按其账面净值计算折旧扣除。
股权收购	收购企业购买的股权不低于被收购企业全部股权的50%，且收购企业在该股权收购发生时的股权支付金额不低于其交易支付总额的85%。
资产收购	受让企业收购的资产不低于转让企业全部资产的50%，且受让企业在该资产收购发生时的股权支付金额不低于其交易支付总额的85%。
合并	企业股东在该企业合并发生时取得的股权支付金额不低于其交易支付总额的85%；以及同一控制下且不需要支付对价的企业合并。
分立	被分立企业所有股东按原持股比例取得分立企业的股权，分立企业和被分立企业均不改变原来的实质经营活动，且被分立企业股东在该企业分立发生时取得的股权支付金额不低于其交易支付总额的85%。

学堂点睛

第3～6项的税务处理方法：

1. 对交易中股权支付部分，暂不确认有关资产的转让所得或损失。

2. 对交易中非股权支付部分，应在交易当期确认相应的资产转让所得或损失，并调整相应资产的计税基础。

非股权支付对应的资产转让所得或损失＝（被转让资产的公允价值－被转让资产的计税基础）×（非股权支付金额/被转让资产的公允价值）

3. 合并中的亏损弥补

被合并企业合并前的亏损可由合并企业弥补，但不得超过规定限额，超过部分不能弥补。

补亏限额＝被合并企业净资产公允价值×截至合并业务发生当年年末国家发行的最长期限的国债利率

净资产公允价值＝全部资产公允价值－全部负债

4. 被分立企业未超过法定弥补期限的亏损额可按分立资产占全部资产的比例进行分配，由分立企业继续弥补。

【例1-2018-单选题】某居民企业以其持有的一处房产投资设立一家公司，如不考虑特殊性税务处理，下列关于该投资行为涉及企业所得税处理正确的是（　　）。

A．以房产的账面价值作为被投资方的计税基础

B．以房产对外投资确认的转让所得，按6年分期均匀计入相应年度的应纳税所得额

C．以签订投资协议的当天为纳税申报时间

D．对房产进行评估，并按评估后的公允价值扣除计税基础后的余额确认房产的转让所得

【答案】D

学堂点拨

选项A，以房产的公允价值作为被投资方的计税基础；选项B，以非货币性资产对外投资确认的非货币性资产转让所得，可在不超过5年期限内，分期均匀计入相应年度的应纳税所得额，按规定计算缴纳企业所得税；选项C，企业以非货币性资产对外投资，应于投资协议生效并办理股权登记手续时，确认非货币性资产转让收入的实现。

【例2-单选题】甲与乙达成债务重组协议，甲以一批库存商品抵偿所欠乙公司的债务160万元，该批库存商品的账面成本为80万元，市场不含税销售价为100万元，该批商品的增值税税率为16%。假定适用企业所得税税率25%，城市维护建设税和教育费附加不予考虑。甲企业的该项重组业务应缴纳企业所得税（　　）。

A．4.25万元　　B．6.75万元　　C．12.7万元　　D．16万元

【答案】D

学堂点拨

资产转让收益＝100－80＝20（万元）；

债务重组收益＝160－100－100×16%＝44（万元）。

所以，该项重组业务应纳所得税额＝64×25%＝16（万元）。

第六节　税收优惠

微信扫一扫
习题免费练

知识点　税收优惠（★★★）

一、免征与减征优惠

（一）农、林、牧、渔业项目的所得

表4-29　农、林、牧、渔项目所得的税收优惠

免征	1．蔬菜、谷物、薯类、油料、豆类、棉花、麻类、糖料、水果、坚果的种植。 2．农作物新品种的选育。 3．中药材的种植。 4．林木的培育和种植。 5．牲畜、家禽的饲养。

（续上表）

免征	6. 林产品的采集。 7. 灌溉、农产品的初加工、兽医、农技推广、农机作业和维修等农、林、牧、渔服务业项目。 8. 远洋捕捞。
减半	1. 花卉、茶以及其他饮料作物和香料作物的种植。 2. 海水养殖、内陆养殖。

（二）国家重点扶持的公共基础设施项目投资

经营所得：第一笔生产经营收入起三免三减半。

承包经营、承包建设和内部自建自用本项目，不得享受本条规定的企业所得税优惠。

（三）从事符合条件的环境保护、节能节水项目的所得

自项目取得第一笔生产经营收入所属纳税年度起，三免三减半。

（四）符合条件的技术转让所得

表 4-30 符合税收优惠条件的技术转让所得

范围	转让专利技术、计算机软件著作权、集成电路布图设计权、植物新品种、生物医药新品种、5年（含）以上非独占许可使用权。
优惠政策	一个纳税年度内，居民企业转让技术所有权所得不超过500万元的部分，免征；超过500万元的部分，减半征收。 【学堂点睛】技术转让、技术开发和与之相关的技术咨询、技术服务在增值税中有免税规定。
限制	1. 禁止出口和限制出口技术转让所得，不享受此优惠。 2. 居民企业从直接或间接持有股权之和达到100%的关联方取得的技术转让所得，不享受此优惠。
计算	技术转让所得=技术转让收入−技术转让成本−相关税费
	1. 收入：不包括销售或转让设备、仪器、零部件、原材料等非技术性收入。不属于与技术转让项目密不可分的技术咨询、技术服务、技术培训等收入，不得计入技术转让收入。 2. 成本：是指转让的无形资产的净值，即该无形资产的计税基础减除在资产使用期间按规定计算的摊销扣除额后的余额。 3. 税费：包括除企业所得税和允许抵扣的增值税以外的各项税金及其附加、合同签订费用、律师费等相关费用及其他支出。

【例1-计算题】2018年，某居民企业收入总额为3 000万元（其中不征税收入400万元，符合条件的技术转让收入900万元），各项成本、费用和税金等扣除金额合计1 800万元（其中含技术转让准予扣除的成本税费金额200万元）。求2018年该企业应缴纳企业所得税税额。

学堂点拨

2018年该企业应缴纳企业所得税税额=（3 000−400−1 800−700+100）×25%=50（万元）。

二、高新技术企业优惠

国家需要重点扶持的高新技术企业减按15%的所得税税率征收企业所得税。

三、技术先进型服务企业优惠

自2017年1月1日起，在全国范围内对经认定的技术先进型服务企业，减按15%的税率征收企业所得税。

学堂点睛

高新技术企业和经认定的技术先进型服务企业发生的职工教育经费支出，不超过工资薪金总额8%的部分，准予在计算应纳税所得额时扣除；超过部分，准予在以后纳税年度结转扣除。

四、小型微利企业优惠

（一）小微企业认定

小型微利企业减按20%的所得税税率征收企业所得税。

小型微利企业条件（旧政策）：

1．工业企业，年度应纳税所得额不超过50万元，从业人数不超过100人，资产总额不超过3 000万元；

2．其他企业，年度应纳税所得额不超过50万元，从业人数不超过80人，资产总额不超过1 000万元。

（二）自2018年1月1日至2020年12月31日，将小型微利企业的年应纳税所得额上限由50万元提高至100万元，对年应纳税所得额低于100万元（含100万元）的小型微利企业，其所得减按50%计入应纳税所得额，按20%的税率缴纳企业所得税。

（三）自2019年1月1日至2021年12月31日，将小型微利企业的年应纳税所得额上限由100万元提高至300万元，对年应纳税所得额不超过100万元的部分，减按25%计入应纳税所得额，按20%的税率缴纳企业所得税；对年应纳税所得额超过100万元但不超过300万元的部分，减按50%计入应纳税所得额，按20%的税率缴纳企业所得税。

学堂点睛

小微企业优惠政策经常变化，要注意考试的时间区间。

五、加计扣除优惠

（一）加计扣除优惠政策

表 4–31　加计扣除优惠

研究开发费	1．一般企业 自2018年至2020年12月31日，未形成无形资产计入当期损益的，在按照规定据实扣除的基础上，再按照研究开发费用的75%加计扣除；形成无形资产的，按照无形资产成本的175%摊销。 2．科技型中小企业 科技型中小企业开展研发活动中实际发生的研发费用，未形成无形资产计入当期损益的，在按规定据实扣除的基础上，在2017年1月1日至2020年12月31日期间，再按照实际发生额的75%在税前加计扣除；形成无形资产的，在上述期间按照无形资产成本的175%在税前摊销。
残疾人员工资	在工资据实扣除的基础上，按支付给残疾职工工资的100%加计扣除。

（二）可加计扣除的研究开发费用范围详解

表 4–32 可加计扣除的研究开发费用范围

人员人工费用	1. 直接从事研发活动人员的工资薪金、基本养老保险费、基本医疗保险费、失业保险费、工伤保险费、生育保险费和住房公积金，以及外聘研发人员的劳务费用。 外聘研发人员劳务费用包括：接受劳务派遣的企业按照协议（合同）约定支付给劳务派遣企业，且由劳务派遣企业实际支付给外聘研发人员的工资薪金等费用。 2. 工资薪金包括按规定可以在税前扣除的对研发人员股权激励的支出。 3. 直接从事研发活动的人员、外聘研发人员同时从事非研发活动的，企业应对其人员活动情况做必要记录，并将其实际发生的相关费用按实际工时占比等合理方法在研发费用和生产经营费用间分配，未分配的不得加计扣除。
直接投入费用	包括：1. 研发活动直接消耗的材料、燃料和动力费用。 2. 用于中间试验和产品试制的模具、工艺装备开发及制造费，不构成固定资产的样品、样机及一般测试手段购置费，试制产品的检验费。 3. 用于研发活动的仪器、设备的运行维护、调整、检验、维修等费用，以及通过经营租赁方式租入的用于研发活动的仪器、设备租赁费。 【注意】1. 以经营租赁方式租入的用于研发活动的仪器、设备，同时用于非研发活动的，应对其仪器设备使用情况做必要记录，并将其实际发生的租赁费按实际工时占比等合理方法在研发费用和生产经营费用间分配，未分配的不得加计扣除。 2. 研发活动直接形成产品或作为组成部分形成的产品对外销售的，研发费用中对应的材料费用不得加计扣除。 产品销售与对应的材料费用发生在不同纳税年度且材料费用已计入研发费用的，可在销售当年以对应的材料费用发生额直接冲减当年的研发费用，不足冲减的，结转以后年度继续冲减。
折旧费用	用于研发活动的仪器、设备的折旧费。 1. 用于研发活动的仪器、设备，同时用于非研发活动的，应对其仪器设备使用情况做必要记录，并将其实际发生的折旧费按实际工时占比等合理方法在研发费用和生产经营费用间分配，未分配的不得加计扣除。 2. 用于研发活动的仪器、设备，符合税法规定且选择加速折旧优惠政策的，在享受研发费用税前加计扣除政策时，就税前扣除的折旧部分计算加计扣除。
无形资产摊销费用	用于研发活动的软件、专利权、非专利技术（包括许可证、专有技术、设计和计算方法等）的摊销费用。 1. 用于研发活动的无形资产，同时用于非研发活动的，应对其无形资产使用情况做必要记录，并将其实际发生的摊销费按实际工时占比等合理方法在研发费用和生产经营费用间分配，未分配的不得加计扣除。 2. 用于研发活动的无形资产，符合税法规定且选择缩短摊销年限的，在享受研发费用税前加计扣除政策时，就税前扣除的摊销部分计算加计扣除。
新产品设计费、新工艺规程制定费、新药研制的临床试验费、勘探开发技术的现场试验费。	
其他相关费用	指与研发活动直接相关的其他费用，如技术图书资料费、资料翻译费、专家咨询费、高新科技研发保险费，研发成果的检索、分析、评议、论证、鉴定、评审、评估、验收费用，知识产权的申请费、注册费、代理费，差旅费、会议费，职工福利费、补充养老保险费、补充医疗保险费。 此类费用总额不得超过可加计扣除研发费用总额的10%。

（三）研发费用的其他事项

1. 企业取得的政府补助，会计处理时采用直接冲减研发费用方法且税务处理时未将其确认为应税收入的，应按冲减后的余额计算加计扣除金额。

2. 企业取得研发过程中形成的下脚料、残次品、中间试制品等特殊收入，在计算确认收入当年的加计扣除研发费用时，应从已归集研发费用中扣减该特殊收入，不足扣减的，加计扣除研发费用按零计算。

3. 企业开展研发活动中实际发生的研发费用形成无形资产的，其资本化的时点与会计处理保持一致。

4. 失败的研发活动所发生的研发费用可享受税前加计扣除政策。

5. 委托研发情形下，无论委托方是否享受研发费用税前加计扣除政策，受托方均不得加计扣除。

委托方委托关联方开展研发活动的，受托方需向委托方提供研发过程中实际发生的研发项目费用支出明细情况。

6. 企业委托境外的研发费用按照费用实际发生额的80%计入委托方的委托境外研发费用，不超过境内符合条件的研发费用2/3的部分，可以按规定加计扣除。

六、创投企业优惠

创业投资企业采取股权投资方式直接投资于初科技型企业满2年的，可以按照其投资额的70%在股权持有满2年的当年抵扣该创业投资企业的应纳税所得额；当年不足抵扣的，可以在以后纳税年度结转抵扣。

七、加速折旧优惠

表 4-33　加速折旧优惠

适用范围	更新快、强震动、高腐蚀。
加速方法	缩短折旧年限：最低折旧年限不得低于规定折旧年限的60%。 加速折旧法：双倍余额递减法、年数总和法。

（一）六行业、四领域加速折旧规定：见教材。

（二）新增：设备、器具等固定资产一次性扣除规定。

企业在2018年1月1日至2020年12月31日期间新购进的设备、器具（指除房屋、建筑物以外的固定资产），单位价值不超过500万元的，允许一次性计入当期成本费用在计算应纳税所得额时扣除，不再分年度计算折旧；单位价值超过500万元的，仍按相关规定执行。

八、减计收入优惠

综合利用资源生产国家非限制和禁止并符合国家和行业相关标准的产品取得的收入，减按90%计入收入总额。

九、税额抵免优惠

企业购置并实际使用规定的环境保护、节能节水、安全生产等专用设备的，该专用设备的投资额的10%可以从企业当年的应纳税额中抵免；当年不足抵免的，可以在以后5个纳税年度结转。

学堂点睛

1. 5年内转让、出租的，应停止享受优惠，并补缴已抵免的企业所得税税款。受让方可正常抵免。

2. 设备投资额的确定，如表4-34所示。

表 4-34 设备投资额的确定

进项税额允许抵扣	设备投资额不包括增值税进项税额。
进项税额不允许抵扣	设备投资额应为增值税专用发票上注明的价税合计金额。
取得普通发票	设备投资额为普通发票上注明的金额。

十、民族自治地方的优惠

民族自治地方的自治机关对本民族自治地方的企业应缴纳的企业所得税中属于地方分享的部分，可以决定减征或免征。

十一、非居民企业优惠（扣缴所得税）

非居民企业减按10%的所得税税率征收企业所得税。

免税的三类：

（一）外国政府向中国政府提供贷款取得的利息所得。

（二）国际金融组织向中国政府和居民企业提供优惠贷款取得的利息所得。

（三）国务院批准的其他所得。

十二、特殊行业优惠

（一）软件产业和集成电路产业

（二）证券投资基金

1. 对证券投资基金从证券市场中取得的收入，包括买卖股票、债券的差价收入，股权的股息、红利收入，债券的利息收入及其他收入，暂不征收企业所得税。

2. 对投资者从证券投资基金分配中取得的收入，暂不征收企业所得税。

3. 对证券投资基金管理人运用基金买卖股票、债券的差价收入，暂不征收企业所得税。

（三）节能服务公司

自2011年1月1日起，对符合条件的节能服务公司实施合同能源管理项目，符合企业所得税税法有关规定的，自项目取得第一笔生产经营收入所属纳税年度起，第一年至第三年免征企业所得税，第四年至第六年按照25%的法定税率减半征收企业所得税。

（四）电网企业电网新建项目

居民企业从事符合规定条件和标准的电网新建项目，可依法享受“三免三减半” 的企业所得税优惠政策。

十三、其他优惠

（一）西部大开发的税收优惠

（二）地方债券利息

企业取得的2009年及以后年度发行的地方政府债券利息所得，免征企业所得税。

【例2-2018-单选题】科技型中小企业研发费用税前加计扣除的比例是（　　）。

A．25%　　B．75%　　C．50%　　D．100%

【答案】B

学堂点拨

科技型中小企业开展研发活动中实际发生的研发费用，未形成无形资产计入当期损益的，在按规定据实扣除的基础上，在2017年1月1日至2019年12月31日期间，再按照实际发生额的75%在税前加计扣除；形成无形资产的，在上述期间按照无形资产成本的175%在税前摊销。

【例3-2018-单选题】非居民企业取得的下列所得中，应当计算缴纳企业所得税的是（　　）。

A．国际金融组织向中国政府提供优惠贷款取得利息所得

B．国际金融组织向中国居民企业提供优惠贷款取得利息所得

C．外国政府向中国政府提供贷款取得利息所得

D．外国金融机构向中国居民企业提供商业贷款取得利息所得

【答案】D

学堂点拨

非居民企业取得的下列所得免征企业所得税：1．外国政府向中国政府提供贷款取得的利息所得；2．国际金融组织向中国政府和居民企业提供优惠贷款取得的利息所得；3．经国务院批准的其他所得。

第七节　应纳税额的计算

微信扫一扫
习题免费练

知识点1　居民企业应纳税额的计算（★★★）

一、居民企业查账征收计税

居民企业应纳税额=应纳税所得额×适用税率－减免税额－抵免税额

应纳税所得额：

直接法：=收入总额－不征税收入－免税收入－各项扣除金额－弥补亏损

间接法：=会计利润总额±纳税调整项目金额

二、境外已纳税款抵免

表 4-35 境外已纳税款的抵免规定

抵免政策	自2017年1月1日起，企业可以选择按 “分国（地区）不分项”，或者 “不分国（地区）不分项”来计算其来源于境外的应纳税所得额，并按照规定的税率，分别计算其可抵免境外所得税税额和抵免限额。上述方式一经选择，5年内不得改变。 企业选择采用不同于以前年度的方式计算可抵免境外所得税税额和抵免限额时，对该企业以前年度没有抵免完的余额，可在税法规定结转的剩余年限内，按新方式计算的抵免限额中继续结转抵免。超过抵免限额的部分，可以在以后5个年度内，用每年度抵免限额抵免当年应抵税额后的余额进行抵补。
抵免限额	抵免限额为该项所得依照本法规定计算的应纳税额。 抵免限额＝中国境内、境外所得依照企业所得税法和条例规定计算的应纳税总额×来源于某国（地区）的应纳税所得额/中国境内、境外应纳税所得总额＝来源于某国（地区）的应纳税所得额×25%

【例1-计算题】某企业2018年度境内应纳税所得额为200万元，适用25%的企业所得税税率。另外，该企业分别在A、B两国设有分支机构，在A国分支机构应纳税所得额为50万元，A国税率为20%；在B国分支机构应纳税所得额为30万元，B国税率为30%。两分支机构在A、B两国分别缴纳了10万元和9万元的企业所得税。

要求：

1. 按照“分国不分项”的方法计算该企业汇总时在我国应缴纳的企业所得税税额。

2. 按照“不分国不分项”的方法计算该企业汇总时在我国应缴纳的企业所得税税额。

学堂点拨

1. “分国不分项”方法计算：

境内外所得应纳税额＝（200＋50＋30）×25%＝70（万元）

A国扣除限额＝50×25%＝12.5（万元）

A国实缴税额10万元，可全额扣除。

B国扣除限额＝30×25%＝7.5（万元）

B国实纳税额9万元，只能扣除7.5万元。

汇总应纳所得税＝70－10－7.5＝52.5（万元）

2. “不分国不分项”方法计算：

境内外所得应纳税额＝（200＋50＋30）×25%＝70（万元）

A和B二国合计扣除限额＝（50＋30）×25%＝20（万元）

A和B二国在境外合计实纳税额＝10＋9＝19万元，未超过抵免限额20万，可全部抵免。

汇总应纳所得税＝70－19＝51（万元）。

三、居民企业核定征收计税

表 4-36　居民企业核定征收计税的范围和方法

核定范围	1. 依照法律、行政法规的规定可以不设置账簿的。 2. 依照法律、行政法规的规定应当设置但未设置账簿的。 3. 擅自销毁账簿或者拒不提供纳税资料的。 4. 虽设置账簿，但账目混乱或者成本资料、收入凭证、费用凭证残缺不全，难以查账的。 5. 发生纳税义务，未按照规定的期限办理纳税申报，经税务机关责令限期申报，逾期仍不申报的。 6. 申报的计税依据明显偏低，又无正当理由的。 【学堂点睛】专门从事股权投资业务的企业，不得核定。
核定方法	1. 按收入总额核定应纳税所得额： 应纳税所得额＝收入总额×应税所得率 2. 按成本费用核定应纳税所得额： 应纳税所得额＝成本费用总额/（1－应税所得率）×应税所得率

知识点2　非居民企业应纳税额的计算（★★★）

表 4-37　非居民企业应纳税额的计算

有机构并收入相关	查账	同居民。
	核定	1. 按收入总额核定应纳税所得额： 应纳税所得额＝收入总额×税务机关核定利润率 2. 按成本费用核定应纳税所得额： 应纳税所得额＝成本费用总额/（1－经税务机关核定的利润率）×经税务机关核定的利润率 3. 按经费支出换算收入核定应纳税所得额： 应纳税所得额＝经费支出总额/（1－经税务机关核定的利润率）×经税务机关核定的利润率
无机构或不相关	预提所得税（扣缴）	扣缴企业所得税应纳税额＝应纳税所得额×实际征收率 1. 股息、红利等权益性投资收益和利息、租金、特许权使用费所得，以收入全额为应纳税所得额。 2. 转让财产所得，以收入全额减除财产净值后的余额为应纳税所得额。

【例2-2016改编-综合题】某市服装生产企业，为增值税一般纳税人。2018年度取得销售收入40 000万元、投资收益1 000万元，发生销售成本28 900万元、税金及附加1 800万元、管理费用3 500万元、销售费用4 200万元、财务费用1 300万元，营业外支出200万元。企业自行计算实现年度利润总额1 100万元。

2019年年初聘请某会计师事务所进行审核，发现以下问题：

1. 收入、成本中包含转让旧办公楼合同记载的不含增值税收入1 300万元、成本700万元（其中土地价款200万元），但未缴纳转让环节的相关税费。经评估机构评估该办公楼的重置成本为1 600万元，成新度折扣率为5成，转让办公楼的增值税选择简易征收。

2．8月中旬购买安全生产专用设备（属于企业所得税优惠目录规定范围）一台，取得增值税专用发票注明金额36万元、进项税额5.76万元，当月投入使用，企业将其作为费用一次性计入了成本扣除。

3．接受非股东单位捐赠原材料一批，取得增值税专用发票注明金额30万元、进项税额4.8万元，直接计入了“资本公积”账户核算。

4．管理费用中含业务招待费用130万元。

5．成本、费用中含实发工资总额1 200万元、职工福利费180万元、职工工会经费28万元、职工教育经费40万元。

6．投资收益中含转让国债收益85万元，该国债购入面值72万元，发行期限3年，利率5%，转让时持有天数为700天。

7．营业外支出中含通过当地环保部门向环保设施建设捐款180万元并取得合法票据。

（其他相关资料：假设税法规定安全专用设备折旧年限为10年，不考虑残值；城市维护建设税税率为7%；产权转移书据印花税税率0.5‰。）

要求：

1．计算旧办公楼销售环节应缴纳的城市维护建设税、教育费附加、地方教育附加、印花税和土地增值税。

2．计算专用设备投入使用当年应计提的折旧费用。

3．计算该企业2018年度的会计利润总额。

4．计算业务招待费应调整的应纳税所得额。

5．计算职工福利费、职工工会经费、职工教育经费应调整的应纳税所得额。

6．计算转让国债应调整的应纳税所得额。

7．计算公益性捐赠应调整的应纳税所得额。

8．计算该企业2018年的应纳税所得额。

9．计算该企业2018年度应缴纳的企业所得税。

学堂点拨

1．计算旧办公楼销售环节应缴纳的税费：应缴纳的城建税、教育费附加、地方教育附加和印花税＝（1 300－700）×5%×（7%＋3%＋2%）＋1 300×0.5‰＝4.25（万元）

应缴纳的土地增值税：扣除金额＝200＋4.25＋1 600×50%＝1 004.25（万元）

增值额＝1 300－1 004.25＝295.75（万元）

增值率＝295.75/1 004.25×100%＝29.45%

应缴纳的土地增值税＝295.75×30%＝88.73（万元）

2．专用设备投入使用当年应计提的折旧费用＝36÷10÷12×4＝1.2（万元）

3．该企业2018年度的会计利润总额＝1 100－4.25－88.73＋36－1.2＋34.8＝1 076.62（万元）

4．标准1：业务招待费的扣除标准＝130×60%＝78（万元）

标准2：业务招待费的扣除标准＝40 000×5‰＝200（万元）

业务招待费应调整的应纳税所得额＝130－78＝52（万元）

5．职工福利费、职工工会经费、职工教育经费应调整的应纳税所得额合计＝（180－

1 200×14%）+（28－1 200×2%）=12+4=16（万元）

6. 转让国债应调整的应纳税所得额=72×（5%/365）×700=6.90（万元）

7. 公益性捐赠应调整的应纳税所得额=180－1 076.62×12%=50.81（万元）

8. 该企业2018年的应纳税所得额=1 076.62+52+16－6.90+50.81=1 188.53（万元）

9. 该企业2018年度应缴纳的企业所得税=1 188.53×25%－36×10%=293.53（万元）

第八节 征收管理

微信扫一扫
习题免费练

知识点 征收管理（★）

一、纳税地点

（一）除税收法律、行政法规另有规定外，居民企业以企业登记注册地为纳税地点；但登记注册地在境外的，以实际管理机构所在地为纳税地点。

（二）居民企业在中国境内设立不具有法人资格的营业机构的，应当汇总计算并缴纳企业所得税。

（三）非居民企业在中国境内有机构场所的，就来源于境内的所得与机构场所有关的境外所得，以机构场所所在地为纳税地点。有两个或以上机构场所的，经审批后可以选择主要机构场所汇总缴纳企业所得税。

（四）非居民企业未在境内设立机构场所的，或者所得与其机构场所无关的，以扣缴义务人所在地为纳税地点。

（五）除国务院另有规定外，企业之间不得合并缴纳企业所得税。

二、纳税期限

（一）企业所得税按年计征，分月/季预缴，年终汇算清缴，多退少补。

（二）自年度终了之日起5个月内，向税务机关报送年度企业所得税纳税申报表，并汇算清缴，结清应缴应退税款。

（三）年度中间终止经营活动的，应当自实际经营终止之日起60日内，向税务机关办理汇算清缴。

（四）按月或按季预缴的，自月份或季度终了之日起15日内，报送预缴企业所得税纳税申报表，预缴税款。

三、合伙企业所得税的征收管理

（一）合伙企业以每一个合伙人为纳税义务人，合伙企业合伙人是自然人的，缴纳个人所得税；合伙人是法人的和其他组织的，缴纳企业所得税。（先分后税）

（二）法人合伙人不得用合伙企业的亏损抵减其盈利。

四、源泉扣缴

（一）扣缴义务人

1. 对非居民企业在中国境内未设立机构、场所的，或者虽设立机构、场所但取得的与其所设机构、场所没有实际联系的所得应缴纳的所得税，实行源泉扣缴，以支付人为扣缴义务人。

税款由扣缴义务人在每次支付或者到期应支付时，从支付或者到期应支付的款项中扣缴。

2. 对非居民企业在中国境内取得工程作业和劳务所得应缴纳的所得税，税务机关可以指定工程价款或者劳务费的支付人为扣缴义务人。

（二）扣缴方法

1. 扣缴义务人扣缴税款时，按全额或差额计算税款。股息、红利等权益性投资收益和利息、租金、特许权使用费所得，以收入全额为应纳税所得额。

转让财产所得，以收入全额减除财产净值后的余额为应纳税所得额。

2. 应当扣缴的所得税，扣缴义务人未依法扣缴或者无法履行扣缴义务的，由企业在所得发生地缴纳。企业未依法缴纳的，税务机关可以从该企业在中国境内其他收入项目的支付人应付的款项中，追缴该企业的应纳税款。

3. 扣缴义务人每次代扣的税款，应当自代扣之日起7日内缴入国库，并向所在地的税务机关报送扣缴企业所得税报告表。

五、跨地区经营汇总纳税：总分机构

表 4-38 跨地区经营汇总纳税

适用范围	跨省设立不具有法人资格分支机构的居民企业。 （跨省、自治区、直辖市、计划单列市）
基本原则	统一计算：总机构统一计算应纳税所得额、应纳税额，分别税率。 分级管理：总分机构所在地税务机关属地管理。 就地预缴：总分机构分别按季（月）向所在地申报预缴所得税。 汇总清算：总机构负责年度所得税汇算清缴，多退少补。 财政调库：财政部定期分配中央和地方税收利益。
预缴	预缴范围：总机构和具有主体生产经营职能的二级分支机构。 由总机构统一计算应纳税所得额和所得税额，分别由总机构、分支机构按月或按季就地预缴。
税额分摊	总机构：50%（其中25%就地入库，25%预缴入中央国库）。 分机构：50%（按系数分配给各分支机构）。
分摊计算	上年度各省市分支机构的营业收入、职工薪酬、资产总额三因素，权重0.35、0.35、0.3。 某分支机构分摊税款比例＝（该分支机构营业收入/各分支机构营业收入之和）×0.35＋（该分支机构职工薪酬/各分支机构职工薪酬之和）×0.35＋（该分支机构资产总额/各分支机构资产总额之和）×0.3 【学堂点睛】当年新设分支第2年参与分摊，当年撤销分支办理注销税务登记之日不参与分摊。

第五章 个人所得税法

本章思维导图

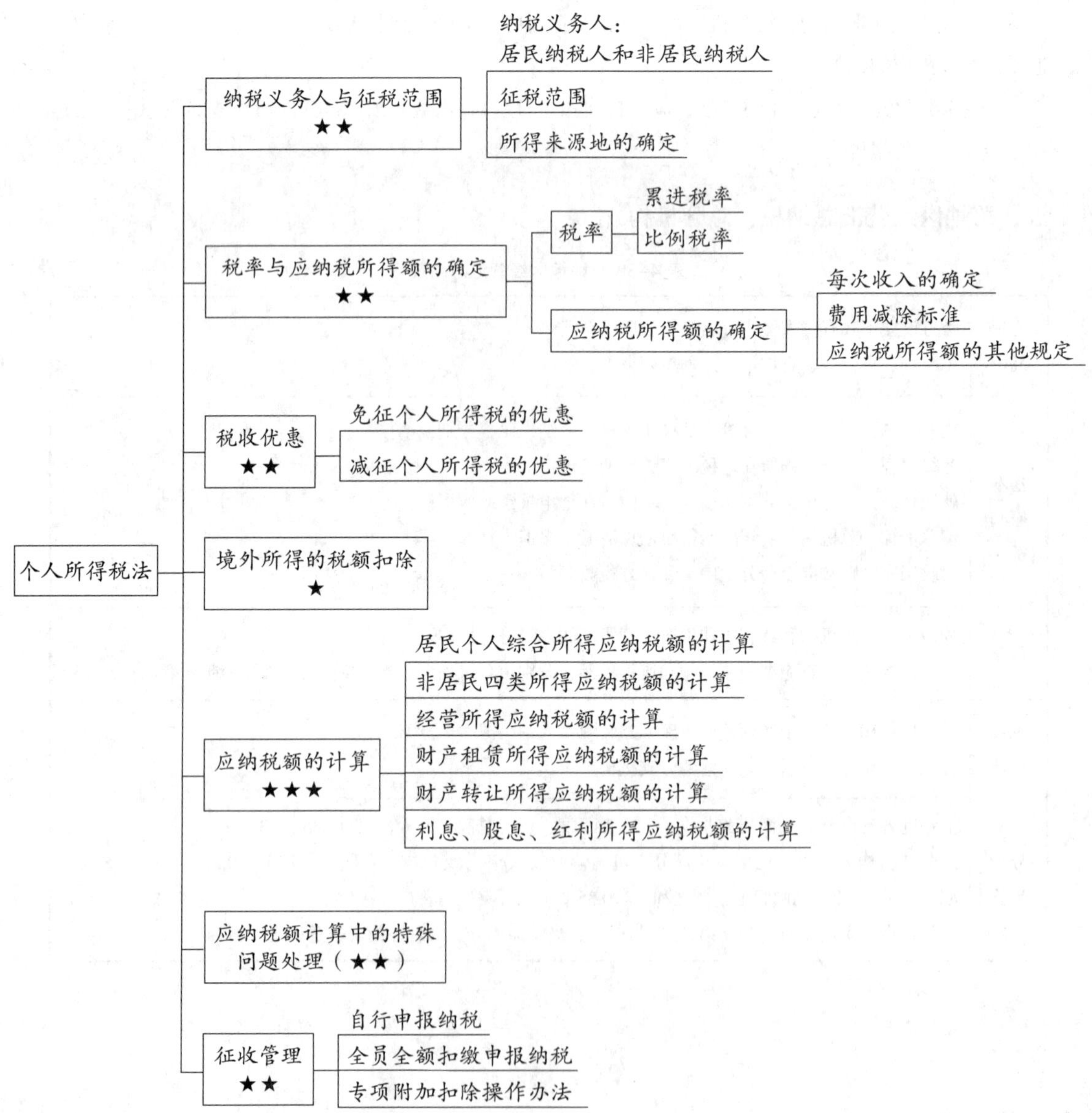
个人所得税法
纳税义务人与征税范围 ★★
纳税义务人：
居民纳税人和非居民纳税人
征税范围
所得来源地的确定
税率与应纳税所得额的确定 ★★
税率
累进税率
比例税率
应纳税所得额的确定
每次收入的确定
费用减除标准
应纳税所得额的其他规定
税收优惠 ★★
免征个人所得税的优惠
减征个人所得税的优惠
境外所得的税额扣除 ★
应纳税额的计算 ★★★
居民个人综合所得应纳税额的计算
非居民四类所得应纳税额的计算
经营所得应纳税额的计算
财产租赁所得应纳税额的计算
财产转让所得应纳税额的计算
利息、股息、红利所得应纳税额的计算
应纳税额计算中的特殊问题处理（★★）
征收管理 ★★
自行申报纳税
全员全额扣缴申报纳税
专项附加扣除操作办法

第一节 纳税义务人与征税范围

微信扫一扫
习题免费练

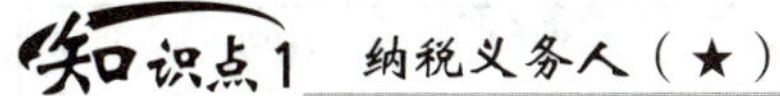

个人所得税的纳税义务人，包括中国公民、个体工商业户、个人独资企业、合伙企业投资者、在中国有所得的外籍人员（包括无国籍人员）和香港、澳门、台湾同胞。

学堂点睛

个税纳税人：自然人以及自然人性质的企业。

一、纳税义务人分类

表 5–1 个人所得税纳税义务人分类

纳税人	征税对象	判定标准	解释
居民	境内外所得	1．在中国境内有住所的个人。 2．在中国境内无住所，而一个纳税年度内在中国境内居住累计满183天的个人。	1．境内：目前不包括港澳台地区。 2．有住所：是指因户籍、家庭、经济利益关系而在中国境内习惯性居住。 3．满183天：是指在一个纳税年度（即公历1月1日起至12月31日止）内，在中国境内居住满183日。 4．居住天数：取消了之前临时离境规定。按其一个纳税年度内在境内的实际居住时间确定。 （即境内无住所的某人在一个纳税年度内无论出境多少次，累计住满183天，就可判定为我国的居民个人）
非居民	境内所得	1．在中国境内无住所且不居住的个人。 2．在中国境内无住所而一个纳税年度内在中国境内居住累计不满183天的个人。	非居民个人，实际上只能是在一个纳税年度中，没有在中国境内居住，或者在中国境内居住天数累计不满183天的外籍人员、华侨或香港、澳门、台湾同胞。

【例1–多选题】下列各项中，属于个人所得税中居民纳税人的有（　　）。

A．韩国人金先生2019年多次来中国境内履职，累计满100日

B．美国人约翰2019年全年在中国境内工作，但节假日回美国探亲离开中国累计40日

C．中国人张某2019年全年在英国留学

D．英国人艾伦2019年在中国出版一部小说，期间来中国境内停留了10日

【答案】BC

学堂点拨

选项A，韩国人金先生在中国境内未居住满183日，属于非居民纳税人；选项B，美国人约翰在中国境内居住满183日，属于居民纳税人；选项C，张某属于在中国境内有住所的个人，属于居民纳税人；选项D，英国人艾伦在中国境内未居住满183日，属于非居民纳税人。

二、对境内居住的天数和境内实际工作期间的计算

表 5-2　对境内居住的天数和境内实际工作期间的计算

判定纳税义务	个人入境、离境、往返或多次往返境内外的当日，均按1天计算其在华实际逗留天数。
计算税额时	在中国境内、境外机构同时担任职务或仅在境外机构任职的境内无住所个人计算其境内工作期间时，对其入境、离境、往返或多次往返境内外的当日，均按半天计算为在华实际工作天数。

知识点2　征税范围（★★）

新个人所得税采用综合和分类征收相结合的方式。

新法取消了“其他所得”项目；并将前四项合并为“综合所得”项目。

表 5-3　个人所得税征税范围

1．工资、薪金所得；	综合所得
2．劳务报酬所得；	
3．稿酬所得；	
4．特许权使用费所得；	
5．经营所得；	
6．利息、股息、红利所得；	
7．财产租赁所得；	
8．财产转让所得；	
9．偶然所得。	

一、工资、薪金所得

表 5-4　工资、薪金所得征税范围

定义	是指个人因任职或者受雇而取得的工资、薪金、奖金、年终加薪、劳动分红、津贴、补贴以及任职或者受雇有关的其他所得。 【学堂点睛】此处的奖金为工资性质的奖金。非工资性质的奖金有一些免税规定。
一般不征税项目	1．独生子女补贴； 2．执行公务员工资制度未纳入基本工资总额的补贴、津贴差额和家属成员的副食品补贴； 3．托儿补助费； 4．差旅费津贴、误餐补助（不含以此名义发放的补助、津贴）； 5．外国来华留学生，领取的生活津贴费、奖学金。
军队干部不征税项目	1．政府特殊津贴。 2．福利补助。 3．夫妻分居补助费。 4．随军家属无工作生活困难补助

（续上表）

军队干部不征税项目	5. 独生子女保健费。 6. 子女保教补助费。 7. 机关在职军以上干部公勤费（保姆费）。 8. 粮差价补贴。
军队干部暂不征税项目	1. 军人职业津贴 2. 军队设立的艰苦地区补助。 3. 专业性补助。 4. 基层军官岗位津贴（营连排长岗位津贴）。 5. 伙食补贴。
其他规定	1. 公司职工取得的用于购买企业国有股权的劳动分红，按“工资、薪金所得”征税。 2. 出租汽车经营单位对出租车驾驶员采取单车承包或承租方式运营，出租车驾驶员从事客货运营取得的收入，按“工资、薪金所得”征税。 【学堂点睛】依车辆所有权判定：车属公司按工资薪金所得计税，车属个人按经营所得计税。

二、劳务报酬所得

是指个人从事劳务取得的所得，包括从事设计、装潢、安装、制图、化验、测试、医疗、法律、会计、咨询、讲学、翻译、审稿、书画、雕刻、影视、录音、录像、演出、表演、广告、展览、技术服务、介绍服务、经纪服务、代办服务以及其他劳务取得的所得。

学堂点睛

工资、薪金所得是属于非独立个人劳务活动，即因任职、受雇而得到的报酬；而劳务报酬所得，则是个人独立从事各种技艺、提供各项劳务取得的报酬。

对商品营销活动中，企业和单位对其营销业绩突出的非雇员以培训班、研讨会、工作考察等名义组织旅游活动，通过免收差旅费、旅游费对个人实行的营销业绩奖励，应根据所发生费用的全额作为该营销人员当期的劳务收入，按照“劳务报酬所得” 征收个税，并由提供上述费用的企业和单位代扣代缴。

即：如果是非雇员“按劳务报酬所得”计税，雇员按“工资、薪金所得”计税。

个人由于担任董事职务所取得的董事费收入，按照“劳务报酬所得”征收个税，但仅适用于个人担任公司董事、监事，且不在公司任职、受雇的情形。个人在公司（包括关联公司）任职、受雇，同时兼任董事、监事的，应将董事费、监事费与个人工资收入合并，统一按“工资、薪金所得”缴纳个税。

三、稿酬所得

指个人作品以图书、报刊形式出版发表取得的所得。

包括遗作稿酬。

四、特许权使用费所得

指个人提供专利权、商标权、著作权、非专利技术以及其他特许权的使用权取得的所得。包括个人提供和转让专利权取得的所得。

提供著作权的使用权取得的所得，不包括稿酬所得。

学堂点睛

稿酬是因为作品出版发表而得到的报酬，而著作权的使用权还包括改编权、表演权等，让渡其他使用权取得的所得不属于稿酬，而属于特许权使用费所得。

五、经营所得

（一）个体工商户从事生产、经营活动取得的所得，个人独资企业投资人、合伙企业的个人合伙人来源于境内注册的个人独资企业、合伙企业生产、经营的所得；

（二）个人依法从事办学、医疗、咨询以及其他有偿服务活动取得的所得；

（三）个人对企业、事业单位承包经营、承租经营以及转包、转租取得的所得；

（四）个人从事其他生产、经营活动取得的所得。

学堂点睛

真假承包承租：

1．承包、承租人对企业经营成果不拥有所有权，仅按规定取得一定所得的，其所得按“工资、薪金所得”项目征税。

2．承包、承租人按规定只向发包、出租方缴纳一定费用后，企业经营成果归其所有的，承包、承租人取得的所得，按“经营所得”项目征税。

个人因从事彩票代销业务而取得的所得；或者从事个体出租车运营的出租车驾驶员取得的收入，都应按照“经营所得”项目计税。

经营所得和与生产、经营活动无关的其他所得，应分别计税。如个体户除经营所得外还取得了银行款的利息所得、对外投资取得的股息所得，则此类与经营无关的所得应另按 “股息、利息、红利”税目的规定单独计税。

六、利息、股息、红利所得

是指个人拥有债权、股权而取得的利息、股息、红利所得。

学堂点睛

国债和国家发行的金融债券利息免税。

个人独资、合伙企业以外的其他企业个人投资者，以企业资金为本人、家庭成员及其相关人员支付与企业生产经营无关的消费性支出及购买汽车、住房等财产性支出，视为企业对个人投资者利润分配，并入投资者个人的生产经营所得，依照“利息、股息、红利所得”项目计征个人所得税，上述支出不允许在所得税前扣除。

个人独资企业、合伙企业个人投资者此类所得，按“经营所得”计税。

纳税年度内个人投资者从其投资企业（个人独资企业、合伙企业除外）借款，在该纳税年度终了后既不归还又未用于企业生产经营的，其未归还的借款可视为企业对个人投资者的红利分配，依照“利息、股息、红利所得”项目计征个人所得税。

七、财产租赁所得

是指个人出租不动产、机器设备、车船、其他财产取得的所得，含转租所得。

八、财产转让所得

是指个人转让有价证券、股权、合伙企业中的财产份额、不动产、机器设备、车船以及其他财产取得的所得。

学堂点睛

股票转让所得暂不征收个人所得税。

集体所有制企业在改制为股份合作制企业时，对职工个人以股份形式取得的拥有所有权的企业量化资产，暂缓征收个人所得税；待个人将股份转让时，就其转让收入额，减除个人取得该股份时实际支付的费用支出和合理转让费用后的余额，按“财产转让所得”项目计征个人所得税。

【举例】在改制时，张某支付5万元的价格和费用取得了拥有所有权的企业量化资产，此时张某支付的价款和可能低于量化资产的市场价值，但此时暂时不缴纳个税。等实际转让该股份时，再按赚取的所得计税。如转让此股份的收入为8万元，则形成的财产转让所得为3万元（8-5）应按“财产转让所得”计税。

九、偶然所得

偶然所得，是指个人得奖、中奖、中彩以及其他偶然性质的所得。

学堂点睛

资产购买方企业向个人支付的不竞争款项，按“偶然所得”计税。

【例2-单选题】下列各项中，属于“劳务报酬所得”项目的有（　　）。

A. 个人翻译国外著作后出版发表取得的所得

B. 出租汽车经营单位对出租车驾驶员采取单车承包或承租方式运营，驾驶员从事客货营运取得的所得

C. 非雇员接受公司的免费旅游奖励

D. 个人经营复印社取得的所得

【答案】C

学堂点睛

选项A，个人作品出版发表的所得属于“稿酬所得”；选项B，出租车经营单位对出租车驾驶员采取单车承包或承租方式运营，出租车驾驶员从事客货营运取得的所得，属于“工资、薪金所得”；选项D，个人经营取得的所得，属于“经营所得”。

知识点3 所得来源地（★）

除国务院财政、税务主管部门另有规定外，下列所得，不论支付地点是否在中国境内，均为来源

于中国境内的所得：

一、因任职、受雇、履约等在中国境内提供劳务取得的所得；

二、将财产出租给承租人在中国境内使用而取得的所得；

三、转让中国境内的不动产等财产或者在中国境内转让其他财产取得的所得；

四、许可各种特许权在境内使用而取得的所得；

五、从中国境内企业、事业单位、其他组织以及居民个人取得的利息、股息、红利所得。

第二节 税率与应纳税所得额的确定

微信扫一扫
习题免费练

知识点1 税率（★★）

一、个人所得税税率形式：比例税率、超额累进税率。

表 5-5 个人所得税税率形式

所得项目	适用税率
综合所得	七级超额累进税率3%～45%
经营所得	五级超额累进税率5%～35%
财产租赁所得	比例税率20%
利息、股息、红利所得	
财产转让所得	
偶然所得	

二、具体税率表与预扣率表

表 5-6 综合所得个人所得税税率表

适用于：居民个人的综合所得

级数	全年应纳税所得额	税率（%）	速算扣除数
1	不超过36 000元的部分	3	0
2	超过36 000元至144 000元的部分	10	2 520
3	超过144 000元至300 000元的部分	20	16 920
4	超过300 000元至420 000元的部分	25	31 920
5	超过420 000元至660 000元的部分	30	52 920
6	超过660 000元至960 000元的部分	35	85 920
7	超过960 000元的部分	45	181 920

表 5–7 经营所得个人所得税税率表

适用于：经营所得

级数	全年应纳税所得额	税率（%）	速算扣除数
1	不超过30 000元的	5	0
2	超过30 000元至90 000元的部分	10	1 500
3	超过90 000元至300 000元的部分	20	10 500
4	超过300 000元至500 000元的部分	30	40 500
5	超过500 000元的部分	35	65 500

表 5–8 非居民个人工资薪金、劳务报酬所得、稿酬所得、特许权使用费所得适用税率表

适用于：非居民四类列明所得（为居民综合所得税率表按月换算后的版本）

级数	全年应纳税所得额	税率（%）	速算扣除数
1	不超过3 000元的	3	0
2	超过3 000元至12 000元的部分	10	210
3	超过12 000元至25 000元的部分	20	1 410
4	超过25 000元至35 000元的部分	25	2 660
5	超过35 000元至55 000元的部分	30	4 410
6	超过55 000元至80 000元的部分	35	7 160
7	超过80 000元的部分	45	15 160

表 5–9 个人所得税预扣率表一

适用于：居民个人工资薪金所得预扣预缴

级数	预扣预缴应纳税所得额	预扣率（%）	速算扣除数
1	不超过36 000元的部分	3	0
2	超过36 000元至144 000元的部分	10	2 520
3	超过144 000元至300 000元的部分	20	16 920
4	超过300 000元至420 000元的部分	25	31 920
5	超过420 000元至660 000元的部分	30	52 920
6	超过660 000元至960 000元的部分	35	85 920
7	超过960 000元的部分	45	181 920

表 5-10　个人所得税预扣率表二

适用于：居民个人劳务报酬所得预扣预缴

级数	预扣预缴应纳税所得额	预扣率（%）	速算扣除数
1	不超过20 000元的	20	0
2	超过20 000元至50 000元的部分	30	2 000
3	超过50 000元的部分	40	7 000

【例1-多选题】下列各项中，适用超额累进税率征收个人所得税的有（　　）。

A．综合所得　　B．个体工商户的生产、经营所得

C．个人独资企业的生产经营所得　　D．利息、股息、红利所得

【答案】ABC

学堂点拨

选项D，利息、股息、红利所得适用比例税率20%。

知识点2　应纳税所得额的确定（★★★）

一、每次收入的确定

表 5-11　个人所得税计征方式

按年计征	经营所得，居民综合所得
按月计征	非居民工资薪金所得
按次计征	利息、股息、红利所得，财产租赁所得，偶然所得，非居民劳务报酬所得、稿酬所得、特许权使用费所得

表 5-12　“次”的判断

非居民劳务报酬所得	1．属于一次性收入的，以取得该项收入为一次。 2．同一事项连续取得收入的，以1个月内的收入为一次。 【学堂点睛】一次性劳务报酬收入以分月支付方式取得的，以1个月内取得的收入为一次。
非居民稿酬所得	以每次出版、发表取得的收入为一次，具体可分为： 1．再版：视为另一次稿酬所得计税。 2．连载＋出版：连载作为一次，出版作为另一次。 3．连载：连载完成后取得的所有收入合并为一次。 4．预付稿酬或分次支付稿酬：合并计算为一次。 5．添加印数而追加稿酬：和以前合并计算为一次。 6．在多处出版发表同一作品：分别各处所得计税。
非居民特许权使用费所得	1．以某项使用权的一次转让所取得的收入为一次。 2．如果该次转让取得的收入是分笔支付的，则应将各笔收入相加为一次的收入，计征个人所得税。

（续上表）

财产租赁所得	以1个月内取得的收入为一次。
利息、股息、红利所得	以支付利息、股息、红利时取得的收入为一次。
偶然所得	以每次收入为一次。

学堂点睛

居民的工资薪金、劳务报酬、稿酬、特许权使用费这四类统称为“综合所得”，居民综合所得按年计税。而非居民没有综合所得的说法，要分开计税。非居民工资薪金按月计税，而非居民的劳务报酬、稿酬、特许权使用费这三类所得要适用上述有关“次”的规定按次计税。财产租赁、利息股息红利、偶然所得无论是居民还是非居民身份都是按次计税。

二、应纳税所得额的计算

（一）居民综合所得

应纳税所得额＝年收入－费用60 000－专项扣除－专项附加扣除－依法确定的其他扣除

1. 综合所得计算过程中的扣除项目

表 5-13 综合所得计算过程中的扣除项目

专项扣除	包括居民个人按照国家规定的范围和标准缴纳的基本养老保险、基本医疗保险、失业保险等社会保险费和住房公积金等。（三险一金）
专项附加扣除	包括子女教育、继续教育、大病医疗、住房贷款利息或住房租金、赡养老人等支出。 具体范围、标准和实施步骤由国务院确定，并报全国人大常委员会备案。
其他扣除	包括： 1. 个人缴付符合国家规定的企业年金、职业年金； 2. 个人购买符合国家规定的商业健康保险、税收递延型商业养老保险的支出； 3. 国务院规定可以扣除的其他项目。

2. 专项扣除、专项附加扣除和依法确定的其他扣除，以居民个人一个纳税年度的应纳税所得额为限额；一个纳税年度扣除不完的，不结转以后年度扣除。

（二）非居民四类所得

工资、薪金所得应纳税所得额＝每月收入额－5 000元

劳务报酬所得、稿酬所得、特许权使用费所得应纳税所得额＝每次收入额

学堂点睛

1. 此处的收入额和收入不一样：收入额是收入扣除一定费用后的金额

劳务报酬所得、特许权使用费所得收入额＝收入×（1－20%）

稿酬所得收入额＝收入×70%×（1－20%）

2. 居民和非居民的劳务报酬所得、稿酬所得、特许权使用费所得收入额的计算是一致的。

3. 个人兼有不同的劳务报酬所得，应当分别减除费用计税。

（三）经营所得

应纳税所得额=年收入总额—成本、费用以及损失

学堂点睛

取得经营所得的个人，没有综合所得的，计算其每一纳税年度的应纳税所得额时，应当减除费用6万元、专项扣除、专项附加扣除以及依法确定的其他扣除。专项附加扣除在办理汇算清缴时减除。（有综合所得的，在综合所得中扣除）

经营所得计算中不得减除投资者或承包承租人本人的工资，但可以减除必要费用。费用扣除标准统一确定为60 000元/年（5 000元/月）。

（四）财产租赁所得

实行定额800，或定率20%减除费用。

表 5-14　财产租赁所得应纳税所得额的计算

每次收入≤4 000元	应纳税所得额=每次收入—800
每次收入>4 000元	应纳税所得额=每次收入×（1—20%）

（五）财产转让所得

应纳税所得额=收入—财产原值—合理费用

学堂点睛

财产原值中包括取得财产时的费用；合理费用，是指卖出财产时按照规定支付的有关费用。

（六）利息、股息、红利所得和偶然所得

应纳税所得额=每次收入额

不减除费用。

（七）专项附加扣除标准

1．取得综合所得和经营所得的居民个人可以享受专项附加扣除。

2．纳税人及其配偶在一个纳税年度内不能同时分别享受住房贷款利息和住房租金专项附加扣除。

表 5-15　专项附加扣除标准

项目	金额	详解
子女教育	定额：每个子女每月1 000元	1．包括：学前教育和学历教育。 学前教育包括：年满3岁至小学入学前。 学历教育包括：义务教育（小学、初中教育）、高中阶段教育（普通高中、中等职业、技工教育）、高等教育（大学专科、大学本科、硕士研究生、博士研究生教育）。 【学堂点睛】不包括3岁前，以及博士后阶段。多个符合条件的子女可扣除多份。 2．父母可以选择由其中一方按扣除标准的100%扣除，也可以选择由双方分别按扣除标准的50%扣除，具体扣除方式在一个纳税年度内不能变更。 3．纳税人子女在中国境外接受教育的，纳税人应当留存境外学校录取通知书、留学签证等相关教育的证明资料备查。

（续上表）

项目	金额	详解
继续教育	定额： 每月400元； 当年3 600元	1．纳税人在中国境内接受学历（学位）继续教育的支出，在学历（学位）教育期间按照每月400元定额扣除。同一学历（学位）继续教育的扣除期限不能超过48个月。纳税人接受技能人员职业资格继续教育、专业技术人员职业资格继续教育的支出，在取得相关证书的当年，按照3 600元定额扣除。 【学堂点睛】当年取得多个证书也只能扣3 600元。 2．个人接受本科及以下学历（学位）继续教育，符合规定扣除条件的，可以选择由其父母扣除，也可以选择由本人扣除。 3．纳税人接受技能人员职业资格继续教育、专业技术人员职业资格继续教育的，应当留存相关证书等资料备查。
大病医疗	限额内超标据实扣除： 超过15 000元的部分，在80 000元限额内	1．在一个纳税年度内，纳税人发生的与基本医保相关的医药费用支出，扣除医保报销后个人负担（指医保目录范围内的自付部分）累计超过15 000元的部分，由纳税人在办理年度汇算清缴时，在80 000元限额内据实扣除。 【举例1】2019年医保报销后个人负担了50 000元，则大病医疗的扣除金额为超过15 000元的部分，也就是35 000元。 【举例2】2019年医保报销后个人负担了130 000元，则超过15 000元的部分是115 000元，但扣除限额为80 000元，所以大病医疗扣除金额是80 000元。 2．纳税人发生的医药费用支出可以选择由本人或者其配偶扣除；未成年子女发生的医药费用支出可以选择由其父母一方扣除。纳税人及其配偶、未成年子女发生的医药费用支出，应按前述规定分别计算扣除额。 3．纳税人应当留存医药服务收费及医保报销相关票据原件（或复印件）等资料备查。
住房贷款利息	定额： 每月1 000元	1．纳税人本人或者配偶单独或者共同使用商业银行或者住房公积金个人住房贷款为本人或者其配偶购买中国境内住房，发生的首套住房贷款利息支出，在实际发生贷款利息的年度，按照每月1 000元的标准定额扣除，扣除期限最长不超过240个月。纳税人只能享受一次首套住房贷款的利息扣除。 首套住房贷款是指购买住房享受首套住房贷款利率的住房贷款。 【学堂点睛】该住房只要是境内且首套即可，不需要一定在工作地。 2．经夫妻双方约定，可以选择由其中一方扣除，具体扣除方式在一个纳税年度内不能变更。 3．夫妻双方婚前分别购买住房发生的首套住房贷款，其贷款利息支出，婚后可以选择其中一套购买的住房，由购买方按扣除标准的100%扣除，也可以由夫妻双方对各自购买的住房分别按扣除标准的50%扣除，具体扣除方式在一个纳税年度内不能变更。 4．纳税人应当留存住房贷款合同、贷款还款支出凭证备查。
住房租金	定额： 每月1 500元或1 100元或800元	1．纳税人在主要工作城市没有自有住房而发生的住房租金支出，可以按照以下标准定额扣除： （1）直辖市、省会（首府）城市、计划单列市以及国务院确定的其他城市，扣除标准为每月1 500元； （2）除第一项所列城市以外，市辖区户籍人口超过100万的城市，扣除标准为每月1 100元；市辖区户籍人口不超过100万的城市，扣除标准为每月800元。

（续上表）

项目	金额	详解
住房租金	定额： 每月1 500元或1 100元或800元	2．主要工作城市是指纳税人任职受雇的直辖市、计划单列市、副省级城市、地级市（地区、州、盟）全部行政区域范围；纳税人无任职受雇单位的，为受理其综合所得汇算清缴的税务机关所在城市。 3．夫妻双方主要工作城市相同的，只能由一方扣除住房租金支出。 4．住房租金支出由签订租赁住房合同的承租人扣除。 5．纳税人应当留存住房租赁合同、协议等有关资料备查。
赡养老人	定额： 每月2 000元或分摊后的额度	1．纳税人赡养一位及以上被赡养人的赡养支出，统一按照以下标准定额扣除： （1）纳税人为独生子女的，按照每月2 000元的标准定额扣除； （2）纳税人为非独生子女的，由其与兄弟姐妹分摊每月2 000元的扣除额度，每人分摊的额度不能超过每月1 000元。可以由赡养人均摊或者约定分摊，也可以由被赡养人指定分摊。约定或者指定分摊的须签订书面分摊协议，指定分摊优先于约定分摊。具体分摊方式和额度在一个纳税年度内不能变更。 2．称被赡养人是指年满60岁的父母，以及子女均已去世的年满60岁的祖父母、外祖父母。 【学堂点睛】一名被赡养人年满60就可以享受此项扣除；赡养多名老人的也只能扣一份费用；但子女教育费用有多名子女的可扣多份。

（八）应纳税所得额的其他规定

1．各类捐赠的扣除规则

表 5-16　各类捐赠的扣除规则

规定	适用范围
不得扣除	直接向受益人的捐赠。
限额扣除	个人将其所得通过中国境内的公益性社会组织、国家机关向教育、扶贫、济困等公益慈善事业进行捐赠，捐赠额未超过纳税人申报的应纳税所得额30%的部分，可以从其应纳税所得额中扣除。
全额扣除	国务院规定对公益慈善事业捐赠实行全额税前扣除的，从其规定。

学堂点睛

1．应纳税所得额，是指计算扣除捐赠额之前的应纳税所得额。

2．企业所得税中捐赠的扣除限额为利润总额的12%，并有结转3年扣除的规定。而个税超标捐赠不能结转扣除。

3．个人捐赠住房作为廉租住房的，捐赠额未超过其申报的应纳税所得额30%的部分，准予从其应纳税所得额中扣除。

2．个人所得的形式，包括现金、证券和其他形式的经济利益。

所得为实物的：按照取得的凭证上所注明的价格计算应纳税所得额，无凭证的实物或者凭证上所注明的价格明显偏低的，参照市场价格核定应纳税所得额。

所得为有价证券的：根据票面价格和市场价格核定应纳税所得额。

所得为其他形式的：参照市场价格核定应纳税所额。

3．所得为人民币以外货币的，按照办理纳税申报或者扣缴申报的上一月最后一日人民币汇率中间价，折合成人民币计算应纳税所得额。

年度终了后办理汇算清缴的，对已经按月、按季或者按次预缴税款的人民币以外货币所得，不再重新折算；对应当补缴税部分，按照上一纳税年度最后一日人民币汇率中间价，折合成人民币计算应纳税所得额。

4．个人从事技术转让、提供劳务等过程中所支付的中介费，如能提供有效、合法凭证的，允许从其所得中扣除。

【例2-2016改编-单选题】某英国作家的一部长篇小说从2019年3月1日起在某报纸副刊上连载，每日刊出一期，到5月31日结束，共刊出92期，每期稿酬500元。2019年2月10日，该作家取得该社预付稿酬3 000元，开始连载后报社每周支付一次稿酬，至5月31日已结清全部稿酬。下列关于报社代扣代缴稿酬个人所得税表述中，正确的是（　　）。

A．应以每周支付稿酬作为一次稿酬据以代扣代缴个人所得税

B．应以每月实际支付稿酬作为一次稿酬据以代扣代缴个人所得税

C．应以实际支付的全部稿酬作为一次稿酬据以代扣代缴个人所得税

D．应以预付稿酬作为一次稿酬据以代扣代缴个人所得税

【答案】C

学堂点拨

非居民个人同一作品在报刊上连载取得收入的，以连载完成后取得的所有收入合并为一次，计征个人所得税。支付该作家稿酬所得的报社为扣缴义务人。

【例3-多选题】下列各项中，以取得的收入为应纳税所得额全额计征个人所得税，不作任何减除的有（　　）。

A．劳务报酬所得　　B．利息所得　　C．稿酬所得　　D．偶然所得

【答案】BD

学堂点拨

偶然所得、利息、股息、红利所得全额计税，不作任何减除。

第三节　税收优惠

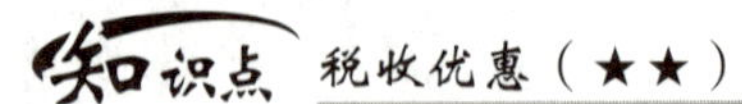
知识点　税收优惠（★★）

微信扫一扫
习题免费练

表 5-17　个人所得税税收优惠内容

投资	1. 国债和国家发行的金融债券利息。 包括2012年以后发行的地方政府债券利息。 2. 储蓄存款利息。 3. 对按规定比例缴付的住房公积金、医疗保险金、基本养老保险金和失业保险金存入银行个人账户所取得的利息收入，免税。 4. 个人转让上市公司股票取得的所得暂免征收个税。 5. 上市公司和全国中小企业股份转让系统的股息红利： （1）持股期限≤1个月的，全额计税； （2）>1个月但≤1年的，暂减按50%计税； （3）>1年的，免税。 6. 个人投资者从投保基金公司取得的行政和解金，暂免税。 7. 股权分置改革中非流通股股东通过对价方式向流通股股东支付的股份、现金等收入，暂免征收流通股股东应缴纳的个人所得税。 8. 自原油期货对外开放之日起，对境外个人投资者投资中国境内原油期货取得的所得，3年内暂免征税。
奖金	1. 省级人民政府、国务院部委、中国人民解放军军以上单位，以及外国组织颁发的科学、教育、技术、文化、卫生、体育、环境保护等方面的奖金。（教材新增列举内容P262-263） 2. 见义勇为奖金或奖品。 3. 个人举报、协查各种违法、犯罪行为而获得的奖金。
工资福利	1. 按国务院规定发给的政府特殊津贴、院士津贴和国务院规定免税的其他补贴、津贴。 2. 福利费、抚恤金、救济金。 3. 军人的转业费、复员费。 退役士兵一次性退役金、地方政府发放的一次性经济补助。 4. 按照国家统一规定发给干部、职工的安家费、退职费、退休工资、离休工资、离休生活补助费。 5. 高级专家延长离退休期间的工资薪金视同离退休工资免税。 6. 按规定比例提取并缴付的住房公积金、医疗保险金、基本养老保险金、失业保险金，允许在个人应纳税所得额中扣除，免征个税。超标缴付应计税。 7. 个人领取原提存的住房公积金、医疗保险金、基本养老保险金，免税。 8. 生育妇女按规定取得的生育津贴、生育医疗费或其他属于生育保险性质的津贴、补贴，免税。 9. 对工伤职工及其近亲属按照规定取得的工伤保险待遇，免税。 10. 凡由亚洲开发银行支付给我国公民或国民（包括为亚行执行任务的专家）的薪金和津贴，符合我国税法规定的有关薪金和津贴等报酬，免税。
外籍	1. 外籍个人从外商投资企业取得的股息、红利所得。 2. 符合条件的外籍专家取得的工资薪金。

（续上表）

外交	1. 依照我国有关法律规定应予免税的各国驻华使馆、领事馆的外交代表、领事官员和其他人员的所得。 2. 中国政府参加的国际公约以及签订的协议中规定免税的所得。
其他	1. 个人转让自用达5年以上，并且是唯一的家庭居住用房取得的所得。（满五唯一） 2. 被拆迁人按规定标准取得的拆迁补偿款。 3. 个人办理代扣代缴税款，按规定取得的扣缴手续费。 4. 储蓄机构内从事代扣代缴工作的办税人员取得的扣缴利息税手续费所得。 5. 保险赔款。 6. 个体工商户或个人，以及个人独资企业和合伙企业从事种植业、养殖业、饲养业和捕捞业，取得的“四业”所得暂不征收个税。 7. 个人中奖所得： （1）单张有奖发票奖金所得超过800元（含800元）的，暂免征税；所得超过800元的，应全额征税。 （2）购买社会福利有奖募捐奖券、体育彩票一次中奖收入不超过10 000元的暂免征税，对一次中奖收入超过10 000元的，应全额征税。 8. 乡镇企业的职工和农民取得的青苗补偿费，暂不征税。 9. 自2018年1月1日至2020年12月31日，对易地扶贫搬迁贫困人口按规定取得的住房建设补助资金、拆旧复垦奖励资金等与易地扶贫搬迁相关的货币化补偿和易地扶贫搬迁安置住房，免税。

【例1-单选题】个人在2019年5月取得的下列所得中，免予征收个人所得税的是（　　）。

A. 企业职工李某领取原提存的住房公积金

B. 王某在单位任职表现突出获得5万元总裁特别奖金

C. 徐某因持有某上市公司股票7个月而取得该公司年度分红

D. 退休教授张某受聘任另一高校兼职教授每月取得4 000元报酬

【答案】A

学堂点拨

选项B，计入综合所得，属于工资薪金；选项C，按利息、股息、红利所得缴纳个人所得税；选项D，计入综合所得，属于劳务报酬。

【例2-单选题】某高校教师2019年8月所取得的下列收入中，应计算缴纳个人所得税的是（　　）。

A. 国债利息收入

B. 任职高校发放的误餐补助

C. 为某企业开设讲座取得的酬金

D. 任职高校为其缴付的住房公积金

【答案】C

学堂点拨

选项A，国债利息收入，免征个人所得税；选项B，任职高校发放的误餐补助，不征收个人所得税；选项C，属于劳务报酬所得，应计入综合所得计税；选项D，单位和个人按规定缴付的住房公积金，免征个人所得税。

第四节　境外所得的税额扣除

微信扫一扫
习题免费练

知识点　境外所得的税额扣除（★）

一、境外所得税收政策：分国又分项限额抵免

居民个人从中国境外取得的所得，可以从其应纳税额中抵免已在境外缴纳的个人所得税税额。但抵免额不得超过该纳税人境外所得依照我国税法规定计算的应纳税额。

二、政策解释

（一）已在境外缴纳的个人所得税税额：是指居民个人来源于中国境外的所得，依照该所得来源国家或者地区的法律应当缴纳并且实际已经缴纳的税额。

（二）境外所得依照规定计算的应纳税额：是居民个人抵免已在境外缴纳的综合所得、经营所得以及其他所得的所得税税额的限额。

（三）除国务院财政、税务主管部门另有规定外，来源于中国境外一个国家（地区）的综合所得抵免限额、经营所得抵免限额以及其他所得抵免限额之和，为来源于该国家（地区）所得的抵免限额。

（四）居民个人在中国境外一个国家（地区）实际已经缴纳的个人所得税税额，低于来源于该国家（地区）所得的抵免限额的，应当在中国缴纳差额部分的税款；超过来源于该国家（地区）所得的抵免限额的，其超过部分不得在本纳税年度的应纳税额中抵免，但是可以在以后纳税年度来源于该国家（地区）所得的抵免限额的余额中补扣。补扣期限最长不得超过五年。

第五节　应纳税额的计算

微信扫一扫
习题免费练

知识点　应纳税额的计算（★★★）

一、居民个人综合所得应纳税额的计算

应纳税额＝∑（每一级数的全年应纳税所得额×对应级数的适用税率）

＝∑［每一级数（全年收入额－60 000元－专项扣除－享受的专项附加扣除－享受的其他扣除）×对应级数的适用税率］

学堂点睛

1. 收入额

工资、薪金收入额：收入全额

劳务报酬所得、特许权使用费所得的收入额：收入×（1－20%）

稿酬所得的收入额：收入70%×（1－20%）

2. 综合所得按年计税，将全年收入额汇总计算，和预扣预缴税额比较后多退少补。

【教材例题1】假定某居民个人纳税人为独生子女，2019年交完社保和住房公积金后共取得税前工资收入20万元，劳务报酬1万元，稿酬1万元。该纳税人有两个小孩且均由其扣除子女教育专项附加，纳税人的父母健在且均已年满60岁。计算其当年应纳个人所得税税额。

1. 全年应纳税所得额

=200 000+10 000×（1−20%）+10 000×70%×（1−20%）−60 000−12 000×2−24 000

=213 600−108 000=105 600（元）

2. 应纳税额=105 600×10% −2 520=8 040（元）

【提示】子女教育可扣除多份，但赡养多个老人也只能扣除一份。

二、非居民个人取得工资、薪金所得，劳务报酬所得，稿酬所得和特许权使用费所得应纳税额的计算

表 5–18 非居民四类所得应纳税额的计算

收入额 非居民=居民	工资、薪金收入额：收入全额 劳务报酬所得、特许权使用费所得的收入额：收入×（1−20%） 稿酬所得的收入额：收入×70%×（1−0%）
应纳税所得额 非居民≈居民	工资、薪金所得应纳税所得额=每月收入额减−5 000元 劳务报酬所得、稿酬所得、特许权使用费所得应纳税所得额=每次收入额 【学堂点睛】非居民不享受专项附加扣除等。
计税规则 非居民≠居民	居民：综合所得按年计税，年度根据需要汇算清缴。 非居民：此四类所得应按月计税，分别由扣缴义务人扣缴税款，均适用居民综合所得税率表按月折算后的税率表计算，且不需要汇算清缴。

【教材例题2】假定某外商投资企业中工作的美国专家（假设为非居民纳税人），2019年2月取得由该企业发放的含税工资收入10 400元人民币，此外还从别处取得劳务报酬 5 000元人民币。请计算当月其应纳个人所得税税额。

1. 该非居民个人当月工资、薪金所得应纳税额=（10 400 −5 000）×10%−210=330（元）

2. 该非居民个人当月劳务报酬所得应纳税额=5 000×（1−20%）×10%−210=190（元）

三、经营所得应纳税额计算

应纳税额=（全年收入总额−成本、费用及损失）×适用税率−速算扣除数

学堂点睛

1. 取得综合所得和经营所得的居民个人可以享受专项附加扣除。如个体户业主没有综合所得的，则子女教育、赡养老人等专项附加扣除应在经营所得中扣除。

2. 个体工商户业主的工资薪金支出不得税前扣除，但可以扣除费用。费用扣除标准，确定为60 000元/年。

（一）个体工商户具体扣除规则

和企业所得税的扣除规定类似，如广告费、业务招待费等扣除限额均一致。

其他特殊扣除规则列举：

1. 个体工商户下列支出不得扣除：

（1）个人所得税税款。

（2）税收滞纳金。

（3）罚金、罚款和被没收财物的损失。

（4）不符合扣除规定的捐赠支出。

（5）赞助支出。

（6）用于个人和家庭的支出。

（7）与取得生产经营收入无关的其他支出。

（8）国家税务总局规定不准扣除的支出。

2. 个体工商户生产经营活动中，应当分别核算生产经营费用和个人、家庭费用。对于生产经营与个人、家庭生活混用难以分清的费用，其40%视为与生产经营有关费用，准予扣除。

3. 补充保险费和三项经费：限额内据实扣。

表 5-19 保险费和三项经费的扣除标准

项目	从业人员扣除标准	业主扣除标准
补充养老医疗保险、补充医疗保险	各为工资总额的5%标准内的部分	当地上年社会平均工资的3倍为计算基数，分别在不超过该计算基数5%标准内的部分
工会经费、职工福利费、职工教育经费	工资总额的2%、14%、2.5%标准内的部分	当地上年社会平均工资的3倍为计算基数，分别为不超过2%、14%、2.5%标准内的部分

4. 个体工商户代其从业人员或他人负担的税款，不得税前扣除。

5. 按规定缴纳的摊位费、行政性收费、协会会费等，据实扣除。

6. 通过公益性社会团体或者县级以上人民政府及其部门，用于规定的公益事业的捐赠，捐赠额不超过其应纳税所得额30%的部分可以据实扣除。

7. 三新研发费用，以及研究开发新产品、新技术而购置单台价值10万元以下的测试仪器和试验性装置的购置费准予直接扣除；单台价值10万以上（含）的，按固定资产管理，不得在当期直接扣除。

8. 个体工商户与企业联营而分得的利润，按利息、股息、红利所得项目征收个税。

9. 个体工商户和从事生产、经营的个人，取得与生产、经营活动无关的各项应税所得，应按规定分别计算征收个人所得税。

【教材例题3】某小型运输公司系个体工商户，账证健全，2019年12月取得营业额为320 000元，准许扣除的当月成本、费用（不含业主工资）及相关税金共计250 600元。1—11月累计应纳税所得额88 400元（未扣除业主费用减除标准），1—11月累计已预缴个人所得税1 0200元。除经营所得外，业主本人没有其他收入，且 2019年全年均享受赡养老人一项专项附加扣除。不考虑专项扣除和符合税法规定的其他扣除，请计算该个体工商户就2019年度汇算清缴时应申请的个人所得税退税额。

1. 全年应纳税所得额=320 000−250 600+88 400−60 000−24 000=73 800（元）

2. 全年应缴纳个人所得税=73 800×10%−1 500=5 880（元）

3. 该个体工商户2019年度应申请的个人所得税退税额=10 200−5 880=4 320（元）

【例1-2017-多选题】对个体工商户的生产、经营所得在计算个人所得税时，允许对一些支出项目按一定标准予以税前扣除。下列关于税前扣除项目和标准的表述中，正确的有（　　）。

A．个体工商户业主的工资薪金可以据实扣除

B．实际支付给从业人员合理的工资薪金和缴纳的五险一金可以税前扣除

C．在经营过程中发生的业务招待费可据实扣除

D．以经营租赁方式租入固定资产发生的租赁费支出，按照租赁期限均匀扣除

【答案】BD

学堂点拨

个体工商户业主的工资、薪金所得税前不可以扣除。业务招待费按照实际发生额的60%和收入的5‰孰低原则扣除。

【例2-2015-单选题】个体工商户发生的下列支出中，允许在个人所得税税前扣除的是（　　）。

A．用于家庭的支出

B．非广告性质赞助支出

C．已缴纳的增值税税款

D．生产经营过程中发生的财产转让损失

【答案】D

学堂点拨

选项A、B、C，不得税前扣除。

（二）个人独资企业和合伙企业生产经营所得

表 5-20　个人独资企业和合伙企业生产经营所得的计税方式和规则

征税方式	计税规则
查账征税	1. 投资者的工资不得税前扣除，投资者本人的费用扣除标准统一确定为60 000元/年（5 000元/月），按当年实际经营月份数计算扣除。 2. 投资者及其家庭发生的生活费用不允许在税前扣除。与经营费用混合难以划分的不得扣除。 3. 经营及家庭生活共用的固定资产，难以划分的，由税务核定税前扣除的折旧数额或比例。 4. 投资者兴办两个或两个以上独资企业的汇算清缴： （1）应纳税所得额＝Σ各个企业的经营所得 （2）应纳税额＝应纳税所得额×税率－速算扣除数 （3）本企业应纳税额＝应纳税额×本企业的经营所得÷Σ各企业的经营所得 （4）本企业应补缴的税额＝本企业应纳税额－本企业预缴的税额 5. 投资者兴办两个或两个以上企业的，企业的年度经营亏损不能跨企业弥补。 6. 投资者兴办两个或两个以上企业的，准予扣除的个人费用由投资者选择在其中一个企业的经营所得中扣除。（不能扣两份） 7. 投资者来源于中国境外的生产经营所得，已在境外缴纳所得税的，可以按照规定计算扣除已在境外缴纳的所得税。
核定征税	应纳所得税额＝应纳税所得额×适用税率 应纳所得额 ＝收入总额×应税所得率 ＝成本费用支出额÷（1－应税所得率）×应税所得率 【学堂点睛1】实行核定征税的投资者，不能享受个人所得税的优惠政策。 【学堂点睛2】实行查账征税方式的个人独资企业和合伙企业改为核定征税方式后，在查账征税方式下认定的年度经营亏损未弥补完的部分，不得再继续弥补。

（续上表）

征税方式	计税规则
其他规定（查账核定均适用）	1．个人独资企业和合伙企业对外投资分回的利息或者股息、红利，不并入企业的收入，而应单独作为投资者个人取得的利息、股息、红利所得，按“利息、股息、红利所得”应税项目计算缴纳个人所得税。 2．残疾人员投资兴办或参与投资兴办个人独资企业和合伙企业的，残疾人员取得的经营所得，符合规定的可减征个人所得税。 3．企业进行清算时，投资者应当在注销工商登记之前，向主管税务机关结清有关税务事宜。企业的清算所得应当视为年度生产经营所得，缴纳个税。 4．企业在纳税年度的中间开业，或者由于合并、关闭等原因，使该纳税年度的实际经营期不足12个月的，应当以其实际经营期为一个纳税年度。

四、财产租赁所得应纳税额的计算

每次（月）收入不超过4 000元的：

应纳税所得额＝每次（月）收入额－准予扣除项目－修缮费用（800元为限）－800元

每次（月）收入超过4 000元的：

应纳税所得额＝［每次（月）收入额－准予扣除项目－修缮费用（800元为限）］×（1－20%）

（一）一般租赁应纳税所得额

应依次扣除以下费用：

1．财产租赁过程中缴纳的税金和国家能源交通重点建设基金、国家预算调节基金、教育费附加。

2．由纳税人负担的该出租财产实际开支的修缮费用。（每次800元为限）

3．税法规定的费用扣除标准。（800元或20%）

（二）房屋租赁应纳税所得额

应依次扣除以下费用：

1．财产租赁过程中缴纳的税费。

2．向出租方支付的租金。（转租时）

3．由纳税人负担的租赁财产实际开支的修缮费用。（每次800元为限）

4．税法规定的费用扣除标准。（800元或20%）

学堂点睛

个人出租住房暂减按10%计算个税。

个人出租住房相关税费：

增值税征收率5%减按1.5%；房产税减按4%；免征印花税和城镇土地使用税。

租赁中可以减除的费用扣除标准为800元，或20%。需要用租金收入减除税费、转租原租金、不超过800元的修缮费后的余额来判定。

【教材例题4】刘某于2019年1月将其自有的面积为150平方米的公寓按市场价出租给张某居住。刘某每月取得租金收入4 500元，全年租金收入54 000元。计算刘某全年租金收入应缴纳的个人所得税（不考虑其他税费）。

财产租赁收入以每月内取得的收入为一次，按市场价出租给个人居住适用10%的税率，因此，刘某每月及全年应纳税额为：

1. 每月应纳税额=4 500×（1−20%）×10%=360（元）

2. 全年应纳税额=360×12=4 320（元）

假定上例中，当年2月因下水道堵塞找人修理，发生修理费用1 000元，有维修部门的正式收据，则2月和3月的应纳税额为：

1. 2月应纳税额=（4 500−800−800）×10%=290（元）

2. 3月应纳税额=（4 500−200）×（1−20%）×10%=344（元）

五、财产转让所得应纳税额的计算

应纳税额=（收入总额−财产原值−合理税费）×20%

学堂点睛

境内股票转让所得暂不征收个税；个人转让自用达5年以上并且是唯一的家庭居住用房取得的所得免税（满五唯一）；因离婚办理房屋产权过户不征个税。

（一）个人住房转让所得应纳税额

表 5-21 个人住房转让所得应纳税额

收入	不含增值税的实际成交价格，不合理偏低的税务核定。
原值	购置原价+相关税费
税费	税：城市维护建设税、教育费附加、土地增值税、印花税等。 费：住房装修费用、住房贷款利息、手续费、公证费等。 【学堂点睛】装修费限额： 公房、经济适用房：原值的15%。 商品房、其他住房：原值的10%。 精装修房：不得另扣装修费。

【教材例题5】某个人建房一幢，造价360 000元，支付其他费用50 000元。该个人建成后将房屋出售，售价600 000元，在售房过程中按规定支付交易费等相关税费35 000元，其应纳个人所得税税额的计算过程为：

1. 应纳税所得额=财产转让收入−财产原值−合理费用

=600 000−（360 000+50 000）−35 000=155 000（元）

2. 应纳税额=155 000×20%=31 000（元）

（二）个人转让股权应纳税额

1. 个人转让股权，以股权转让收入减除股权原值和合理费用后的余额为应纳税所得额，按“财产转让所得”缴纳个人所得税。合理费用是指股权转让时按照规定支付的有关税费。

2. 个人股权转让所得个人所得税，以股权转让方为纳税人，以受让方为扣缴义务人。

3. 股权转让收入，是指转让方因股权转让而获得的现金、实物、有价证券和其他形式的经济利益。包括违约金、补偿金以及其他名目的款项、资产、权益等。纳税人按照合同约定，在满足约定条件后取得的后续收入，应当作为股权转让收入。

4．股权转让人已被主管税务机关核定股权转让收入并依法征收个人所得税的，该股权 受让人的股权原值以取得股权时发生的合理税费与股权转让人被主管税务机关核定的股权转让收入之和确认。

5．对个人多次取得同一被投资企业股权的，转让部分股权时，采用“加权平均法”确定其股权原值。

（三）个人转让债券类债权时原值的确定

转让债券类债权，采用“加权平均法”确定其应予减除的财产原值和合理费用。

一次卖出某一种类债券允许扣除的买入价和费用=（纳税人购进的该种类债券买入价和买进过程中交纳的税费总和）×（一次卖出的该种类债券的数量+卖出该种类债券过程中缴纳的税费）÷纳税人购进的该种类债券总数量

六、利息、股息、红利所得和偶然所得应纳税额的计算

应纳税额=每次收入额×20%

学堂点睛

此类收入一般应全额计税，无任何费用扣除。

注意此类所得的税收优惠政策：

1．国债利息、部分地方政府债券利息、国家发行的金融债券利息免税；储蓄存款利息暂免征税。

2．个人从公开发行和转让市场取得的上市公司股票取得的股息红利（沪深二市和全国中小企业股份转让系统）：

持股期限≤1个月的	全额计税
>1个月但≤1年的	暂减按50%计税
>1年的	免税

3．偶然所得中的中奖中彩有起征点规定：有奖发票800元，福彩体彩10 000元。

第六节　应纳税额计算中的特殊问题处理

微信扫一扫
习题免费练

应纳税额计算中的特殊问题（★★）

一、全年一次性奖金、中央企业负责人年度绩效薪金延期兑现收入和任期奖励

表 5-22　奖金的计税

一般规定	1．居民个人取得全年一次性奖金，在2021年12月31日前，可选择不并入当年综合所得，按以下计税办法，由扣缴义务人发放时代扣代缴。 自2022年1月1日起，居民个人取得全年一次性奖金，应并入当年综合所得计税。

（续上表）

一般规定	【学堂点睛】低收入居民将全年一次性奖金并入当年综合所得可能比不并入综合所得更有利。因为综合所得中可以扣减很多项目，可能最终纳税较少。 2. 雇员取得除全年一次性奖金以外的其他各种名目奖金，如半年奖、季度奖、加班奖、先进奖、考勤奖等，一律与当月工资、薪金收入合并。 3. 个人取得年终加薪、兑现的年薪和绩效工资也属于全年一次性奖金。 4. 一个纳税年度内，对每一个纳税人，该计算方法只允许采用一次。
央企负责人	《国资委管理的中央企业名单》中的列明人员，在2021年12月31日前，中央企业负责人任期结束后取得的绩效薪金40%部分和任期奖励，参照上述居民个人取得全年一次性奖金的计税规定执行；2022年1月1日之后的政策另行明确。
含税奖金计税	1. 全年一次性奖金÷12 按其商数依照按月换算后的综合所得税率表，确定适用税率和速算扣除数 2. 应纳税额=全年一次性奖金×适用税率-速算扣除数 【学堂点睛】选择不并入综合所得后，全年一次性奖金和发放奖金当月正常工资应分别计税，互不影响。

【教材例题1】假定中国公民李某2019年在我国境内1—12月每月的工资为3 800元，12月31日又一次性领取年终含税奖金60 000元。请计算李某取得年终奖金应缴纳的个税。

1. 年终奖金适用的税率和速算扣除数为：

按12个月分摊后，每月的奖金=60 000÷12=5 000（元），适用的税率和速算扣除数分别为10%、210元。

2. 年终奖应缴纳个人所得税为：

应纳税额=年终奖金收入×适用的税率-速算扣除数

=60 000×10%-210=6 000-210=5 790（元）

二、雇主为雇员承担全年一次性奖金部分税款

表 5-23 雇主承担部分税款的奖金计税

雇主为雇员定额负担税款	应纳税所得额=雇员取得的全年一次性奖金+雇主替雇员定额负担的税款-当月工资薪金低于费用扣除标准的差额
雇主为雇员按一定比例负担税款	1. 不含税全年一次性奖金÷12 从不含税税率表查找适用税率A和速算扣除数A。 2. 含税全年一次性奖金收入=（不含税全年一次性奖金收入-当月工资薪金低于费用扣除标准的差额-不含税级距的速算扣除数A×雇主负担比例）÷（1-不含税级距的适用税率A×雇主负担比例） 3. 按含税全年一次性奖金÷12 从含税税率表查找适用税率B和速算扣除数B。 4. 应纳税额=含税全年一次性奖金收入×税率B-速算扣除数B 5. 实际缴纳税额=应纳税额-雇主为雇员负担的税额

学堂点睛

雇主为雇员负担的个人所得税款，应属于个人工资薪金的一部分。凡单独作为企业管理费列支的，在计算企业所得税时不得税前扣除。

三、在中国境内无住所的个人一次取得数月奖金或年终加薪、劳动分红

表 5-24　对在中国境内无住所的个人一次取得数月奖金或年终加薪、劳动分红的计税方法

一般规则	对在中国境内无住所的个人取得的奖金，可单独作为1个月的工资、薪金所得计算纳税。对上述奖金不再减除费用，全额作为应纳税所得额直接按适用税率计算应纳税款，并且不再按居住天数进行划分计算。
特殊规则	在中国境内无住所的个人在担任境外企业职务的同时，兼任该外国企业在华机构的职务，但并不实际或不经常到华履行该在华机构职务，对其一次取得的数月奖金中属于全月未在华的月份奖金，依照劳务发生地原则，可不作为来源于中国境内的奖金收入计算纳税。 对其取得的有到华工作天数的各月份奖金，应全额依照上述方法计算。

四、自建住房低价销售给职工

（一）房改期间，按房改成本价向职工出售公有住房，职工因支付的房改成本价格低于房屋建造成本价格或市场价格而取得的差额收益，免征个税。

（二）其他情形下，单位按低于购置或建造成本价格出售住房给职工，职工因此少支出的差价部分，不并入当年综合所得，计税方法同全年一次奖金。

以差价收入÷12得到的数额，按月度税率表确定适用税率和速算扣除数，单独计税。

应纳税额＝职工实际支付的购房价款低于该房屋的购置或建造成本价格的差额×适用税率－速算扣除数

学堂点睛

要特别注意此处的计税所得为售价低于购置或建造成本的部分，而不是售价低于市场价格的部分。

五、廉租住房

（一）对个人按规定取得的廉租住房货币补贴，免征个税；对于所在单位以廉租住房名义发放的不符合规定的补贴，应征收个税。

（二）个人捐赠住房作为廉租住房的，捐赠额未超过其申报的应纳税所得额30%的部分，准予从其应纳税所得额中扣除。

六、房屋赠与个税规定

表 5-25　房屋赠与个税规定

政策	适用范围
不征	1. 赠与配偶、父母、子女、祖父母、外祖父母、孙子女、外孙子女、兄弟姐妹。 2. 赠与对其承担直接扶养或赡养义务的抚养人或赡养人。 3. 产权所有人死亡，依法取得房屋产权的法定继承人、遗嘱继承人、受遗赠人。
征税	1. 受赠人无偿受赠房屋——“其他所得” 应纳税所得额＝合同标注房屋价值－赠与过程中受赠人支付的相关税费后的余额 2. 受赠人转让受赠房屋——“财产转让所得” 应纳税所得额＝转让收入－原捐赠人取得该房屋的实际购置成本－赠与和转让过程中受赠人支付的相关税费 【学堂点睛】新税法中取消了“其他所得”项目，本政策未作出调整。

七、外籍个人有关津贴

（一）2019年1月1日至2021年12月31日期间，外籍个人符合居民个人条件的，可以选择享受个人所得税专项附加扣除，也可以选择享受住房补贴、语言训练费、子女教育费等津补贴免税优惠政策，但不得同时享受。外籍个人一经选择，在一个纳税年度内不得变更。

（二）自2022年1月1日起，外籍个人不再享受住房补贴、语言训练费、子女教育费津补贴免税优惠政策，应按规定享受专项附加扣除。

（三）可以享受免税优惠的外籍个人津贴包括：

1. 外籍个人以非现金形式或实报实销形式取得的住房补贴、伙食补贴、搬迁费、洗衣费。

2. 外籍个人按合理标准取得的境内、外出差补贴。

3. 外籍个人取得的探亲费、语言训练费、子女教育费等，经当地税务机关审核批准为合理的部分。

学堂点睛

受雇于我国境内企业的外籍个人（不含港澳居民个人），在港澳发生的此类津贴符合规定也可以享受免税。

在3年过渡期内：符合居民条件的外籍个人可以选择免税政策或专项附加扣除；不符合居民条件的外籍个人不能选择专项附加扣除，只能享受免税政策。

八、个人取得无赔款优待收入

对于个人因任职单位缴纳有关保险费用而取得的无赔款优待收入，按照“其他所得”计税。

对于个人自己缴纳有关商业保险费（保费全部返还个人的保险除外）而取得的无赔款优待收入，不作为个人的应纳税收入，不征收个人所得税。

九、个人取得公务交通、通讯补贴收入征税

扣除一定标准的公务费用后，按“工资、薪金所得”计税。

按月发放的，并入当月计税；不按月发放的，分解到所属月份与工资合并计税。

十、国际组织驻华机构、外国政府驻华使领馆和驻华新闻机构雇员

（一）对于在国际组织驻华机构、外国政府驻华使领馆中工作的中方雇员和在外国驻华新闻机构的中外籍雇员，均应按规定缴纳个人所得税。

（二）对于仅在国际组织驻华机构和外国政府驻华使领馆中工作的外籍雇员，暂不征收个人所得税。在该机构或使领馆之外，从事非公务括动所取得的收入，应缴纳个人所得税。

十一、在外商投资企业、外国企业和外国驻华机构工作的中方人员取得工资、薪金所得的征税问题

（一）凡是由雇佣单位和派遣单位分别支付的，只由雇佣单位一方在支付工资、薪金时，按税法规定减除费用，计算扣缴个人所得税；派遣单位支付的工资、薪金不再减除费用，以支付金额直接确定适用税率，计算扣缴个人所得税。

学堂点睛

雇佣单位和派遣单位分别扣缴个税，纳税人，应持两处支付单位提供的原始明细工资、薪金单（书）和完税凭证原件，选择并固定到一地税务机关申月工资、薪金收入，汇算清缴其工资、薪金收入的个税，多退少补。

（二）工资薪金的一部分上缴派遣（介绍）单位的，可以扣除实际上缴的部分，按其余额计算个税。

【教材例题2】王某为一外商投资企业雇用的中方人员，假定2019年1月，该外商投资企业支付给王某的薪金为7 500元，同月，王某还收到其所在的派遣单位发给的扣完“四险一金”后的工资3 900元。请问：该外商投资企业、派遣单位应如何扣缴个人所得税？王某实际应缴的个人所得税为多少？（不考虑王某应享受的专项附加扣除和依法确定的其他扣除）

1. 外商投资企业应为王某扣缴的个人所得税为：

扣缴税额=（每月收入额－5 000）×适用税率－速算扣除数

=（7 500－5 000）×3%－0=75（元）

2. 派遣单位应为王某扣缴的个人所得税为：

扣缴税额=每月收入额×适用税率－速算扣除数

=3 900×3%－0=117（元）

3. 王某实际应缴的个人所得税为：

应纳税额=（每月收入额－5 000）×适用税率－速算扣除数

=（7 500+3 900－5 000）×10%－210=430（元）

因此，在王某到某税务机关申报时，还应补缴238元（430－75－117）。

十二、在中国境内无住所的个人取得工资薪金所得

（一）所得来源地

实际在境内工作期间取得的（含境内外雇主支付的）——来源于境内所得。

实际在境外工作期间取得的（含境内外雇主支付的）——来源于境外所得。

（二）纳税义务总结

表 5-26 在中国境内无住所个人取得工资、薪金所得的纳税义务

所得来源地	所得支付地	非居民纳税人（有限纳税义务）		居民纳税人（全面纳税义务）	
		不超过90日	超过90日不满183日	满183日的年度不满6年	满6年
境内所得	境内支付	√	√	√	√
	境外支付	免税	√	√	√
境外所得	境内支付	——	——	√	√
	境外支付	——	——	免税	√

【**举例**】外国来华工作人员，在我国服务而取得的工资、薪金，不论是我方支付、外国支付、我方和外国共同支付，均属于来源于中国的所得，除少数人员可以享受免税优惠外，其他均应按规定征收个人所得税。但对在中国境内连续居住不超过90天的，可只就我方支付的工资、薪金部分计算纳税，对外国支付的工资、薪金部分免予征税。

（三）具体解释

在中国境内无住所，但在境内居住累计满183天的年度连续满6年的个人，从第7年起，应当就其来源于中国境外的全部所得缴纳个人所得税。

1. 个人在中国境内居住累计满183天的年度连续满6年，是指个人在中国境内连续6年每年累计居住满183天，即在连续6年中的每一纳税年度内均居住满183天；且这连续的6年中，每一年均没有一次离境超过30天的情形。

2. 个人在中国境内居住累计183天的年度连续满6年后，从第7年起的以后各年度中，凡一个纳税年度内在境内累计居住满183天的，应当就其来源于境内、境外的所得申报纳税；凡一个纳税年度在境内累计居住不满183天的，则仅就该年内来源于境内的所得申报纳税。如该个人在第7年起以后的某一纳税年度内在境内居住不足90天，可以按“来源于中国境内的所得，由境外雇主支付并且不由该雇主在中国境内的机构、场所负担的部分，免缴个税”规定确定纳税义务，并从再次在境内居住累计满183天的年度起重新计算6年期限。

十三、个人因解除劳动合同取得经济补偿金

（一）职工从破产企业取得的一次性安置费收入，免征个税。

（二）个人与单位解除劳动关系取得的一次性补偿，其收入在当地上年职工平均工资3倍数额以内的部分，免税；超过部分不并入综合所得，单独适用综合所得税率表计税。

（三）个人领取一次性补偿时规定实缴的住房公积金、医疗保险费、基本养老保险费、失业保险费，可在计税时扣除。

（四）个人在解除劳动合同后又再次任职、受雇的，已纳税的一次性补偿收入不与再次任职、受雇工资薪金合并计税。

【例1-单选题】杨某2019年5月与单位解除劳动关系，取得了一次性补偿27万元，已知当地上年职工平均工资为6万元，则杨某应就该一次性补偿缴纳的个人所得税为（　　）元。

A．3 230　　B．6 480　　C．7 360　　D．10 200

【答案】B

学堂点拨

个人与单位解除劳动关系取得的一次性补偿，其收入在当地上年职工平均工资3倍数额以内的部分，免税；超过部分不并入综合所得，单独适用综合所得税率表计税；应纳税所得额＝270 000－60 000×3=90 000（元），查找综合税率表，应适用税率10%，速算扣除数2 520。杨某应缴纳个人所得税＝90 000×10%－2 520=6 480（元）。

十四、内部退养

表 5-27　内部退养征税问题

基本规定	1．内部退养至法定退休年龄之间从原任职单位取得的工资薪金，不属于离退休工资，应按“工资、薪金所得”计税。 2．内部退养取得的一次性收入，应按下列方法计税。 3．个人办理内部退养手续后至法定退休年龄之间重新就业取得的工资、薪金所得，应与其从原任职单位取得的同一月份的工资、薪金所得合并，并依法自行申报纳税。
计税方法	1．找税率：一次性收入÷至法定离退休月份数＋当月工资－5 000 用余额确定税率和速扣数。 2．应纳税额＝（一次性收入＋当月工资－5 000）×适用税率－速扣数

十五、个人提前退休取得的补贴收入

表 5-28　个人提前退休取得的补贴收入征税规定

基本规定	按“工资、薪金所得”计税，不属于免税的离退休工资。
计税方法	一次性补贴收入，应按照办理提前退休手续至法定离退休年龄之间实际年度数平均分摊，确定适用税率和速算扣除数，单独适用综合所得税率表计税。
公式	应纳税额＝｛［（一次性补贴收入÷办理提前退休手续至法定退休年龄的实际年度数）－费用扣除标准］×适用税率－速算扣除数｝×办理提前退休手续至法定退休年龄的实际年度数

【例2-单选题】杨某2019年5月因身体原因提前3年退休，企业按照统一标准发放给杨某一次性补贴30万元。杨某应就该项一次性补贴缴纳的个人所得税为（　　）元。

A．4 440　　B．4 895　　C．9 900　　D．11 895

【答案】A

学堂点拨

个人办理提前退休手续而取得的一次性补贴收入，应按照办理提前退休手续至法定离退休年龄之间实际年度数平均分摊，确定适用税率和速算扣除数，单独适用综合 所得税率表，计算个税。应纳税额＝｛〔（一次性补贴收入÷办理提前退休手续至法定退休年龄的实际年度数）－费用扣除标准〕×适用税率－速算扣除数｝×提前办理退休手续至法定退休年龄的实际年度数。

300 000÷3－60 000＝40 000（元），查找综合税率表，应适用税率10%，速算扣除数2 520。

杨某应缴纳个人所得税＝｛〔（300 000÷3）－60 000〕×10%－2 520｝×3＝4 440（元）

十六、企业年金和职业年金

表 5-29 企业年金和职业年金个税规定

时间	单位缴费	个人缴费
缴费	暂不缴个税	1. 不超过本人缴费工资计税基数的4%标准内的部分，暂从个人当期的应纳税所得额中扣除。 2. 计税基数为本人上一年度月平均工资；上限为当地上年职工月平均工资300%。
	超标准缴付的部分，应并入个人当期的工资、薪金所得计税。	
运营	年金基金投资运营收益分配计入个人账户时，个人暂不缴个税。	
领取	1. 退休后领取的，不并入综合所得，全额单独计税。 按月领，适用月度税率表计税； 按季领，平均分摊计入各月，按每月领取额适用月度税率表计税； 按年领，适用综合所得税率表。 2. 一次性领取。 出境定居或死亡后继承原因：适用综合所得税率表计税； 其他原因：适用月度税率表计税。	

十七、办理补充养老保险退保和提供担保

（一）单位为职工个人购买商业性补充养老保险等，投保时按“工资、薪金所得”项目计税；退保时，个人未取得实际收入的，已缴纳的个税应予以退回。

（二）个人提供担保获得报酬，按“其他所得”计税，税款由支付所得的单位或个人代扣代缴。

学堂点睛

“其他所得”已取消，该政策尚未调整。

十八、个人税收递延型商业养老保险试点

表 5-30 个人税收递延型商业养老保险试点

试点范围	自2018年5月1日起，在上海市、福建省（含厦门市）和苏州工业园区实施个人税收递延型商业养老保险试点。试点期限暂定一年。

（续上表）

<table>
<tr><td rowspan="3">递延纳税政策</td><td>缴费</td><td>对试点地区个人通过个人商业养老资金账户购买符合规定的商业养老保险产品的支出，允许在一定标准内税前扣除。（限额内据实扣除）
1. 取得工资薪金、连续性劳务报酬所得（连续6个月以上）的个人：扣除限额按照当月工资薪金、连续性劳务报酬收入的6% 和1 000元孰低办法确定。
2. 取得经营所得的个体工商户业主、个人独资企业投资者、合伙企业自然人合伙人和承包承租经营者：扣除限额按照不超过当年应税收入的6%和12 000元孰低办法确定。</td></tr>
<tr><td>收益</td><td>计入个人商业养老资金账户的投资收益，在缴费期间暂不征收个税。</td></tr>
<tr><td>领取</td><td>个人领取商业养老金时征收个税。
1. 个人达到国家规定的退休年龄时，可按月或按年领取商业养老金，领取期限原则上为终身或不少于15年。个人身故、发生保险合同约定的全残或罹患重大疾病的，可以一次性领取商业养老金。
2. 对个人达到规定条件时领取的商业养老金收入，其中25%部分予以免税，其余75%部分按照10%的比例税率计算缴纳个人所得税，税款计入“其他所得”项目。
【学堂点睛】新法取消了“其他所得”，该政策尚未调整。</td></tr>
<tr><td colspan="2">其他规定</td><td>1. 个人在试点地区范围内从两处或者两处以上取得所得的，只能选择在其中一处享受试点政策。
2. 个人按规定领取商业养老金时，由保险公司代扣代缴其应缴的个税。</td></tr>
</table>

十九、商业健康保险

（一）自2017年7月1日起，对个人购买符合规定的商业健康保险产品的支出，允许在当年（月）计算应纳税所得额时予以税前扣除，扣除限额为2 400元/年（200元/月）。

（二）单位统一为员工购买符合规定的商业健康保险产品的支出，应分别计入员工个人工资薪金，视同个人购买，按上述限额予以扣除。

二十、个人兼职和退休人员再任职取得收入

（一）个人兼职收入应按“劳务报酬所得”计税。

（二）退休人员再任职收入，在减除费用扣除标准后，按“工资、薪金所得”应税项目缴纳个税。（退休工资免税）

二十一、企业促销展业赠送礼品

表 5-31　企业促销展业赠送礼品的个税规定

不征	企业在销售商品（产品）和提供服务过程中向个人赠送礼品，属于下列情形之一的，不征收个人所得税： 1. 企业通过价格折扣、折让方式向个人销售商品（产品）和提供服务。 2. 企业在向个人销售商品（产品）和提供服务的同时给予赠品，如通信企业对个人购买手机赠话费、入网费，或者购话费赠手机等。 3. 企业对累积消费达到一定额度的个人按消费积分反馈礼品。

（续上表）

征税	企业向个人赠送礼品，属于下列情形之一的，取得该项所得的个人应依法缴纳个人所得税，税款由赠送礼品的企业代扣代缴： 1．企业在业务宣传、广告等活动中，随机向本单位以外的个人赠送礼品，对个人取得的礼品所得，按照“偶然所得”项目，全额适用20%的税率缴纳个人所得税。 2．企业在年会、座谈会、庆典以及其他活动中向本单位以外的个人赠送礼品，对个人取得的礼品所得，按照“偶然所得”项目，全额适用20%的税率缴纳个人所得税。 3．企业对累积消费达到一定额度的顾客，给予额外抽奖机会，个人的获奖所得，按照“偶然所得”项目，全额适用20%的税率缴纳个人所得税。 【学堂点睛】赠送礼品是自产的，以其市场售价为应税所得；是外购的，以其实际购置价为应税所得。

【例3-2014-多选题】张某在足球世界杯期间参加下列活动所获得收益中，应当缴纳个人所得税的有（　　）。

A．参加某电商的秒杀活动，以100元购得原价2 000元的足球鞋一双

B．为赴巴西看球，开通手机全球漫游套餐，获赠价值1 500元的手机一部

C．参加某电台举办世界杯竞猜活动，获得价值6 000元的赴巴西机票一张

D．作为某航空公司金卡会员被邀请参加世界杯抽奖活动，抽得市价2 500元球衣一套

【答案】CD

学堂点拨

选项A、B，不缴纳个人所得税；选项C、D，应当按照“偶然所得”项目缴纳个人所得税。

二十二、企业为股东个人购买汽车

企业购买车辆并将所有权办到股东个人名下，按“利息、股息、红利所得”征收个税；但允许合理减除部分所得。具体数额由主管税务机关根据车辆的实际使用情况合理确定。

学堂点睛

企业为个人股东购买的车辆，不属于企业的资产，不得在企业所得税前扣除折旧。

二十三、企业资金为个人购房

论所有权人是否将财产无偿或有偿交付企业使用，其实质均为企业对个人进行了实物性质分配，应计税。

（一）企业出资购买房屋及其他财产，将所有权登记为投资者个人、投资者家庭成员或企业其他人员的。

（二）企业投资者个人、投资者家庭成员或企业其他人员向企业借款用于购买房屋及其他财产，将所有登记为投资者个人、投资者家庭成员或企业其他人员，且借款年度终了后仍未归还借款的。

学堂点睛

为不同的对象购房，计税税目不同。

1. 个人独资、合伙企业投资者或其家庭成员：按“经营所得”计税；

2. 其他企业投资者或其家庭成员：按“利息、股息、红利所得”计税；

3. 企业其他人员：按“工资、薪金所得”计税。

二十四、个人取得拍卖收入

表 5-32　个人取得拍卖收入征收个税的计税规则

类别	计税规则
自己的文字作品手稿原件或复印件	“特许权使用费所得”应纳税额＝（转让收入额－800元或20%）×20%
除文字作品原稿及复印件外的其他财产	“财产转让所得”应纳税额＝（转让收入额－财产原值－合理费用）×20%

学堂点睛

财产原值的确定。

1. 购买的：实际支付的价款；

2. 拍得的：实际支付的价款及交纳的相关税费；

3. 祖传收藏的：收藏该拍卖品而发生的费用；

4. 受赠的：受赠该拍卖品时发生的相关税费。

如不能提供合法、完整、准确的财产原值凭证，不能正确计算财产原值的，按转让收入额的3%征收率计税；海外回流文物，按转让收入额的2%征收率计税。

【例4-2014改编-单选题】张某为熟食加工个体户，2019年取得生产经营收入20万元，生产经营成本为10万元；另取得个人文物拍卖收入30万元，不能提供原值凭证，该文物经文物部门认定为海外回流文物。下列关于张某2019年个人所得税纳税事项的表述中，正确的是（　　）。

A. 经营所得应纳个人所得税的计税依据为10万元

B. 经营所得应纳个人所得税的计税依据为4万元

C. 文物拍卖所得按文物拍卖收入额的3%缴纳个人所得税

D. 文物拍卖所得应并入经营所得一并缴纳个人所得税

【答案】B

学堂点拨

选项A，选项B，经营所得应纳税所得额＝20－10－6＝4（万元），注意扣除6万元的费用；选项C，按转让收入额的2%计算缴纳个人所得税；选项D，拍卖物品属于财产转让所得，不属于经营所得，不能一并征收个人所得税。

二十五、个人非货币性资产投资

表 5-33 个人非货币性资产投资个人所得税的计税

递延纳税	转让非货币性资产，按“财产转让所得”计税。 纳税人一次性缴税有困难的，可以自发生上述应税行为之日起不超过5个公历年度内（含）分期缴纳个税。
计税	应纳税所得额=评估后的公允价值（转让收入）-资产原值及合理税费
提前纳税	取得现金补价的，现金部分应优先用于缴税；现金不足以缴纳的部分，可分期缴纳。 分期缴税期间转让持有的上述全部或部分股权，并取得现金收入的，应优先缴税。

二十六、个人终止投资经营收回款项

各种原因终止投资联营经营合作，从对方取得的股权转让收入、违约金、补偿金、赔偿金等各种名目的款项，均按“财产转让所得”项目计征个税。

应纳税额=（个人取得的转让收入及各种款项-原实际出资额及相关税费）×20%

二十七、创业投资企业个人合伙人和天使投资

（一）合伙创投企业采取股权投资方式直接投资于初创科技型企业满2年（24个月）的，合伙创投企业的个人合伙人可以按照对初创科技型企业投资额的70%抵扣个人合伙人从合伙创投企业分得的经营所得；当年不足抵扣的，可以在以后纳税年度结转抵扣。

（二）天使投资个人采取股权投资方式直接投资于初创科技型企业满2年的，可以按照投资额的70%抵扣转让该初创科技型企业股权取得的应纳税所得额；当期不足抵扣的，可以在以后取得转让该初创科技型企业股权的应纳税所得额时结转抵扣。

（三）天使投资个人投资多个初创科技型企业的，对其中办理注销清算的初创科技型企业，天使投资个人对其投资额的70%尚未抵扣完的，可自注销清算之日起36个月内抵扣天使投资个人转让其他初创科技型企业股权取得的应纳税所得额。

学堂点睛

此优惠与企业所得税中对创投企业的优惠一致。

二十八、个人因购买和处置债权取得所得

表 5-34 个人购买和处置债权所得个税规定

规定	个人购置债权以后，通过相关司法或行政程序主张债权而取得的所得属于“财产转让所得”。
计税方法	打包债权部分处置： 1. 以每次处置部分债权所得，作为一次财产转让所得征税。 2. 应税收入=货币资产+非货币资产评估价值或市价 3. 当次处置债权成本费用=个人购置“打包”债权实际支出×当次处置债权账面价值（或拍卖机构公布价值）÷“打包”债权账面价值（或拍卖机构公布价值） 4. 购买和处置债权过程中发生的拍卖招标手续费、诉讼费、审计评估费以及缴纳的税金等合理税费，在计税时可扣除。

二十九、收回转让的股权

（一）个人股权转让收入应当依法缴纳个人所得税。（财产转让所得）

（二）转让行为结束后，当事人双方签订并执行解除原股权转让合同、退回股权的协议，是另一次股权转让行为，对前次转让行为征收的个人所得税款不予退回。

（三）股权转让合同未履行完毕，因执行仲裁委员会作出的解除股权转让合同及补充协议的裁决、停止执行原股权转让合同，并原价收回已转让股权的，纳税人不缴纳个税。

三十、个人转让限售股

表 5-35　个人转让限售股征收个税规定

规定	1. 转让限售股所得属于“财产转让所得”。 2. 纳税人同时持有限售股及该股流通股的，转让股票视为先转让限售股，按规定计征个税。 3. 转让境内上市公司股票免征个税。
计税方法	应纳税所得额＝限售股转让收入－（限售股原值＋合理税费） 应纳税额＝应纳税所得额×20% 未能提供完整真实的原值凭证的，不能准确计算原值的，一律按转让收入15%核定限售股原值及合理税费。 应纳税所得额＝限售股转让收入×（1－15%） 【学堂点睛】核定规则同企业所得税。

三十一、改组改制中个人取得量化资产

表 5-36　改组改制中个人取得量化资产征税规定

取得时	只作为分红依据，不拥有所有权的量化资产，不征个税。 取得拥有所有权的量化资产，暂缓征收个税。
持有时	职工个人以股份形式取得企业量化资产参与企业分配获得的股息、红利，按“利息、股息、红利所得”征个税。
转让时	转让拥有所有权的企业量化资产，就其转让收入额，减除个人取得该股份时实际支付的费用支出和合理转让费用后的余额，按“财产转让所得”项目计征个税。

【例5-2012-多选题】某国有企业职工王某，在企业改制为股份制企业过程中以23 000元的成本取得了价值30 000元拥有所有权的量化股份。3个月后，获得了企业分配的股息3 000元。此后，王某以40 000元的价格将股份转让。假如不考虑转让过程中的税费，以下有关王某个人所得税计征的表述中，正确的有（　　）。

A. 王某取得量化股份时暂缓计征个人所得税

B. 对王某取得的3 000元股息，应按“利息、股息、红利所得”计征个人所得税

C. 对王某转让量化股份取得的收入应以17 000元为计税依据，按“财产转让所得”计征个人所得税

D. 对王某取得的量化股份价值与支付成本的差额7 000元，应在取得当月与当月工资薪金合并，按“工资、薪金所得”计征个人所得税

【答案】ABC

学堂点拨

选项D，王某取得量化股份时暂缓计征个人所得税。财产转让所得的计税依据是收入40 000减去23 000的成本。

三十二、沪港通试点

表 5–37 沪港通试点个税规定

内地个人	1. 股票转让所得，自2014年11月17日至2019年12月4日止，暂免征收个税。
	2. 股息红利所得，由H股公司按20%代扣个税，非H股由中国结算按20%代扣个税。（内地证券投资基金投资也适用此政策）。 3.在国外已缴纳的预提税，可申请税收抵免。
香港个人	1. 股票转让所得，暂免征收所得税。
	2. 股息红利所得，由上市公司按10%代扣所得税。

三十三、深港通试点：政策同沪港通

三十四、个人转让全国中小企业股份转让系统（新三板）挂牌公司股票

（一）自2018年11月1日（含）起，对个人转让新三板挂牌公司非原始股取得的所得，暂免征收个税。

【提示】非原始股是指个人在新三板挂牌公司挂牌后取得的股票，以及由上述股票孳生的送、转股。

（二）对个人转让新三板挂牌公司原始股取得的所得，按照“财产转让所得”，适用20%的比例税率征收个税。

（三）2019年9月1日之前，个人转让新三板挂牌公司原始股的个人所得税，征收管理办法按照现行股权转让所得有关规定执行，以股票受让方为扣缴义务人，由被投资企业所在地税务机关负责征收管理。

自2019年9月1日（含）起，个人转让新三板挂牌公司原始股的个人所得税，以股票托管的证券机构为扣缴义务人，由股票托管的证券机构所在地主管税务机关负责征收管理。

三十五、个人投资者收购企业股权后将原盈余积累转增股本

表 5–38 个人投资者收购企业股权后将原盈余积累转增股本征收个税规定

转增股本	不低于净资产价格收购股权	新股东取得盈余积累转增股本的部分，不征个税。
	以低于净资产价格收购股权	股权收购价格减去原股本的差额部分已经计入股权交易价格部分，不征个税。
		股权收购价格低于原所有者权益的差额部分未计入股权交易价格部分，应按“利息、股息、红利所得”征个税。
		先转增应税的盈余积累部分，然后再转增免税的盈余积累部分。

（续上表）

再转让	按“财产转让所得”计征个税。 财产原值为其收购企业股权实际支付的对价及相关税费。

三十六、企业转增股本

表 5-39　企业转增股本个税规定

征税范围	1. 股份制企业用资本公积金转增股本不属于股息、红利性质的分配，对个人取得的转增股本数额，不作为个人所得，不征收个人所得税。 【学堂点睛】此处不征税“资本公积金”是指股份制企业股票溢价发行收入所形成的资本公积金。其他资本公积金分配个人所得部分，应征收个税。 2. 股份制企业用盈余公积金派发红股属于股息、红利性质的分配，对个人取得的红股数额，应计征个税。
递延纳税	1. 中小高新技术企业（未上市或未在新三板挂牌交易的）以未分配利润、盈余公积、资本公积向个人股东转增股本时，个人股东一次缴纳个人所得税确有困难的，可在不超过5个公历年度内（含）分期缴纳。 2. 非上市及未在新三板挂牌的其他企业转增股本，应及时代扣代缴个税。
计税	个人股东获得转增的股本，按“利息、股息、红利所得”项目，适用20%税率征收个税。
提前纳税	股东转让股权并取得现金收入的，该现金收入应优先用于缴纳尚未缴清的税款。
不予追征	在股东转让该部分股权之前，企业依法宣告破产，股东进行相关权益处置后没有取得收益或收益小于初始投资额的，主管税务机关对其尚未缴纳的个税可不予追征。

学堂点睛

上市公司、上市中小高新技术企业及在新三板挂牌的中小高新技术企业向个人股东转增股本（不含以股票发行溢价形成的资本公积转增股本），股东应纳的个税，继续执行股息红利差别化个税政策：

1. 持股期限≤1个月的，全额计税；
2. >1个月但≤1年的，暂减按50%计税；
3. >1年的，免税。

三十七、个人股票期权所得

（一）征税办法

表 5-40　个人股票期权所得征税办法

时间	计税规则
授权时	一般不征税。
行权时	实际购买价（施权价）低于购买日公平市场价（股票当日收盘价）的差额，按“工资、薪金所得”计税。
持有时	税后利润分配所得按“利息、股息、红利所得”计个税。 【学堂点睛】股息红利根据持股时间有差别优惠政策。

（续上表）

时间	计税规则
转让时	获得的高于购买日公平市场价的差额按“财产转让所得”征免个税。 【学堂点睛】境内股票转让所得，暂不征收个税；境外股票转让征税。

（二）计税方法

员工因参加股票期权计划而从中国境内取得的所得，按规定应按工资、薪金所得计算纳税的，在2021年12月31日前，对该股票期权形式的工资、薪金所得不并入当年综合所得，全额单独适用综合所得税率表计税。

应纳税额＝股权激励收入× 适用税率－速算扣除数

居民个人一个纳税年度内取得两次及以上股权激励的，应合并按上述规定计税。

（三）可公开交易的股票期权税务处理

表 5-41　可公开交易的股票期权税务处理

时间	计税规则
授权时	1. 员工取得可公开交易的股票期权，应按授权日股票期权的市场价格，作为员工授权日所在月份的工资、薪金所得，按行权所得的规定计税。 2. 如果员工以折价购入方式取得股票期权的，可以授权日股票期权的市场价格扣除折价购入股票期权时实际支付的价款后的余额，作为授权日所在月份的工资、薪金所得。
行权时	不再计税。

（四）直接获取价差收益

凡取得股票期权的员工在行权日不实际买卖股票，而按行权日股票期权所指定股票的市场价与施权价之间的差额，直接从授权企业取得价差收益的，该项价差收益应作为员工取得的股票期权形式的工资薪金所得，按照上述有关规定计算缴纳个税。

三十八、股票增值权所得和限制性股票所得

表 5-42　股票增值权所得和限制性股票所得个税规定

计税方法	对于个人从上市公司（境内外）取得的股票增值权所得和限制性股票所得，由上市公司或其境内机构按照“工资、薪金所得”项目和股票期权所得计税方法，计征个税。
应纳税所得额	1. 股票增植权某次行权应纳税所得额＝（行权日股票价格－授权日股票价格）×行权股票份数 2. 限制性股票应纳税所得额＝（股票登记日股票市价＋本批次解禁股票当日市价）÷2×本批次解禁股票份数－被激励对象实际支付的资金总额×（本批次解禁股票份数÷被激励对象获取的限制性股票总份数）
应纳税额计算	1. 个人在纳税年度内取得股票期权、股票增值权所得和限制性股票所得的，在2021年12月31日前，上市公司应将该部分收入不并入当年综合所得，全额单独适用综合所得税率表，按照下列公式和要求计算扣缴其个人所得税： 应纳税额＝股权激励收入×适用税率－速算扣除数 2. 居民个人一个纳税年度内取得两次以上（含两次）股权激励的，应合并按上述公式计税。
纳税义务发生时间	1. 股票增值权：上市公司向被授权人兑现股票增值权所得的日期。 2. 限制性股票：每一批次限制性股票解禁的日期。

三十九、完善股权激励和技术入股个人所得税规定

（一）非上市公司授予本公司员工的股票期权、股权期权、限制性股票和股权奖励，符合规定条件的，经备案，可实行递延纳税政策；即员工在取得股权激励时可暂不纳税，递延至转让该股权时纳税。

【提示】股权转让成本：

股票（权）期权取得成本：按行权价确定；

限制性股票取得成本按：实际出资额确定；

股权奖励取得成本：为零。

（二）上市公司授予个人的股票期权、限制性股票和股权奖励，经向主管税务机关备案，个人可自股票期权行权、限制性股票解禁或取得股权奖励之日起，在不超过12个月的期限内缴纳个税。

（三）个人以技术成果投资入股到境内居民企业，被投资企业支付的对价全部为股票（权）的，可选择继续按现行有关税收政策执行，也可选择适用递延纳税优惠政策。

个人选择适用上述任一项政策，均允许被投资企业按技术成果投资入股时的评估值入账并在企业所得税前摊销扣除。

四十、保险营销员、证券经纪人佣金收入

（一）保险营销员、证券经纪人取得的佣金收入，属于劳务报酬所得，自2019年1月1日起，以不含增值税的收入减除20%的费用后的余额为收入额，收入额减去展业成本以及附加税费后，并入当年综合所得，计缴个税。

（二）保险营销员、证券经纪人展业成本按照收入额的25%计算。

（三）扣缴义务人向保险营销员、证券经纪人支付佣金收入时，应按规定的累计预扣法计算预扣税款。

学堂点睛

1. 保险营销员、证券经纪人佣金收入所得额：

计入综合所得的所得额=不含增值税的收入×（1−20%）−展业成本−附加税费=不含增值税的收入×（1−20%）×（1−25%）−附加税费

注：展业成本=不含增值税的收入×（1−20%）×25%

2. 此类佣金扣缴计税方法类似工资薪金的累计预扣法。

第七节 征收管理

微信扫一扫
习题免费练

一、自行申报纳税

表 5–43 自行申报纳税

依法办理纳税申报	有下列情形之一的，纳税人应当依法办理纳税申报： 1. 取得综合所得需要办理汇算清缴； 2. 取得应税所得没有扣缴义务人； 3. 取得应税所得，扣缴义务人未扣缴税款； 4. 取得境外所得； 5. 因移居境外注销中国户籍； 6. 非居民个人在中国境内从两处以上取得工资、薪金所得； 7. 国务院规定的其他情形。
综合所得汇算清缴	取得综合所得需要办理汇算清缴的情形： 1. 从两处以上取得综合所得，且综合所得年收入额减除专项扣除的余额超过6万元； 2. 取得劳务报酬所得、稿酬所得、特许权使用费所得中一项或者多项所得，且综合所得年收入额减除专项扣除的余额超过6万元； 3. 纳税年度内预缴税额低于应纳税额； 4. 纳税人申请退税。
	需要办理汇算清缴的纳税人，应当在取得所得的次年3月1日至6月30日内，向任职、受雇单位所在地主管税务机关办理纳税申报。 纳税人有两处以上任职、受雇单位的，选择向其中一处任职、受雇单位所在地主管税务机关办理纳税申报； 纳税人没有任职、受雇单位的，向户籍所在地或经常居住地主管税务机关办理纳税申报。
经营所得	1. 纳税人取得经营所得，按年计算个人所得税，由纳税人在月度或季度终了后15日内，向经营管理所在地主管税务机关办理预缴纳税申报。 2. 在取得所得的次年3月31日前，向经营管理所在地主管税务机关办理汇算清缴。 3. 从两处以上取得经营所得的，选择向其中一处经营管理所在地主管税务机关办理年度汇总申报。
扣缴义务人未扣缴税款	1. 居民个人取得综合所得的且符合规定情形的，应依法办理汇算清缴。 2. 非居民个人取得工资、薪金所得，劳务报酬所得，稿酬所得，特许权使用费所得的，应当在取得所得的次年6月30日前，向扣缴义务人所在地主管税务机关办理纳税申报。 有两个以上扣缴义务人均未扣缴税款的，选择向其中一处扣缴义务人所在地主管税务机关办理纳税申报。 非居民个人在次年6月30日前离境（临时离境除外）的，应当在离境前办理纳税申报。 3. 纳税人取得利息、股息、红利所得，财产租赁所得，财产转让所得和偶然所得的，应当在取得所得的次年6月30日前，向主管税务机关办理纳税申报。税务机关通知限期缴纳的，纳税人应当按照期限缴纳税款。 4. 纳税人取得应税所得没有扣缴义务人的，应当在取得所得的次月15日内向税务机关报送纳税申报表，并缴纳税款。

（续上表）

境外所得	1. 居民个人从中国境外取得所得的，应当在取得所得的次年3月1日至6月30日内，向中国境内任职、受雇单位所在地主管税务机关办理纳税申报。 2. 在中国境内没有任职、受雇单位的，向户籍所在地或中国境内经常居住地主管税务机关办理纳税申报。 3. 户籍所在地与中国境内经常居住地不一致的，选择其中一地主管税务机关办理纳税申报。 4. 在中国境内没有户籍的，向中国境内经常居住地主管税务机关办理纳税申报。
注销户籍	纳税人因移居境外注销中国户籍的，应当在申请注销中国户籍前，向户籍所在地主管税务机关办理纳税申报，进行税款清算。
非居民	非居民个人在中国境内从两处以上取得工资、薪金所得的，应当在取得所得的次月15日内，向其中一处任职、受雇单位所在地主管税务机关办理纳税申报。

【例1-多选题】下列纳税人的所得情形中，应当办理个人所得税汇算清缴申报的有（　　）。

A．王某从二处取得了工资薪金所得全年共计4万元

B．李某取得了劳务报酬所得和稿酬所得，且综合所得收入额减除专项扣除的余额为5万元

C．孙某年度内预缴的税额为5万元，低于应纳税额6万元

D．陈某年度内预缴的税额为8万元，高于应纳税额6万元，申请退税

【答案】CD

学堂点拨

选项A，从两处以上取得综合所得，且综合所得年收入额减除专项扣除的余额超过6万元的需要汇算清缴；选项B，余额为5万元的情形不需要汇算清缴。选项C和D属于补退税款的情形，均应办理汇算清缴。

【例2-单选题】下列关于个人所得税征收管理的规定，说法不正确的是（　　）。

A．居民综合所得汇算清缴，应当在取得所得的次年3月1日至6月30 日内办理

B．经营所得汇算清缴，在取得所得的次年6月30日前办理

C．非居民个人取得工资、薪金所得，劳务报酬所得，稿酬所得，特许权使用费所得的，应当在取得所得的次年6月30日前办理纳税申报

D．居民个人从中国境外取得所得的，应当在取得所得的次年3月1日至6月30日内，办理纳税申报

【答案】B

学堂点拨

选项B，经营所得在取得所得的次年3月31日前，向经营管理所在地主管税务机关办理汇算清缴。

二、全员全额扣缴申报纳税

（一）扣缴义务

1. 扣缴义务人：向个人支付所得的单位或个人。

2. 扣缴纳税期限：扣缴义务人每月或者每次预扣、代扣的税款，应当在次月15日内缴入国库，并向税务机关报送《个人所得税扣缴申报表》。

3. 对扣缴义务人按照规定扣缴的税款，按年付给百分之二的手续费。不包括税务机关、司法机关等查补或者责令补扣的税款。

（二）实行个税全员全额申报的应税所得

除经营所得外的其他各类所得均有代扣代缴规定。

学堂点睛

取得经营所得应由纳税人自行申报纳税。

（三）扣缴方法

1. 向居民支付工资薪金所得

按照累计预扣法计算预扣税款，并按月办理扣缴申报。

本期应预扣预缴税额＝（累计预扣预缴应纳税所得额×预扣率－速算扣除数）－累计减免税额－累计已预扣预缴税额

累计预扣预缴应纳税所得额＝累计收入－累计免税收入－累计减除费用－累计专项扣除－累计专项附加扣除－累计依法确定的其他扣除

学堂点睛

累计减除费用，按照5 000元/月乘以纳税人当年截至本月在本单位的任职受雇月份数计算。

本期应预扣预缴税额余额为负值时暂不退税，待年度汇算清缴时处理。年度预扣预缴税额与年度应纳税额不一致的，由居民个人于次年3月1日至6月30日向主管税务机关办理综合所得年度汇算清缴，税款多退少补。

【教材例题1】 某居民个人2019年每月取得工资收入10 000元，每月缴纳社保费用和住房公积金1 500元，该居民个人全年均享受住房贷款利息专项附加扣除，请计算该居民个人的工资薪金扣缴义务人2019年每月代扣代缴的税款金额。

（1）1月：

累计预扣预缴应纳税所得额＝累计收入－累计免税收入－累计基本减除费用－累计专项扣除－累计专项附加扣除－累计依法确定的其他扣除

＝10 000－5 000－1 500－1 000＝2 500（元）

本期应预扣预缴税额＝2 500×3%－0＝75（元）

（2）2月：

累计预扣预缴应纳税所得额＝20 000－10 000－3 000－2 000＝5 000（元）

本期应预扣预缴税额＝（5 000×3%－0）－累计减免税额－累计已预扣预缴税额

=150－75=75（元）

（3）2019年12月：

累计预扣预缴应纳税所得额=120 000－60 000－18 000－12 000=30 000（元）

本期应预扣预缴税额=（30 000×3%－0）－累计减免税额－累计已预扣预缴税额

=900－75 ×11=75（元）

2. 向居民支付劳务报酬、稿酬、特许权使用费所得

三类所得按以下方法，按次或按月预扣预缴税款：

表 5-44 三类所得预扣预缴税款方法

收入额	劳务报酬所得、稿酬所得、特许权使用费所得以收入减除费用后的余额为收入额；其中，稿酬所得的收入额减按70%计算。
减除费用	预扣预缴税款时，劳务报酬所得、稿酬所得、特许权使用费所得每次收入不超过4 000元的，减除费用按800元计算；每次收入4 000元以上的，减除费用按收入的20%计算。
应纳税所得额	劳务报酬所得、稿酬所得、特许权使用费所得，以每次收入额为预扣预缴应纳税所得额，计算应预扣预缴税额。
预扣率	劳务报酬所得适用居民个人劳务报酬所得预扣预缴率表， 稿酬所得、特许权使用费所得适用20%的比例预扣率。
预扣预缴税额计算	劳务报酬所得应预扣预缴税额=预扣预缴应纳税所得额×预扣率－速算扣除数 稿酬所得、特许权使用费所得应预扣预缴税额=预扣预缴应纳税所得额×20%

学堂点睛

三类所得预扣预缴税款和计入综合所得计算规则的不同之处：

1. 预扣预缴按月或按次计算，综合所得按年计算；

2. 预扣预缴减除费用有定额800或定率20%二种情形；而三类所得在计入综合所得时统一扣除20%的费用。

3. 综合所得适用综合所得税率表（年度）计税；预扣预缴适用不同的税率：劳务报酬适用20%、20%、40%三级累进预扣率，稿酬、特许权使用费适用20%的预扣率。

附：居民个人劳务报酬所得预扣预缴率表

级数	预扣预缴应纳税所得额	预扣率（%）	速算扣除数
1	不超过20 000元的	20	0
2	超过20 000元至50 000元的部分	30	2 000
3	超过50 000元的部分	40	7 000

【教材例题2】 歌星刘某一次取得表演收入40 000元，扣除20%的费用后，应纳税所得额为32 000元。请计算其应预扣预缴个人所得税税额。

应预扣预缴税额=预扣预缴应纳税所得额×（1－20%）×预扣率－速算扣除数

=40 000×（1－20%）×30%－2 000=7 600（元）

3．非居民个人取得工资、薪金所得，劳务报酬所得，稿酬所得和特许权使用费所得，有扣缴义务人的，由扣缴义务人按月或者按次代扣代缴税款，不办理汇算清缴。

（1）非居民个人的工资、薪金所得，以每月收入额减除费用5 000元后的余额为应纳税所得额。

（2）劳务报酬所得、稿酬所得、特许权使用费所得，以每次收入额为应纳税所得额，适用非居民个人工资薪金所得、劳务报酬所得、稿酬所得、特许权使用费所得适用税率表计算应纳税额。

劳务报酬所得、稿酬所得、特许权使用费所得以收入减除20%的费用后的余额为收入额；其中，稿酬所得的收入额减按70%计算。

（统一定率扣20%费用，没有800元定额减除）

（3）税款扣缴计算公式：

非居民个人工资、薪金所得，劳务报酬所得，稿酬所得，特许权使用费所得应纳税额 =应纳税所得额×税率—速算扣除数

4．扣缴义务人支付利息、股息、红利所得，财产租赁所得，财产转让所得或者偶然所得时，应当依法按次或者按月代扣代缴税款。

5．劳务报酬所得、稿酬所得、特许权使用费所得，属于一次性收入的，以取得该项收入为一次；属于同一项目连续性收入的，以1个月内取得的收入为一次。

财产租赁所得，以1个月内取得的收入为一次。

利息、股息、红利所得，以支付利息、股息、红利时取得的收入为一次。

偶然所得，以每次取得该项收入为一次。

三、专项附加扣除操作办法

（一）纳税人享受符合规定的专项附加扣除的计算时间

表 5-45　专项附加扣除的计算时间

子女教育	1．学前教育阶段，为子女年满3周岁当月至小学入学前一月。 2．学历教育，为子女接受全日制学历教育入学的当月至全日制学历教育结束的当月。
继续教育	1．学历（学位）继续教育，为在中国境内接受学历（学位）继续教育入学的当月至学历（学位）继续教育结束的当月，同一学历（学位）继续教育的扣除期限最长不得超过48个月。 2．技能人员职业资格继续教育、专业技术人员职业资格继续教育，为取得相关证书的当年。
大病医疗	为医疗保障信息系统记录的医药费用实际支出的当年。
住房贷款利息	为贷款合同约定开始还款的当月至贷款全部归还或贷款合同终止的当月，扣除期限最长不得超过240个月。
住房租金	为租赁合同（协议）约定的房屋租赁期开始的当月至租赁期结束的当月。提前终止合同（协议）的，以实际租赁期限为准。
赡养老人	为被赡养人年满60周岁的当月至赡养义务终止的年末。

学堂点睛

上述规定的学历教育和学历（学位）继续教育的期间，包含因病或其他非主观原因休学但学籍继续保留的休学期间，以及施教机构按规定组织实施的寒暑假等假期。

（二）谁来扣除

表 5-46 专项附加扣除的扣缴方式

除大病医疗外的专项附加扣除	可由单位预缴时扣或自己汇算清缴时扣。 1. 自符合条件开始，可以向支付工资、薪金所得的扣缴义务人提供上述专项附加扣除有关信息，由扣缴义务人在预扣预缴税款时，按其在本单位本年可享受的累计扣除额办理扣除； 2. 也可以在次年3月1日至6月30日内，向汇缴地主管税务机关办理汇算清缴申报时扣除。 3. 纳税人同时从两处以上取得工资、薪金所得，并由扣缴义务人办理上述专项附加扣除的，对同一专项附加扣除项目，一个纳税年度内，纳税人只能选择从其中一处扣除。 【学堂点睛】多个专项附加扣除项目可分别在不同单位扣除，例如子女教育在甲公司扣除，而赡养老人在乙公司扣除，但不能把任何一项同时在甲、乙两个公司扣除。
大病医疗	由其在次年3月1日至6月30日内，自行向汇缴地主管税务机关办理汇算清缴申报时扣除。 【学堂点睛】大病医疗不能由单位预缴时扣除，只能自己汇算清缴时扣。

（三）其他规定

1. 纳税人年度中间更换工作单位的，在原单位任职、受雇期间已享受的专项附加扣除金额，不得在新任职、受雇单位扣除。原扣缴义务人应当自纳税人离职不再发放工资薪金所得的当月起，停止为其办理专项附加扣除。

2. 纳税人未取得工资、薪金所得，仅取得劳务报酬所得、稿酬所得、特许权使用费所得需要享受专项附加扣除的，应当在次年3月1日至6月30日内，自行向汇缴地主管税务机关报送《扣除信息表》，并在办理汇算清缴申报时扣除。

3. 一个纳税年度内，纳税人在扣缴义务人预扣预缴税款环节未享受或未足额享受专项附加扣除的，可以在当年内向支付工资、薪金的扣缴义务人申请在剩余月份发放工资、薪金时补充扣除，也可以在次年3月1日至6月30日内，向汇缴地主管税务机关办理汇算清缴时申报扣除。

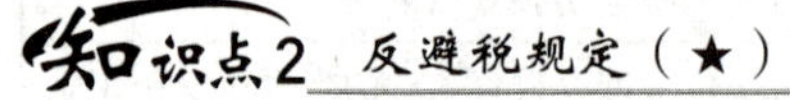

表 5-47 反避税规定

纳税调整范围	有下列情形之一的，税务机关有权按照合理方法进行纳税调整： 1. 个人与其关联方之间的业务往来不符合独立交易原则而减少本人或者其关联方应纳税额，且无正当理由。 2. 居民个人控制的，或者居民个人和居民企业共同控制的设立在实际税负明显偏低的国家（地区）的企业，无合理经营需要，对应当归属于居民个人的利润不作分配或者减少分配。 3. 个人实施其他不具有合理商业目的的安排而获取不当税收利益。
补税利息	1. 纳税调整需要补征税款的，应当补征税款，并依法加收利息。 2. 依法加征的利息，应当按照税款所属纳税申报期最后一日中国人民银行公布的与补税期间同期的人民币贷款基准利率计算，自税款纳税申报期满次日起至补缴税款期限届满之日止按日加收。纳税人在补缴税款期限届满前补缴税款的，利息加收至补缴税款之日。

第六章　城市维护建设税法和烟叶税法

本章思维导图

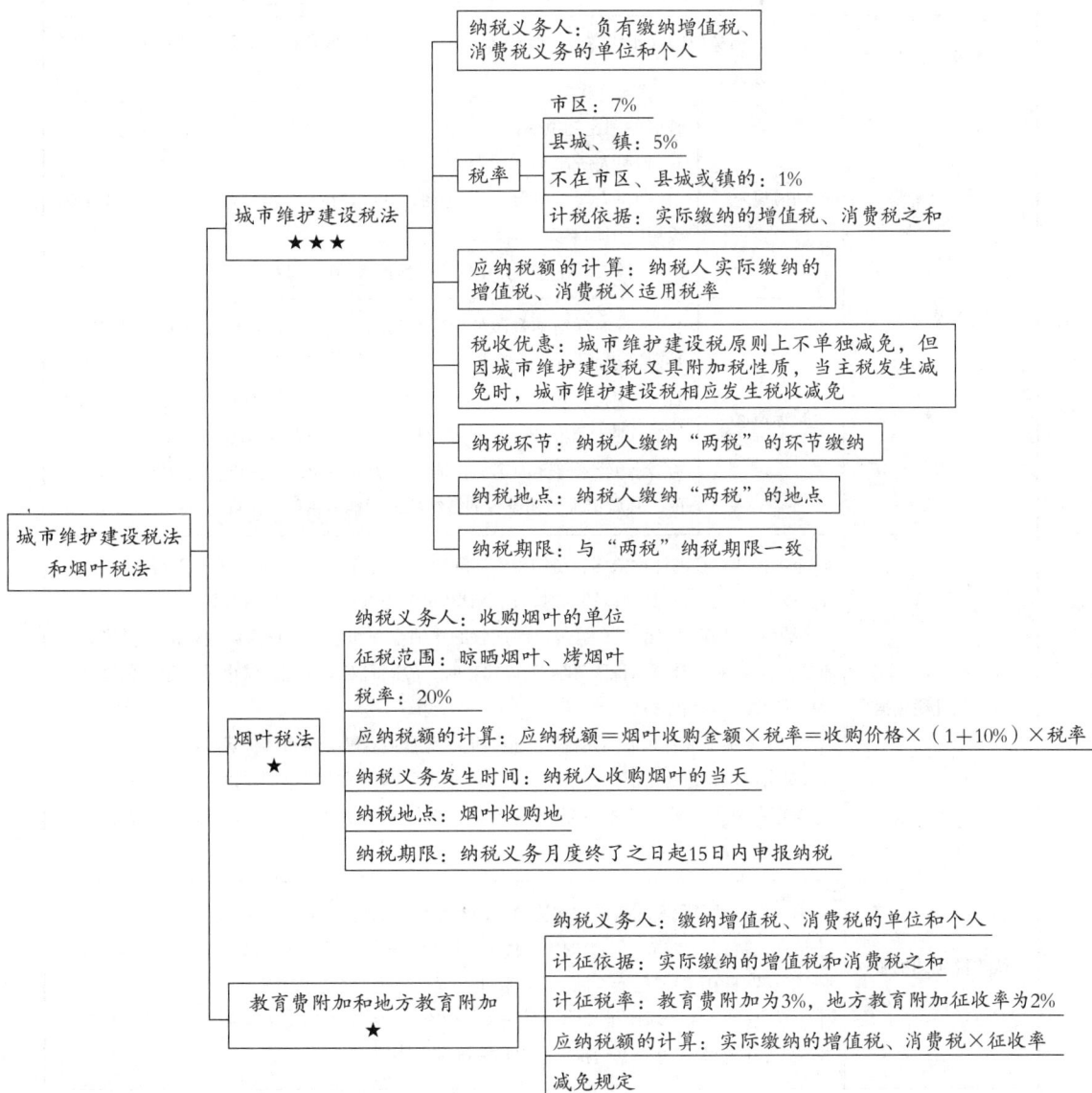

- 城市维护建设税法和烟叶税法
  - 城市维护建设税法 ★★★
    - 纳税义务人：负有缴纳增值税、消费税义务的单位和个人
    - 税率
      - 市区：7%
      - 县城、镇：5%
      - 不在市区、县城或镇的：1%
      - 计税依据：实际缴纳的增值税、消费税之和
    - 应纳税额的计算：纳税人实际缴纳的增值税、消费税×适用税率
    - 税收优惠：城市维护建设税原则上不单独减免，但因城市维护建设税又具附加税性质，当主税发生减免时，城市维护建设税相应发生税收减免
    - 纳税环节：纳税人缴纳“两税”的环节缴纳
    - 纳税地点：纳税人缴纳“两税”的地点
    - 纳税期限：与“两税”纳税期限一致
  - 烟叶税法 ★
    - 纳税义务人：收购烟叶的单位
    - 征税范围：晾晒烟叶、烤烟叶
    - 税率：20%
    - 应纳税额的计算：应纳税额=烟叶收购金额×税率=收购价格×（1+10%）×税率
    - 纳税义务发生时间：纳税人收购烟叶的当天
    - 纳税地点：烟叶收购地
    - 纳税期限：纳税义务月度终了之日起15日内申报纳税
  - 教育费附加和地方教育附加 ★
    - 纳税义务人：缴纳增值税、消费税的单位和个人
    - 计征依据：实际缴纳的增值税和消费税之和
    - 计征税率：教育费附加为3%，地方教育附加征收率为2%
    - 应纳税额的计算：实际缴纳的增值税、消费税×征收率
    - 减免规定

本章知识点精讲

微信扫一扫
习题免费练

第一节　城市维护建设税法

城市维护建设税法（★★★）

表 6–1　城市维护建设税法主要内容

<table>
<tr><td colspan="3">定义：城市维护建设税是对从事经营活动，缴纳增值税、消费税的单位和个人征收的一种税。</td></tr>
<tr><td>纳税人</td><td colspan="2">负有缴纳增值税、消费税义务的单位和个人。</td></tr>
<tr><td>扣缴义务人</td><td colspan="2">增值税、消费税的代扣代缴、代收代缴义务人同时也是城建税的代扣代缴义务人、代收代缴义务人。</td></tr>
<tr><td rowspan="2">城建税税率</td><td>一般规定</td><td>地区差别比例税率：
1. 纳税人所在地为市区的，税率为7%；
2. 纳税人所在地为县城、镇的，税率为5%，撤县建市后，城市维护建设税适用税率为7%；
3. 纳税人所在地不在市区、县城或者镇的，税率为1%。</td></tr>
<tr><td>特殊情况</td><td>1. 开采海洋石油资源的中外合作油（气）田所在地在海上，其城市维护建设税适用1%的税率。
2. 由受托方代扣代缴、代收代缴“两税”的单位和个人，其代扣代缴、代收代缴的城市维护建设税按受托方所在地适用税率执行。
3. 流动经营等无固定纳税地点的单位和个人，在经营地缴纳“两税”的，其城市维护建设税的缴纳按经营地适用税率执行。</td></tr>
<tr><td>城建税计税依据</td><td colspan="2">城市维护建设税的计税依据，是纳税人实际缴纳的增值税、消费税“两税”税额。
1. 查补“两税”和被处以罚款时，也要对其未缴的城建税进行补税和罚款。
2. 纳税人违反“两税”有关规定而加收的滞纳金和罚款，不作为城建税的计税依据。但纳税人在被查补“两税”和被处以罚款时，应同时对其偷漏的城市维护建设税进行补税、征收滞纳金和罚款。
3. 如果要免征或者减征“两税”，也要同时免征或者减征城市维护建设税。
4. 对出口产品退还增值税、消费税的，不退还已缴纳的城市维护建设税。
【学堂点睛】当期增值税免抵退税计算的免抵的税额应纳入城市维护建设税和教育费附加的计征范围。</td></tr>
<tr><td>城建税应纳税额的计算</td><td colspan="2">应纳税额＝纳税人实际缴纳的增值税、消费税税额×税率
【学堂点睛1】“两税”本身的税收优惠会影响城建税税额，须认真审题；另外应关注增值税免抵退税中的“免抵税额”，同样也会对城建税计税造成影响。
【学堂点睛2】由于城市维护建设税法实行纳税人所在地差别比例税率，所以在计算应纳税额时，应十分注意根据纳税人所在地来确定适用税率。</td></tr>
</table>

（续上表）

城建税税收优惠	1．城建税按减免后实际缴纳的“两税”税额计征，随“两税”减免而减免。 2．对于因减免税而需进行“两税”退库的，城建税也可同时退库。 3．海关对进口产品代征的增值税、消费税，不征收城建税。（进口不征） 4．对“两税”实行先征后返、先征后退、即征即退办法的，除另有规定外，对随“两税”附征的城建税和教育费附加，一律不予退（返）还。 5．对国家重大水利工程建设基金免征城建税。 6．对实行增值税期末留抵退税的纳税人，允许其从城建税、教育费附加、地方教育附加的计税依据中扣除退还的增值税税额。

【例1-2017-多选题】下列关于城市维护建设税计税依据的表述中，正确的有（　　）。

A．对出口产品退还增值税的，同时退还已缴纳的城市维护建设税

B．纳税人违反增值税法规定被加收的滞纳金应计入城市维护建设税的计税依据

C．纳税人被查补消费税时应同时对查补的消费税补缴城市维护建设税

D．经国家税务局正式审批的当期免抵增值税税额应计入城市维护建设税的计税依据

【答案】CD

学堂点拨

选项A，城建税进口不征、出口不退；选项B，纳税人违反增值税法规定被加收的滞纳金不作为城市维护建设税的计税依据。

【例2-2016-单选题】企业缴纳的下列税额中，应作为城市维护建设税计税依据的是（　　）。

A．关税税额　　B．消费税税额

C．房产税税额　　D．城镇土地使用税税额

【答案】B

学堂点拨

城建税计税依据是增值税、消费税实际缴纳的税额。

【例3-2014-单选题】位于县城的甲企业2014年5月实际缴纳增值税350万元，包括进口环节增值税50万元；消费税530万元，包括位于市区的乙企业代收代缴消费税30万元，甲企业本月应向所在县城主管税务机关缴纳城建税为（　　）万元。

A．41.5　　B．40　　C．44　　D．42.5

【答案】B

学堂点拨

城建税的计税依据为纳税人实际缴纳的增值税、消费税税额之和。城建税进口不征、出口不退。所以进口环节增值税和代收代缴的消费税不作为城建税的计税依据。应纳城建税＝（350－50＋530－30）×5%＝40（万元）。

知识点2 城市维护建设税纳税地点以及纳税期限（★★）

表 6–2 城建税纳税地点总结

情形	纳税地点
一般情形	缴纳“两税”的地点。
扣缴“两税”	代扣代收地。
跨省开采油田	油井所在地。
跨地区提供建筑服务、销售和出租不动产	在建筑服务发生地、不动产所在地预缴增值税时，以预缴增值税税额为计税依据，并按预缴增值税所在地的城市维护建设税适用税率和教育费附加征收率就地纳税。 在其机构所在地申报缴纳增值税时，以其实际缴纳的增值税税额为计税依据，并按机构所在地的城市维护建设税适用税率和教育费附加征收率就地纳税。
无固定纳税地点	经营地。

纳税期限：与增值税、消费税纳税期限一致。

第二节 烟叶税法

微信扫一扫
习题免费练

知识点 烟叶税法（★）

烟叶税是以纳税人收购烟叶的收购金额为计税依据征收的一种税。

表 6–3 烟叶税法概述

纳税义务人	收购烟叶的单位。
征税范围	晾晒烟叶和烤烟叶。
税率	比例税率20%。
税额计算	应纳税额＝实际支付价款×税率 实际支付价款包括：纳税人支付的烟叶收购价款和价外补贴。其中的价外补贴统一按烟叶收购价款的10%计算。 烟叶收购金额＝实际支付价款×（1＋10%）
纳税义务发生时间	收购烟叶的当天。
纳税地点	烟叶收购地的主管税务机关。
纳税期限	纳税义务发生月终了之日起15日内申报。

学堂点睛

1．烟叶税和增值税相结合：

增值税中购进烟叶可以抵扣的进项税额=（实际支付价款+烟叶税）×扣除率

价外补贴为10%时，公式可简化为：实际支付价款×1.1×1.2×扣除率

2．此处进项税额抵扣比例有10%或12%两种情况，如农产品继续加工16%商品，则抵扣比例为12%。

例如，某烟草公司系增值税一般纳税人，8月收购烟叶100 000千克，烟叶收购价格10元/千克，总计1 000 000元，货款已全部支付。请计算该烟草公司8月收购烟叶应缴纳的烟叶税、可以抵扣的进项税额，如果领用烟叶生产烟丝，则可以抵扣的进项税额又是多少。

应缴纳烟叶税=1 000 000×（1+10%）×20%=220 000（元）

购入烟叶时计算抵扣10%进项税=1 000 000×1.1×1.2×10%=132 000（元）

领用烟叶生产烟丝时计算抵扣2%进项税=1 000 000×1.1×1.2×2%=26 400（元）

【例1-2015-单选题】甲县某烟草公司去相邻的乙县收购烟叶，2015年8月9日支付烟叶收购价款80万元，另对烟农支付了价外补贴。下列纳税事项的表述中，正确的是（　　）。

A．烟草公司应在9月10日申报缴纳烟叶税

B．烟草公司8月收购烟叶应缴纳烟叶税17.6万元

C．烟草公司应向甲县税务机关申报缴纳烟叶税

D．烟草公司收购烟叶纳税义务发生时间为8月10日

【答案】B

学堂点拨

纳税人应当于纳税义务发生月终了之日起15日内申报并缴纳税款。应缴纳烟叶税=80×（1+10%）×20%=17.6（万元），烟草公司应向乙县主管税务机关申报缴纳烟叶税；烟叶税的纳税义务发生时间为纳税人收购烟叶的当天，即8月9日。

【例2-2017-单选题】某烟草公司2017年8月8日到邻县收购烟草支付价款88万元，另向烟农支付了价外补贴10万元，下列纳税事项的表述中，正确的是（　　）。

A．烟草公司8月收购烟叶应缴纳烟叶税19.6万元

B．烟草公司8月收购烟叶应缴纳烟叶税17.6万元

C．烟草公司收购烟叶的纳税义务发生时间是8月8日

D．烟草公司应向公司所在地主管税务机关申报缴纳烟叶税

【答案】C

学堂点拨

应该缴纳的烟叶税=88×（1+10%）×20%=19.36（万元）；烟叶税的纳税义务发生时间为纳税人收购烟叶的当天，即8月8日。

第三节　教育费附加和地方教育附加

微信扫一扫
习题免费练

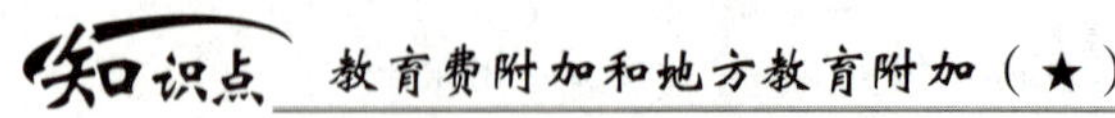

表 6–4　教育费附加和地方教育附加概述

计税依据	实际缴纳的增值税、消费税税额。
征收比率	教育费附加征收比率为3%；地方教育附加征收比率为2%。
计算	应纳教育费附加或地方教育费附加＝实纳“两税”税额×征收比率。
优惠	1. 对海关进口的产品征收的增值税、消费税，不征收教育费附加。 2. 对由于减免增值税、消费税而发生退税的，可同时退还已征收的教育费附加。但对出口产品退还增值税、消费税的，不退还已征的教育费附加。 3. 对国家重大水利工程建设基金免征教育费附加。 4. 自2016年2月1日起，按月纳税的月销售额或营业额不超过10万元（按季纳税的季度销售额或营业额不超过30万元）的纳税义务人，免征教育费附加、地方教育附加。

学堂点睛

基本计税规则同城建税。

第七章　关税法和船舶吨税法

本章思维导图

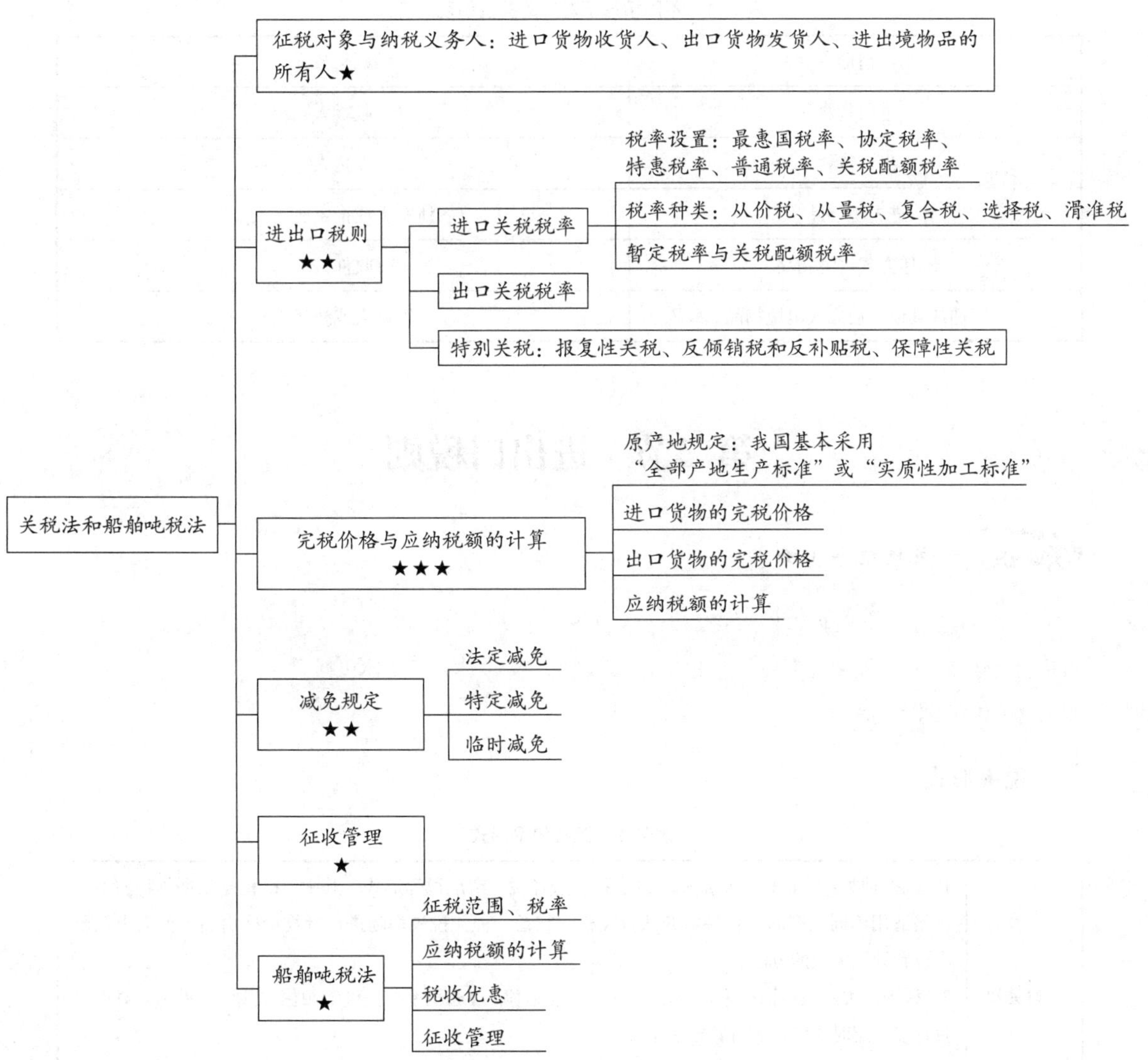
关税法和船舶吨税法
征税对象与纳税义务人：进口货物收货人、出口货物发货人、进出境物品的所有人★
进出口税则 ★★
进口关税税率
税率设置：最惠国税率、协定税率、特惠税率、普通税率、关税配额税率
税率种类：从价税、从量税、复合税、选择税、滑准税
暂定税率与关税配额税率
出口关税税率
特别关税：报复性关税、反倾销税和反补贴税、保障性关税
完税价格与应纳税额的计算 ★★★
原产地规定：我国基本采用“全部产地生产标准”或“实质性加工标准”
进口货物的完税价格
出口货物的完税价格
应纳税额的计算
减免规定 ★★
法定减免
特定减免
临时减免
征收管理 ★
船舶吨税法 ★
征税范围、税率
应纳税额的计算
税收优惠
征收管理

第一节　征税对象与纳税义务人

微信扫一扫
习题免费练

征税对象及纳税义务人（★）

一、征税对象

关税的征税对象是准许进出境的货物和物品。货物是指贸易性商品；物品指入境旅客随身携带的行李物品、个人邮递物品、各种运输工具上的服务人员携带进口的自用物品、馈赠物品以及其他方式进境的个人物品。

二、纳税义务人

表 7–1　不同情形下对应的关税纳税义务人

情形	纳税义务人
进口货物	收货人
出口货物	发货人
进出境物品	所有人或推定所有人
邮递方式进境物品	收件人
邮递或其他运输方式出境物品	寄件人或托运人

第二节　进出口税则

微信扫一扫
习题免费练

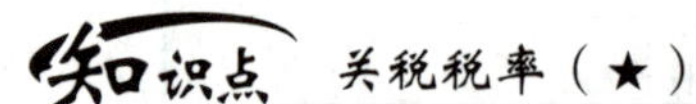
关税税率（★）

进出口税则是一国政府根据国家关税政策和经济政策，通过一定的立法程序制定公布实施的进出口货物和物品应税的关税税率表。进出口税则以税率表为主体，通常还包括实施税则的法令、使用税则的有关说明和附录等。

一、税率形式

表 7–2　关税税率形式

进口关税	1. 税率种类：从价税、从量税、复合税、选择税、滑准税等形式。其中滑准税是根据货物的不同价格适用不同税率的一种特殊的从价关税。它是一种关税税率随进口货物价格由高至低而由低至高设置计征关税的方法。 2. 税则归类：最惠国税率、协定税率、特惠税率、普通税率、关税配额税率共五种税率，对进口货物在一定时期内可实行暂定税率。 3. 适用最惠国税率的进口货物有暂定税率的，应适用暂定税率；适用特惠税率、协定税率的进口货物有暂定税率的，从低适用；适用普通税率的进口货物，不适用暂定税率。

（续上表）

出口关税	我国出口税则为一栏比例税率。（从价税） 出口暂定税率优先适用于出口税则中规定的出口税率。
特别关税	征收特别关税的货物、适用国别、税率、期限和征收方法由国务院关税税则委员会决定，海关总署负责实施。 （报复性关税、反倾销税与反补贴税、保障性关税）

二、税率的运用

表 7-3　关税税率的运用

具体情况	适用税率
进出口货物	接受该货物申报进口或出口之日实施的税率。
进口货物到达前，核准先行申报的	装载该货物的运输工具申报进境之日实施的税率。
进口转关运输货物	指运地海关接受货物申报进口之日实施的税率征税；先行申报的适用装载该货物的运输工具抵达指运地之日实施的税率。
出口转关运输货物	适用启运地海关接受该货物申报出口之日实施的税率。
批准实行集中申报的进出口货物	每次货物进出口时海关接受该货物申报之日实施的税率。
超期未申报海关依法变卖的进口货物	装载该货物的运输工具申报进境之日实施的税率。
追征税款的进出口货物	违法行为发生之日实施的税率，不能确定的，适用海关发现该行为之日实施的税率。
已申报进境并放行的保税货物、减免税货物、租赁货物或已申报进出境并放行的暂时进出境货物，需缴纳税款的	海关接受纳税人再次填写报关单申报办理纳税及有关手续之日实施的税率。 适用情况： 1. 保税货物经批准不复运出境的； 2. 保税仓储货物转入国内市场销售的； 3. 减免税货物经批准转让或者移作他用的； 4. 可暂不缴纳税款的暂时进出境货物，经批准不复运出境或者进境的； 5. 租赁进口货物，分期缴纳税款的。
补征和退还进出口关税	前述规定。

【例1-2016-单选题】下列机构中，有权决定税收特别关税的货物、适用国别、税率、期限和征收办法的是（　　）。

A. 商务部　　B. 财政部　　C. 海关总署　　D. 国务院关税税则委员会

【答案】D

学堂点拨

特别关税的征收，由国务院关税税则委员会决定，海关总署负责实施。

【例2-多选题】下列关于关税税率的表述中，正确的有（　　）。

A. 适用普通税率的进口货物，不适用暂定税率

B. 滑准税的特点是可保持实行滑准税商品的国内市场价格的相对稳定

C. 适用特惠税率、协定税率的进口货物有暂定税率的，应当从低适用税率

D. 进出口货物，应当依照税则规定的归类原则归入合适的税号，并按照适用的税率征税

【答案】ABCD

第三节　完税价格与应纳税额的计算

微信扫一扫
习题免费练

知识点1　原产地规定（★）

确定进境货物原产国的主要原因之一，是便于正确运用进口税则的各栏税率，对产自不同国家或地区的进口货物适用不同的关税税率。

我国原产地规定基本上采用了“全部产地生产标准”“实质性加工标准”两种国际上通用的原产地标准。

表 7-4　原产地规定的标准

全部产地生产标准	含义：全部产地生产标准是指进口货物“完全在一个国家内生产或制造”，生产或制造国即为该货物的原产国。 完全在一国生产或制造的进口货物包括： 1. 在该国领土或领海内开采的矿产品； 2. 在该国领土上收获或采集的植物产品； 3. 在该国领土上出生或由该国饲养的活动物及从其所得产品； 4. 在该国领土上狩猎或捕捞所得的产品； 5. 在该国的船只上卸下的海洋捕捞物，以及由该国船只在海上取得的其他产品； 6. 在该国加工船加工第5项所列物品所得的产品； 7. 在该国收集的只适用于做再加工制造的废碎料和废旧物品； 8. 在该国完全使用上述1至7项所列产品加工成的制成品。
实质性加工标准	实质性加工标准是经过几个国家加工、制造的进口货物，以最后一个对货物进行经济上可以视为实质性加工的国家作为有关货物的原产国。 “实质性加工”是指产品加工后，在进出口税则中四位数税号一级的税则归类已经有了改变，或者加工增值部分所占新产品总值的比例已超过30%及以上。
其他	对机器、仪器、器材或车辆所用零件、部件、配件、备件及工具，如与主件同时进口且数量合理的，其原产地按主件的原产地确定，分别进口的则按各自的原产地确定。

【例1-2012-多选题】下列有关进口货物原产地的确定，符合我国关税相关规定的有（　　）。

A. 从俄罗斯船只上卸下的海洋捕捞物，其原产地为俄罗斯

B. 在澳大利亚开采并经新西兰转运的铁矿石，其原产地为澳大利亚

C. 由台湾提供棉纱，在越南加工成衣，经澳门包装转运的西服，其原产地为越南

D. 在南非开采并经香港加工的钻石，加工增值部分占该钻石总值比例为20%，其原产地为香港

【答案】ABC

学堂点拨

我国原产地规定基本上采用了“全部产地生产标准”“实质性加工标准”两种国际上通用的原产地标准。选项D，在香港加工增值部分所占新产品总值的比例未达到30%，所以原产地为南非。

知识点2 进口货物关税完税价格（★★★）

一、关税完税价格

（一）进出口货物的完税价格

进出口货物的完税价格，由海关以该货物的成交价格为基础审查确定。成交价格不能确定时，完税价格由海关依法估定。

表 7-5 进口货物关税完税价格的确定方法

进口货物完税价格的确定方法	适用情况
成交价格估计方法	以进口获取成交价格为基础进行调整。
海关估价方法	进口货物成交价格不符合规定条件，或成交价格不能确定。

（二）进口完税价格构成

表 7-6 进口完税价格构成

进口完税价格构成	进口货物的完税价格包括货物的货价、货物运抵我国境内输入地点起卸前的运输及其相关费用、保险费。（到岸价格CIF）
进口运费保险费	1. 运费和保险费按实际支出费用计算。 2. 无法确定的应估算，其中运费按运费率、保险费可按照“货价加运费”的3‰估算。 （1）运输工具作为进口货物，利用自身动力进境的，不再另行计入运费。 （2）邮运进口的货物，应以邮费作为运输及其相关费用、保险费。

二、完税价格的调整

表 7-7 完税价格的调整

应计入完税价格	1. 由买方负担的购货佣金以外的佣金和经纪费。 2. 由买方负担的与该货物一体的容器费用。 3. 由买方负担的包装材料和包装劳务费用。 4. 与该货物的生产和向中华人民共和国境内销售有关的，由买方以免费或者以低于成本的方式提供并可以按适当比例分摊的料件、工具、模具、消耗材料及类似货物的价款，以及在境外开发、设计等相关服务的费用。 5. 与该货物有关并作为卖方向我国销售该货物的一项条件，应当由买方直接或间接支付的特许权使用费。 6. 卖方直接或间接从买方对该货物进口后转售、处置或使用所得中获得的收益。

（续上表）

不应计入完税价格	1. 厂房、机械、设备等货物进口后的基建、安装、装配、维修和技术援助费用，但保修费用除外。 2. 运抵境内输入地点起卸后的运输费、保险费和其他相关费用。 3. 进口关税、海关代征税及其他国内税。 4. 为在境内复制进口货物而支付的费用。 5. 境内外技术培训及境外考察费用。 6. 为进口货物融资产生的利息费用。

三、进口货物海关估价方法

进口货物的成交价格不符合规定条件或者成交价格不能确定的，海关经了解有关情况，并且与纳税义务人进行价格磋商后，依次以下列方法审查确定该货物的完税价格。纳税义务人向海关提供有关资料后，可以提出申请，颠倒倒扣价格估价方法和计算价格估价方法的适用次序。

表 7–8　进口货物海关估价方法

相同货物成交价格方法	海关以与进口货物同时或者大约同时向中华人民共和国境内销售的相同货物的成交价格为基础，审查确定。 【学堂点睛】如果有多个相同货物的成交价格，应当以最低的成交价格为基础审查确定进口货物的完税价格。
类似货物成交价格估价方法	海关以与进口货物同时或者大约同时向中华人民共和国境内销售的类似货物的成交价格为基础，审查确定。 【学堂点睛】如果有多个类似货物的成交价格，应当以最低的成交价格为基础审查确定进口货物的完税价格。
倒扣价格估价方法	海关以进口货物、相同或者类似进口货物在境内的销售价格为基础，扣除境内发生的有关费用后，审查确定。 下列各项应当扣除： 1. 同等级或者同种类货物在境内第一销售环节销售时，通常的利润和一般费用（包括直接费用和间接费用）以及通常支付的佣金； 2. 货物运抵境内输入地点起卸后的运输及其相关费用、保险费； 3. 进口关税、进口环节海关代征税及其他国内税。
计算价格估价方法	海关以下列各项的总和为基础，审查确定进口货物完税价格： 1. 生产该货物所使用的料件成本和加工费用； 2. 向境内销售同等级或者同种类货物通常的利润和一般费用（包括直接费用和间接费用）； 3. 该货物运抵境内输入地点起卸前的运输及相关费用、保险费。
合理方法	海关在采用合理方法确定进口货物的完税价格时，不得使用以下价格： 1. 境内生产的货物在境内的销售价格； 2. 可供选择的价格中较高的价格； 3. 货物在出口地市场的销售价格； 4. 以计算价格估价方法规定之外的价值或者费用计算的相同或者类似货物的价格； 5. 出口到第三国或者地区的货物的销售价格； 6. 最低限价或者武断、虚构的价格。

【例2-2015-多选题】采用倒扣价格方法估定进口货物关税完税价格时，下列各项应当予以扣除的项目有（　　）。

A．进口关税

B．货物运抵境内输入地点之后的运费

C．境外生产该货物所使用的原材料价值

D．该货物的同种类货物在境内销售时的利润和一般费用

【答案】ABD

学堂点拨

以该方法估定完税价格时，下列各项应当扣除：1．该货物的同等级或同种类货物，在境内销售时的利润和一般费用及通常支付的佣金；2．货物运抵境内输入地点之后的运费、保险费、装卸费及其他相关费用；3．进口关税、进口环节税和其他与进口或销售上述货物有关的国内税。

【例3-2015-单选题】下列税费中，应计入进口货物关税完税价格的是（　　）。

A．单独核算的境外技术培训费用

B．报关时海关代征的增值税和消费税

C．由买方单独支付的入关后的运输费用

D．进口货物运抵我国境内输入地点起卸前的保险费

【答案】D

学堂点拨

根据《中华人民共和国海关法》（以下简称《海关法》）规定，进口货物的完税价格包括货物的货价、货物运抵我国境内输入地点起卸前的运输及其相关费用、保险费。选项A、B和C不计入进口货物关税完税价格。

【例4-2014-多选题】下列税费中，应计入进口货物关税完税价格的有（　　）。

A．进口环节缴纳的消费税

B．单独支付的境内技术培训费

C．由买方负担的境外包装材料费用

D．由买方负担的与该货物视为一体的容器费用

【答案】CD

学堂点拨

下列费用，如能与该货物实付或者应付价格区分，不得计入完税价格：1．厂房、机械、设备等货物进口后的基建、安装、装配、维修和技术服务的费用；2．货物运抵境内输入地点之后的运输费用、保险费和其他相关费用；3．进口关税及其他国内税收；4．为在境内复制进口货物而支付的费用；5．境内技术培训及境外考察费用。所以选项A、B不应计入进口货物关税完税价格中。

【例5-2013-单选题】某演出公司进口舞台设备一套，实付金额折合人民币185万元，其中包含单独列出的进口后设备安装费10万元、中介经纪费5万元；运输保险费无法确定，海关按同类货物同期同程运输费计算的运费为25万元。假定关税税率为20%，该公司进口舞台设备应缴纳的关税为（　　）万元。

A．34　　B．35　　C．40　　D．40.12

【答案】D

学堂点拨

由买方负担的除购货佣金以外的佣金和经纪费计入完税价格。货物进口后的基建、安装、装配、维修和技术服务的费用，不得计入完税价格。如果进口货物的运费无法确定或未实际发生，海关应当按照该货物进口同期运输行业公布的运费率（额）计算运费；按照“货价加运费”两者总额的3‰计算保险费。

该公司进口舞台设备应缴纳的关税＝（185－10＋25）×1.003×20%＝40.12（万元）。

知识点3　出口货物关税完税价格（★★）

表 7-9　出口货物关税完税价格

<table>
<tr><td rowspan="2">出口完税价格</td><td>由海关以该货物的成交价格为基础审查确定，并应当包括货物运至我国境内输出地点装载前的运输及其相关费用、保险费。</td></tr>
<tr><td>不包括：
1．出口关税；
2．在货物价款中单独列明的货物运至中华人民共和国境内输出地点装载后的运输及其相关费用、保险费；
3．在货物成交价格中单独列明的支付给境外的佣金。</td></tr>
<tr><td>出口货物海关估价方法</td><td>1．同时或大约同时向同一国家或地区出口的相同货物的成交价格。
2．同时或大约同时向同一国家或地区出口的类似货物的成交价格。
3．根据境内生产相同或类似货物的成本、利润和一般费用、境内发生的运输及其相关费用、保险费计算所得的价格。
4．按照合理方法估定的价格。
【学堂点睛】与进口估价类似，但无倒扣价格。</td></tr>
</table>

【例6-2010-单选题】下列各项中，应计入出口货物完税价格的是（　　）。

A．出口关税税额

B．单独列明的支付给境外的佣金

C．货物在我国境内输出地点装载后的运输费用

D．货物运至我国境内输出地点装载前的保险费

【答案】D

学堂点拨

出口货物的完税价格包括货物的货价、货物运至中华人民共和国境内输出地点装载前的运输及其相关费用、保险费，但是其中包含的出口关税税额，应当予以扣除。

【例7-2014-单选题】我国某公司2014年3月从国内甲港口出口一批锌锭到国外，货物成交价格170万元（不含出口关税），其中包括货物运抵甲港口装载前的运输费10万元、单独列明支付给境外的佣金12万元。甲港口到国外目的地港口之间的运输保险费20万元。锌锭出口关税税率为20%。该公司出口锌锭应缴纳出口关税为（　　）。

A. 25.6万元　　B. 29.6万元　　C. 31.6万元　　D. 34万元

【答案】C

学堂点拨

出口货物的完税价格，由海关以该货物向境外销售的成交价格为基础审查确定，并应包括货物运至我国境内输出地点装载前的运输及其相关费用、保险费，但其中包含的出口关税税额，应当扣除。出口货物的成交价格中含有支付给境外的佣金的，如果单独列明，应当扣除。该公司出口锌锭应缴纳的出口关税＝（170－12）×20%＝31.6（万元）。

【例8-2018-多选题】下列各项税费中，应计入出口货物完税价格的有（　　）。

A. 货物运至我国境内输出地点装载前的保险费

B. 货物运至我国境内输出地点装载前的运输费用

C. 货物出口关税

D. 货价中单独列明的货物运至我国境内输出地点装载后的运输费用

【答案】AB

学堂点拨

出口货物的完税价格，由海关以该货物向境外销售的成交价格为基础审查确定，并应当包括货物运至中华人民共和国境内输出地点装载前的运输及其相关费用、保险费。但其中包含的出口关税税额，应当扣除。

知识点4 应纳税额的计算（★★）

表7-10 关税应纳税额的计算

从价税	关税税额＝应税进（出）口货物数量×单位完税价格×税率
从量税	关税税额＝应税进（出）口货物数量×单位税额
复合税	我国目前实行的复合税都是先计征从量税，再计征从价税。 关税税额＝应税进（出）口货物数量×单位货物税额＋应税进（出）口货物数量×单位完税价格×税率
滑准税	关税税额＝应税进（出）口货物数量×单位完税价格×滑准税税率

学堂点睛

1. 进口环节涉及的税种：关税、消费税、增值税。

计算步骤：关税完税价格→关税→组价→增值税、消费税、车辆购置税。

2. 进口环节的增值税为进项税额，可凭进口海关完税凭证抵扣进项税额；进口后的运费凭专用发票抵扣增值税进项税额。

第四节　减免规定

微信扫一扫
习题免费练

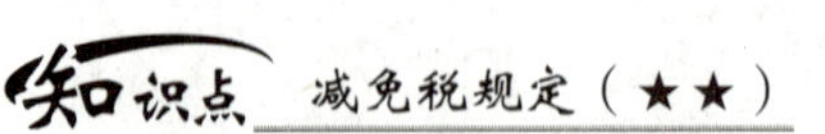

知识点　减免税规定（★★）

一、法定减免税

（一）关税税额在人民币50元以下的一票货物，可免征关税。

（二）无商业价值的广告品和货样，可免征关税。

（三）外国政府、国际组织无偿赠送的物资，可免征关税。（不含外国企业）

（四）进出境运输工具装载的途中必需的燃料、物料和饮食用品，可予免税。

（五）在海关放行前损失的货物免征关税。

（六）在海关放行前遭受损坏的货物，根据受损程度减征关税。

（七）我国缔结或参加的国际条约规定减免关税。

（八）法律规定减征、免征的其他货物。

二、特定减免税

（一）科教用品：科研机构和学校，不以盈利为目的，在合理数量范围内进口国内不能生产的科学研究和教学用品，直接用于科学研究或者教学，免征进口增值税、消费税。

（二）残疾人专用品。

（三）慈善捐赠物资。

（四）加工贸易产品、边境贸易进口等。

三、暂时免税

暂时进境或者暂时出境的下列货物，在进境或者出境时纳税义务人向海关缴纳相当于应纳税款的保证金或者提供其他担保的，可以暂不缴纳关税，并应当自进境或者出境之日起6个月内复运出境或者复运进境；需要延长复运出境或者复运进境期限的，纳税义务人应当根据海关总署的规定向海关办理延期手续：

（一）在展览会、交易会、会议及类似活动中展示或者使用的货物。

（二）文化、体育交流活动中使用的表演、比赛用品。

（三）进行新闻报道或者摄制电影、电视节目使用的仪器、设备及用品。

（四）开展科研、教学、医疗活动使用的仪器、设备及用品。

（五）在上述第（一）项至第（四）项所列活动中使用的交通工具及特种车辆。

（六）货样。

（七）供安装、调试、检测设备时使用的仪器、工具。

（八）盛装货物的容器。

（九）其他用于非商业目的的货物。

第一款所列暂时进境货物在规定的期限内未复运出境的，或者暂时出境货物在规定的期限内未复运进境的，海关应当依法征收关税。

第一款所列可以暂时免征关税范围以外的其他暂时进境货物，应当按照该货物的完税价格和其在境内滞留时间与折旧时间的比例计算征收进口关税。具体办法由海关总署规定。

【链接】跨境电子商务零售进口税收政策：

1．自2016年4月8日起跨境电子商务零售进口商品按照货物征收关税和进口环节增值税、消费税，购买跨境电子商务零售进口商品的个人作为纳税义务人，实际交易价格（包括货物零售价格、运费和保险费）作为完税价格，电子商务企业、电子商务交易平台企业或物流企业可作为代收代缴义务人。

2．跨境电子商务零售进口商品的单次交易限值为人民币5 000元，个人年度交易限值为人民币26 000元。在限值以内进口的跨境电子商务零售进口商品，关税税率暂设为0%；进口环节增值税、消费税取消免征税额，暂按法定应纳税额的70%征收。超过单次限值、累加后超过个人年度限值的单次交易，以及完税价格超过5 000元限值的单个不可分割商品，均按照一般贸易方式全额征税。

3．跨境电子商务零售进口商品自海关放行之日起30日内退货的，可申请退税，并相应调整个人年度交易总额。

【例–单选题】下列进口货物中，免征进口关税的是（　　）。

A．外国政府无偿赠送的物资

B．具有一定商业价值的货样

C．因保管不慎造成损坏的进口货物

D．关税税额为人民币80元的一票货物

【答案】A

学堂点拨

选项B，无商业价值的广告品和货样，可免征关税；选项C，海关查验时已经破漏、损坏或者腐烂，经证明不是保管不慎造成的，经海关查明属实，可酌情减免进口关税；选项D，关税税额为人民币50元以下的一票货物，可免征关税。

第五节　征收管理

一、关税缴纳

关税由海关负责征收。

（一）申报时间

进口货物自运输工具申报进境之日起14日内；出口货物在运抵海关监管区后装货的24小时以前。

（二）纳税期限

关税的纳税人应在海关填发税款缴款书之日起15日内向指定银行缴纳税款。

（三）延期纳税

因不可抗力或国家税收政策调整情形下，不能按期缴纳税款的，经海关总署批准，可以延期缴纳税款，但延期最长不得超过6个月。

二、关税的强制执行

（一）关税滞纳金

关税滞纳金金额＝滞纳关税税额×滞纳金征收比率（万分之五）×滞纳天数

学堂点睛

从海关填发税款缴款书之日起15日后开始计算滞纳天数，周末或法定节假日不予扣除。

（二）强制征收

如纳税义务人自缴纳税款期限届满之日起3个月仍未缴纳税款，经海关关长批准，海关可以采取强制扣缴、变价抵缴等强制措施。

三、关税退还

海关多征的税款，海关发现后应当立即退还。

纳税人遇下列情况之一，可自缴纳税款之日起1年内，书面申请退税并加算活期存款利息，逾期不受理：

（一）已征进口关税的货物，品质或规格原因，原状退货复运出境的；

（二）已征出口关税的货物，品质或规格原因，原状退货复运进境，并已重新缴纳出口退还的国内环节有关税收的；

（三）已征出口关税货物，因故未装运出口，申报退关的。

四、关税补征和追征

（一）关税补征

关税补征，是因非纳税人违反海关规定造成的少征或漏征关税，关税补征期为缴纳税款或货物放行之日起1年内。

（二）关税追征

关税追征，是因纳税人违反海关规定造成少征或漏征关税，关税追征期为进出口货物完税之日或货物放行之日起3年内，并加收万分之五的滞纳金。

五、关税纳税争议

（一）纳税义务人自海关填发税款缴款书之日起60日内，向原征税海关的上一级海关书面申请复议。逾期申请的，海关不受理。

（二）海关应当自收到复议申请之日起60日内作出复议决定，以复议决定书正式答复纳税人。

（三）纳税人对复议决定仍不服的，可自收到复议决定书之日起15日内，向人民法院提出诉讼。因不可抗力或国家税收政策调整情形下，不能按期缴纳税款的，经依法提供税款担保后，可以延期缴纳税款，但延期最长不得超过6个月。

学堂点睛

在纳税义务人同海关发生纳税争议时，可以向海关申请复议，但同时应当在规定期限内按海关核定的税额缴纳关税，逾期则构成滞纳，海关有权按规定采取强制执行措施。

【例-2016-多选题】下列措施中，属于《海关法》赋予海关可以采取的强制措施有（　　）。

A．变价抵缴　　B．强制扣缴　　C．补征税额　　D．征收关税滞纳金

【答案】ABD

学堂点拨

《海关法》赋予海关对滞纳关税的纳税义务人强制执行的权利。强制措施有两类：1．征收关税滞纳金；2．强制征收、强制扣缴、变价抵缴等。

第六节　船舶吨税法

微信扫一扫
习题免费练

知识点　船舶吨税法（★）

一、征税范围、税率

征税范围：境外港口进入境内港口的船舶。

税率：优惠税率（中国籍船舶或协定船舶）和普通税率（其他船舶）。

表 7-11　吨税税目税率表

税目（按船舶净吨位划分）	税率（元/净吨）					
	普通税率（按执照期限划分）			优惠税率（按执照期限划分）		
	1年	90日	30日	1年	90日	30日
不超过2 000净吨	12.6	4.2	2.1	9.0	3.0	1.5
超过2 000净吨，但不超过10 000净吨	24.0	8.0	4.0	17.4	5.8	2.9
超过10 000净吨，但不超过50 000净吨	27.6	9.2	4.6	19.8	6.6	3.3
超过50 000净吨	31.8	10.6	5.3	22.8	7.6	3.8

二、应纳税额的计算

吨税按照船舶净吨位和吨税执照期限征收。

应纳税额＝船舶净吨位×定额税率

学堂点睛

1．拖船按照发动机功率每千瓦折合净吨位0.67吨。

2．无法提供净吨位证明文件的游艇，按照发动机功率每千瓦折合净吨位0.05吨。

3．拖船和非机动驳船分别按相同净吨位船舶税率的50%计征税款。

三、税收优惠

表 7-12　船舶吨税的税收优惠

直接优惠	以下船舶免征吨税： 1．应纳税额在人民币50元以下的船舶； 2．自境外以购买、受赠、继承等方式取得船舶所有权的初次进口到港的空载船舶； 3．吨税执照期满后24小时内不上下客货的船舶； 4．非机动船舶（不包括非机动驳船）； 5．捕捞、养殖渔船； 6．避难、防疫隔离、修理、终止运营或者拆解，并不上下客货的船舶； 7．军队、武装警察部队专用或者征用的船舶； 8．警用船舶； 9．依照法律规定应当予以免税的外国驻华使领馆、国际组织驻华代表机构及其有关人员的船舶； 10．国务院规定的其他船舶。由国务院报全国人民代表大会常务委员会备案。
延期优惠	吨税执照期限内，应税船舶发生下列情形之一的，海关按照实际发生的天数批注延长吨税执照期限： 1．避难、防疫隔离、修理，并不上下客货； 2．军队、武装警察部队征用。

四、征收管理

表 7-13　船舶吨税的征收管理

征管机关	海关。
纳税义务发生时间	应税船舶进入港口的当天。
纳税期限	海关填发吨税缴款凭证之日起15日内缴纳。 滞纳税款按日加收万分之五滞纳金。
补征追征	补征期1年，只征税款。 追征期3年，加收滞纳金。
多征退还	海关发现多征税款的，应当在24小时内通知应税船舶办理退还手续，并加算银行同期活期存款利息。 应税船舶发现多缴税款的，可以自缴纳税款之日起3年内以书面形式要求海关退还多缴的税款并加算银行同期活期存款利息。

【例-2018-单选题】下列从境外进入我国港口，免征船舶吨税的船舶是（　　）。

A．拖船　　B．非机动驳船

C．养殖渔船　　D．执照期满24小时内上下的客货船

【答案】C

学堂点拨

捕捞、养殖渔船，免征船舶吨税。

第八章 资源税法和环境保护税法

本章思维导图

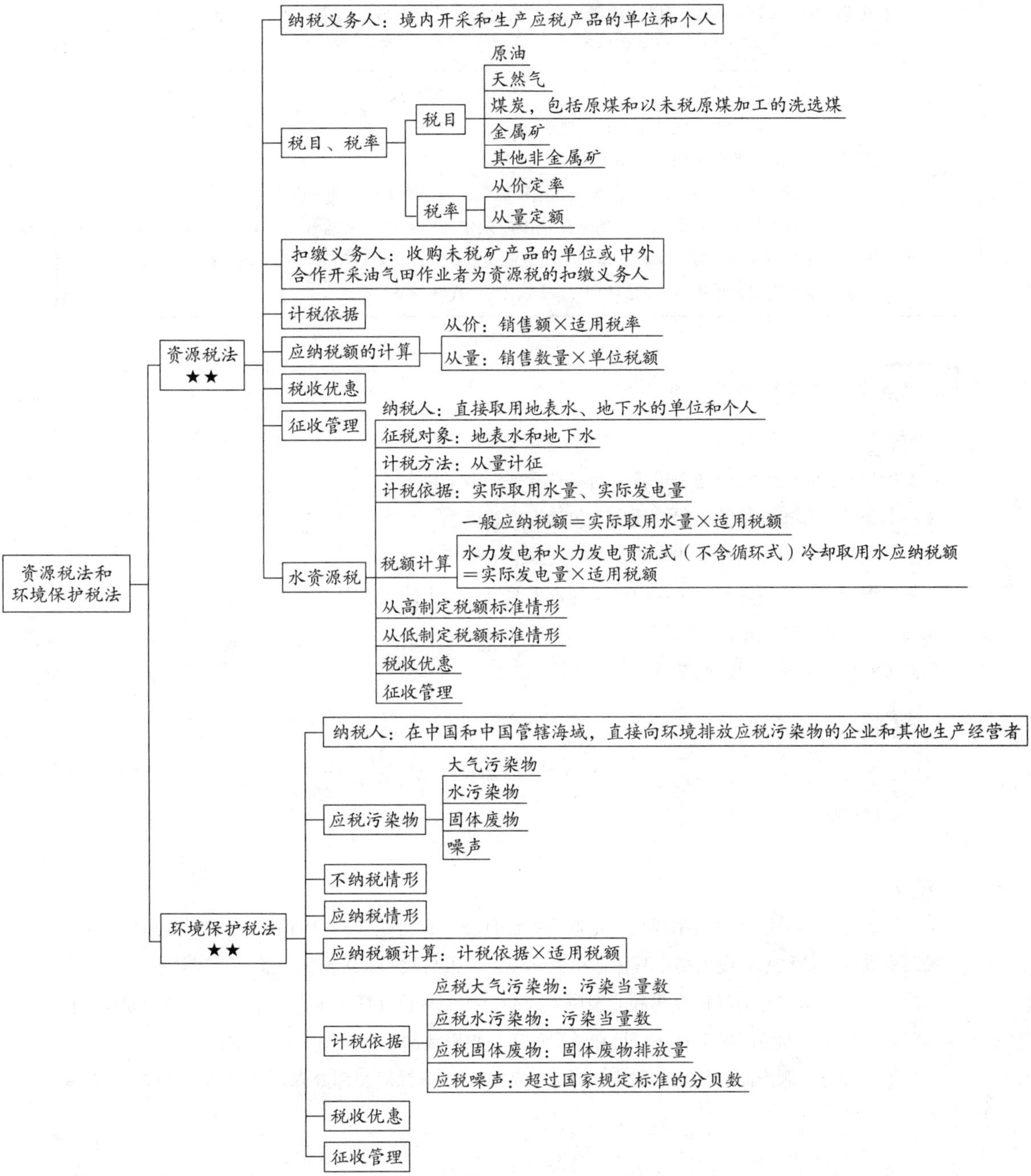

- 资源税法和环境保护税法
  - 资源税法★★
    - 纳税义务人：境内开采和生产应税产品的单位和个人
    - 税目、税率
      - 税目
        - 原油
        - 天然气
        - 煤炭，包括原煤和以未税原煤加工的洗选煤
        - 金属矿
        - 其他非金属矿
      - 税率
        - 从价定率
        - 从量定额
    - 扣缴义务人：收购未税矿产品的单位或中外合作开采油气田作业者为资源税的扣缴义务人
    - 计税依据
    - 应纳税额的计算
      - 从价：销售额×适用税率
      - 从量：销售数量×单位税额
    - 税收优惠
    - 征收管理
    - 水资源税
      - 纳税人：直接取用地表水、地下水的单位和个人
      - 征税对象：地表水和地下水
      - 计税方法：从量计征
      - 计税依据：实际取用水量、实际发电量
      - 税额计算
        - 一般应纳税额＝实际取用水量×适用税额
        - 水力发电和火力发电贯流式（不含循环式）冷却取用水应纳税额＝实际发电量×适用税额
      - 从高制定税额标准情形
      - 从低制定税额标准情形
      - 税收优惠
      - 征收管理
  - 环境保护税法★★
    - 纳税人：在中国和中国管辖海域，直接向环境排放应税污染物的企业和其他生产经营者
    - 应税污染物
      - 大气污染物
      - 水污染物
      - 固体废物
      - 噪声
    - 不纳税情形
    - 应纳税情形
    - 应纳税额计算：计税依据×适用税额
    - 计税依据
      - 应税大气污染物：污染当量数
      - 应税水污染物：污染当量数
      - 应税固体废物：固体废物排放量
      - 应税噪声：超过国家规定标准的分贝数
    - 税收优惠
    - 征收管理

本章知识点精讲

微信扫一扫
习题免费练

第一节 资源税法

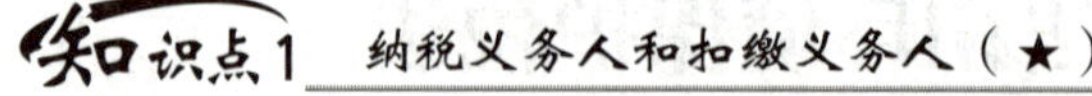

表 8–1 资源税的纳税义务人和扣缴义务人

纳税义务人	在中华人民共和国领域及管辖海域开采应税资源的矿产品或者生产盐的单位和个人。 【学堂点睛1】资源税只在应税资源的开采或生产环节征收一次，在其他环节不再征收。 【学堂点睛2】资源税仅对我国领域及管辖海域开采生产征收，对境外进口应税资源不征税。对出口应税资源也不退（免）已纳资源税。
扣缴义务人	收购未税矿产品的单位。 扣缴单位：独立矿山、联合企业和其他单位。 其他单位也包括收购未税矿产品的个体户在内。 【学堂点睛1】收购已税资源产品无须扣缴资源税，因为资源税只征一次。 【学堂点睛2】资源税代扣代缴的适用范围应限定在除原油、天然气、煤炭以外的，税源小、零散、不定期开采等难以在采矿地申报缴纳资源税的矿产品。对已纳入开采地正常税务管理或者在销售矿产品时开具增值税发票的纳税人，不采用代扣代缴的征管方式。

知识点2 税目和税率（★）

一、税目

资源税税目包括5大类，在5个税目下面又设有若干个子目：

（一）原油：是指开采的天然原油，不包括人造石油。

（二）天然气：指专门开采或与原油同时开采的天然气。

（三）煤炭：包括原煤和以未税原煤（即自采原煤）加工的洗选煤。

（四）金属矿原矿或精矿。

（五）其他非金属矿原矿或精矿。

学堂点睛

纳税人在开采主矿产品的过程中伴采的其他应税矿产品，凡未单独规定适用税额的，一律按主矿产品或视同主矿产品税目征收资源税。

二、税率

（一）资源税率采取从价定率或从量定额的办法计征。税目税率表中列举名称的资源品目，由省级人民政府在规定的税率幅度内提出具体适用税率建议，报财政部、国家税务总局确定核准。

（二）对未列举名称的其他金属和非金属矿产品，按照从价计征为主、从量计征为辅的原则，由省级人民政府根据实际情况确定具体税目和适用税率，报财政部、国家税务总局备案。

（三）大部分资源产品适用比例税率；粘土、砂石、水资源以及部分未列举名称的其他非金属矿

产品，采用从量计征的方式。

学堂点睛

纳税人开采或者生产不同税目应税产品的，应当分别核算分别计税，未分别核算的从高计税。

（四）扣缴资源税适用税率，收购未税矿产品的单位或中外合作开采油气田作业者为资源税的扣缴义务人，扣缴义务具体包括：

1. 独立矿山、联合企业收购未税矿产品的单位，按照本单位应税产品税额、税率标准，依据收购的数量代扣代缴资源税。

2. 其他收购单位收购的未税矿产品，按税务机关核定的应税产品税额、税率标准，依据收购的数量代扣代缴资源税。

【例1-多选题】下列各项中，应征资源税的有（　　）。

A. 开采的大理石　　B. 已税原煤加工的洗选煤

C. 开采的煤矿瓦斯　　D. 生产用于出口的卤水

【答案】AD

学堂点拨

资源税进口不征、出口不退；开采的煤矿瓦斯免征资源税；已税原煤加工洗选煤不再征收资源税，未税原煤加工的洗选煤应征收资源税。

知识点3 计税依据和应纳税额计算（★★）

表 8-2　资源税的应纳税额计算

从价定率	应纳税额＝销售额×税率
从量定额	应纳税额＝销售数量×单位税额

资源税的计税依据为应税产品的销售额或销售量，各税目的征税对象包括原矿、精矿（或原矿加工品）、金锭、氯化钠初级产品。

对未列举名称的其他矿产品，省级人民政府可对本地区主要矿产品按矿种设定税目，对其余矿产品按类别设定税目，并按其销售的主要形态（如原矿、精矿）确定征税对象。

学堂点睛

不同矿产品的税目不同，计税依据可能是原矿销售额或精矿销售额。需要根据题目描述的具体应税资源品种来判定。如煤炭的计税依据是原矿销售额，而铁矿的计税依据是精矿销售额。如果题目给出的不是相应的销售额，则要进行换算或折算，将其转换成相应的计税依据才可以正确地计算出税额。

一、从价定率

表 8–3 资源税的从价定率

一般销售	从价定率征收的计税依据为销售额，它是指纳税人销售应税产品向购买方收取的全部价款和价外费用，不包括增值税销项税额和符合条件的运杂费用。
	对同时符合以下条件的运杂费用，纳税人在计算应税产品计税销售额时，可予以扣减： 1. 包含在应税产品销售收入中； 2. 属于纳税人销售应税产品环节发生的运杂费用，具体是指运送应税产品从坑口或者洗选（加工）地到车站、码头或者购买方指定地点的运杂费用； 3. 取得相关运杂费用发票或者其他合法有效凭据； 4. 将运杂费用与计税销售额分别进行核算。 纳税人扣减的运杂费用明显偏高导致应税产品价格偏低且无正当理由的，主管税务机关可以合理调整计税价格。
	价外费用不包括： 1. 同时符合列明条件的代垫运输费用； 2. 同时符合列明条件的代为收取的政府性基金或者行政事业性收费。
关联销售	纳税人开采应税矿产品由其关联单位对外销售的，按其关联单位的销售额征收资源税。 纳税人与其关联企业之间的业务往来，应当按照独立企业之间的业务往来收取或者支付价款、费用。不按照独立企业之间的业务往来收取或者支付价款、费用，而减少其计税销售额的，税务机关可以按照规定进行合理调整。
自产自用	纳税人既有对外销售应税产品，又有将应税产品用于除连续生产应税产品以外的其他方面的，则自用的这部分应税产品按纳税人对外销售应税产品的平均价格计算销售额征收资源税。
出口销售	纳税人将其开采的应税产品直接出口的，按其离岸价格（不含增值税）计算销售额征收资源税。
视同销售	1. 按纳税人最近时期同类产品的平均销售价格确定。 2. 按其他纳税人最近时期同类产品的平均销售价格确定。 3. 按应税产品组成计税价格确定： 组成计税价格＝成本×（1＋成本利润率）÷（1－资源税税率） 4. 按后续加工非应税产品销售价格，减去后续加工环节的成本利润后确定。 5. 按其他合理方法确定。

二、从量定额

实行从量定额征收的以销售数量为计税依据。

（一）包括纳税人开采或者生产应税产品的实际销售数量和视同销售的自用数量。

（二）纳税人不能准确提供应税产品销售数量的，以应税产品的产量或者主管税务机关确定的折算比换算成的数量为计征资源税的销售数量。

（三）纳税人以自产的液体盐加工固体盐，按固体盐税额征税，以加工的固体盐数量为课税数量。纳税人以外购的液体盐加工固体盐，其加工固体盐所耗用液体盐的已纳税额准予抵扣。

三、视同销售的情形

（一）纳税人以自采原矿直接加工为非应税产品的，视同原矿销售。

（二）纳税人以自采原矿洗选（加工）后的精矿连续生产非应税产品的，视同精矿销售。

（三）以应税产品投资、分配、抵债、赠与、以物易物等，视同应税产品销售。

学堂点睛

要注意视同销售的是什么资源。例如：将洗选煤拿去赠送，应视同销售洗选煤计税；将原煤拿去赠送，则视同销售原煤计税。

四、煤炭计税规则

（一）纳税人开采原煤直接对外销售的，以原煤销售额作为应税煤炭销售额计算缴纳资源税。

原煤应纳税额＝原煤销售额×适用税率

原煤销售额不含从坑口到车站、码头等的运输费用。

（二）纳税人将其开采的原煤，自用于连续生产洗选煤的，在原煤移送使用环节不缴纳资源税；自用于其他方面的，视同销售原煤。

（三）纳税人将其开采的原煤加工为洗选煤销售的，以洗选煤销售额乘以折算率作为应税煤炭销售额计算缴纳资源税。

应纳税额＝洗选煤销售额×折算率×适用税率

洗选煤销售额包括洗选副产品的销售额，不包括洗选煤从洗选煤厂到车站、码头等的运输费用。

学堂点睛

表 8–4　洗选煤折算率

公式一	洗选煤折算率＝（洗选煤平均销售额－洗选环节平均成本－洗选环节平均利润）/ 洗选煤平均销售额×100% 洗选煤平均销售额、洗选环节平均成本、洗选环节平均利润可按照上年当地行业平均水平测算确定。
公式二	洗选煤折算率＝原煤平均销售额 /（洗选煤平均销售额×综合回收率）×100% 原煤平均销售额、洗选煤平均销售额可按照上年当地行业平均水平测算确定。 综合回收率＝洗选煤数量 / 入洗前原煤数量×100%

（四）纳税人将其开采的原煤加工为洗选煤自用的，视同销售洗选煤。

（五）纳税人自采原煤直接或者经洗选加工后连续生产焦炭、煤气、煤化工、电力及其他煤炭深加工产品的，视同销售原煤或洗选煤，在移送环节纳税。

（六）纳税人同时销售应税原煤和洗选煤的，应分别核算销售额，否则一并视同销售原煤计税。

（七）纳税人同时以自采未税原煤和外购已税原煤加工洗选煤的，应分别核算，否则按洗选煤销售额计税。

（八）纳税人申报的原煤或洗选煤销售价格明显偏低且无正当理由的，或者有视同销售应税煤炭行为而无销售价格的，主管税务机关按顺序确定计税价格：

1. 纳税人最近同类原煤或洗选煤的平均价；
2. 其他纳税人最近同类原煤或洗选煤平均价；

3．组价＝成本×（1＋成本利润率）/（1－资源税税率）

4．其他合理方法。

（九）扣减额计算。

将自采原煤与外购原煤（包括煤矸石）进行混合后销售，计税依据＝当期混合原煤销售额－当期用于混售的外购原煤的购进金额。

以自采原煤与外购原煤混合加工洗选煤的，计税依据＝当期洗选煤销售额×折算率－当期用于混洗混售的外购原煤的购进金额。

学堂点睛

纳税人核算并扣减当期外购已税产品购进金额，应依据外购已税产品的增值税发票、海关进口增值税专用缴款书或者其他合法有效凭据。

外购原矿或者精矿形态的已税产品与本产品征税对象不同的，在计算应税产品计税销售额时，应对混合销售额或者外购已税产品的购进金额进行换算或者折算。

（十）纳税环节。

纳税人销售应税煤炭的，在销售环节缴纳资源税。纳税人以自采原煤直接或者经洗选加工后连续生产焦炭、煤气、煤化工、电力及其他煤炭深加工产品的，视同销售，在原煤或者洗选煤移送环节缴纳资源税。

（十一）纳税地点。

纳税人煤炭开采地与洗选、核算地不在同一行政区域（县级以上）的，煤炭资源税在煤炭开采地缴纳。纳税人在本省、自治区、直辖市范围开采应税煤炭，其纳税地点需要调整的，由省、自治区、直辖市税务机关决定。

【例2-单选题】某油田开采企业2018年8月销售天然气90万立方米，取得不含税增值税收入1 350 000元，另向购买方收取手续费1 630元，延期付款利息2 220元。假设天然气的资源税税率为10%，该企业2018年8月销售天然气应缴纳的资源税为（　　）元。

A．135 150　　B．135 338.03　　C．135 350　　D．135 000

【答案】C

学堂点拨

手续费和延期付款利息应该作为价外费用计算纳税，并且是含税收入，要换算成不含税收入。注意天然气适用增值税低税率10%。应纳税额＝［1 350 000＋（1 630＋2 220）/（1＋10%）］×10%＝135 350（元）。

【例3-2015-单选题】某煤炭开采企业2015年4月销售洗煤5万吨，开具增值税专用发票注明金额5 000万元，另取得从洗煤厂到码头不含增值税的运费收入50万元。假设洗煤折算率为80%，资源税率为10%，该企业销售洗煤应缴纳的资源税为（　　）。

A．400万元　　B．404万元　　C．505万元　　D．625万元

【答案】A

学堂点拨

洗选煤应纳税额=洗选煤销售额×折算率×适用税率，洗选煤销售额包括洗选副产品的销售额，不包括洗选煤从洗选煤厂到车站、码头等的运输费用。该企业销售洗煤应缴纳的资源税=5 000×80%×10%=400（万元）。

【例4-2010-单选题】纳税人开采应税矿产品销售的，其资源税的征税数量为（　　）。

A. 开采数量　　B. 实际产量　　C. 计划产量　　D. 销售数量

【答案】D

学堂点拨

纳税人开采应税矿产品销售的，其资源税的征税数量为销售数量。

知识点4 资源税减税免税（★）

一、原油、天然气优惠政策

（一）开采原油过程中用于加热、修井的原油，免税。

（二）油田范围内运输稠油过程中用于加热的原油、天然气，免征资源税。

（三）稠油、高凝油和高含硫天然气资源税减征40%。

（四）三次采油资源税减征30%。

（五）对低丰度油气田资源税暂减征20%。

（六）对深水油气田资源税减征30%。

为便于征管，对开采稠油、高凝油、高含硫天然气、低丰度油气资源及三次采油的陆上油气田企业，根据以前年度符合上述减税规定的原油、天然气销售额占其原油、天然气总销售额的比例，确定资源税综合减征率和实际征收率，计算资源税应纳税额。计算公式为：

综合减征率=∑（减税项目销售额×减征幅度×6%）/总销售额

实际征收率=6%−综合减征率

应纳税额=总销售额×实际征收率

（七）自2018年4月1日至2021年3月31日，对页岩气资源税（按6%的规定税率）减征30%。

二、矿产资源优惠政策

（一）铁矿石资源税减按40%征收资源税。

（二）对鼓励利用的低品位矿、废石、尾矿、废渣、废水、废气等提取的矿产品，由省级人民政府根据实际情况确定是否减税或免税，并制定具体办法。

（三）从2007年1月1日起，对地面抽采煤层气暂不征收资源税。

煤层气是指赋存于煤层及其围岩中与煤炭资源伴生的非常规天然气，也称煤矿瓦斯。

（四）对实际开采年限在15年以上的衰竭期矿山开采的矿产资源，资源税减征30%。

（五）对依法在建筑物下、铁路下、水体下通过充填开采方式采出的矿产资源，资源税减征50%。

（六）纳税人开采销售共伴生矿，共伴生矿与主矿产品销售额分开核算的，对共伴生矿暂不计征资源税；没有分开核算的，共伴生矿按主矿产品的税目和适用税率计征资源税。财政部、国家税务总局另有规定的，从其规定。

三、其他减税、免税项目

纳税人开采或者生产应税产品过程中，因意外事故或者自然灾害等原因遭受重大损失的，由省、自治区、直辖市人民政府酌情决定减税或者免税。

【例5-2018-单选题】下列关于矿产资源享受资源税减征优惠的说法中，正确的是（　　）。

A．对依法通过充填开采方式采出的矿产资源减征40%

B．对实际开采年限在15年以上的衰竭期矿山开采的矿产资源减征30%

C．铁矿石减按60%征收

D．对纳税人开采销售的未与主矿产品销售额分别核算的共伴生矿减征50%

【答案】B

学堂点拨

选项A，对依法在建筑物下、铁路下、水体下通过充填开采方式采出的矿产资源，资源税减征50%；选项C，铁矿石资源税减按40%征收；选项D，为促进共伴生矿的综合利用，纳税人开采销售共伴生矿，共伴生矿与主矿产品销售额分开核算的，对共伴生矿暂不计征资源税；没有分开核算的，共伴生矿按主矿产品的税目和适用税率计征资源税。财政部、国家税务总局另有规定的，从其规定。

【例6-2011-多选题】下列各项关于资源税减免税规定的表述中，正确的有（　　）。

A．对出口的应税产品免征资源税

B．对进口的应税产品不征收资源税

C．开采原油过程中用于修井的原油免征资源税

D．开采应税产品过程中因自然灾害有重大损失的可由省级政府减征资源税

【答案】BCD

学堂点拨

进口应税产品不征资源税，出口应税产品也不免征或退还已纳资源税，所以选项A是错的，选项B是正确的。开采原油过程中用于加热、修井的原油免税，所以选项C是正确的。纳税人开采或者生产应税产品过程中，因意外事故或者自然灾害等原因遭受重大损失的，由省、自治区、直辖市人民政府酌情决定减税或者免税，所以选项D是正确的。

知识点5　征收管理（★）

一、纳税义务发生时间

（一）纳税人销售应税产品，其纳税义务发生时间为：

1．纳税人采取分期收款结算方式的，其纳税义务发生时间，为销售合同规定的收款日期的当天；

2．纳税人采取预收货款结算方式的，其纳税义务发生时间，为发出应税产品的当天；

3．纳税人采取其他结算方式的，其纳税义务发生时间，为收讫销售款或者取得索取销售款凭据的当天。

（二）纳税人自产自用应税产品的纳税义务发生时间，为移送使用应税产品的当天。

（三）扣缴义务人代扣代缴税款的纳税义务发生时间，为支付首笔货款或首次开具支付货款凭据的当天。

二、纳税期限

（一）资源税的纳税期限为1日、3日、5日、10日、15日或者1个月，纳税人的纳税期限由主管税务机关根据实际情况具体核定。不能按固定期限计算纳税的，可以按次计算纳税。

（二）以1个月为一期纳税的，自期满之日起10日内申报纳税；以1日、3日、5日、10日、15日为一期纳税的，自期满之日起5日内预缴税款，于次月1日起10日内申报纳税并结清上月税款。

三、纳税环节

（一）资源税在应税产品的销售或自用环节计算缴纳。以自采原矿加工精矿产品的，在原矿移送使用时不缴纳资源税，在精矿销售或自用时缴纳资源税。

（二）纳税人以自采原矿直接加工为非应税产品或者以自采原矿加工的精矿连续生产非应税产品的，在原矿或者精矿移送环节计算缴纳资源税。

（三）以应税产品投资、分配、抵债、赠与、以物易物等，在应税产品所有权转移时计算缴纳资源税。

（四）纳税人以自采原矿加工金锭的，在金锭销售或自用时缴纳资源税。纳税人销售自采原矿或者自采原矿加工的金精矿、粗金，在原矿或者金精矿、粗金销售时缴纳资源税，在移送使用时不缴纳资源税。

四、纳税地点

资源税纳税地点包括：开采地、生产地、收购地。

（一）纳税人应当向矿产品的开采地或盐的生产地缴纳资源税。

（二）如果纳税人应纳的资源税属于跨省开采，其下属生产单位与核算单位不在同一省、自治区、直辖市的，对其开采或者生产的应税产品，一律在开采地或者生产地纳税。

实行从量计征的应税产品，其应纳税款一律由独立核算的单位按照每个开采地或者生产地的销售量及适用税率计算划拨；实行从价计征的应税产品，其应纳税款一律由独立核算的单位按照每个开采地或者生产地的销售量、单位销售价格及适用税率计算划拨。

（三）扣缴义务人代扣代缴的资源税，应当向收购地主管税务机关缴纳。

【例7-多选题】下列各项中，符合资源税纳税义务发生时间规定的有（　　）。

A．采取分期收款结算方式的为实际收到款项的当天

B．采取预收货款结算方式的为发出应税产品的当天

C．自产自用应税产品的为移送使用应税产品的当天

D．采取其他结算方式的为收讫销售款或取得索取销售款凭据的当天

【答案】BCD

学堂点拨

纳税人采取分期收款结算方式的，其纳税义务发生时间，为销售合同规定的收款日期当天。

知识点6 扣缴资源税规则（★★）

表 8-5 扣缴资源税规则

扣缴义务人	收购未税矿产品的单位。
扣缴税率	独立矿山、联合企业收购：本单位税额税率标准。 其他单位收购：核定税额税率标准。
扣缴依据	收购数量。
扣缴纳税地点	收购地。

【例8-2012-单选题】2012年2月，某采选矿联合企业到异地收购未税镍矿石。在计算代扣代缴资源税时，该矿石适用的税率是（　　）。

A．税务机关核定的单位税额　　B．镍矿石收购地适用的单位税额

C．镍矿石原产地适用的单位税额　　D．该联合企业适用的镍矿石单位税额

【答案】D

学堂点拨

独立矿山、联合企业收购未税矿产品的单位，按照本单位应税产品税额、税率标准，依据收购的数量代扣代缴资源税。

知识点7 水资源税（★★）

自2016年7月1日起在河北省实施水资源税改革试点。

自2017年12月1日起在北京、天津、山西、内蒙古、山东、河南、四川、陕西、宁夏等9个省（自治区、直辖市）扩大水资源税改革试点。

一、纳税人

除规定的情形外，其他直接取用地表水、地下水的单位和个人，为水资源税纳税人。

下列情形，不缴纳水资源税：

（一）农村集体经济组织及其成员从本集体经济组织的水塘、水库中取用水的；

（二）家庭生活和零星散养、圈养畜禽饮用等少量取用水的；

（三）水利工程管理单位为配置或者调度水资源取水的；

（四）为保障矿井等地下工程施工安全和生产安全必须进行临时应急取用（排）水的；

（五）为消除对公共安全或者公共利益的危害临时应急取水的；

（六）为农业抗旱和维护生态与环境必须临时应急取水的征税对象。

二、征税对象

包括地表水和地下水。

地表水是陆地表面上动态水和静态水的总称，包括江、河、湖泊（含水库）等水资源。

三、计税方法和应纳税额计算

表 8–6　水资源税的计税方法和应纳税额计算

计税方法	从量计征。
计税依据	实际取用水量、实际发电量。
税额计算	1. 一般取用水应纳税额＝实际取用水量×适用税额 2. 疏干排水应纳税额＝实际取用水量×适用税额 【学堂点睛】疏干排水的实际取用水量按照排水量确定。 3. 水力发电和火力发电贯流式（不含循环式）冷却取用水应纳税额＝实际发电量×适用税额

四、从高制定税额标准情形

（一）地下水税额标准要高于地表水。

（二）超采地区的地下水税额标准要高于非超采地区，严重超采地区的地下水税额标准要大幅高于非超采地区。

（三）对超计划或者超定额取用水加征1～3倍。

（四）对特种行业从高征税。

五、从低制定税额标准情形

（一）超过规定限额的农业生产取用水。

（二）主要供农村人口生活用水的集中式饮水工程取用水。

学堂点睛

1. 限额内的农业生产取用水免税；超过限额的农业生产取用水从低制定税额。

2. 主要供农村人口生活用水的集中式饮水工程取用水此处并没有设置限额内和限额外的差别，一律从低制定税额。

六、税收优惠

（一）规定限额内的农业生产取用水，免征水资源税。

（二）取用污水处理再生水，免征水资源税。

（三）除接入城镇公共供水管网以外，军队、武警部队通过其他方式取用水的，免征水资源税。

（四）抽水蓄能发电取用水，免征水资源税。

（五）采油排水经分离净化后在封闭管道回注的，免征水资源税。

（六）财政部、税务总局规定的其他免征或者减征水资源税情形。

七、征收管理

表 8-7　水资源税的征收管理

纳税义务发生时间	取用水资源的当日。
纳税期限	除农业生产取用水外，水资源税按季或者按月征收，由主管税务机关根据实际情况确定。 对超过规定限额的农业生产取用水水资源税可按年征收。 不能按固定期限计算纳税的，可以按次申报纳税。 纳税人应自纳税期满或纳税义务发生之日起15日内申报纳税。
纳税地点	1．水资源税由生产经营所在地的地税主管税务机关征收管理。 2．跨省（区、市）调度的水资源，由调入区域所在地的税务机关征收水资源税。 3．在试点省份内取用水，其纳税地点需要调整的，由省级财政、税务部门决定。

【例9-多选题】下列各项中适用水资源税免税政策的有（　　）。

A．超过规定限额的农业生产取用水

B．军队通过接入城镇公共供水管网以外的其他方式取用水的

C．取用污水处理再生水

D．抽水蓄能发电取用水

【答案】BCD

学堂点拨

资源税的免税优惠包括：

1．规定限额内的农业生产取用水，免征水资源税（超限额的部分应征税，但从低确定税额）；

2．取用污水处理再生水，免征水资源税；

3．除接入城镇公共供水管网以外，军队、武警部队通过其他方式取用水的，免征水资源税；

4．抽水蓄能发电取用水，免征水资源税；

5．采油排水经分离净化后在封闭管道回注的，免征水资源税；

6．财政部、税务总局规定的其他免征或者减征水资源税情形。

【例10-多选题】下列各种取用水情形，应从低制定水资源税税额标准的有（　　）。

A．特种行业取用水

B．采油排水经分离净化后在封闭管道回注的

C．超过规定限额的农业生产取用水

D．主要供农村人口生活用水的集中式饮水工程取用水

【答案】CD

学堂点拨

选项A，特种行业取用水属于从高制定税额的情形；选项B，采油排水经分离净化后在封闭管道回注的属于免税情形。

【例11–多选题】下列关于水资源税征收管理相关规定，说法正确的有（　　）。

A. 纳税义务发生时间为取用水资源的当日

B. 按季度或按次征收

C. 纳税人一律向生产经营所在地的税务机关申报缴纳纳税

D. 超过规定限额农业生产取用水水资源可按年征收

【答案】AD

学堂点拨

选项B，水资源税按季或者按月征收，由主管税务机关根据实际情况确定；不能按固定期限计算纳税的，可以按次申报纳税。选项C，除规定的情形外，纳税人应当向生产经营所在地的税务机关申报缴纳水资源税。

微信扫一扫
习题免费练

第二节　环境保护税法（★★）

本法自2018年1月1日起施行。

知识点1　纳税人

一、纳税人

在中华人民共和国领域和中华人民共和国管辖的其他海域，直接向环境排放应税污染物的企业事业单位和其他生产经营者。

学堂点睛

不包括非生产经营者排放污染物。

二、不纳税情形

有下列情形之一的，不属于直接向环境排放污染物，不缴纳相应污染物的环境保护税：

（一）企业事业单位和其他生产经营者向依法设立的污水集中处理、生活垃圾集中处理场所排放应税污染物的；

（二）企业事业单位和其他生产经营者在符合国家和地方环境保护标准的设施、场所贮存或者处置固体废物的；

（三）达到省级人民政府确定的规模标准并且有污染物排放口的畜禽养殖场，应当依法缴纳环保税；依法对畜禽养殖废弃物进行综合利用和无害化处理的，不属于直接向环境排放污染物，不缴纳环保税。

学堂点睛

直接向环境排放应税污染物的情形应纳税，如果向合法集中处理场所排放、按规定贮存或处置、综合利用和无害化处理的，相当于对环境无重大污染则不纳税。

【例1-2018-单选题】下列情形中，属于直接向环境排放污染物从而应缴纳环境保护税的是（　　）。

A．企业在符合国家和地方环境保护标准的场所处置固体废物的

B．事业单位向依法设立的生活垃圾集中处理场所排放应税污染物的

C．企业向依法设立的污水集中处理场所排放应税污染物的

D．依法设立的城乡污水集中处理场所超过国家和地方规定的排放标准排放应税污染物的

【答案】D

学堂点拨

依法设立的城乡污水集中处理、生活垃圾集中处理场所排放相应应税污染物，不超过国家和地方规定的排放标准的，暂免征收环境保护税。超过国家和地方排放标准的，应按照相关规定征收税款。

知识点2 税目与税率

一、税目：应税污染物（水、气、声、渣）

包括大气污染物、水污染物、固体废物和噪声（工业噪声）。

二、税率：幅度或固定税额

表 8-8　环境保护税税目税额表

税目		计税单位	税额	备注
大气污染物		每污染当量	1.2～12元	——
水污染物		每污染当量	1.4～14元	
固体废物	煤矸石	每吨	5元	——
	尾矿	每吨	15元	
	危险废物	每吨	1 000元	
	冶炼渣、粉煤灰、炉渣、其他固体废物（含半固态、液态废物）	每吨	25元	

（续上表）

税目		计税单位	税额	备注
噪声	工业噪声	超标1～3分贝	每月350元	1．一个单位边界上有多处噪声超标，根据最高一处超标声级计算应纳税额。 2．一个单位有不同地点作业场所的，应当分别计算应纳税额，合并计征。 3．昼、夜超标的环境噪声，昼、夜分别计算应纳税额，累计计征。 4．声源1个月内超标不足15天的，减半计算应纳税额。 5．夜间频繁突发和夜间偶然突发厂界超标噪声，按等效声级和峰值噪声两种指标中超标分贝值高的一项计算应纳税额。
		超标4～6分贝	每月700元	
		超标7～9分贝	每月1 400元	
		超标10～12分贝	每月2 800元	
		超标13～15分贝	每月5 600元	
		超标16分贝以上	每月11 200元	

学堂点睛

1．大气污染物和水污染物的税额为幅度定额，最高税额为最低税额的10倍。具体适用税额的确定和调整由省级政府提出，报同级人大常委会决定，并报全国人大常委会和国务院备案。

2．固体废物的税额为固定税额。

3．工业噪声对超标的分贝数直接规定了每月税额。超标分贝越高，税额越高。

【例2-2018-多选题】下列各项中，属于环境保护税征税范围的有（　　）。

A．煤矸石　　B．氮氧化物　　C．二氧化硫　　D．建筑噪声

【答案】ABC

学堂点拨

应税噪声仅包括工业噪声。

知识点3 计税依据

表8-9 环境保护税的计税依据

应税污染物	计税依据	计税依据确定方法
应税大气污染物	污染当量数	污染当量数＝污染物排放量/污染物当量值
应税水污染物	污染当量数	污染当量数＝污染物排放量/污染物当量值
应税固体废物	固体废物排放量	排放量＝固体废物产生量－综合利用量－贮存量－处置量
应税噪声	超过国家规定标准的分贝数	超标分贝数＝实际排放分贝数－噪声排放限值

一、应税大气污染物、水污染物按照污染物排放量折合的污染当量数确定计税依据

应税大气污染物、水污染物的污染当量数＝该污染物的排放量/该污染物的污染当量值

（一）每一排放口或者没有排放口的应税大气污染物，按照污染当量数从大到小排序，对前三项

污染物征收环境保护税。

（二）每一排放口的应税水污染物，按规定区分第一类水污染物和其他类水污染物，按照污染当量数从大到小排序，对第一类水污染物按照前五项征收环境保护税，对其他类水污染物按照前三项征收环境保护税。

（三）省、自治区、直辖市人民政府根据本地区污染物减排的特殊需要，可以增加同一排放口征收环境保护税的应税污染物项目数，报同级人民代表大会常务委员会决定，并报全国人民代表大会常务委员会和国务院备案。

学堂点睛

每一排放口相当于是一个单独的纳税单位，需要各自就其排放的污染物计税。但由于一个排放口同时排放出的污染物往往有多种，不可能对其中所含各种污染物全部计税，所以规定只对其中前三项或前五项污染最大的污染物计税，同时给予了地方增加项目数的权限。

（四）纳税人有下列情形之一的，以其当期应税大气污染物、水污染物的产生量作为污染物的排放量：

1. 未依法安装使用污染物自动监测设备或者未将污染物自动监测设备与环境保护主管部门的监控设备联网；

2. 损毁或者擅自移动、改变污染物自动监测设备；

3. 篡改、伪造污染物监测数据；

4. 通过暗管、渗井、渗坑、灌注或者稀释排放以及不正常运行防治污染设施等方式违法排放应税污染物；

5. 进行虚假纳税申报。

学堂点睛

上述情形无法准确确定污染物的排放量，则从高按其污染物产生量作为排放量计税。

二、应税固体废物按照固体废物的排放量确定计税依据

固体废物的排放量＝当期固体废物的产生量－当期固体废物的综合利用量－当期固体废物的贮存量－当期固体废物的处置量

（一）固体废物的排放量为当期应税固体废物的产生量减去当期应税固体废物的贮存量、处置量、综合利用量的余额。

学堂点睛

符合规定贮存和处置的固体废物不属于征税范围，综合利用的固体废物属于暂免征税的项目。

（二）固体废物的贮存量、处置量，是指在符合国家和地方环境保护标准的设施、场所贮存或者处置的固体废物数量；固体废物的综合利用量，是指按照国务院发展改革、工业和信息化主管部门关于资源综合利用要求以及国家和地方环境保护标准进行综合利用的固体废物数量。

（三）纳税人有下列情形之一的，以其当期应税固体废物的产生量作为固体废物的排放量：

1. 非法倾倒应税固体废物；

2. 进行虚假纳税申报。

三、应税噪声按照超过国家规定标准的分贝数确定计税依据

工业噪声按超过国家规定标准的分贝数确定每月税额，超过国家规定标准的分贝数是指实际产生的工业噪声与国家规定的工业噪声排放标准限值之间的差值。

学堂点睛

并非产生工业噪声就一定要交环保税，只有在噪声超标时才会纳税。

知识点4 计税依据的确定方法

应税大气污染物、水污染物、固体废物的排放量和噪声的分贝数，按照下列方法和顺序计算：

一、纳税人安装使用符合国家规定和监测规范的污染物自动监测设备的，按照污染物自动监测数据计算；

二、纳税人未安装使用污染物自动监测设备的，按照监测机构出具的符合国家有关规定和监测规范的监测数据计算；

三、因排放污染物种类多等原因不具备监测条件的，按照国务院环境保护主管部门规定的排污系数、物料衡算方法计算；

四、不能按照本条第一项至第三项规定的方法计算的，按照省、自治区、直辖市人民政府环境保护主管部门规定的抽样测算的方法核定计算。

知识点5 应纳税额的计算

注意计算过程中的单位换算问题：

1吨=1 000升

1毫克=0.000 001千克

1千克=1 000 000毫克

一、应税大气污染物应纳税额的计算

应税大气污染物的应纳税额=污染当量数×适用税额

污染当量数=污染物排放量/污染当量值

【链接】 每一排放口或者没有排放口的应税大气污染物，按照污染当量数从大到小排序，对前三项污染物征收环境保护税。

【教材例题1】 某企业2018年3月向大气直接排放二氧化硫、氟化物各100千克，一氧化碳200千克、氯化氢80千克，假设当地大气污染物每污染当量税额1.2元，该企业只有一个排放口。其应纳税额计算如下：

第一步：计算各污染物的污染当量数。

污染当量数=该污染物的排放量/该污染物的污染当量值，据此计算各污染物的污染当量数为：

二氧化硫污染当量数=100/0.95=105.26

氟化物污染当量数=100/0.87=114.94

一氧化碳污染当量数=200/16.7=11.98

氯化氢污染当量数=80/10.75=7.44

第二步：按污染当量数排序。

氟化物污染当量数（114.94）>二氧化硫污染当量数（105.26）>一氧化碳污染当量数（11.98）>氯化氢污染当量数（7.44）

该企业只有一个排放口，排序选取计税前三项污染物为：氟化物、二氧化硫、一氧化碳。

第三步：计算应纳税额。

应纳税额=（114.94+105.26+11.98）×1.2=278.62（元）

二、应税水污染物应纳税额的计算

表 8-10 应税水污染物应纳税额的计算

类型		计税规则
一般水污染物（第一类和第二类）		应纳税额=污染当量数×适用税额 污染当量数=污染物排放量/污染当量值 排放量=排放总量×浓度值
其他水污染物	禽畜养殖业	应纳税额=禽畜养殖数量/污染当量值×适用税额
	小型企业和第三产业	应纳税额=污水排放量（吨）/污染当量值（吨）×适用税额
	医院	1. 应纳税额=医院床位数/污染当量值×适用税额 2. 应纳税额=污水排放量/污染当量值×适用税额

学堂点睛

环保税对规模化养殖征收：存栏规模大于50头牛、500头猪、5 000羽鸡鸭的禽畜养殖厂。

【教材例题2】甲化工厂是环境保护税纳税人，该厂仅有1个污水排放口且直接向河流排放污水，已安装使用符合国家规定和监测规范的污染物自动监测设备。检测数据显示该排放口2018年2月共排放污水6万吨（折合6万立方米），应税污染物为六价铬，浓度为六价铬0.5毫克/升。请计算该化工厂2月份应缴纳的环境保护税（该厂所在省的水污染物税率为2.8元/污染当量，六价铬的污染当量值为0.02）。

计算过程如下：

1. 计算污染当量数。

六价铬污染当量数=排放总量×浓度值÷当量值=60 000 000×0.5/1 000 000/0.02=1 500

2. 应纳税额=1 500×2.8=4 200（元）

【教材例题3】某养殖场，2018年2月养牛存栏量为100头，污染当量值为0.1头，假设当地水污染物适用税额为每污染当量2.8元，当月应纳环境保护税税额计算如下：

水污染物当量数=100/0.1=1 000

应纳税额=1 000×2.8=2 800（元）

三、应税固体废物应纳税额的计算

应税固体废物的应纳税额=（当期固体废物的产生量－当期固体废物的综合利用量－当期固体废物的贮存量－当期固体废物的处置量）×适用税额

【教材例题4】假设某企业2018年3月产生尾矿1 000吨，其中综合利用的尾矿300吨（符合国家相关规定），在符合国家和地方环境保护标准的设施贮存300吨。请计算该企业当月尾矿应缴纳的环境保护税。

环境保护税应纳税额=（1 000－300－300）×15=6 000（元）

四、应税噪声应纳税额的计算

应税噪声应纳税额=超过国家规定标准的分贝数对应的具体适用税额

学堂点睛

1. 一个单位边界上有多处噪声超标，根据最高一处超标声级计算应纳税额；当沿边界长度超过100米有两处以上噪声超标，按照两个单位计算应纳税额。

2. 一个单位有不同地点作业场所的，应分别计税，合并计征。

3. 昼和夜均超标的环境噪声，分别计算税额，累计计征。（视为两个纳税单位）

4. 声源1个月内超标不足15天的，减半计算应纳税额。

【举例1】如工业噪声只有在白天超标，本月超标只有10天，则税额减半。如果本月超标20天，则正常计税。

【举例2】如工业噪声在白天和晚上均超标，本月超标只有10天，则白天和晚上都计税，计算两份税，但都可以享受减半。如果本月白天和晚上均超标20天，则白天和晚上都正常计税。如果白天超标10天，晚上超标20天，则白天减半计税，晚上正常计税。

【教材例题5】假设某工业企业只有一个生产场地的，只在昼间生产，边界处声环境功能区类型为1类，生产时产生噪声为60分贝，《工业企业厂界环境噪声排放标准》规定1类功能区昼间的噪声排放限值为55分贝，当月超标天数为18天。请计算该企业当月噪声污染应缴纳的环境保护税。

超标分贝数：60－55=5（分贝）

根据《环境保护税税目税额表》，可得出该企业当月噪声污染应缴纳环境保护税700元。

知识点6 税收减免

表 8-11 环境保护税的税收减免

暂免	1. 农业生产（不包括规模化养殖）排放应税污染物的。 2. 机动车、铁路机车、非道路移动机械、船舶和航空器等流动污染源排放应税污染物的。 3. 依法设立的城乡污水集中处理、生活垃圾集中处理场所排放相应应税污染物，不超过国家和地方规定的排放标准的。 【学堂点睛】上述集中处理场所超过规定排放标准的应征税。 4. 纳税人综合利用的固体废物，符合国家和地方环境保护标准的。 5. 国务院批准免税的其他情形。

（续上表）

减征	1．纳税人排放应税大气污染物或者水污染物的浓度值低于国家和地方规定的污染物排放标准30%的，减按75%征收环境保护税。 2．纳税人排放应税大气污染物或者水污染物的浓度值低于国家和地方规定的污染物排放标准50%的，减按50%征收环境保护税。

知识点7 征收管理

环境保护主管部门和税务机关应当建立涉税信息共享平台和工作配合机制。

表 8-12 环境保护税的征收管理

纳税义务发生时间	排放应税污染物的当日。
纳税地点	应税污染物排放地的税务机关。
纳税期限	按月计算，按季申报缴纳。 不能按固定期限计算缴纳的，可以按次申报缴纳。
缴库期限	按季申报缴纳的，自季度终了之日起15日内申报缴税。 纳税人按次申报缴纳的，应当自纳税义务发生之日起15日内申报缴税。

【例3-单选题】纳税人排放应税大气污染物或者水污染物的浓度值低于国家和地方规定的污染物排放标准30%的，减按（　　）征收环境保护税。

A．25%　　B．50%　　C．75%　　D．80%

【答案】C

学堂点拨

纳税人排放应税大气污染物或者水污染物的浓度值低于国家和地方规定的污染物排放标准30%的，减按75%征收环境保护税。

【例4-多选题】下列各项中，属于我国环境保护税计税依据的有（　　）。

A．大气污染物污染当量数　　B．固体废物的排放量

C．应税噪声分贝数　　D．大气污染物排放量

【答案】AB

学堂点拨

环保税计税依据包括：应税大气污染物按照污染物排放量折合的污染当量；应税水污染物按照污染物排放量折合的污染当量；应税固体废物按照固体废物的排放量；应税噪声按照超过国家规定标准的分贝数确定。

第九章　城镇土地使用税法和耕地占用税法

本章思维导图

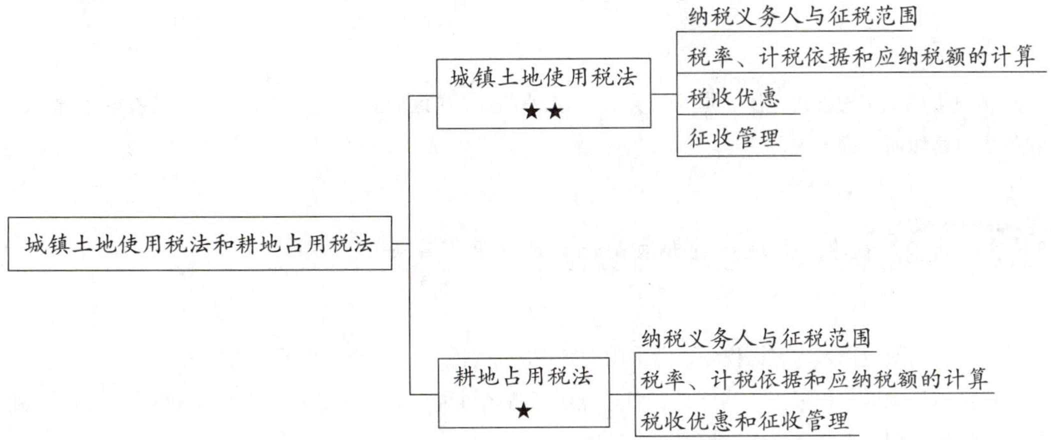

本章知识点精讲

微信扫一扫
习题免费练

第一节　城镇土地使用税法

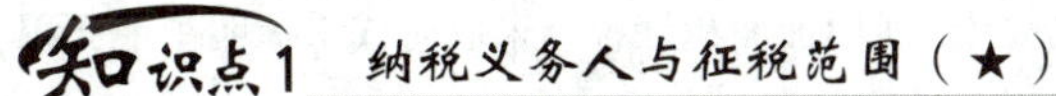

城镇土地使用税是以国有土地或集体土地为征税对象，对拥有土地使用权的单位和个人征收的一种税。

一、纳税义务人

表 9–1　城镇土地使用税的纳税义务人

具体情况	纳税义务人
一般	拥有土地使用权的单位和个人
拥有土地使用权的单位和个人不在土地所在地	实际使用人和代管人

（续上表）

具体情况	纳税义务人
土地使用权未确定或权属纠纷未解决的	实际使用人
土地使用权共有的	共有各方分别纳税
承租集体所有建设用地的	直接从集体经济组织承担土地的单位和个人

【**举例**】某城市的甲与乙共同拥有一块土地的使用权，这块土地面积为1 500平方米，甲实际使用1/3，乙实际使用2/3，则甲应是其所占的500平方米（1 500×1/3）土地的城镇土地使用税的纳税人，乙是其所占的1 000平方米（1 500×2/3）土地的城镇土地使用税的纳税人。

二、征税范围

城镇土地使用税征税范围：城市、县城、建制镇和工矿区内属于国家所有和集体所有的土地，不包括农村集体所有的土地。

知识点2 税率、计税依据和应纳税额的计算（★★）

一、税率

城镇土地使用税采用定额税率，即采用有幅度的差别税额，每个幅度差别为20倍。

经济落后地区，税额可适当降低，但降低额不得超过税率表中规定的最低税额30%。经济发达地区的适用税额可适当提高，但需报财政部批准。

二、计税依据

城镇土地使用税的计税依据为实际占用的土地面积，不是建筑面积。

（一）以测定面积为计税依据。

（二）以证书确认的土地面积为计税依据，适用尚未组织测量，但持有土地使用证书的纳税人。

（三）以申报的土地面积为计税依据，适用于尚未核发土地使用证书的纳税人，核发后调整。

（四）征税范围内单独建造的地下建筑用地，按土地使用证面积计税，未取得或未标明土地面积的，按地下建筑垂直投影面积计税。地下建筑用地暂按应征税款50%征收城镇土地使用税。

三、应纳税额的计算

城镇土地使用税应纳税额按年计算，分期缴纳。

全年应纳税额＝实际占用土地面积（平方米）×适用税额

【**例1-2015-单选题**】某企业在市区拥有一块地，尚未由有关部门组织测量面积，但持有政府部门核发的土地使用证书。下列关于该企业履行城镇土地使用税纳税义务的表述中，正确的是（　　）。

A．暂缓履行纳税义务

B．自行测量土地面积并履行纳税义务

C．待将来有关部门测定土地面积后再履行纳税义务

D．以证书确认土地面积作为计税依据履行纳税义务

【答案】D

学堂点拨

尚未组织测量，但纳税人持有政府部门核发的土地使用证书的，以证书确认的土地面积为准。

【例2-2012-单选题】甲企业位于某经济落后地区，2011年12月取得一宗土地的使用权（未取得土地使用证书），2012年1月已按1 500平方米申报缴纳城镇土地使用税。2012年4月该企业取得了政府部门核发的土地使用证书，上面注明的土地面积为2 000平方米。已知该地区适用每平方米0.9～18元的固定税额，当地政府规定的固定税额为每平方米0.9元，并另按照国家规定的最高比例降低税额标准。则该企业2012年应该补缴的城镇土地使用税为（　　）。

A．0元　　B．315元　　C．945元　　D．1 260元

【答案】B

学堂点拨

经济落后地区，土地使用税的适用税额标准可适当降低，但降低额不得超过最低税额的30%。应补缴的城镇土地使用税=（2 000-1 500）×0.9×（1-30%）=315（元）。

知识点3 税收优惠（★★）

一、法定免税

（一）国家机关、人民团体、军队自用的土地。

（二）由国家财政部门拨付事业经费的单位自用的土地。

（三）宗教寺庙、公园、名胜古迹自用的土地。生产、经营用地不属于免税范围，如照相馆。

（四）市政街道、广场、绿化地带等公共用地。

（五）直接用于农、林、牧、渔业的生产用地。不包括农副产品加工场地和生活办公用地。

（六）经批准开山填海整治的土地和改造的废弃土地，从使用的月份起免缴土地使用税5年至10年。

（七）对非营利性医疗机构、疾病控制机构和妇幼保健机构等卫生机构自用的土地，免征城镇土地使用税。

（八）企业办的学校、医院、托儿所、幼儿园，其用地能与企业其他用地明确区分的，免征城镇土地使用税。

（九）免税单位无偿使用纳税单位的土地（如公安、海关等单位使用铁路、民航等单位的土地），免征城镇土地使用税。纳税单位无偿使用免税单位的土地，纳税单位应照章缴纳城镇土地使用税。纳税单位与免税单位共同使用、共有使用权土地上的多层建筑，对纳税单位可按其占用的建筑面积占建筑总面积的比例计征城镇土地使用税。

（十）对行使国家行政管理职能的中国人民银行总行（含国家外汇管理局）所属分支机构自用的土地，免征城镇土地使用税。

（十一）政策性免税。具体规定如下：

1. 对石油天然气生产建设中用于地质勘探、钻井、井下作业、油气田地面工程等施工临时用地暂免征收城镇土地使用税；

2. 对企业的铁路专用线、公路等用地，在厂区以外、与社会公用地段未加隔离的，暂免征收城镇土地使用税；

3. 对企业厂区以外的公共绿化用地和向社会开放的公园用地，暂免征收城镇土地使用税；

4. 对盐场的盐滩、盐矿的矿井用地，暂免征收城镇土地使用税。

（十二）自2016年1月1日至2021年12月31日，对专门经营农产品的农产品批发市场、农贸市场使用（包括自有和承租，下同）的房产、土地，暂免征收房产税和城镇土地使用税。对同时经营其他产品的农产品批发市场和农贸市场使用的房产、土地，按其他产品与农产品交易场地面积的比例确定征免房产税和城镇土地使用税。

（十三）到2019年12月31日止（含当日），对物流企业自有（包括自用和出租）大宗商品仓储设施用地，减按所属土地等级适用税额标准的50%计征城镇土地使用税。物流企业的办公、生活区用地及其他非直接从事大宗商品仓储的用地，不属于优惠范围，应按规定征收城镇土地使用税。符合减税条件的物流企业需持相关材料向主管税务机关办理备案手续。

（十四）自2018年10月1日起至2020年12月31日，对按照去产能和调结构政策要求停产、停业、关闭的企业，自停产停业次月起，免征城镇土地使用税。

（十五）自2019年1月1日至2021年12月31日，对国家级、省级科技企业孵化器、大学科技园和国家备案众创空间自用以及无偿或通过出租等方式提供给在孵对象使用的土地，免征城镇土地使用税。

二、省级地税减免

（一）个人所有的居住房屋及院落用地。

（二）房产管理部门在房租调整改革前经租的居民住房用地。

（三）免税单位职工家属的宿舍用地。

（四）集体和个人办的各类学校、医院、托儿所、幼儿园用地。

【例3-2018-多选题】下列各项中，属于法定免缴城镇土地使用税的有（　）。

A. 名胜古迹用地　　B. 免税单位无偿使用纳税单位土地

C. 个人所有的居住房屋用地　　D. 国家财政部门拨付事业经费的学校用地

【答案】ABD

学堂点拨

选项C，属于省、自治区、直辖市地方税务局确定的土地使用税减免优惠的范围。

【例4-2014-单选题】下列土地中，免征城镇土地使用税的是（　　）。

A. 营利性医疗机构自用的土地　　B. 公园内附设照相馆使用的土地

C. 生产企业使用海关部门的免税土地　　D. 公安部门无偿使用铁路企业的应税土地

【答案】D

学堂点拨

选项A、B为经营性用地；选项C，纳税单位无偿使用免税单位的土地，纳税单位应照章缴纳城镇土地使用税。

知识点4 征收管理（★）

一、纳税期限

按年计算，分期缴纳。

二、纳税义务发生时间

表 9-2 城镇土地使用税纳税义务发生时间

具体情况	发生时间
购置新建商品房	房屋交付使用之次月起。
购置存量房	签发权属证书之次月起。
出租、出借	交付出租、出借房产之次月起。
出让、转让有偿取得土地使用权	合同约定交付次月起。 未约定交付时间的，合同签订次月起。
新征用耕地	批准征用之日起满1年时。
新征用非耕地	批准征用次月起。

三、纳税地点

城镇土地使用税在土地所在地缴纳。

纳税人使用的土地不属于同一省、自治区、直辖市管辖的，由纳税人分别向土地所在地的税务机关缴纳土地使用税；在同一省、自治区、直辖市管辖范围内，纳税人跨地区使用的土地，其纳税地点由各省、自治区、直辖市地方税务局确定。

第二节 耕地占用税法

微信扫一扫
习题免费练

知识点1 纳税义务人与征税范围（★）

一、纳税义务人

耕地占用税的纳税人是指在中华人民共和国境内占用耕地建设建筑物、构筑物或者从事非农业建设的单位和个人。

二、征税范围

包括纳税人建设建筑物、构筑物或者从事非农业建设所占用的国家所有和集体所有的耕地。

学堂点睛

1．建设直接为农业生产服务的生产设施占用规定的农用地的，不征税。

2．“耕地”是指种植农业作物的土地，包括菜地、园地。其中，园地包括花圃、苗圃、茶园、果园、桑园和其他种植经济林木的土地。

3．占用鱼塘及其他农用土地建房或从事其他非农业建设，也视同占用耕地。占用林地、牧草地、农田水利用地、养殖水面以及渔业水域滩涂等其他农用地建房或者从事非农业建设的，比照本条例的规定征收耕地占用税。

知识点2 税率、计税依据和应纳税额的计算（★）

表 9–3 耕地占用税的税率、计税依据和应纳税额计算

税率	地区差别定额税率。 1．在人均耕地低于0.5亩的地区，省、自治区、直辖市可以根据当地经济发展情况，适当提高耕地占用税的适用税额，但提高的部分不得超过适用税额的50%。 2．占用基本农田的，应当按照适用税额加征150%。
计税依据	以纳税人实际占用的耕地面积为计税依据，按照规定的适用税额一次性征收。 【学堂点睛】耕地占用税只在改变耕地属性时征收一次，之后不再征收。
税额计算	应纳税额＝实际占用耕地面积（平方米）×适用定额税率

知识点3 税收优惠和征收管理（★★）

表 9–4 耕地占用税的税收优惠和征收管理

税收优惠	免征： 1．军事设施占用耕地。 2．学校（包括技工院校）、幼儿园、社会福利机构、医疗机构占用耕地。 3．农村烈士遗属、因公牺牲军人遗属、残疾军人以及符合农村最低生活保障条件的农村居民，在规定用地标准以内新建自用住宅。 减征： 1．铁路线路、公路线路、飞机场跑道、停机坪、港口、航道占用耕地，减按每平方米2元的税额征收耕地占用税。 2．农村居民在规定用地标准以内占用耕地新建自用住宅，按照当地适用税额减半征收耕地占用税；其中农村居民经批准搬迁，新建自用住宅占用耕地不超过原宅基地面积的部分，免征耕地占用税。

（续上表）

征收管理	征收机关：税务机关。 获准占用耕地的单位或者个人应当在收到自然资源主管部门的通知之日起30日内缴纳耕地占用税。 1．减免税后改变原占地用途，不再属于减免情形的，应补缴耕地占用税。 2．纳税人因建设项目施工或者地质勘查临时占用耕地，应当依法缴纳耕地占用税。纳税人在批准临时占用耕地期满之日起1年内依法复垦，恢复种植条件的，全额退还已经缴纳的耕地占用税。

【例1-2018-单选题】下列单位占用的耕地中，应减征耕地占用税的是（　　）。

A．幼儿园　　B．养老院

C．港口　　D．省政府批准成立的技工学校

【答案】C

学堂点拨

铁路线路、公路线路、飞机场跑道、停机坪、港口、航道占用耕地，减按每平方米2元的税额征收耕地占用税。养老院属于社会福利机构，享受免税政策。

【例2-2014-单选题】下列耕地占用的情形中，属于免征耕地占用税的是（　　）。

A．医院占用耕地　　B．建厂房占用鱼塘

C．高尔夫球场占用耕地　　D．商品房建设占用林地

【答案】A

学堂点拨

选项B、C、D，属于占用耕地从事非农业建设，需要交纳耕地占用税。

【例3-2013-单选题】村民张某2012年起承包耕地面积3 000平方米。2013年将其中300平方米用于新建住宅，其余耕地仍和上年一样使用，即700平方米用于种植药材，2 000平方米用于种植水稻。当地耕地占用税税率为25元/平方米，张某应缴纳的耕地占用税为（　　）。

A．3 750元　　B．7 500元

C．12 500元　　D．25 000元

【答案】A

学堂点拨

农村居民占用耕地新建住宅，按照当地适用税额减半征收耕地占用税。张某应缴纳耕地占用税＝300×25/2＝3 750（元）。

第十章　房产税法、契税法和土地增值税法

本章思维导图

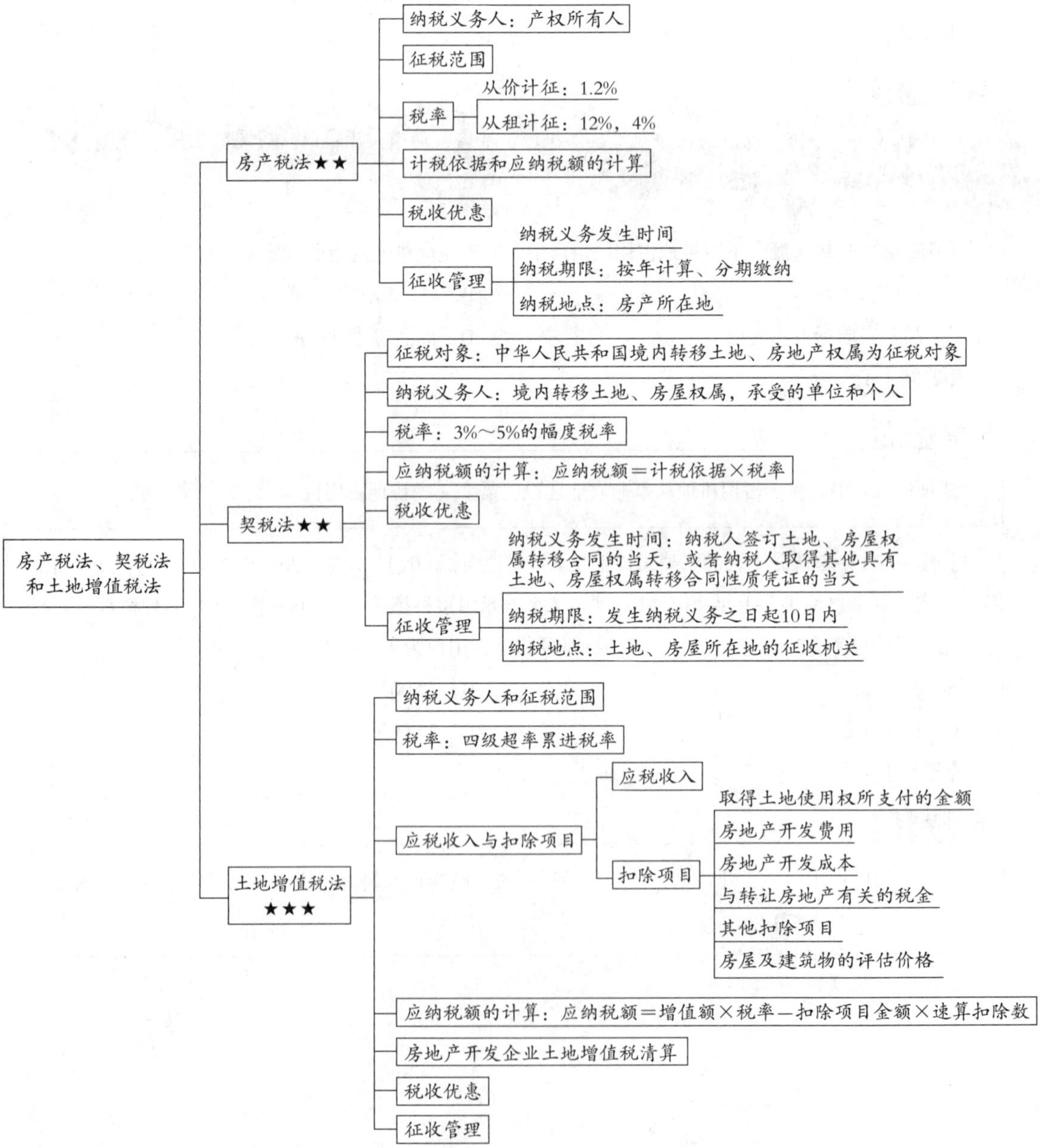

- 房产税法、契税法和土地增值税法
  - 房产税法★★
    - 纳税义务人：产权所有人
    - 征税范围
    - 税率
      - 从价计征：1.2%
      - 从租计征：12%，4%
    - 计税依据和应纳税额的计算
    - 税收优惠
    - 征收管理
      - 纳税义务发生时间
      - 纳税期限：按年计算、分期缴纳
      - 纳税地点：房产所在地
  - 契税法★★
    - 征税对象：中华人民共和国境内转移土地、房地产权属为征税对象
    - 纳税义务人：境内转移土地、房屋权属，承受的单位和个人
    - 税率：3%～5%的幅度税率
    - 应纳税额的计算：应纳税额＝计税依据×税率
    - 税收优惠
    - 征收管理
      - 纳税义务发生时间：纳税人签订土地、房屋权属转移合同的当天，或者纳税人取得其他具有土地、房屋权属转移合同性质凭证的当天
      - 纳税期限：发生纳税义务之日起10日内
      - 纳税地点：土地、房屋所在地的征收机关
  - 土地增值税法★★★
    - 纳税义务人和征税范围
    - 税率：四级超率累进税率
    - 应税收入与扣除项目
      - 应税收入
      - 扣除项目
        - 取得土地使用权所支付的金额
        - 房地产开发费用
        - 房地产开发成本
        - 与转让房地产有关的税金
        - 其他扣除项目
        - 房屋及建筑物的评估价格
    - 应纳税额的计算：应纳税额＝增值额×税率－扣除项目金额×速算扣除数
    - 房地产开发企业土地增值税清算
    - 税收优惠
    - 征收管理

本章知识点精讲

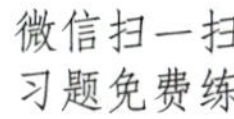

微信扫一扫
习题免费练

第一节 房产税法

知识点1 纳税义务人与征税范围（★★）

房产税是以房屋为征税对象，按照房屋的计税余值或租金收入，向产权所有人征收的一种财产税。

一、纳税义务人：征税范围内的房屋产权所有人

表 10-1 房产税的纳税义务人

具体情况	纳税义务人
产权属国家所有的	经营管理单位。
产权属集体和个人所有的	集体单位和个人。
产权出典的	承典人。 【学堂点睛】在房屋出典期间，产权所有人已无权支配房屋，承典人对房屋具有支配权。
产权所有人、承典人不在房屋所在地	房产代管人或者使用人。
产权未确定及租典纠纷未解决的	
无租使用其他房产的	房产使用人。 【学堂点睛】纳税单位和个人无租使用房产管理部门、免税单位及纳税单位的房产，应由使用人代为缴纳房产税。
融资租赁房产	承租人。

二、征税范围

（一）房产税以房产为征税对象。

（二）房产税的征税范围为城市、县城、建制镇和工矿区，但是不包括农村。

学堂点睛

1. 房地产开发企业建造的商品房，在出售前，不征收房产税；但对出售前房地产开发企业已使用或出租、出借的商品房应按规定征收房产税。

2. 房产，是指有屋面和围护结构（有墙或两边有柱），能够遮风避雨，可供人们在其中生产、学习、工作、娱乐、居住或储藏物资的场所。独立于房屋之外的建筑物，如围墙、烟囱、水塔、变电塔、油池油柜、酒窖菜窖、酒精池、糖蜜池、室外游泳池、玻璃暖房、砖瓦石灰窑以及各种油气罐等，不属于房产。

【例1-2014-单选题】下列房屋及建筑物中，属于房产税征税范围的是（　　）。

A．农村的居住用房

B．建在室外的露天游泳池

C．个人拥有的市区经营性用房

D．尚未使用或出租而待售的商品房

【答案】C

学堂点拨

选项A，房产税范围不包括农村房产；选项B，室外露天游泳池不属于房产；选项D，开发的商品房，还未出售且未出租，不征收房产税。

【例2-2013-多选题】下列情形中，应由房产代管人或者使用人缴纳房产税的有（　　）。

A．房屋产权未确定的

B．房屋租典纠纷未解决的

C．房屋承典人不在房屋所在地的

D．房屋产权所有人不在房屋所在地的

【答案】ABCD

学堂点拨

产权所有人、承典人不在房屋所在地的，或者产权未确定及租典纠纷未解决的，由房产代管人或使用人纳税。

【例3-2012-多选题】以下关于房产税纳税人的表述中，正确的有（　　）。

A．外籍个人不缴纳房产税

B．房屋产权出典的，承典人为纳税人

C．房屋产权属于集体所有的，集体单位为纳税人

D．房屋产权未确定及租典纠纷未解决的，代管人或使用人为纳税人

【答案】BCD

学堂点拨

选项A，外籍个人也是要缴纳房产税的。

知识点2　应纳税额计算（★★★）

我国现行房产税采用的是比例税率。其计税方法分为从价计征和从租计征两种形式。

一、计税方法：从价计征和从租计征

表 10-2　房产税的计税方法

具体形式	计税方法
联营投资，共担风险。	从价计征。
收固定收入，不承担风险。	从租计征。

（续上表）

具体形式	计税方法
融资租赁。	从价计征。 合同约定（或签订）开始日次月起算。
居民住宅区内业主共有经营性房产。 （代管人或使用人缴纳房产税）	自营的，从价计征。 出租的，从租计征。

二、税率

（一）我国现行房产税是按年计税，采用的是比例税率，根据计税依据分为从价计征和从租计征两种形式。从价计征税率为1.2%，从租计征税率为12%。

（二）2008年3月1日起，个人出租住房，不区分用途，按4%的税率征收房产税。

三、计税依据

房产税的计税依据是房产的计税价值（从价计征）或房产的租金收入（从租计征）。

（一）从价计征

从价计征的计税依据是房产原值一次减除10%～30%的扣除比例后的余值。

房产原值的确定：

表 10-3 房产原值的确定

房产原值的构成	会计核算账簿“固定资产”科目中记载的房屋原价。
	自2009年1月1日起，对依照房产原值计税的房产，不论是否记载在会计账簿固定资产科目中，均应按照房屋原价计算缴纳房产税。
	房产原值均应包含地价，包括为取得土地使用权支付的价款、开发土地发生的成本费用等。 宗地容积率低于0.5 的，按房产建筑面积的2倍计算土地面积并据此确定计入房产原值的地价。
	房产原值应包括与房屋不可分割的各种附属设备或一般不单独计算价值的配套设施。如：暖气、卫生、通风、照明、煤气、电梯等。自2016年1月1日起，为了维持和增加房屋的使用功能或使房屋满足设计要求，凡以房屋为载体，不可随意移动的附属设备和配套设施，例如排水、消防、中央空调等，无论在会计核算中是否单独记账与核算，都应计入房产原值。
更换	更换房屋附属设备和配套设施的，在将其价值计入房产原值时，可扣减原来相应设备和设施的价值；对附属设备和配套设施中易损坏、需要经常更换的零配件，更新后不再计入房产原值。
改扩建	对原有房屋进行改建、扩建的，要相应增加房屋的原值。
地下建筑	包括与地上房屋相连的地下建筑以及完全建在地面以下的建筑、地下人防设施等，均应当依照有关规定征收房产税。 对于与地上房屋相连的地下建筑，如房屋的地下室、地下停车场、商场的地下部分等，应将地下部分与地上房屋视为一个整体，按照地上房屋建筑的有关规定计算征收房产税。 完全建在地面以下的建筑，原值可以按一定比例折算，具体比例为： 1. 工业用途房产，以房屋原价的50%～60%作为应税房产原值。 2. 商业和其他用途房产，以房屋原价的70%～80%作为应税房产原值。

学堂点睛

容积率=总建筑面积/总用地面积

宗地容积率低于0.5的，按房产建筑面积的2倍计算土地面积并据此确定计入房产原值的地价。容积率高于0.5的，将宗地的全部地价款计入房产原值。

此处我们举例来说明一下：

【举例1】某公司有一宗土地，占地面积为10 000平方米，地价款共计5 000万元，平均每平方米价格为0.5万元，已知该宗土地上房屋的建筑面积为2 000平方米。

则：该宗地容积率=2 000/10 000=0.2

由于0.2小于0.5，则应按房产建筑面积的2倍计算土地面积并据此确定计入房产原值的地价。

应计入房产原值的地价=应税房产建筑面积×2×土地单价=2 000×2×0.5=2 000（万元）。

【举例2】某公司有一宗土地，占地面积为10 000平方米，地价款共计5 000万元，平均每平方米价格为0.5万元，已知该宗土地上房屋的建筑面积为7 000平方米。

则：该宗地容积率=7 000/10 000=0.7

由于0.7大于0.5，则应将全部地价款计入房产原值。

应计入房产原值的地价为5 000万元。

（二）从租计征

从租计征的计税依据为房产租金收入。

1. 如果是以劳务或者其他形式为报酬抵付房租收入的，应根据当地同类房产的租金水平，确定一个标准租金额从租计征。（不按实物公允价值计税）

2. 对出租房产，租赁双方签订的租赁合同约定有免收租金期限的，免收租金期间由产权所有人按照房产原值缴纳房产税。

3. 出租的地下建筑，按照出租地上房屋建筑的有关规定计算征收房产税。

学堂点睛

计征房产税的租金收入为不含增值税的金额。

四、应纳税额的计算

从价计征：

全年应纳税额=房产原值×（1−扣除比例）×1.2%

从租计征：

全年应纳税额=租金收入×12%（个人出租住房为4%）

学堂点睛

需要重点把握从价计征和从租计征相结合的计算性题目。例如年度中间将一部分房产出租的情况，未出租部分房产全年为从价计征，而出租部分则分两部分考虑：出租前以及免租期内应从价计征，出租后则从租计征。

【例4-2015-多选题】下列项目中，应以房产租金作为计税依据征收房产税的有（　　）。

A．以融资租赁方式租入的房屋

B．以经营租赁方式租出的房屋

C．居民住宅区内业主自营的共有经营性房屋

D．以收取固定收入、不承担联营风险方式投资的房屋

【答案】BD

学堂点拨

选项A、C依照房产余值缴纳房产税。

【例5-2012-单选题】某上市公司2011年以5 000万元购得一处高档会所，然后加以改建，支出500万元在后院新建一个露天泳池，支出500万元新增中央空调系统，拆除200万元的照明设施，再支付500万元安装智能照明和楼宇声控系统，会所于2011年年底改建完毕并对外营业。当地规定计算房产余值扣除比例为30%，2012年该会所应缴纳房产税（　　）万元。

A．42　　B．48.72　　C．50.4　　D．54.6

【答案】B

学堂点拨

房产原值应包括与房屋不可分割的各种附属设备或一般不单独计算价值的配套设施。凡以房屋为载体，不可随意移动的附属设备和配套设施，如给排水、采暖、消防、中央空调、电气及智能化楼宇设备等，无论在会计核算中是否单独记账与核算，都应计入房产原值，计征房产税。对于更换房屋附属设备和配套设施的，在将其价值计入房产原值时，可扣减原来相应设备和设施的价值。

2012年应缴纳房产税=（5 000+500−200+500）×（1-30%）×1.2%=48.72（万元）。

【例6-2017-单选题】某企业2016年3月投资1 500万元取得5万平方米的土地使用权，缴纳契税60万元，用于建造面积为4万平方米的厂房，建造成本和费用为2 000万元，2016年能竣工验收并投入使用，对该厂房征收房产税所确定的房产原值是（　　）。

A．3 500万元　　B．3 200 万元　　C．3 560万元　　D．3 000万元

【答案】C

学堂点拨

房产原值=1 500+2 000+60=3 560（万元），房产原值包括为取得土地使用权支付的价款、开发土地发生的成本费用等。

知识点3　税收优惠（★★）

一、国家机关、人民团体、军队自用的房产免征房产税。

二、由国家财政部门拨付事业经费的单位，如学校、医疗卫生单位、托儿所、幼儿园、敬老院、文化、体育、艺术这些实行全额或差额预算管理的事业单位所有的本身业务范围内使用的房产免征房

产税。

三、宗教寺庙、公园、名胜古迹自用的房产免征房产税。

学堂点睛

第一至三项中免税单位的出租房产以及非自身业务使用的生产、营业用房，不属于免税范围，仅自用房产享受免税。

四、个人所有非营业用的房产免征房产税。

学堂点睛

居民住房免税；对个人拥有的营业用房或者出租的房产，应照章纳税。

五、经财政部批准免税的其他房产：

（一）对非营利性医疗机构、疾病控制机构和妇幼保健机构等卫生机构自用的房产，免征房产税；

（二）对按政府规定价格出租的公有住房和廉租住房，暂免征收房产税：

包括企业、自收自支事业单位向职工出租的单位自有住房，房管部门向居民出租的公有住房等。

（三）经营公租房的租金收入，免征房产税。

（四）自2018年10月1日起至2020年12月31日，对按照去产能和调结构政策要求停产、停业、关闭的企业，自停产停业次月起，免征房产税、城镇土地使用税。企业享受免税政策的期限累计不得超过2年。

（五）自2019年1月1日至2021年12月31日，对国家级、省级科技企业孵化器、大学科技园和国家备案众创空间自用以及无偿或通过出租等方式提供给在孵对象使用的房产，免征房产税。

（六）自2019年1月1日至2021年12月31日，对高校学生公寓免征房产税。

【例7-单选题】下列关于房产税税收优惠的表述中，正确的是（　　）。

A．个人拥有的营业用房，免征房产税

B．企业向职工出租的单位自有住房，免征房产税

C．公园内便利店所用房产，免征房产税

D．非营利性医疗机构出租的房产，免征房产税

【答案】B

学堂点拨

选项A，个人所有的非营业用房，主要是指居民住房，不分面积多少，一律免征房产税。对个人拥有的营业用房或者出租的房产，不属于免税房产，应照章纳税；选项C，公园自用房产免征房产税，经营性房产不免；选项D，非营利性医疗机构自用房产，免征房产税。

知识点4 征收管理（★★）

一、纳税义务发生时间

表 10-4 房产税纳税义务的发生时间

房产用途	纳税义务发生时间
纳税人将原有房产用于生产经营	从生产经营之月起。
纳税人自行新建房屋用于生产经营	从建成之次月起。
委托施工企业建设的房屋	从办理验收手续之次月起。
纳税人购置新建商品房	自房屋交付使用之次月起。
购置存量房	自办理房屋权属转移、变更登记手续，房地产权属登记机关签发房屋权属证书之次月起。
纳税人出租、出借房产	自交付出租、出借房产之次月起。
房地产开发企业自用、出租、出借自建商品房	自房屋使用或交付之次月起。

学堂点睛

自2009年1月1日起，纳税人因房产的实物或权利状态发生变化而依法终止房产税纳税义务的，其应纳税款的计算应截止到房产的实物或权利状态发生变化的月末。

二、纳税期限

房产税实行按年计算、分期缴纳的征收方法，具体纳税期限由省、自治区、直辖市人民政府确定。

三、纳税地点

房产税在房产所在地缴纳。

房产不在同一地方的纳税人，应按房产的坐落地点分别向房产所在地的税务机关纳税。

【例8-2018-多选题】下列关于房产税纳税义务发生时间的表述中，正确的有（　　）。

A. 纳税人自行新建房屋用于生产经营，从建成之月起缴纳房产税

B. 纳税人将原有房产用于生产经营，从生产经营之月起缴纳房产税

C. 纳税人出租房产，自交付出租房产之次月起缴纳房产税

D. 房地产开发企业自用本企业建造的商品房，自房屋使用之次月起缴纳房产税

【答案】BCD

学堂点拨

选项A，纳税人自行新建房屋用于生产经营，从建成之次月起缴纳房产税。

第二节 契税法

微信扫一扫
习题免费练

契税是以在中华人民共和国境内转移土地、房屋权属为征税对象，向产权承受人征收的一种财产税。

表 10-5 契税的征税对象

征税对象	具体内容
国有土地使用权出让	受让人以出让金为依据缴纳契税，不得因减免出让金而减免契税。
国有土地使用权转让	包括出售、赠与、交换或其他方式。 土地使用权的转让不包括农村集体土地承包经营权的转移。
房屋买卖	下列情形均视同房屋买卖，由产权承受人缴纳契税： 1. 以房抵债和实物交换房屋，按房屋现值缴纳契税。 2. 以房产作投资、入股，按入股房产现值或房产买价缴纳契税。 【学堂点睛】以自有房产作股投入本人独资经营的企业，免纳契税。 3. 买房拆料或翻建新房。 4. 以获奖方式承受土地、房屋权属。 5. 以预购方式或者预付集资建房款方式承受土地、房屋权属。
房屋赠与	房屋受赠人应缴纳契税。 【学堂点睛】法定继承人继承土地房屋权属，不征契税；非法定继承人承受死者生前的土地房屋权属，属于赠与行为，征收契税。
房屋交换	交换价格相等的免征契税，交换价格不等的多付款一方按差价款缴纳契税。

【例1-2018-单选题】下列行为中，应当缴纳契税的是（　　）。

A. 个人以自有房产投入本人独资经营的企业

B. 企业将自有房产与另一企业的房产等价交换

C. 公租房经营企业购买住房作为公租房

D. 企业以自有房产投资于另一企业并取得相应的股权

【答案】D

学堂点拨

选项A，以自有房产作股投入本人独资经营的企业，免纳契税；选项B，等价交换房屋、土地权属的，免征契税；选项C，公租房经营单位购买住房作为公租房的，免征契税。

【例2-2015-单选题】下列行为中，应缴纳契税的是（　　）。

A. 个人将自有房产无偿赠与法定继承人

B. 企业以自有房产等价交换另一企业的房产

C. 个人以自有房产投入本人独资经营的企业

D. 企业以自有房产投资于另一企业并取得相应的股权

【答案】D

学堂点拨

选项A，个人无偿赠与不动产行为（法定继承人除外），应对受赠人全额征收契税；选项B，土地使用权交换、房屋交换，交换价格相等时免征契税，企业以自有房产等价交换另一企业的房产不缴纳契税；选项C，以自有房产投入本人独资经营的企业免纳契税。

知识点2 税率、计税依据和应纳税额计算（★★）

一、税率

各省、自治区、直辖市人民政府可以在3%～5%的幅度税率规定范围内，按照本地区的实际情况决定。

二、契税计税依据和应纳税额

应纳税额=计税依据×税率

契税的计税依据为不动产的价格。由于土地、房屋权属转移方式不同，定价方法不同，因而具体计税依据视不同情况而决定。

表 10-6 契税的计税依据

具体情况	计税依据规定
国有土地使用权出让、土地使用权出售、房屋买卖	成交价格。
土地使用权、房屋赠与	征收机关参照市场价格核定。
土地使用权交换、房屋交换	所交换的土地使用权、房屋的价格差额。也就是说交换价格相等免契税；价格不等，多付款一方缴纳契税。
转让划拨方式取得的土地使用权	房地产转让者补交契税，计税依据为补交的土地使用权出让费用或者土地收益。
房屋附属设施	1. 不涉及权属转移变动的，不征税。 2. 采取分期付款方式购买房屋附属设施土地使用权、房屋所有权的，按照合同规定的总价款计算征收契税。（含精装修费） 3. 承受的房屋附属设施权属如果是单独计价的，按照当地适用的税率征收，如果与房屋统一计价的，适用与房屋相同的税率。
个人无偿赠与不动产	应对受赠人全额征收契税。 【学堂点睛1】法定继承人继承不纳契税。 【学堂点睛2】缴纳契税和印花税时，纳税人须提交经税务审核签字盖章的《个人无偿赠与不动产登记表》。

【例3-2016-单选题】甲企业2016年1月因无力偿还乙企业已到期的债务3 000万元，经双方协商甲企业同意以自有房产偿还债务，该房产的原值5 000万元，净值2 000万元，评估现值9 000万元，乙企业支付差价款6 000万元，双方办理了产权过户手续，则乙企业计缴契税的计税依据是（　　）。

A．5 000万元　　B．6 000万元　　C．9 000万元　　D．2 000万元

【答案】C

学堂点拨

以房产抵偿债务，按照房屋的折价款作为计税依据缴纳契税，本题中的折价款为9 000万元。

【例4-2016-多选题】甲企业2016年3月以自有房产对乙企业进行投资并取得了相应的股权，办理了产权过户手续。经有关部门评估，该房产的现值为24 000万元。当月丙企业以股权方式购买该房产并办理了过户手续，支付的股份价值为30 000万元。下列各企业计缴契税的处理中，正确的有（　　）。

A．乙企业向丙企业出售房屋不缴纳契税

B．甲企业以房产投资的行为不缴纳契税

C．丙企业按30 000万元作为计税依据计缴契税

D．乙企业从甲企业取得房屋按房产现值24 000万元作为计税依据计缴契税

【答案】ABCD

学堂点拨

契税的纳税义务人是境内转移土地、房屋权属，承受的单位和个人。乙向丙出售，应该由丙缴纳契税，以成交价30 000万元缴纳契税；以房产投资、入股，由产权承受方缴纳契税，所以甲不缴纳契税，应该由乙按24 000万元缴纳契税。

知识点3　税收优惠（★）

一、契税优惠的一般规定

（一）国家机关、事业单位、社会团体、军事单位承受土地、房屋用于办公、教学、医疗、科研和军事设施的，免征契税。

（二）城镇职工按规定第一次购买公有住房，免征契税。

1. 对个人购买家庭唯一住房90平方米及以下的，减按1%税率征收；90平方米以上的减按1.5%征收。

2. 对个人购买家庭第二套改善性住房，面积90平方米及以下减按1%税率征收；90平方米以上的减按2%征收。

（三）因不可抗力灭失住房而重新购买住房的，酌情减免。

（四）土地、房屋被县级以上人民政府征用、占用后，重新承受土地、房屋权属的，由省级人民政府确定是否减免。

（五）承受荒山、荒沟、荒丘、荒滩土地使用权，并用于农、林、牧、渔业生产的，免征契税。

学堂点睛

此处用途必须为农、林、牧、渔业生产才可免税，如用于农副产品加工等用途不得享受此优惠。

（六）经外交部确认，依照我国有关法律规定以及我国缔结或参加的双边和多边条约或协定，应当予以免税的外国驻华使馆、领事馆、联合国驻华机构及其外交代表、领事官员和其他外交人员承受土地、房屋权属。

（七）公租房经营单位购买住房作为公租房的，免征契税。

二、契税优惠的特殊规定

表 10-7 契税优惠的特殊规定

企业改制	原投资主体存续，并在改制后的公司中所持股权比例超过75%，且改制后公司承继原企业权利、义务的，对改制后的公司承受原企业土地、房屋权属，免征契税。
事业单位改制	原投资主体存续，并在改制后企业中出资比例超过50%，对改制后的企业承受原事业单位土地、房屋权属，免征契税。
公司合并	合并后的公司承受原合并各方的土地、房屋权属，免征契税。
公司分立	对派生方、新设方承受原公司土地、房屋权属，免征契税。
企业破产	1．债权人（包括破产企业职工）承受破产企业抵偿债务的土地、房屋权属，免征契税。 2．对非债权人承受破产企业土地、房屋权属：安置全部员工+3年以上劳动合同=免税 安置30%以上员工+3年以上劳动合同=减半
资产划转	1．承受县级以上人民政府或国有资产管理部门行政性调整、划转国有土地、房屋权属的单位，免征契税。 2．同一投资主体内部所属企业之间土地、房屋权属的划转，免征契税。 如：母子（全资）、全资子公司之间，同一自然人与其个人独资企业、一人有限公司之间。 母公司以土地、房屋权属向其全资子公司增资，视同划转，免征契税。
债转股	经国务院批准实施债转股的企业，债权转股权后新设立的公司承受原企业的土地、房屋权属，免征契税。
股份转让	单位个人承受公司股权，公司土地、房屋权属不发生转移，不征收契税。
划拨土地	以出让方式或国家作价出资方式承受原改制重组企业、事业单位划拨用地的，承受方应征收契税。

【例5-2012-单选题】下列关于契税优惠政策的表述中，正确的是（　　）。

A．某居民投资购买了一宗用于建造幼儿园的土地，可以免征契税

B．某退休林场工人到某山区购买了一片荒丘用于开荒造林，应减半缴纳契税

C．某县城国有企业职工按规定第一次购买公有住房，应按1%优惠税率缴纳契税

D．某居民购买一套86平方米的普通住房作为家庭唯一住房，可减按1%税率缴纳契税

【答案】D

学堂点拨

选项A，没有免征契税的规定；选项B，承受荒山、荒沟、荒丘、荒滩土地使用权，并用于农、林、牧、渔业生产的，免征契税；选项C，按照国家房改政策出售给本单位职工的，如属职工首次购买住房，均可免征契税。

【例6-2017-多选题】以下选项中获取的房屋权属中，可以免征契税的有（　　）。

A．因房屋拆迁取得的房屋　　B．以实物交换取得的房屋

C．全资公司的母公司划转的房屋　　D．债权人承受破产企业抵偿债务的房屋

【答案】CD

学堂点拨

选项C、D属于契税优惠的特殊规定，免征契税。

知识点4 征收管理（★）

一、纳税义务发生时间

契税的纳税义务发生时间是纳税人签订土地、房屋权属转移合同的当天，或者纳税人取得其他具有土地、房屋权属转移合同性质凭证的当天。

学堂点睛

1．契税纳税义务发生时间不是房地产权属转移的当天，而是签署合同的当天。

2．对已缴纳契税的购房单位和个人，在未办理房屋权属变更登记前退房的，退还已纳契税；在办理房屋权属变更登记之后退房的，不予退还已纳契税。

二、纳税期限

纳税人应当自纳税义务发生之日起10日内，向土地、房屋所在地的契税征收机关办理纳税申报，并在契税征收机关核定的期限内缴纳税款。

三、纳税地点

契税在土地、房屋所在地的征收机关缴纳。

微信扫一扫
习题免费练

第三节　土地增值税法

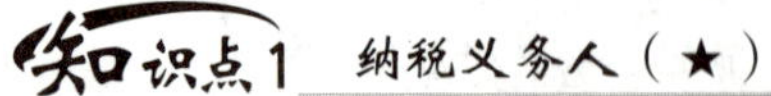

土地增值税是对有偿转让国有土地使用权及地上建筑物和其他附着物产权，取得增值收入的单位和个人征收的一种税。

土地增值税的纳税义务人为转让国有土地使用权、地上的建筑及其附着物（以下简称转让房地产）并取得收入的单位和个人。

知识点2 征税范围（★★）

一、基本征税范围

表 10-8 土地增值税的基本征税范围

征税范围	解释
1. 转让国有土地使用权	仅限国有土地转让征税，不包括集体所有土地。
2. 地上的建筑物及其附着物连同国有土地使用权一并转让	房地产开发后销售。
3. 存量房地产的买卖	指已经建成并已投入使用的房地产（二手房）。

二、具体征税范围

纳入土地增值税征税范围的项目有几点要求：

（一）转让的必须是国有土地使用权；

（二）必须发生权属的转让，权属未转让不征税；

（三）一般转让行为应取得收入，但部分情形下即便没有收入，也要视同销售征税。

表 10-9 土地增值税的具体征税范围

具体事项	税法规定
1. 房地产继承、赠与	继承不属于征税范围。
	特定赠与不属于征税范围： （1）房产所有人、土地使用权所有人将房屋产权、土地使用权赠与直系亲属或承担直接赡养义务人的； （2）房产所有人、土地使用权所有人通过中国境内非营利的社会团体、国家机关将房屋产权、土地使用权赠与教育、民政和其他社会福利、公益事业的。
	其他赠与应征税。
2. 房地产出租	不属于征税范围。
3. 房地产抵押	抵押期不属于征税范围。 抵押期满，转让权属抵债，征税。
4. 房地产交换	单位之间换房，双方均征税。 个人互换自有居住用房地产，经税务核实，可免征。
5. 合作建房	建成后按比例分房自用，暂免征税。 建成后转让的，应征税。
6. 代建房	不属于征税范围。
7. 房地产重新评估	不属于征税范围。

三、企业改制重组土地增值税政策

表 10-10　企业改制重组土地增值税政策

具体事项	税法规定
1. 整体改建	1. 重组时暂不征税。 （不适用于房地产开发企业） 2. 重组后再转让土地使用权，应纳税，改制前所支付的原地价款及费用可扣除。
2. 合并：原主体存续	
3. 分立	
4. 改制重组时以国有房地产投资，权属转移变更到被投资企业	

【例1-2016-单选题】下列房地产交易行为中，应当计算缴纳土地增值税的是（　　）。

A. 房地产公司出租高档住宅

B. 县城居民之间互换自有居住用房屋

C. 非营利的慈善组织将合作建造的房屋转让

D. 房地产开发企业代客户进行房地产开发，开发完成后向客户收取代建收入

【答案】C

学堂点拨

土地增值税的特殊征税范围有：1. 房地产的继承、赠与；2. 房地产的出租；3. 房地产的抵押；4. 房地产的交换；5. 合作建房；6. 房地产的代建房行为；7. 房地产的重新评估。其中缴纳土地增值税的有第3项和第5项，其他的都不属于土地增值税的征税范围。

【例2-2014-单选题】下列情形中，应当计算缴纳土地增值税的是（　　）。

A. 工业企业向房地产开发企业转让国有土地使用权

B. 房产所有人通过希望工程基金会将房屋产权赠与西部教育事业

C. 甲企业出资金、乙企业出土地，双方合作建房，建成后按比例分房自用

D. 房地产开发企业代客户进行房地产开发，开发完成后向客户收取代建收入

【答案】A

学堂点拨

选项B，房产所有人通过中国境内非营利的社会团体、国家机关将房屋产权赠与教育、民政和其他社会福利、公益事业的，不属于土地增值税的征税范围；选项C，合作建房，建成后按比例分房自用的，暂免征收土地增值税；选项D，房地产开发公司代客户进行房地产的开发，开发完成后向客户收取代建收入，收入属于劳务收入性质，故不属于土地增值税的征税范围。

知识点3　税率（★）

土地增值税实行四级超率累进税率，如表10-11所示。

表 10–11 土地增值税的四级超率累进税率

级数	增值额与扣除项目金额的比率	税率	速算扣除系数
1	不超过50%的部分	30%	0
2	超过50%至100%的部分	40%	5%
3	超过100%至200%的部分	50%	15%
4	超过200%的部分	60%	35%

知识点4 应税收入的确定（★★）

纳税人转让房地产取得的应税收入，应包括转让房地产的全部价款及有关的经济收益。从收入的形式来看，包括货币收入、实物收入和其他收入。

学堂点睛

1．转让收入中的实物和其他收入形式需要评估确认。

2．需特别注意视同销售收入，如将开发的房地产项目用于投资、赠送客户、抵债等用途，应视同销售计征土地增值税。视同销售收入一般按同类房地产项目的售价确定。

3．此处的销售收入为不含增值税的收入。

不含税收入换算：

增值税简易征收：含税收入/（1+5%）

增值税一般计税：含税收入－增值税销项税额

知识点5 扣除项目的确定（★★★）

土地增值税应纳税额，是以收入额减除国家规定的各项扣除项目金额后的余额计算征税。这个余额就是纳税人在转让房地产中获取的增值额。所以确认可以扣除哪些项目、扣除多少金额非常重要。

扣除项目列举如表10–12所示。

表 10–12 土地增值税扣除项目的确定

扣除项目	具体内容
1．取得土地使用权所支付的金额	（1）纳税人为取得土地使用权所支付的地价款。 （2）纳税人在取得土地使用权时按国家统一规定缴纳的有关费用。 【学堂点睛1】如果是以协议、招标、拍卖等出让方式取得土地使用权的，地价款为纳税人所支付的土地出让金；如果是以行政划拨方式取得土地使用权的，地价款为按照国家有关规定补交的土地出让金；如果是以转让方式取得土地使用权的，地价款为向原土地使用权人实际支付的地价款。 【学堂点睛2】相关费用中包含登记、过户手续费以及契税。 【学堂点睛3】此项目不包括土地闲置费。

（续上表）

扣除项目	具体内容
2. 房地产开发成本	（1）土地征用及拆迁补偿费。 （2）前期工程费。 （3）建筑安装工程费。 （4）基础设施费。 （5）公共配套设施费。 （6）开发间接费用。 【学堂点睛】质量保证金如计入发票中，则可以扣除。
3. 房地产开发费用	是指与房地产开发项目有关的销售费用、管理费用和财务费用。 但不能按会计账簿中记录的金额直接扣除，因为土地增值税按项目分别计税，而三项期间费用不能按房地产项目分开核算。
	扣除方法：二选一。 （1）不能按项目计算分摊利息，或不能提供贷款证明的；或全用自有资金，没有利息支出的： 开发费用=（地价款及费用+开发成本）×10%以内 （2）能按项目计算分摊利息，并能提供贷款证明的： 开发费用=利息+（地价款及费用+开发成本）×5%以内
	可直接扣除的利息应注意两点： （1）不能超过按商业银行同类同期银行贷款利率计算的金额； （2）包括超过规定上浮幅度的部分、超期利息、加罚利息。 另外，土地增值税清算时，已经计入房地产开发成本的利息支出，应调整至财务费用中计算扣除。
	扣除比例中的10%和5%均为上限，考试题目中可能给出低于此数值的比例，应注意查看。
4. 与转让房地产有关的税金	房地产企业：城建税、教育费附加、地方教育附加。 其他企业：城建税、教育费附加、地方教育附加、印花税。 【学堂点睛】此处印花税应按“产权转移书据”万分之五计算。房地产企业不得扣除印花税。
5. 其他扣除项目	此条优惠只适用于从事房地产开发的纳税人，除此之外的其他纳税人不适用。 其他扣除项目=（地价款及费用+开发成本）×20% 【学堂点睛1】仅适用于房地产企业新建房销售，只卖地或卖存量房的情形下不能扣除此项目。 【学堂点睛2】土地闲置费和加息罚息等利息均可在企业所得税前扣除，但在土地增值税中不得扣除。

（续上表）

<table>
<tr><th>扣除项目</th><th>具体内容</th></tr>
<tr><td rowspan="5">6. 房屋及建筑物的评估价格</td><td>纳税人转让旧房的，应按房屋及建筑物的评估价格、取得土地使用权所支付的地价款或出让金、按国家统一规定缴纳的有关费用和转让环节缴纳的税金作为扣除项目金额计征土地增值税。</td></tr>
<tr><td>对取得土地使用权时未支付地价款或不能提供已支付的地价款凭据的，在计征土地增值税时不允许扣除。</td></tr>
<tr><td>评估价格＝重置成本价×成新度折扣率</td></tr>
<tr><td>不能取得评估价格，但能提供购房发票的，经税务确认，可按发票所载金额并从购买年度起至转让年度止每年加计5%计算扣除。
扣除金额＝发票价×（1+5%×年数）
【学堂点睛1】“每年”按购房发票所载日期起至售房发票开具之日止，每满12个月计一年；超过一年，未满12个月但超过6个月的，可以视同为一年。
【学堂点睛2】对纳税人购房时缴纳的契税，凡能提供契税完税凭证的，准予作为“与转让房地产有关的税金”予以扣除，但不作为加计5%的基数。</td></tr>
<tr><td>对于转让旧房及建筑物，既没有评估价格，又不能提供购房发票的，地方税务机关可以实行核定征收。</td></tr>
</table>

【**总结**】扣除项目适用情况。

表 10-13　土地增值税扣除项目适用情况

<table>
<tr><th>具体情况</th><th>可扣除项目</th></tr>
<tr><td>房地产开发企业新房销售</td><td>1. 取得土地使用权所支付的金额。
2. 房地产开发成本。
3. 房地产开发费用。
4. 转让有关的税金：城建税、教育费附加、地方教育附加。
5. 财政部规定的其他扣除项目。</td></tr>
<tr><td>其他企业新房销售</td><td>1. 取得土地使用权所支付的金额。
2. 房地产开发成本。
3. 房地产开发费用。
4. 与转让房地产有关的税金：城建税、教育费附加、地方教育附加、印花税。</td></tr>
<tr><td rowspan="3">存量房销售</td><td>1. 取得土地使用权所支付的金额。
2. 房屋及建筑物的评估价格。
3. 转让环节缴纳的税金：城建税、教育费附加、地方教育附加、印花税。</td></tr>
<tr><td>1. 购房发票价每年加计5%。
2. 转让环节缴纳的税金：城建税、教育费附加、地方教育附加、印花税、契税。</td></tr>
<tr><td>核定征收。</td></tr>
<tr><td>只卖地</td><td>1. 取得土地使用权所支付的金额。
2. 转让环节缴纳的税金：城建税、教育费附加、地方教育附加、印花税。</td></tr>
</table>

【例3-2014-单选题】房地产开发企业进行土地增值税清算时，下列各项中，允许在计算增值额时扣除的是（　　）。

A．加罚的利息

B．已售精装修房屋的装修费用

C．逾期开发土地缴纳的土地闲置费

D．未取得建筑安装施工企业开具发票的扣留质量保证金

【答案】B

学堂点拨

房地产开发企业销售已装修的房屋，其装修费用可以计入房地产开发成本扣除；选项A、C、D均属于土地增值税清算时不能扣除的项目。

知识点6 增值额的确定（★）

一、土地增值额＝转让收入－扣除项目金额

学堂点睛

扣除项目应和收入保持配比关系。

【举例】如开发的房地产项目只销售了90%，则在清算时地价款、开发成本、开发费用等项目的扣除金额均为各自金额的90%部分。一定要注意只有在全部销售或视同销售情况下，才可以扣除100%的扣除项目。

二、纳税人有下列情形之一的，按照房地产评估价格计算征收土地增值税

（一）隐瞒、虚报房地产成交价格的，评估机构参照同类房地产的市场交易价格进行评估。

（二）提供扣除项目金额不实的，评估机构按照房屋重置成本价乘以成新折扣率计算的房屋的成本价和取得土地使用权时的基准价进行评估。

（三）转让房地产的成交价格低于房地产评估价格，又无正当理由的，由税务机关参照房地产评估价格确定转让房地产收入。

知识点7 应纳税额的计算方法（★★★）

一、应纳税额的计算方法

表10-14　土地增值税应纳税额的计算方法

直接计税	如：直接销售土地、存量房、房地产企业销售现房。
先预征，后清算	如：房地产企业预售商品房即期房，因为销售项目未竣工结算，无法取得成本费用等数据，所以先按收入的特定比例预征税款，待满足清算条件后再进行正常计税（土地增值税清算）。 清算计算的税款和预征税款比较后，多退少补。

学堂点睛

预征率：除保障性住房外，东部地区省份预征率不得低于2%，中部和东北地区省份不得低于1.5%，西部地区省份不得低于1% 。

二、土地增值税计算步骤

（一）增值额＝收入－扣除项目。

（二）增值率＝增值额/扣除项目。

（三）根据增值率确定适用税率及速算扣除系数。

（四）税额＝增值额×适用税率－扣除项目×速算扣除系数。

【教材例题】假定某房地产开发公司转让商品房一栋，取得收入总额为1 000万元，应扣除的购买土地的金额、开发成本的金额、开发费用的金额、相关税金的金额、其他扣除金额合计为400万元。请计算该房地产开发公司应缴纳的土地增值税。

1. 先计算增值额：

增值额＝1 000-400＝600（万元）

2. 再计算增值额与扣除项目金额的比率：

增值额与扣除项目金额的比率＝600/400×100%＝150%

根据上述计算方法，增值额超过扣除项目金额100% ，未超过200%时，其适用的计算公式为：土地增值税税额＝增值额×50%－扣除项目金额×15%

3. 最后计算该房地产开发公司应缴纳的土地增值税：

应缴纳土地增值税＝600×50%－400×15%＝240（万元）

【例4-单选题】2016年8月某房地产开发公司转让新建普通标准住宅一幢，取得转让不含增值税收入6 000万元，转让环节缴纳税费合计220万元（不含印花税和增值税）。已知该公司为取得土地使用权而支付的地价款和有关费用为1 600万元，房地产开发成本为900万元，利息支出210万元（能够按房地产项目计算分摊并提供金融机构证明，但其中有30万元属于超过贷款期限的利息）。另知，该公司所在地政府规定的其他房地产开发费用的计算扣除比例为5%。该公司应缴纳土地增值税（　　）万元。

A．813.75　　B．833.5　　C．742.5　　D．692.5

【答案】A

学堂点拨

收入总额＝6 000（万元），扣除项目金额＝1 600＋900＋（210－30）＋（1 600＋900）×5%＋220＋（1 600＋900）×20%＝3 525（万元）；增值额＝6 000－3 525=2 475（万元），增值率＝2 475/3 525×100%＝70.21%，适用税率40%，速算扣除系数5%。应缴纳土地增值税＝2 475×40%－3 525×5%＝813.75（万元）。

【例5-2015改编-计算题】某工业企业2018年6月1日转让其位于县城的一栋办公楼，取得不含税销售收入12 000万元。2008年建造该办公楼时，为取得土地使用权支付金额3 000万元，发生建造成本4 000万元。转让时经政府批准的房地产评估机构评估后，确定该办公楼的重置成本价为8 000万元。

（其他相关资料：产权转移书据印花税税率0.5‰，成新度折扣率60%，增值税选择简易计税方法。）

要求：根据上述资料，按照下列序号回答问题，如有计算需计算出合计数。

1. 请解释重置成本价的含义。

2. 计算土地增值税时该企业办公楼的评估价格。

3. 计算土地增值税时允许扣除的城建税、教育费附加及地方教育附加。

4. 计算土地增值税时允许扣除的印花税。

5. 计算土地增值税时允许扣除项目金额的合计数。

6. 计算转让办公楼应缴纳的土地增值税。

学堂点拨

1. 重置成本价的含义是：对旧房及建筑物，按转让时的建材价格及人工费用计算，建筑同样面积、同样层次、同样结构、同样建设标准的新房及建筑物所需花费的成本费用。

2. 计算土地增值税时该企业办公楼的评估价格=8 000×60%=4 800（万元）

3. 应纳增值税=12 000×5%=600（万元）

应纳城市维护建设税、教育费附加和地方教育附加=600×（5%+3%+2%）=60（万元）

4. 计算土地增值税时可扣除的印花税=12 000×0.5‰=6（万元）

5. 计算土地增值税时允许扣除项目金额的合计数=4 800+3 000+60+6=7 866（万元）

6. 应纳土地增值税的计算：

转让办公楼的增值额=12 000−7 866=4 134（万元）

增值率=4 134/7 866×100%=52.56%

应纳土地增值税=4 134×40%−7 866×5%=1 653.6−393.3=1 260.3（万元）

知识点8 房地产开发企业土地增值税清算（★★★）

一、清算单位

土地增值税以国家有关部门审批的房地产开发项目为单位进行清算，对于分期开发的项目，以分期项目为单位清算。

开发项目中同时包含普通住宅和非普通住宅的，应分别计算增值额。

二、清算条件

表 10-15 房地产开发企业土地增值税清算条件

应进行清算的（必须清算）	1. 房地产开发项目全部竣工、完成销售的。 2. 整体转让未竣工决算房地产开发项目的。 3. 直接转让土地使用权的。
主管税务机关可要求清算的（不是必须）	1. 已竣工验收的房地产开发项目，已转让的房地产建筑面积占整个项目可售建筑面积的比例在85%以上，或该比例虽未超85%，但剩余的可售建筑面积已经出租或自用的。 2. 取得销售（预售）许可证满3年仍未销售完毕的。 3. 纳税人申请注销税务登记但未办理土地增值税清算手续的。 4. 省税务机关规定的其他情况。

三、非直接销售和自用房地产的收入确定

（一）房地产企业将开发产品用于职工福利、奖励、对外投资、分配给股东或投资人、抵偿债务、换取其他单位和个人的非货币性资产等，所有权转移时应视同销售房地产，其收入按下列方法和顺序确认：

1. 按本企业在同一地区、同一年度销售的同类房地产的平均价格确定；

2. 由主管税务机关参照当地当年、同类房地产的市场价格或评估价值确定。

（二）房地产开发企业将开发的部分房地产转为企业自用或用于出租等商业用途时，如果产权未发生转移，不征收土地增值税，在税款清算时不列收入，不扣除相应的成本和费用。

学堂点睛

房地产转让收入和其扣除项目之间保持配比关系。如此部分已经确认了土地增值税的收入，则对应的成本费用可以扣除；如此部分在土地增值税中未确认收入，则对应的成本费用也不得扣除。

（三）土地增值税清算时，已全额开具商品房销售发票的，按照发票所载金额确认收入；未开具发票或未全额开具发票的，以交易双方签订的销售合同所载的售房金额及其他收益确认收入。销售合同所载商品房面积与有关部门实际测量面积不一致，在清算前已发生补、退房款的，应在计算土地增值税时予以调整。

四、土地增值税的扣除项目

（一）房地产开发企业办理土地增值税清算所附送的前期工程费、建筑安装工程费、基础设施费、开发间接费用的凭证或资料不符合清算要求或不实的，地方税务机关可核定上述四项开发成本的单位面积金额标准，并据以计算扣除。

学堂点睛

即便提供资料不符合要求或不实，也可以扣除，但需要税务核定标准。

（二）房地产开发企业开发建造的与清算项目配套的居委会和派出所用房、会所、停车场（库）、物业管理场所、变电站、热力站、水厂、文体场馆、学校、幼儿园、托儿所、医院、邮电通信等公共设施，按以下原则处理：

1. 建成后产权属于全体业主所有的，其成本、费用可以扣除；

2. 建成后无偿移交给政府、公用事业单位用于非营利性社会公共事业的，其成本、费用可以扣除；

3. 建成后有偿转让的，应计算收入，并准予扣除成本、费用。

（三）房地产开发企业销售已装修的房屋，其装修费用可以计入房地产开发成本。

学堂点睛

房地产企业开发精装修房产销售，精装修费用计入开发成本扣除。

（四）房地产开发企业的预提费用，除另有规定外，不得扣除。

（五）属于多个房地产项目共同的成本费用，应按清算项目可售建筑面积占多个项目可售总建筑面积的比例或其他合理的方法，计算确定清算项目的扣除金额。

【举例】购入一块土地，开发两个不同项目，则每个项目按土地面积分摊地价款及费用；为两个房地产项目共用土地进行“三通一平”，则此开发成本也要按土地面积分摊给两个项目。

（六）房地产开发企业在工程竣工验收后，根据合同约定，扣留建筑安装施工企业一定比例的工程款，作为开发项目的质量保证金，在计算土地增值税时，建筑安装施工企业就质量保证金对房地产开发企业开具发票的，按发票所载金额予以扣除；未开具发票的，扣留的质保金不得计算扣除。

【举例】房地产企业应支付给施工企业工程款500万，扣除10%质保金后实际支付了450万。如施工企业按500万开具了发票，则房地产企业计入开发成本的金额为500万。如施工企业按实收的450万开具了发票，则房地产企业计入开发成本的金额为450万。即开发成本按发票金额确认。

（七）房地产开发企业逾期开发缴纳的土地闲置费不得扣除。

学堂点睛

土地闲置费在企业所得税中可以税前扣除。

（八）房地产开发企业为取得土地使用权所支付的契税，应视同“按国家统一规定交纳的有关费用”，计入“取得土地使用权所支付的金额” 中扣除。

学堂点睛

考试中经常出现此项目，应注意给出的契税比例资料，自行计算契税并计入地价款及费用中。

（九）拆迁安置费的扣除，按表10-16规定处理：

表 10-16　拆迁安置费的扣除规定

用建造的该项目安置回迁户	安置用房视同销售处理；同时将此确认为房地产开发项目的拆迁补偿费。 房地产开发企业支付给回迁户的补差价款，计入拆迁补偿费；回迁户支付给房地产开发企业的补差价款，应抵减本项目拆迁补偿费。
异地安置	异地安置的房屋属于自行开发建造的，房屋价值计入本项目的拆迁补偿费；异地安置的房屋属于购入的，以实际支付的购房支出计入拆迁补偿费。
货币安置	房地产开发企业凭合法有效凭据计入拆迁补偿费。

五、土地增值税清算项目的审核鉴证

税务中介机构受托对清算项目审核鉴证时，应按税务机关规定的格式对审核鉴证情况出具鉴证报告。对符合要求的鉴证报告，税务机关可以采信。

六、核定征收的情形

房地产开发企业有下列情形之一的，税务机关可以参照与其开发规模和收入水平相近的当地企业的土地增值税税负情况，按不低于预征率的征收率核定征收土地增值税：

（一）依照法律、行政法规的规定应当设置但未设置账簿的；

（二）擅自销毁账簿或者拒不提供纳税资料的；

（三）虽设置账簿，但账目混乱或者成本资料、收入凭证、费用凭证残缺不全，难以确定转让收入或扣除项目金额的；

（四）符合土地增值税清算条件，未按照规定的期限办理清算手续，经税务机关责令限期清算，逾期仍不清算的；

（五）申报的计税依据明显偏低，又无正当理由的。

学堂点睛

核定征收率原则上不得低于5%。

七、清算后转让房地产的处理

在土地增值税清算时未转让的房地产，清算后销售或有偿转让的，纳税人应按规定进行土地增值税的纳税申报，扣除项目金额按清算时的单位建筑面积成本费用乘以销售或转让面积计算。

清算后转让的扣除项目金额＝转让面积×单位建筑面积成本费用

单位建筑面积成本费用＝清算时的扣除项目总金额/清算的总建筑面积

八、土地增值税清算后应补缴的土地增值税加收滞纳金

纳税人按规定预缴土地增值税后，清算补缴的土地增值税，在主管税务机关规定的期限内补缴的，不加收滞纳金。

【例6-2018-单选题】下列情形中，纳税人应当进行土地增值税清算的是（　　）。

A．取得销售许可证满1年仍未销售完毕的

B．转让未竣工结算房地产开发项目50%股权的

C．直接转让土地使用权的

D．房地产开发项目尚未竣工但已销售面积达到50%的

【答案】C

学堂点拨

纳税人应进行土地增值税清算的情况：1．房地产开发项目全部竣工、完成销售的；2．整体转让未竣工决算房地产开发项目的；3．直接转让土地使用权的。

知识点9　税收优惠（★）

一、纳税人建造普通标准住宅出售，增值额未超过扣除项目金额20%的，免征土地增值税。如果超过20%的，应就其全部增值额按规定计税。

二、对企事业单位、社会团体以及其他组织转让房屋作为公租房房源，且增值额未超过扣除项目金额20%的，免征土地增值税。

三、因国家建设需要依法征用、收回的房地产，免征土地增值税。

四、因城市实施规划、国家建设的需要而搬迁，由纳税人自行转让原房地产的，免征土地增值税。

知识点10 征收管理（★）

一、纳税地点

土地增值税的纳税人应向房地产所在地主管税务机关办理纳税申报。

纳税人转让的房地产坐落在两个或两个以上地区的，应按房地产所在地分别申报纳税。

在实际工作中，纳税地点的确定又可分为以下两种情况：

表 10-17 土地增值税纳税地点的确定

纳税人是法人	当转让的房地产坐落地与其机构所在地或经营所在地一致时，则在办理税务登记的原管辖税务机关申报纳税即可；如果转让的房地产坐落地与其机构所在地或经营所在地不一致时，则应在房地产坐落地所管辖的税务机关申报纳税。
纳税人是自然人	当转让的房地产坐落地与其居住所在地一致时，则在住所所在地税务机关申报纳税；当转让的房地产坐落地与其居住所在地不一致时，则在房地产坐落地的税务机关申报纳税。

二、纳税申报

（一）纳税人应在转让房地产合同签订后的7日内办理纳税申报。

（二）纳税人因经常发生房地产转让而难以在每次转让后申报的，经税务机关审核同意后，可以定期进行纳税申报，具体期限由税务机关根据相关规定确定。

（三）对于纳税人预售房地产所取得的收入，凡当地税务机关规定预征土地增值税的，纳税人应当到主管税务机关办理纳税申报，并按规定比例预交，待办理决算后，多退少补；凡当地税务机关规定不预征土地增值税的，也应在取得收入时先到税务机关登记或备案。

学堂点睛

因为土地增值税计税是以增值额为基础，所以成本费用金额数据要等到竣工结算后才能确定。因此预售房地产收入一般先按一定比例预征土地增值税，之后待满足清算条件之后办理清算，和预征税额比较后多退少补。

【例7-2018-计算题】某药厂2018年7月1日转让其位于市区的一栋办公楼，取得不含增值税销售收入24 000万元。2010年建造该办公楼时，为取得土地使用权支付金额6 000万元，发生建造成本8 000万元。转让时经政府批准的房地产评估机构评估后，确定该办公楼的重置成本价为16 000万元，成新度折扣率为60%，允许扣除相关税金及附加1 356万元。

要求：根据上述资料，按照下列顺序计算回答问题，如有计算需计算出合计数。

1．回答药厂办理土地增值税纳税申报的期限。

2．计算土地增值税时该企业办公楼的评估价格。

3．计算土地增值税时允许扣除项目金额的合计数。

4．计算转让办公楼应缴纳的土地增值税。

学堂点拨

1．土地增值税的纳税人应在转让房地产合同签订后的7日内，到房地产所在地主管税务机关办理纳税申报。因此，该药厂应在7月8日前进行土地增值税的纳税申报。

2．旧房及建筑物的评估价格是指在转让已使用的房屋及建筑物时，由政府批准设立的房地产评估机构评定的重置成本价乘以成新度折扣率后的价格。

评估价格＝16 000×60%＝9 600（万元）

3．纳税人转让旧房的，应按房屋及建筑物的评估价格、取得土地使用权所支付的地价款或出让金、按国家统一规定缴纳的有关费用和转让环节缴纳的税金作为扣除项目金额计征土地增值税。

扣除项目金额合计数＝9 600＋6 000＋1 356＝16 956（万元）

4．增值额＝24 000－16 956＝7 044（万元）

增值额与扣除项目金额的比率＝7 044÷16 956×100%＝41.54%

应缴纳的土地增值税＝7 044×30%＝2 113.2（万元）

第十一章　车辆购置税法、车船税法和印花税法

本章思维导图

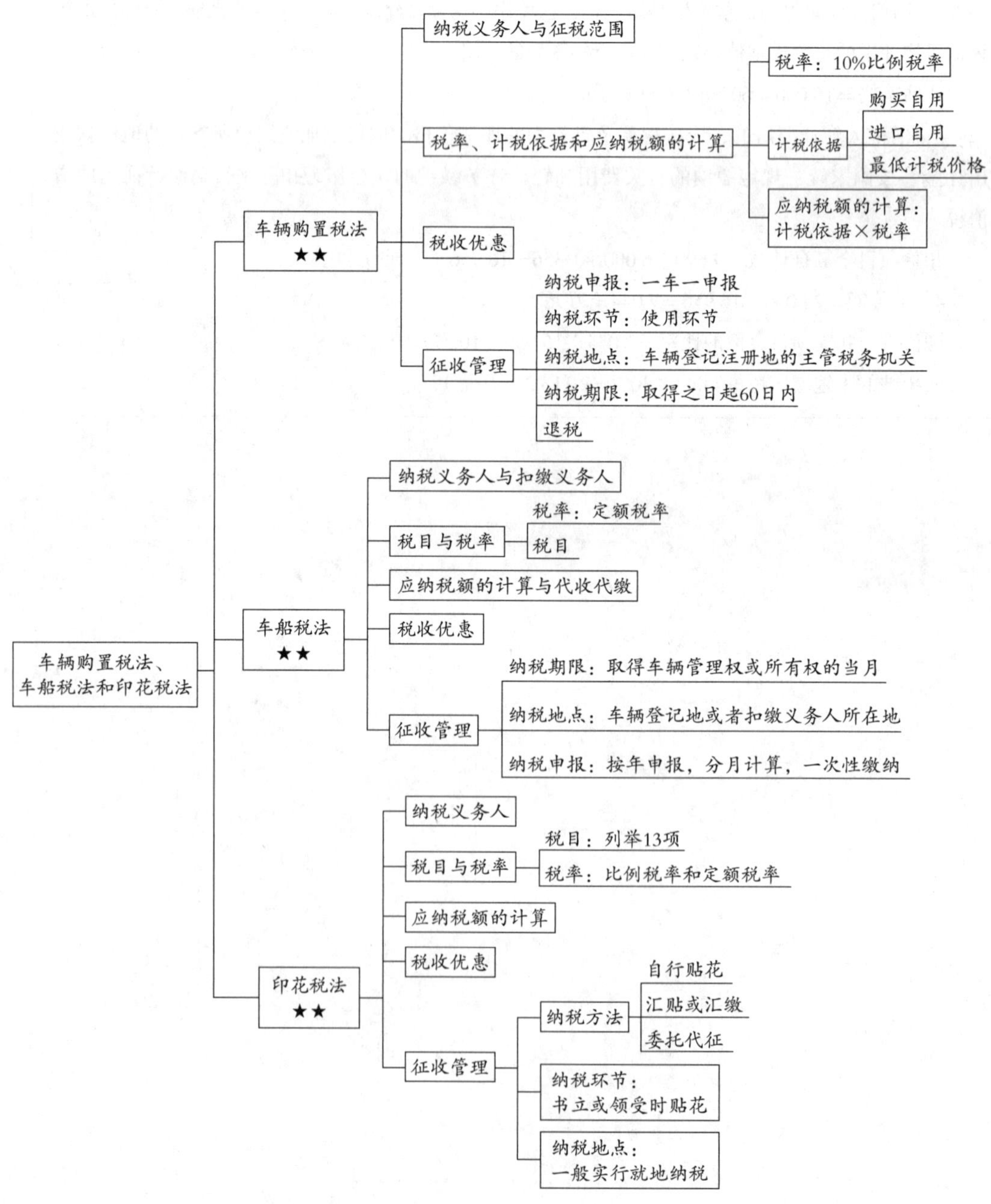
车辆购置税法、车船税法和印花税法
车辆购置税法 ★★
纳税义务人与征税范围
税率、计税依据和应纳税额的计算
税率：10%比例税率
计税依据
购买自用
进口自用
最低计税价格
应纳税额的计算：计税依据×税率
税收优惠
征收管理
纳税申报：一车一申报
纳税环节：使用环节
纳税地点：车辆登记注册地的主管税务机关
纳税期限：取得之日起60日内
退税
车船税法 ★★
纳税义务人与扣缴义务人
税目与税率
税率：定额税率
税目
应纳税额的计算与代收代缴
税收优惠
征收管理
纳税期限：取得车辆管理权或所有权的当月
纳税地点：车辆登记地或者扣缴义务人所在地
纳税申报：按年申报，分月计算，一次性缴纳
印花税法 ★★
纳税义务人
税目与税率
税目：列举13项
税率：比例税率和定额税率
应纳税额的计算
税收优惠
征收管理
纳税方法
自行贴花
汇贴或汇缴
委托代征
纳税环节：书立或领受时贴花
纳税地点：一般实行就地纳税

第一节 车辆购置税法

微信扫一扫
习题免费练

知识点1 纳税义务人与征税范围（★★）

车辆购置税是以在中国境内购置规定车辆为课税对象、在特定的环节向车辆购置者征收的一种税。就其性质而言，属于直接税的范畴。

一、纳税义务人

在中国境内购置汽车、有轨电车、汽车挂车、排气量超过150毫升的摩托车（应税车辆）的单位和个人，为车辆购置税的纳税人。

购置，是指以购买、进口、自产、受赠、获奖或者其他方式取得并自用应税车辆的行为。

学堂点睛

1. 车辆购置税是买方税，卖方不交。
2. 买方取得并自用应税车辆应纳税，但如果取得的目的是再次销售而不使用，则不纳税。
3. 车量购置税实行一次性征收，购置已税车辆无须纳税。

二、征税范围

应税车辆：汽车、有轨电车、汽车挂车、排气量超过150毫升的摩托车。

【例1-2018-单选题】下列人员中，属于车辆购置税纳税义务人的是（　　）。

A．应税车辆的捐赠者　　B．应税车辆的出口者

C．应税车辆的销售者　　D．应税车辆的获奖者

【答案】D

学堂点拨

车辆购置税的纳税人是指在我国境内购置应税车辆的单位和个人。

【例2-2013-多选题】下列各项中，属于车辆购置税应税行为的有（　　）。

A．受赠使用应税车辆　　B．进口使用应税车辆

C．经销商经销应税车辆　　D．债务人以应税车辆抵债

【答案】AB

学堂点拨

车辆购置税的纳税人是指在我国境内购置应税车辆的单位和个人。购置，是指以购买、进口、自产、受赠、获奖或者其他方式取得并自用应税车辆的行为。

知识点2 税率、计税依据和应纳税额的计算（★★★）

比例税率：10%

应纳税额＝计税依据×10%

一、购买自用

计税依据：支付给销售方的全部价款和价外费用，不含增值税。

价外费用包括：工具零部件、车辆装饰费、使用代收单位票据的代收款项，以及票上难以划分的优质销售费用。

不包括：使用委托方票据的代收款项、购买方支付的控购费。

学堂点睛

1．代收款项是否计税看票据：如购车时支付的保险费，如果取得的是销售方发票，则并入计税依据；如果取得的是保险公司发票，则不计入计税依据。

2．价外费用均含增值税，应价税分离后计算车辆购置税。

二、进口自用

应纳税额＝组价×10%

组价＝关税完税价格＋关税＋消费税

学堂点睛

同进口环节的消费税、增值税组价。

三、其他自用

纳税人自产自用、受赠使用、获奖使用和以其他方式取得并自用应税车辆的，凡不能取得该型车辆的购置价格，或者低于最低计税价格的，以国家税务总局核定的最低计税价格作为计税依据计算征收车辆购置税。

【例3-2016改编-单选题】某企业2019年8月进口载货汽车1辆；4月在国内市场购置载货汽车2辆，支付全部价款和价外费用为75万元（不含增值税），另支付车辆购置税7.5万元，车辆牌照费0.1万元，代办保险费2万元；5月受赠小汽车1辆。上述车辆全部为企业自用。下列关于该企业计缴车辆购置税依据的表述中，正确的是（　　）。

A．国内购置载货汽车的计税依据为84.5万元

B．进口载货汽车的计税依据为关税完税价格加关税

C．受赠小汽车的计税依据为同类小汽车的市场价格加增值税

D．国内购置载货汽车的计税依据为77万元

【答案】B

学堂点拨

选项A，车辆购置税计税依据不包括代收的保险费、车辆牌照费和车辆购置税，所以计税依据是75万元；选项B，载货汽车不缴纳消费税，所以计税依据＝关税完税价格＋关税；选项C，纳税人以受赠、获奖或者其他方式取得自用应税车辆的计税价格，按照购置应税车辆时相关凭证载明的价格确定，不包括增值税税款。

【例4-2018改编-单选题】2018年8月，某汽车制造公司将自产小汽车3辆奖励给职工个人。2辆移送业务部门使用。小汽车生产成本为53 500元/辆。该公司同类型车辆售价为68 000元/辆。该公司应纳车辆购置税（　　）元。

A．10 700　　B．26 750　　C．34 000　　D．13 600

【答案】D

学堂点拨

> 自产自用应税车辆，属于车辆购置税应税行为，缴纳车辆购置税。自产自用按照纳税人生产的同类应税车辆的销售价格确定。受赠、获奖或者其他方式取得自用，按照购置应税车辆时相关凭证载明的价格确定。
>
> 该公司应纳车辆购置税＝68 000×2×10%＝13 600（元）

知识点3 税收优惠（★）

一、外国驻华使馆、领事馆和国际组织驻华机构及其有关人员自用的车辆免征车辆购置税。

二、中国人民解放军和中国人民武装警察部队列入装备订货计划的车辆免征车辆购置税。

三、设有固定装置的非运输车辆免征车辆购置税。

四、自2016年1月1日至2020年12月31日，对城市公交企业购置的公共汽电车辆免征车辆购置税。

五、农用三轮运输车免征车辆购置税。

六、自2018年1月1日至2020年12月31日，对购置的新能源汽车免征车辆购置税。

七、自2018年7月1日至2021年6月30日，对购置挂车减半征收车辆购置税。挂车，是指由汽车牵引才能正常使用且用于载运货物的无动力车辆。

知识点4 征收管理（★）

一、纳税环节

使用环节，即最终消费环节。

应在办理车辆登记注册手续前，缴纳车辆购置税。

学堂点睛

> 车辆购置税单一环节纳税，只缴一次。购置已完税二手车无须缴纳车辆购置税；购置免税二手车，购买者应到税务机关重新申报缴税或免税手续。

二、纳税地点

一般为车辆登记注册地。

不需办理登记注册的，为纳税人所在地。

三、纳税期限

购买自用：自购买之日起60日内。

进口自用：自进口之日起60日内。

其他方式取得并自用：自取得之日起60日内。

上述的“购买之日”是指纳税人购车发票上注明的销售日期；“进口之日”是指纳税人报关进口的当天。

四、退税

已缴纳车辆购置税的车辆，发生下列情形之一的，准予纳税人申请退税：

（一）车辆退回生产企业或者经销商的。

（二）符合免税条件的设有固定装置非运输车辆但已征税的。

（三）其他依据法律法规规定应予退税的情形。

（四）车辆退回生产企业或者经销商的，纳税人申请退税时，主管税务机关自纳税人办理纳税申报之日起，按已纳税款每满1年扣减10%计算退税额，未满1年的全额退税。

第二节　车船税法

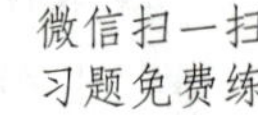

微信扫一扫
习题免费练

知识点1　纳税义务人与扣缴义务人（★）

一、纳税义务人

在中华人民共和国境内的车辆、船舶的所有人或者管理人。

学堂点睛

境内单位个人租入外国籍船舶，不征收车船税；境内单位将船舶出租到境外，应征收车船税。

二、扣缴义务人

从事机动车第三者责任强制保险业务的保险机构，应在收取保险费时代收车船税。

知识点2　税目与税率（★★）

车船税的征税范围：车船管理部门登记的车船，以及不需要登记、在单位内部场所行驶或作业的机动车辆和船舶。

表 11–1　车船税税目税额表（车船税实行定额税率）

税目	计税单位	年基准税额（元）	备注
乘用车	每辆	根据排气量划分	核定载客人数9人（含）以下。
商用车： 客车、 货车	客车：每辆 货车：整备质量每吨	480～1 440 16～120	1. 包括半挂牵引车、挂车、客货二用车、三轮汽车、低速货车等。 2. 挂车按货车税额50%计算。
其他车辆	整备质量每吨	16～120	不包括拖拉机。

（续上表）

税目	计税单位	年基准税额（元）	备注
摩托车	每辆	36～180	——
船舶： 机动船舶、 游艇	机动船舶：净吨位每吨 游艇：艇身长度每米	3～6 600～2 000	拖船、非机动驳船分别按机动船舶税额的50%计算。 拖船按每千瓦折合0.67净吨位。

【例1-2016-单选题】下列关于车船税计税单位确认的表述中，正确的是（　　）。

A. 摩托车按“排气量”作为计税单位

B. 游艇按“净吨位每吨”作为计税单位

C. 专用作业车按“整备质量每吨”作为计税单位

D. 商用货车按“每辆”作为计税单位

【答案】C

学堂点拨

选项A，摩托车按照“每辆”为计税单位；选项B，游艇按照“艇身长度每米”为计税单位；选项D，商用货车按照“整备质量每吨”为计税单位。

【例2-2012-单选题】下列关于车船税税率的表述中，正确的是（　　）。

A. 车船税实行定额税率

B. 车船税实行单一比例税率

C. 车船税实行幅度比例税率

D. 车船税实行超额累进税率

【答案】A

学堂点拨

车船税实行定额税率。

知识点3 应纳税额的计算与代收代缴（★★★）

车船税由地税负责征收。

一、购置的新车船，购置当年的应纳税额自纳税义务发生的当月起按月计算。

应纳税额＝年应纳税额/12×应纳税月份数

二、一个纳税年度内，已完税车辆被盗抢、报废、灭失的，纳税人可申请退还自被盗抢、报废、灭失月份起至该纳税年度终了期间的税款。

三、已办理退税的被盗抢车船，失而复得的，纳税人应从公安机关出具相关证明的当月起计算缴纳车船税。

四、一个纳税年度内，经非登记地保险机构代收代缴税款并能提供完税证明的，无须在登记地重复纳税。

五、已纳税车船在同一纳税年度内办理转让过户的，不另纳税，也不退税。

学堂点睛

一律按照含尾数的计税单位据实计算车船税应纳税额，保留两位小数。

【例3-2015-单选题】某企业2015年1月缴纳了5辆客车车船税，其中一辆9月被盗，已办理车船税退还手续；11月由公安机关找回并出具证明，企业补缴车船税，假定该类型客车年基准税额为480元，该企业2015年实际缴纳的车船税总计为（　　）元。

A．1 920　　B．2 280　　C．2 320　　D．2 400

【答案】C

学堂点拨

已办理退税的被盗抢车船，失而复得的，纳税人应当从公安机关出具相关证明的当月起计算缴纳车船税。实际缴纳的车船税＝4×480＋480/12×10＝2 320（元）。

知识点4 税收优惠（★★）

一、法定减免

（一）捕捞、养殖渔船。

（二）军队、武警专用车船。

（三）警用车船。

（四）依法律规定应予以免税的外国驻华使馆、领事馆和国际组织驻华机构及其有关人员的车船。

（五）对节能汽车，减半征收车船税。

（六）对新能源车船，免征车船税。

1．纯电动乘用车和燃料电池乘用车不属于车船税征税范围，不征税。

2．新能源车在征税范围内，但免税。包括：纯电动商用车、插电式（含增程式）混合动力汽车、燃料电池商用车。

（七）省、自治区、直辖市人民政府根据当地实际情况，可对公共交通车船，农村居民拥有并主要在农村地区使用的摩托车、三轮汽车和低速载货汽车定期减征或者免征车船税。

（八）国家综合性消防救援车辆由部队号牌改挂应急救援专用号牌的，一次性免征改挂当年车船税。

二、特定减免

（一）经批准临时入境的外国和港澳台车船，不征收车船税。

（二）按照规定缴纳船舶吨税的机动船舶，自车船税法实施之日起5年内免征。

（三）不需要登记的机场、港口、铁路场站内部行驶或作业的车船，自车船税法实施之日起5年内免征。

【例4-2018-单选题】下列车船中，免征车船税的是（　　）。

A．辅助动力帆艇　　B．半挂牵引车

C．客货两用汽车　　D．武警专用车船

【答案】D

学堂点拨

军队、武装警察部队专用的车船，免征车船税。

【例5-2017改编-单选题】下列车船中，享受减半征收车船税优惠的是（　　）

A. 纯电动商用车

B. 插电式混合动力汽车

C. 燃料电池商用车

D. 符合规定标准的节能商用车

【答案】D

学堂点拨

对符合规定标准的节能汽车（节能乘用车、节能商用车），减半征收车船税；对使用新能源的车船，免征车船税。

知识点5 征收管理（★）

一、纳税期限

取得车船所有权或管理权的当月。

二、纳税地点

车船登记地或车船税扣缴义务人所在地；不需办理登记的车船，纳税地点为所有人或管理人所在地。

三、纳税申报

按年申报，分月计算，一次性缴纳。

具体申报纳税期限由省级人民政府确定。

微信扫一扫
习题免费练

第三节 印花税法

知识点1 纳税义务人（★）

印花税的纳税人，是在中国境内书立、使用、领受印花税法所列举的凭证，并应依法履行纳税义务的单位和个人。

合同中的代理人有代理纳税义务，与纳税人负有同等税收法律义务和责任。

一、立合同人。

学堂点睛

不包括合同的担保人、证人、鉴定人。

二、立据人。（产权转移书据）

三、立账簿人。（营业账簿）

四、领受人。（权利、许可证照）

五、使用人。（在国外书立领受在国内使用应税凭证）

六、各类电子应税凭证的签订人。

知识点2 税目与税率（★★★）

税目：13个，有合同、书据、账簿、证照四类。

税率：比例税率0.05‰～1‰、定额税率5元。

表 11-2 印花税税目及范围说明

税目	范围说明
1. 购销合同（0.3‰）	1. 包括出版单位与发行单位之间订立的图书、报纸、期刊和音像制品的应税凭证（订购单、订数单等）。 2. 包括发电厂和电网之间、电网和电网之间签订的购售电合同。 不包括电网与用户之间签订的供用电合同。
2. 加工承揽合同（0.5‰）	加工、定做、修缮、修理、印刷、广告、测绘、测试等合同。
3. 建设工程勘察设计合同（0.5‰）	勘察、设计合同。
4. 建筑安装工程承包合同（0.3‰）	建筑、安装工程承包合同 （含总包、分包、转包合同）。
5. 财产租赁合同（1‰）	租赁房屋、船舶、飞机等合同，还包括出租门店、柜台等合同。
6. 货物运输合同（0.5‰）	包括：运输和联运合同，以及作为合同使用的单据。
7. 仓储保管合同（1‰）	包括：作为合同使用的仓单、栈单。
8. 借款合同（0.05‰）	包括：融资租赁合同，以及作为合同使用的借据。 不包括：银行同业拆借合同。
9. 财产保险合同（1‰）	包括：财产、责任、保证、信用保险合同，以及作为合同使用的单据。含家庭财产两全保险。 不包括：人寿保险合同。
10. 技术合同（0.3‰）	包括：技术开发、转让、咨询、服务等合同。 不包括：一般的法律、会计、审计等方面的咨询合同。
11. 产权转移书据（0.5‰）	包括：财产所有权、股权、版权、商标专用权、专利权、专有技术使用权、专利实施许可等转移书据；土地使用权出让合同、土地使用权转让合同、商品房销售合同等权利转移合同；个人无偿赠送不动产所签订的“个人无偿赠与不动产登记表”。
12. 营业账簿	包括：记载资金的账簿和其他账簿。 资金账簿：总分类账簿，按实收资本和资本公积合计金额（0.5‰）。 其他账簿：日记账簿和各明细分类账簿（5元/件）。 不包括：银行各种登记簿。仅用于内部备查，属于非营业账簿。
13. 权利、许可证照	房屋产权证、工商营业执照、商标注册证、专利证、土地使用证。

【印花税税率总结】

表 11-3 印花税税率的形式及适用情况

税率形式	适用情况
比例税率（4档）	1．1‰：财产租赁合同、仓储保管合同、财产保险合同、股权转移书据（卖方单边计税）。 2．0.3‰：购销合同、建筑安装工程承包合同、技术合同。 3．0.5‰：加工承揽合同、建设工程勘察设计合同、货物运输合同、产权转移书据、记载资金的营业账簿。 4．0.05‰：借款合同。
定额税率	每件应税凭证5元。 1．其他营业账簿。 2．权利、许可证照。

【例1-2018-多选题】下列各项，应按照"产权转移书据"税目缴纳印花税的有（　）。

A．股权转让合同　　B．专利实施许可合同

C．商品房销售合同　　D．专利申请权转让合同

【答案】ABC

学堂点拨

产权转移书据包括财产所有权和版权、商标专用权、专利权、专有技术使用权等转移书据和专利实施许可合同、土地使用权出让合同、土地使用权转让合同、商品房销售合同等权利转移合同。选项D，专利申请权转让合同，按照"技术合同"税目缴纳印花税。

【例2-2017-单选题】下列合同中，应按照技术合同税目征收印花税的是（　）。

A．工程合同　　B．会计制度咨询合同

C．税务筹划咨询合同　　D．经济法律咨询合同

【答案】A

学堂点拨

选项B、C、D，一般的法律、会计、审计等方面的咨询不属于技术咨询，其所立合同不贴印花。

【例3-2016-多选题】电网公司甲在2016年4月与发电厂乙签订了购销电合同1份，与保险公司丙签订了保险合同1份，直接与用户签订了供电合同若干份，另与房地产开发公司丁签订了一份购房合同。下列关于甲公司计缴印花税的表述中，正确的有（　）。

A．与丙签订的保险合同按保险合同缴纳印花税

B．与乙签订的购销电合同按购销合同缴纳印花税

C．与用户签订的供电合同按购销合同缴纳印花税

D．与丁签订的购房合同按产权转移书据缴纳印花税

【答案】ABD

学堂点拨

选项C，与用户签订的供电合同不属于印花税征税范围，不缴纳印花税。

【例4-2015-单选题】下列合同中，应按“购销合同”税目征收印花税的是（　　）。

A．企业之间签订的土地使用权转让合同　　B．发电厂与电网之间签订的购售电合同

C．银行与工商企业之间签订的融资租赁合同　　D．开发商与个人之间签订的商品房销售合同

【答案】B

学堂点拨

选项A、D按照“产权转移书据”税目征收印花税；选项C按照“借款合同”税目征收印花税。

知识点3　应纳税额的计算（★★★）

一、计税依据的一般规定

表 11-4　印花税计税依据的一般规定

购销合同（0.3‰）	计税依据为合同记载的购销金额。
加工承揽合同（0.5‰）	计税依据为加工或承揽收入。 1．委托方提供原材料金额的，原材料不计税，加工费和辅料按“加工承揽合同”计税。 2．受托方：原材料+加工 分别记载，加工费按“加工承揽合同”，原材料按“购销合同”。 未分别记载，全部金额依照“加工承揽合同”计税贴花。
建设工程勘察设计合同（0.5‰）	计税依据：勘察、设计收入。
建筑安装工程承包合同（0.3‰）	计税依据：承包金额，不得剔除任何费用。 分包、转包合同，应以新的分包、转包合同所载金额为依据计算应纳税额。
财产租赁合同（1‰）	计税依据：租金收入。 规定（月）天租金而不确定租期的，先定额5元贴花，待结算时按实际补贴印花。
货物运输合同（0.5‰）	计税依据：取得的运费收入。 不包括所运货物的金额、装卸费和保险费等。 1．国内货物联运，凡在起运地统一结算全程运费的，应以全程运费作为计税依据，由起运地运费结算双方缴纳印花税；凡分程结算运费的，应以分程的运费作为计税依据，分别由办理运费结算的各方缴纳印花税。 2．国际货运，凡由我国运输企业运输的，不论在我国境内、境外起运或中转分程运输，我国运输企业所持的一份运费结算凭证，均按本程运费计算应纳税额。 3．由外国运输企业运输进出口货物的，外国运输企业所持的一份运费结算凭证免印花税。 4．国际货运运费结算凭证在国外办理的，应在凭证转回我国境内时缴纳印花税。

（续上表）

仓储保管合同 （1‰）	计税依据：仓储保管费用。
借款合同 （0.05‰）	计税依据：借款金额（即借款本金）。 1. 既有借款合同又填开借据的，只以借款合同所载金额为计税依据计税贴花；只有借据应以借据所载金额为计税依据。 2. 流动周转性借款合同，只以其规定的最高限额为计税依据，在签订时贴花一次，在限额内随借随还不签订新合同的，不再贴花。 3. 抵押贷款的合同，应按借款合同贴花；抵押财产转移给贷款方时，按产权转移书据的有关规定计税贴花。 4. 融资租赁合同，应按合同所载租金总额，暂按借款合同计税。 5. 银团贷款，借款方和银团各方分别按各自的借款金额计税贴花。 6. 基本建设贷款，分年签订借款合同，按分合同分别贴花；最后签订总合同，只就总额扣除分合同借款金额后的余额计税贴花。
财产保险合同 （1‰）	计税依据：保险费金额。 不包括所保财产的金额。
技术合同 （0.3‰）	计税依据：合同所载的价款、报酬或使用费。 不含研究开发经费。
产权转移书据 （0.5‰）	计税依据：书据中所载的金额。
资金账簿 （0.5‰）	计税依据：实收资本和资本公积的两项合计金额。 凡“资金账簿”在次年度未增加的，对其不再计算贴花。
其他营业账簿 （5元）	计税依据为应税凭证件数。
权利、许可证照 （5元）	计税依据为应税凭证件数。

学堂点睛

记忆口诀：

猪（财产租赁）管（仓储管理）饱（财产保险）千分一；

狗（购销合同）见（建筑施工安装）鸡（技术转让）万分三；

借款万分零点五；

其他万分五。

二、计税依据的特殊规定

（一）金额应当全额计税，不得作任何扣除。

（二）同一凭证，涉及不同税率，金额分别记载，分别计税，未分别记载，从高计税。

（三）按金额比例贴花的，未标明金额的，按照凭证数量及国家牌价计算金额；没有国家牌价的，按市场价格计算金额，然后按规定税率计算应纳税额。

（四）应税凭证金额为外币的，应按照凭证书立当日国家外汇管理局公布的外汇牌价折算。

（五）尾数规则：税额不足1角，免纳；1角以上尾数不满5分按1角算。

（六）在签订时无法确定计税金额，先按5元贴花，结算时再按实际金额计税，补贴印花。

（七）应税合同在签订时纳税。不论合同是否兑现，是否按期兑现，均应贴花结算。金额变化不修改合同则不用贴花。

（八）商品购销活动中，采用以货换货方式进行商品交易签订的合同，是反映既购又销双重经济行为的合同。对此，应按合同所载的购、销合计金额计税贴花（即按换出货物的对价＋换入货物的价值合计金额计税贴花）。合同未列明金额的，应按合同所载购、销数量依照国家牌价或者市场价格计算应纳税额。

（九）施工单位将自己承包的建设项目，分包或者转包给其他施工单位所签订的分包合同或者转包合同，应按新的分包合同或转包合同所载金额计算应纳税额。

三、应纳税额的计算方法

比例税率：应纳税额＝计税金额×比例税率

定额税率：应纳税额＝凭证件数×固定税额

【例5-2015-多选题】我国运输企业甲与国外运输企业乙根据我国境内托运方企业丙的要求签订了一份国际货运合同，合同规定由甲负责起运，乙负责境外运输，甲、乙、丙分别持有全程运费结算凭证。下列关于计算缴纳印花税的表述中正确的有（　　）。

A. 甲按本程运费贴花　　　　B. 乙按本程运费贴花

C. 乙按全程运费贴花　　　　D. 丙按全程运费贴花

【答案】AD

学堂点拨

选项A，对国际货运，凡由我国运输企业运输的，不论在我国境内、境外起运或中转分程运输，我国运输企业所持的一份运费结算凭证，均按本程运费计算应纳税额；选项D，托运方所持的一份运费结算凭证，按全程运费计算应纳税额；选项B、C，由外国运输企业运输进出口货物的，外国运输企业所持的一份运输结算凭证免纳印花税，所以乙是免税的。

【例6-2014改编-单选题】某企业2019年期初营业账簿记载的实收资本和资本公积余额为500万元，当年该企业增加实收资本120万元，新建其他账簿12本，领受专利局发给的专利证1件、税务机关重新核发的税务登记证1件。该企业上述凭证2019年应纳印花税为（　　）。

A. 65元　　B. 70元　　C. 305元　　D. 3 165元

【答案】C

学堂点拨

应纳印花税＝120×0.5‰×10 000×0.5＋1×5＝305（元）。记载资金的账簿计税依据为“实收资本”与“资本公积”合计，但以前已纳税部分不需再计税，只对新增部分计税。

【例7-2012-单选题】甲汽车轮胎厂与乙汽车制造厂签订了一份货物交换合同，甲以价值65万元的轮胎交换乙的两辆汽车，同时甲再支付给乙3万元差价。对此项交易，甲应缴纳的印花税税额为（　　）。

A．195元　　B．390元　　C．399元　　D．408元

【答案】C

学堂点拨

商品购销活动中，采用以货换货方式进行商品交易签订的合同，是反映既购又销双重经济行为的合同。对此，应按合同所载的购、销合计金额计税贴花。应缴纳的印花税＝（65+68）×0.3‰×10 000＝399（元）。

知识点4 税收优惠（★）

一、对已缴纳印花税的凭证的副本或者抄本免税。但以副本或者抄本视同正本使用的，则应另贴印花。

二、对无息、贴息贷款合同免税。

三、对房地产管理部门与个人签订的用于生活居住的租赁合同免税。

四、对农牧业保险合同免税。

五、与高校学生签订的高校学生公寓租赁合同免税。

六、对公租房经营管理单位建造管理公租房涉及的印花税免税。经营管理单位购买住房作为公租房免税；公租房租赁协议免税。

七、对改造安置住房经营管理单位、开发商与改造安置住房相关印花税，以及购买安置住房的个人涉及的印花税免征。

八、自2018年5月1日起，对按万分之五税率贴花的资金账簿减半征收印花税，对按件贴花五元的其他账簿免征印花税。

九、对全国社会保障基金理事会、全国社会保障基金投资管理人管理的全国社会保障基金转让非上市公司股权，免征印花税。

【例8-2013-多选题】下列合同中，免征印花税的有（　　）。

A．贴息贷款合同　　B．仓储保管合同

C．农牧业保险合同　　D．建设工程勘察合同

【答案】AC

学堂点拨

选项B、D没有免税的规定。

知识点5 征收管理（★）

一、纳税方法

表 11-5　印花税的纳税方法

自行贴花	对于已贴花的凭证，修改后所载金额增加的，其增加部分应当补贴印花税票，但多贴印花税票者，不得申请退税或者抵用。
汇贴	适用于单份凭证应纳税额较大的纳税人。 当一份凭证应纳税额超过500元时，应向税务机关申请填写缴款书或者完税凭证。
汇缴（汇总缴纳）	适用于同一种类应税凭证需要频繁贴花的纳税人。 汇总缴纳的期限，由当地税务机关确定，但最长不得超过1个月。
委托代征	税务机关委托，由发放或者办理应纳税凭证的单位代为征收印花税税款。支付代收金额5%的代售手续费。

二、纳税环节

书立或领受时贴花。国外签订的合同，不便在国外贴花的，带入境时办理贴花手续。

三、纳税地点

一般为就地纳税，订货会等情况的回纳税人所在地贴花完税。跨省的，纳税地点由省级政府自行确定。

四、凭证保存期限

国家已有明确规定的按规定，没有明确规定的其余凭证均应在履行完毕后保存1年。

第十二章　国际税收税务管理实务

本章思维导图

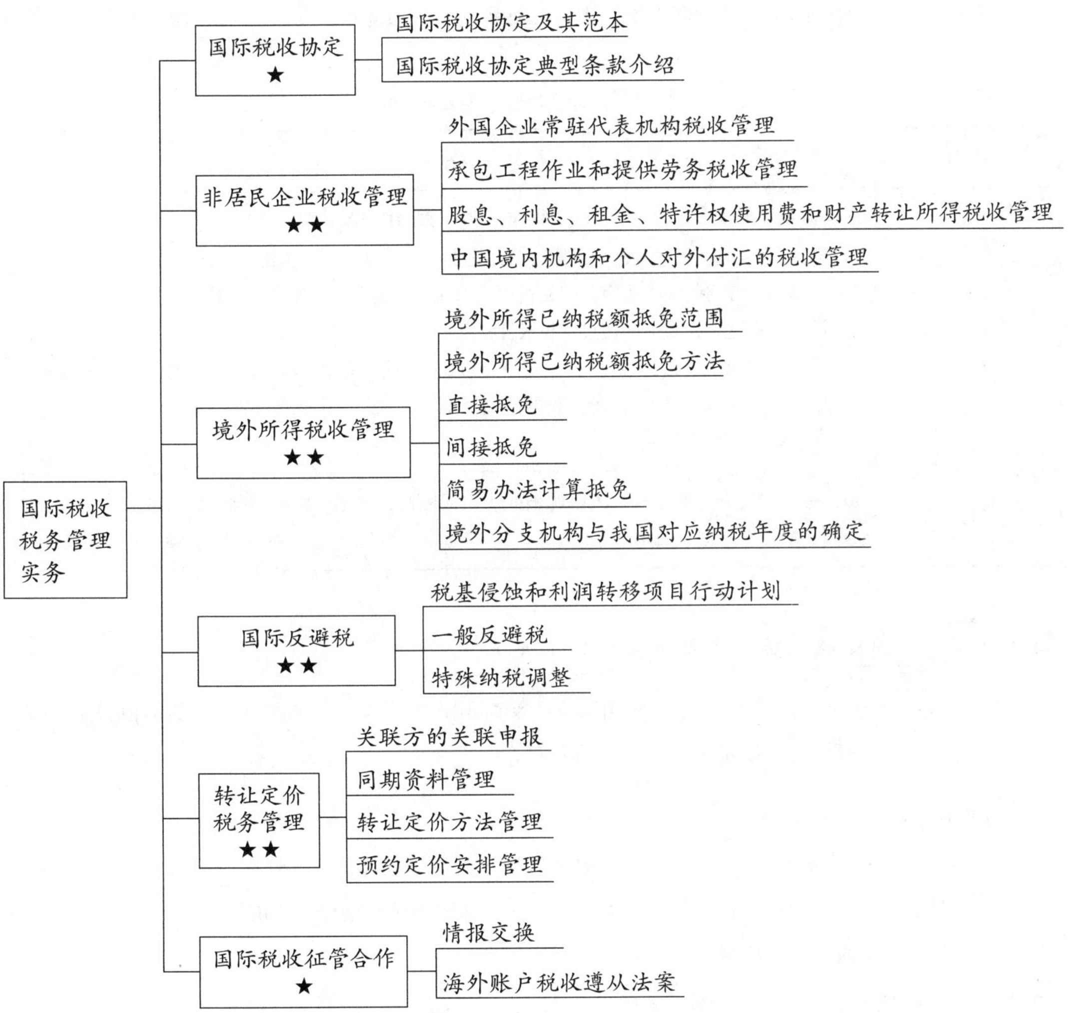

- 国际税收税务管理实务
  - 国际税收协定 ★
    - 国际税收协定及其范本
    - 国际税收协定典型条款介绍
  - 非居民企业税收管理 ★★
    - 外国企业常驻代表机构税收管理
    - 承包工程作业和提供劳务税收管理
    - 股息、利息、租金、特许权使用费和财产转让所得税收管理
    - 中国境内机构和个人对外付汇的税收管理
  - 境外所得税收管理 ★★
    - 境外所得已纳税额抵免范围
    - 境外所得已纳税额抵免方法
    - 直接抵免
    - 间接抵免
    - 简易办法计算抵免
    - 境外分支机构与我国对应纳税年度的确定
  - 国际反避税 ★★
    - 税基侵蚀和利润转移项目行动计划
    - 一般反避税
    - 特殊纳税调整
  - 转让定价税务管理 ★★
    - 关联方的关联申报
    - 同期资料管理
    - 转让定价方法管理
    - 预约定价安排管理
  - 国际税收征管合作 ★
    - 情报交换
    - 海外账户税收遵从法案

本章知识点精讲

微信扫一扫
习题免费练

第一节 国际税收协定

知识点1 国际税收协定及其范本（★）

一、国际税收协定也称为国际税收条约，是指两个或者两个以上的主权国家或者地区为了协调相互间在处理跨国纳税人征纳事务和其他有关方面的税收关系，本着对等原则，经由政府谈判所签订的一种书面协议或者条约。

二、国际税收协定范本：《经合组织范本》（或称《OECD范本》）和《联合国范本》（或称《UN范本》）。

表 12-1 国际税收协定范本的特点

类别	特点
联合国范本	较为注重扩大收入来源国的税收管辖权，多被发展中国家采用。 《联合国范本》强调，收入来源国对国际资本收入的征税应当考虑以下三点： 1．考虑为取得这些收入所应分担的费用，以保证对这种收入按其净值征税； 2．税率不宜过高，以免挫伤投资积极性； 3．考虑同提供资金的国家适当地分享税收收入，尤其是对在来源国产生的即将汇出境的股息、利息和特许权使用费所征收的预提所得税，以及对国际运输的船运利润所征收的税款，应体现税收分享原则。
经合组织范本	虽然在某些特殊方面承认收入来源国的优先征税权，但主导思想强调的是居民税收管辖权原则，多被发达国家采用。

知识点2 国际税收协定典型条款介绍（★）

国际税收协定的内容主要包括：协定适用范围、基本用语的定义、对所得和财产的课税、避免双重征税的办法、特别规定以及协定生效或终止的时间等。

一、税收居民

税收协定中，“缔约国一方居民”一语，是指按照该缔约国法律，由于住所、居所、管理机构所在地、总机构所在地、注册地或任何其他类似标准，在该缔约国负有纳税义务的人。

（一）我国对个人居民的判定

住所、居住时间。

（二）我国对企业居民的判定

注册地、实际管理机构所在地。

（三）双重居民

双重居民身份下最终居民身份的判定标准：

1. 个人（4个）

依次是：永久性住所；重要利益中心；习惯性居处；国籍。

2. 公司和其他团体

同时为缔约国双方居民的人，应认定其是“实际管理机构”所在国的居民。

二、劳务所得

（一）独立个人劳动

（二）非独立个人劳动

【例-2017-单选题】下列关于双重居民身份下最终居民身份判定标准的排序中，正确的是（　　）。

A. 永久性住所、重要利益中心、习惯性居处、国籍

B. 重要利益中心、习惯性居处、国籍、永久性住所

C. 国籍、永久性住所、重要利益中心、习惯性居处

D. 习惯性居处、国籍、永久性住所、重要利益中心

【答案】A

学堂点拨

为了解决个人最终居民身份的归属，协定进一步规定了以下确定标准，需特别注意的是，这些标准的使用是有先后顺序的，只有当使用前一标准无法解决问题时，才使用后一标准。这些标准依次是：永久性住所、重要利益中心、习惯性居处、国籍。当采用上述标准依次判断仍然无法确定其身份时，可由缔约国双方当局按照协定规定的相互协商程序协商解决。

知识点3 国际税收协定管理（★）

一、受益所有人

在申请享受我国对外签署的税收协定中对股息、利息和特许权使用费等条款的税收待遇时，缔约国居民需要向税务机关提供资料，进行受益所有人的认定。

（一）受益所有人：是指对所得或所得据以产生的权利或财产具有所有权和支配权的人。

（二）下列因素不利于对申请人“受益所有人”身份的判定：

1. 申请人有义务在收到所得的12个月内将所得的50%以上支付给第三国（地区）居民，“有义务”包括约定义务和虽未约定义务但已形成支付事实的情形。

2. 申请人从事的经营活动不构成实质性经营活动。

3. 缔约对方国家（地区）对有关所得不征税或免税，或征税但实际税率极低。

4. 在利息据以产生和支付的贷款合同之外，存在债权人与第三人之间在数额、利率和签订时间等方面相近的其他贷款或存款合同。

5. 在特许权使用费据以产生和支付的版权、专利、技术等使用权转让合同之外，存在申请人与第三人之间在有关版权、专利、技术等的使用权或所有权方面的转让合同。

（三）申请人从中国取得的所得为股息时，申请人虽不符合“受益所有人”条件，但直接或间接持有申请人100%股份的人符合“受益所有人”条件，并且属于以下两种情形之一的，应认为申请人具有“受益所有人”身份：

1. 上述符合“受益所有人”条件的人为申请人所属居民国（地区）居民；

2. 上述符合“受益所有人”条件的人虽不为申请人所属居民国（地区）居民，但该人和间接持有股份情形下的中间层均为符合条件的人。

（四）下列申请人从中国取得的所得为股息时，可不根据上述第（二）条规定的因素进行综合分析，直接判定申请人具有“受益所有人”身份：

1. 缔约对方政府；

2. 缔约对方居民且在缔约对方上市的公司；

3. 缔约对方居民个人；

4. 申请人被第1至2项中的一人或多人直接或间接持有100%股份，且间接持有股份情形下的中间层为中国居民或缔约对方居民。

（五）上述第（三）条、第（四）条要求的持股比例应当在取得股息前连续12个月以内任何时候均达到规定比列。

（六）代理人或指定收款人等不属于“受益所有人”。

二、居民享受税收协定待遇的税务管理

企业或个人为享受中国政府对外签署的税收协定待遇，可以向主管其所得税的县税务局申请开具《税收居民证明》。

第二节　非居民企业税收管理

知识点1　外国企业常驻代表机构税收管理（★★）

一、税务登记

（一）领取工商登记证件（或批准）之日起30日内办理税务登记 。

（二）办理注销登记前，清算所得应申报缴纳企业所得税。

二、申报管理

（一）代表机构的纳税地点是机构、场所所在地。

（二）采取据实申报方式的代表机构应在季度终了之日起15日内向主管税务机关申报缴纳企业所得税。

知识点2　承包工程作业和提供劳务税收管理（★）

一、税务登记

（一）非居民企业在中国境内承包工程作业或提供劳务的，应当自项目合同或协议签订之日起30

日内，向项目所在地主管税务机关办理税务登记手续。

（二）非居民企业在中国境内承包工程作业或提供劳务的，应当在项目完工后15日内，办理注销税务登记。

二、企业所得税

应纳税所得额=收入总额×税务机关核定的利润率

应纳税所得额=成本费用总额/（1−经税务机关核定的利润率）×税务核定的利润率

应纳税所得额=经费支出总额/（1−经税务机关核定的利润率）×税务核定的利润率

三、增值税

如果境外单位在境内未设经营机构，则以境内代理人为增值税扣缴义务人；在境内没有代理人的，以购买方或接受方为增值税扣缴义务人。

应扣缴税额=接受方支付的价款/（1+税率）×税率

知识点3 股息、利息、租金、特许权使用费和财产转让所得税收管理（★）

表 12-2 股息、利息、租金、特许权使用费和财产转让所得税收管理

企业所得税	扣缴企业所得税应纳税额=应纳税所得额×实际征收率 全额计税：股息、红利等权益性投资收益和利息、租金、特许权使用费所得。 差额计税：转让财产所得=收入全额−财产净值
扣缴税款要求	1. 支付人自行委托代理人或指定其他第三方代为支付相关款项，或者因担保合同或法律规定等原因由第三方保证人或担保人支付相关款项的，仍由委托方、指定人或被保证人、被担保人承担扣缴义务。 2. 扣缴义务人应当自扣缴义务发生之日起7日内向扣缴义务人所在地主管税务机关申报和解缴代扣税款。 （1）中国境内企业（以下称为企业）和非居民企业签订与利息、租金、特许权使用费等所得有关的合同或协议，如果未按照合同或协议约定的日期支付上述所得款项，或者变更或修改合同或协议延期支付，但已计入企业当期成本、费用，并在企业所得税年度纳税申报中作税前扣除的，应在企业所得税年度纳税申报时按照《企业所得税法》有关规定代扣代缴企业所得税。 （2）如果企业上述到期未支付的所得款项，不是一次性计入当期成本、费用，而是计入相应资产原价或企业筹办费，在该类资产投入使用或开始生产经营后分期摊入成本、费用，分年度在企业所得税前扣除的，应在企业计入相关资产的年度纳税申报时就上述所得全额代扣代缴企业所得税。 （3）如果企业在合同或协议约定的支付日期之前支付上述所得款项的，应在实际支付时按照企业所得税法有关规定代扣代缴企业所得税。 （4）非居民企业取得应源泉扣缴的所得为股息、红利等权益性投资收益的，相关应纳税款扣缴义务发生之日为股息、红利等权益性投资收益实际支付之日。 【学堂点睛】注意不是被投资方作出利润分配决定之日。 （5）非居民企业采取分期收款方式取得应源泉扣缴所得税的同一项转让财产所得的，其分期收取的款项可先视为收回以前投资财产的成本，待成本全部收回后，再计算并扣缴应扣税款。 【学堂点睛】推迟扣缴义务发生时间至成本全部收回时。

（续上表）

扣缴税款要求	3．扣缴义务人可以在申报和解缴应扣税款前报送有关申报资料；已经报送的，在申报时不再重复报送。 4．扣缴义务人未依法扣缴或者无法履行扣缴义务的，取得所得的非居民企业应当按规定，向所得发生地主管税务机关申报缴纳未扣缴税款。非居民企业未按照规定申报缴纳税款的，税务机关可以责令限期缴纳，非居民企业应当按照税务机关确定的期限申报缴纳税款；非居民企业在税务机关责令限期缴纳前自行申报缴纳税款的，视为已按期缴纳税款。 【学堂点睛】只要在责令期限前纳税的，不收滞纳金、罚款。
扣缴地点	扣缴义务人所在地主管税务机关：所得税主管税务机关。 1．不动产转让所得，为不动产所在地税务机关。 2．权益性投资资产转让所得，为被投资企业的所得税主管税务机关。 3．股息、红利等权益性投资所得，为分配所得企业的所得税主管税务机关。 4．利息所得、租金所得、特许权使用费所得，为负担、支付所得的单位或个人的所得税主管税务机关。
递延纳税	2018年1月1日起，对境外投资者从中国境内居民企业分配的利润，直接投资于鼓励类或非禁止类投资项目，凡符合规定条件的，实行递延纳税政策，暂不征收预提所得税。 境外投资者以分得利润进行的直接投资，具体是指： 1．新增或转增中国境内居民企业实收资本或者资本公积；包括以分得的利润用于补缴其在境内居民企业已经认缴的注册资本，增加实收资本或资本公积的情形。 2．在中国境内投资新建居民企业； 3．从非关联方收购中国境内居民企业股权； 4．财政部、税务总局规定的其他方式。

知识点4 中国境内机构和个人对外付汇的税收管理（★）

一、境内机构和个人向境外单笔支付等值5万美元以上（不含等值5万美元，下同）下列外汇资金，除无须进行税务备案的情形外，均应向所在地主管国税机关进行税务备案，主管税务机关仅为地税机关的，应向所在地同级国税机关备案：

（一）境外机构或个人从境内获得的包括运输、旅游、通信、建筑安装及劳务承包、保险服务、金融服务、计算机和信息服务、专有权利使用和特许、体育文化和娱乐服务、其他商业服务、政府服务等服务贸易收入。

（二）境外个人在境内的工作报酬，境外机构或个人从境内获得的股息、红利、利润、直接债务利息、担保费以及非资本转移的捐赠、赔偿、税收、偶然性所得等收益和经常转移收入。

（三）境外机构或个人从境内获得的融资租赁租金、不动产的转让收入、股权转让所得以及外国投资者其他合法所得。

（四）外国投资者以境内直接投资合法所得在境内再投资单笔5万美元以上的，也应按照规定进行税务备案。

二、境内机构和个人对外支付下列外汇资金，无须办理和提交《服务贸易等项目对外支付税务备案表》：

（一）境内机构在境外发生的差旅、会议、商品展销等各项费用；

（二）境内机构在境外代表机构的办公经费，以及境内机构在境外承包工程的工程款；

（三）境内机构发生在境外的进出口贸易佣金、保险费、赔偿款；

（四）进口贸易项下境外机构获得的国际运输费用；

（五）保险项下保费、保险金等相关费用；

（六）从事运输或远洋渔业的境内机构在境外发生的修理、油料、港杂等各项费用；

（七）境内旅行社从事出境旅游业务的团费以及代订、代办的住宿、交通等相关费用；

（八）亚洲开发银行和世界银行集团下属的国际金融公司从我国取得的所得或收入，包括投资合营企业分得的利润和转让股份所得、在华财产（含房产）出租或转让收入以及贷款给我国境内机构取得的利息；

（九）外国政府和国际金融组织向我国提供的外国政府（转）贷款（含外国政府混合（转）贷款）和国际金融组织贷款项下的利息。本项所称国际金融组织是指国际货币基金组织、世界银行集团、国际开发协会、国际农业发展基金组织、欧洲投资银行等；

（十）外汇指定银行或财务公司自身对外融资如境外借款、境外同业拆借、海外代付以及其他债务等项下的利息；

（十一）我国省级以上国家机关对外无偿捐赠援助资金；

（十二）境内证券公司或登记结算公司向境外机构或境外个人支付其依法获得的股息、红利、利息收入及有价证券卖出所得收益；

（十三）境内个人境外留学、旅游、探亲等因私用汇；

（十四）境内机构和个人办理服务贸易、收益和经常转移项下退汇；

（十五）国家规定的其他情形。

【例-2018-单选题】境内机构对外支付下列外汇资金时，须办理和提交《服务贸易等项目对外支付税务备案表》的是（ ）。

A．境内机构在境外发生的商品展销费用

B．进口贸易项下境外机构获得的国际运输费用

C．境内机构在境外承包工程的工程款

D．我国区县级国家机关对外无偿捐赠援助资金

【答案】D

学堂点拨

选项D，我国省级以上国家机关对外无偿捐赠援助资金，支付外汇资金时，无须办理和提交《服务贸易等项目对外支付税务备案表》。

第三节 境外所得税收管理

微信扫一扫
习题免费练

境外所得已纳税额抵免（★★★）

一、抵免范围

企业取得的下列所得已在境外缴纳或负担的所得税税额，可以从其当期应纳税额中抵免，抵免限额为该项所得依法计算的应纳税额；超过抵免限额的部分，可以在以后5个年度内，用每年度抵免限

额抵免当年应抵税额后的余额进行抵补。

抵免范围：

（一）居民企业来源于中国境外的应税所得；

（二）非居民企业在中国境内设立机构、场所，取得发生在中国境外但与该机构、场所有实际联系的应税所得。

二、抵免方法

（一）抵免方法

居民企业可就其取得的境外所得直接缴纳和间接负担的境外企业所得性质的税额进行抵免。

非居民企业在中国境内设立机构、场所，可以就其取得的发生在境外但与该机构、场所有实际联系的所得直接缴纳的境外所得税性质的税额进行抵免。

（二）抵免计算步骤

表 12-3　境外所得已纳税额抵免的计算步骤

境外应纳税所得额	直接抵免：境外所得＋直接缴纳的境外所得税。
	间接抵免：股息红利＋直接缴纳和间接负担的所得税。
	税前所得－计税所得额时已扣除的有关成本费用。
境外已纳税额	境外应纳并已实际缴纳的企业所得税性质的税款。 【注意】税收饶让。
抵免限额	抵免限额：境外所得按我国税法计算的税额。
准予抵免税额	抵免限额和已纳税额孰低原则。

三、直接抵免

直接抵免适用范围：

（一）境外营业利润所得缴纳的所得税。（总分公司之间）

（二）来源于或发生于境外的股息、红利等权益性投资所得、利息、租金、特许权使用费、财产转让等所得在境外被源泉扣缴的预提所得税。

【链接】企业所得税中对直接抵免的计算已有介绍，此处不再赘述，只看例题。

学堂点睛

自2017年7月1日起，境外所得税收抵免由固定采取“分国不分项”抵免，改变成企业自行选择“分国不分项”或是“不分国不分项”抵免。企业选择境外所得税收抵免方式后，5年内不得改变。企业选择采用不同于以前年度的方式（以下简称新方式）计算可抵免境外所得税税额和抵免限额时，对该企业以前年度按照有关规定没有抵免完的余额，可在税法规定结转的剩余年限内，按新方式计算的抵免限额中继续结转抵免。

【例1-计算题】某企业2018年度境内应纳税所得额为200万元，适用25%的企业所得税税率。另外，该企业分别在A、B两国设有分支机构（我国与A、B两国已经缔结避免双重征税协定），在A国分

支机构的应纳税所得额为50万元，A国税率为20%；在B国的分支机构的应纳税所得额为30万元，B国税率为30%。假设该企业在A、B两国所得按我国税法计算的应纳税所得额和按A、B两国税法计算的应纳税所得额一致，两个分支机构在A、B两国分别缴纳了10万元和9万元的企业所得税。

要求：计算该企业汇总时在我国应缴纳的企业所得税税额。

学堂点拨

1．如选择“分国不分项”抵免方法的：

境内、境外所得的应纳税额＝（200＋50＋30）×25%＝70（万元）

A国抵免限额＝50×25%＝12.5（万元），A国实纳税额10万元，可全额扣除。

B国抵免限额＝30×25%＝7.5（万元），B国实纳税额9万元，只能扣除7.5万元，其超过抵免限额的部分1.5万元当年不能扣除。

汇总时在我国应缴纳的所得税＝70－10－7.5＝52.5（万元）

2．如选择“不分国不分项”抵免方法的：

境内、境外所得的应纳税额＝（200＋50＋30）×25%＝70（万元）

A、B两国合计的抵免限额＝（50＋30）×25%＝20（万元）

A、B两国合计实纳税额＝10＋9＝19（万元）

由于实纳税额＜抵免限额，所以只能扣除19万元。

汇总时在我国应缴纳的所得税＝70－19＝51（万元）

四、间接抵免

（一）适用范围

境外企业就分配股息前的利润缴纳的外国所得税额中由居民企业间接负担的部分。（跨国母子公司）

【链接】居民企业从其直接或者间接控制的外国企业分得的来源于中国境外的股息、红利等权益性投资收益，外国企业在境外实际缴纳的所得税税额中属于该项所得负担的部分，可以作为该居民企业的可抵免境外所得税税额。

（二）纳入间接抵免范围的境外企业判定

纳入间接抵免范围企业的持股条件：由居民企业直接或者间接持有20%以上股份的外国企业，限于符合持股方式的五层外国企业。

学堂点睛

1．“持股条件”，是指各层企业直接持股、间接持股以及为计算居民企业间接持股总和比例的每一个单一持股，均应达到20%的持股比例。

2．适用间接抵免的外国企业持股比例计算层级由三级调整到五级。

3．20%比例的运用：

（1）居民企业对某外国企业总持股比例（包括直接持股和间接持股）要超过20%（含）；

（2）每一层的持股企业，对下一层级的外国企业直接持有的股份比例要超过20%（含）；

（3）从第一层到第五层，单一居民企业直接持有或通过一个或多个符合本条规定持股条件的外国企业间接持有某外国企业的股份总和达到20%以上。

（三）抵免计算

居民企业在用境外所得间接负担的税额进行税收抵免时，其取得的境外投资收益实际间接负担的税额，是指根据直接或者间接持股方式合计持股20%以上（含20%）的规定层级（五级）的外国企业股份，由此应分得的股息、红利等权益性投资收益中，从最低一层外国企业起逐层计算的属于由上一层企业负担的税额。

本层所纳税额属于由上一层企业负担的税额＝（本层企业就利润和投资收益所实际缴纳的税额＋符合本通知规定的由本层企业间接负担的税额）×本层企业向一家上一层企业分配的股息（红利）/本层企业所得税后利润额

【总结】间接抵免步骤：

1. 确定间接抵免子公司范围：20%，五层。

2. 可予抵免境外所得税额。

上层抵免＝（本层企业就利润和投资收益所实际缴纳的税额＋符合本通知规定的由本层企业间接负担的税额）×本层企业向一家上一层企业分配的股息（红利）/本层企业所得税后利润额

3. 境外所得额＝分得股息红利＋预提所得税＋间接负担所得税－相关支出

4. 抵免限额＝境外所得额×25%

5. 应纳税额＝境内外所得额×25%－可抵免税额

学堂点睛

考试中多涉及到一层间接抵免的计算，如涉及到多层间接抵免的，抵免层级也不会太多，考生只用把握2～3层的间接抵免计算就可以了。

五、简易办法计算抵免

适用：虽有所得来源国（地区）政府机关核发的具有纳税性质的凭证或证明，但因客观原因无法真实、准确地确认应当缴纳并已经实际缴纳的境外所得税税额。

计算：按境外应纳税所得额的12.5%作为抵免限额。（所得来源国的实际有效税率低于我国规定税率50%以上的除外）

六、境外分支机构与我国对应纳税年度的确定

（一）取得境外的分支机构生产经营所得的纳税年度与我国规定的纳税年度不一致的：按照在我国有关纳税年度中任何一日结束的境外纳税年度。

（二）取得境外股息所得实现日为被投资方作出利润分配决定的日期，不论该利润分配是否包括以前年度未分配利润，按该股息所得实现日所在的我国纳税年度所得计算抵免。

【例2-2018-计算题】甲公司为一家在香港注册的公司，甲公司通过其在开曼群岛设立的特殊目的公司SPV公司，在中国境内设立了一家外商投资企业乙公司。SPV公司是一家空壳公司，自成立以来不从事任何实质业务，没有配备资产和人员，也没有取得经营性收入。甲公司及其子公司相关股权架构示意如下，持股比例均为100%。

甲公司
↓
SPV　　境内

乙公司　　境外

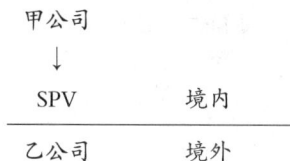

乙公司于2017年发生了如下业务：

1. 5月5日，通过SPV公司向甲公司分配股息1 000万元。

2. 7月15日，向甲公司支付商标使用费1 000万元，咨询费800万元，7月30日向甲公司支付设计费5万元。甲公司派遣相关人员来中国提供服务。

3. 12月20日，甲公司将SPV公司的全部股权转让给另一中国居民企业丙公司。

（其他相关资料：1美元=6.5人民币）

要求：根据资料回答下列问题。

1. 计算乙公司向SPV公司分配股息时应代扣代缴的企业所得税。

2. 计算乙公司向甲公司支付商标使用费、咨询费、设计费应代扣代缴的增值税。

3. 计算乙公司向甲公司支付商标使用费、咨询费、设计费应代扣代缴的企业所得税。

4. 指出乙公司上述对外支付的款项中，需要办理税务备案手续的项目有哪些？并说明理由。

5. 判断甲公司转让SPV公司的股权是否需要在中国缴纳企业所得税？并说明理由。

学堂点拨

1. 应代扣代缴的企业所得税=1 000×10%=100（万元）

2. 应代扣代缴增值税=（1 000+800+5）÷（1+6%）×6%=102.17（万元）

3. 应代扣代缴企业所得税=（1 000+800+5）÷（1+6%）×10%=170.28（万元）

4. 需要备案的项目有：分配股息、支付商标使用费、咨询费。

理由：境内机构和个人向境外单笔支付等值5万美元以上（不含等值5万美元）下列外汇资金，除无须进行税务备案的情形外，均应向所在地主管国税机关进行税务备案，主管税务机关仅为地税机关的，应向所在地同级国税机关备案。

（1）境外机构或个人从境内获得的包括运输、旅游、通信、建筑安装及劳务承包、保险服务、金融服务、计算机和信息服务、专有权利使用和特许、体育文化和娱乐服务、其他商业服务、政府服务等服务贸易收入。

（2）境外个人在境内的工作报酬，境外机构或个人从境内获得的股息、红利、利润、直接债务利息、担保费以及非资本转移的捐赠、赔偿、税收、偶然性所得等收益和经常转移收入。

（3）境外机构或个人从境内获得的融资租赁租金、不动产的转让收入、股权转让所得以及外国投资者其他合法所得。

外国投资者以境内直接投资合法所得在境内再投资单笔5万美元以上的，也应按照规定进行税务备案。

5. 需要在中国缴纳企业所得税。

理由：非居民企业通过实施不具有合理商业目的的安排，间接转让中国居民企业股权，规避企业所得税纳税义务的，应重新定性该间接转让交易，确认为直接转让中国居民企业股权。

【例3-2014-综合题】某位于市区的冰箱生产企业为增值税一般纳税人，2013年从境外B公司分回股息30万元，已在所在国缴纳企业所得税，税率为40%（不考虑B国征收的预提所得税）。

要求：计算应抵免的所得税。

学堂点拨

1. 从B公司分回的股息税前所得额=30/（1−40%）=50（万元）

2. 在境外已经缴纳的企业所得税为50×40%=20（万元）

3. 已纳税款抵免限额为50×25%=12.5（万元）

4. 可抵免的境外已纳税款12.5万元。

如考虑预提所得税：

境外已纳税款=间接负担所得税+直接预提所得税

接上例，假设境外预提所得税率10%

则在境外已经缴纳的企业所得税为50×40%+30×10%=23（万元）

已纳税款抵免限额为50×25%=12.5（万元）

可抵免的境外已纳税款12.5万元。

第四节　国际反避税

微信扫一扫
习题免费练

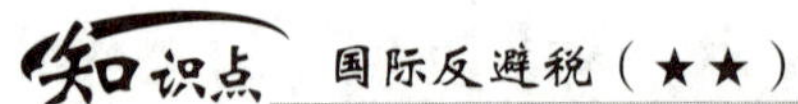

一、税基侵蚀和利润转移项目行动计划（BEPS）

表 12-4　税基侵蚀和利润转移项目行动计划

类别	行动计划
应对数字经济带来的挑战	数字经济。
协调各国企业所得税税制	混合错配、受控外国公司规则、利息扣除、有害税收实践。
重塑现行税收协定和转让定价国际规则	税收协定滥用、常设机构、无形资产、风险和资本、其他高风险交易。
提高税收透明度和确定性	数据统计分析、强制披露原则、转让定价同期资料、争端解决。
开发多边工具促进行动计划实施	多边工具。

二、一般反避税

（一）原则：企业实施以减少、免除或者推迟缴纳税款等不具有合理商业目的的安排而减少其应纳税收入或者所得额的，税务机关有权按照合理方法调整。

（二）调整方法：

1. 对安排的全部或者部分交易重新定性；

2. 在税收上否定交易方的存在，或者将该交易方与其他交易方视为同一实体；

3. 对相关所得、扣除、税收优惠、境外税收抵免等重新定性或者在交易各方间重新分配；

4. 其他合理方法。

（三）非居民企业通过实施不具有合理商业目的的安排，间接转让中国居民企业股权等财产，规避企业所得税纳税义务的，应按照企业所得税法的规定，重新定性该间接转让交易，确认为直接转让中国居民企业股权等财产。

三、特别纳税调整

（一）成本分摊协议

企业与其关联方签署成本分摊协议，共同开发、受让无形资产，或者共同提供、接受劳务，应符合该规定。

1. 成本分摊协议的参与方对开发、受让的无形资产或参与的劳务活动享有受益权，并承担相应的活动成本。关联方承担的成本应与非关联方在可比条件下为获得上述受益权而支付的成本相一致。

参与方使用成本分摊协议所开发或受让的无形资产不需另支付特许权使用费。

2. 企业对成本分摊协议所涉及无形资产或劳务的受益权应有合理的、可计量的预期收益，且以合理商业假设和营业常规为基础。

3. 涉及劳务的成本分摊协议一般适用于集团采购和集团营销策划。

4. 企业与其关联方签署成本分摊协议，有下列情形之一的，其自行分摊的成本不得税前扣除：

（1）不具有合理商业目的和经济实质；

（2）不符合独立交易原则；

（3）没有遵循成本与收益配比原则；

（4）未按本办法有关规定备案或准备、保存和提供有关成本分摊协议的同期资料；

（5）自签署成本分摊协议之日起经营期限少于20年。

（二）受控外国企业

1. 受控外国企业：是指根据《企业所得税法》的规定，由居民企业，或者由居民企业和居民个人控制的设立在实际税负低于25%的企业所得税税率水平50%的国家（地区），并非出于合理经营需要对利润不作分配或减少分配的外国企业。

2. 中国居民企业股东应在年度企业所得税纳税申报时提供对外投资信息，附送《对外投资情况表》，计算中国居民企业股东当期的视同受控外国企业股息分配的所得。

3. 中国居民企业股东能够提供资料证明其控制的外国企业满足以下条件之一的，可免于将外国企业不作分配或减少分配的利润视同股息分配额，计入中国居民企业股东的当期所得：

（1）设立在国家税务总局指定的非低税率国家（地区）；

（2）主要取得积极经营活动所得；

（3）年度利润总额低于500万元人民币。

（三）资本弱化

企业从其关联方接受的债权性投资与权益性投资的比例超过规定标准而发生的利息支出，不得在计算应纳税所得额时扣除。

1. 不得在计算应纳税所得额时扣除的利息支出应按以下公式计算：

不得扣除利息支出＝年度实际支付的全部关联方利息×（1－标准比例/关联债资比例）

2. 利息支出包括直接或间接关联债权投资实际支付的利息、担保费、抵押费和其他具有利息性质的费用。

第五节 转让定价税务管理

微信扫一扫
习题免费练

知识点 转让定价税务管理（★★）

一、关联方的关联申报

（一）关联关系判定

关联方是指与企业有下列关联关系之一的企业、其他组织或者个人，具体指：在资金、经营、购销等方面存在直接或者间接的控制关系；直接或者间接地同为第三者控制；在利益上具有相关联的其他关系。

1. 一方直接或间接持有另一方的股份总和达到25%以上；双方直接或间接同为第三方所持有的股份达到25%以上。如果一方通过中间方对另一方间接持有股份，只要一方对中间方持股比例达到25%以上，则其对另一方的持股比例按照中间方对另一方的持股比例计算；两个以上具有夫妻、直系血亲、兄弟姐妹以及其他抚养、赡养关系的自然人共同持股同一企业，在判定关联关系时持股比例合并计算。

2. 双方存在持股关系或者同为第三方持股，虽持股比例未达到第1项规定，但双方之间借贷资金总额占任一方实收资本比例达到50%以上，或者一方全部借贷资金总额的10%以上是由另一方担保（独立金融机构除外）。

3. 双方存在持股关系或者同为第三方持股，虽持股比例未达到第1项规定，但一方的生产经营活动必须由另一方提供专利权、非专利技术、商标权、著作权等特许权才能正常进行。

4. 双方存在持股关系或者同为第三方持股，虽持股比例未达到第1项规定，但一方的购买、销售、接受劳务、提供劳务等经营活动由另一方控制。

5. 一方半数以上董事或半数以上高级管理人员由另一方任命或者委派，或者同时担任另一方的董事或者高级管理人员；或者双方各自半数以上董事或半数以上高级管理人员同为第三方任命或者委派。

6. 具有夫妻、直系血亲、兄弟姐妹以及其他抚养、赡养关系的两个自然人分别与双方具有第1至5项关系之一。

7. 双方在实质上具有其他共同利益。

学堂点睛

仅因国家持股或者由国有资产管理部门委派董事、高级管理人员而存在第1至5项关系的，不构成此处所说的关联关系。

（二）关联交易类型

1. 有形资产使用权或所有权的转让。

2. 金融资产的转让。

3. 无形资产使用权或所有权的转让。

4. 资金融通。

5. 劳务交易。

（三）国别报告

主要披露最终控股企业所属跨国企业集团所有成员实体的全球所得、税收和业务活动的国别分布情况。

存在下列情形之一的居民企业，应当在报送《企业年度关联业务往来报告表》时填报国别报告：

1. 该居民企业为跨国企业集团的最终控股企业，且其上一会计年度合并财务报表中的各类收入金额合计超过55亿元；

2. 该居民企业被跨国企业集团指定为国别报告的报送企业。

二、同期资料管理

（一）同期资料内容

主体文档、本地文档和特殊事项文档。

年度关联交易金额符合下列条件之一的企业，应当准备本地文档：

1. 有形资产所有权转让金额（来料加工业务按照年度进出口报关价格计算）超过2亿元；

2. 金融资产转让金额超过1亿元；

3. 无形资产所有权转让金额超过1亿元；

4. 其他关联交易金额合计超过4 000万元。

（二）豁免情形

1. 企业仅与境内关联方发生关联交易的，可以不准备主体文档、本地文档和特殊事项文档。

2. 企业执行预约定价安排的，可以不准备预约定价安排涉及关联交易的本地文档和特殊事项文档。

（三）其他要求

1. 主体文档应当在企业集团最终控股企业会计年度终了之日起12个月内准备完毕；本地文档和特殊事项文档应当在关联交易发生年度次年6月30日之前准备完毕。同期资料应当自税务机关要求之日起30日内提供。企业因不可抗力无法按期提供同期资料的，应当在不可抗力消除后30日内提供同期资料。

2. 同期资料自准备完毕之日起保存10年。企业合并、分立的，应当由合并、分立后的企业保存。

【例1-2018-单选题】关联交易同期资料中的主体文档，应当在企业集团最终控股企业会计年度终了之日起一定期限内准备完毕。这一期限为（　　）。

A. 15个月　　B. 18个月　　C. 12个月　　D. 24个月

【答案】C

学堂点拨

主体文档应当在企业集团最终控股企业会计年度终了之日起12个月内准备完毕。

三、转让定价方法管理

（一）转让定价调整方法

1．可比非受控价格法

按照没有关联关系的交易各方进行相同或类似业务往来的价格进行定价。一般适用于所有类型的关联交易。

2．再销售价格法

公平成交价格＝再销售给非关联方的价格×（1－可比非关联交易毛利率）

可比非关联交易毛利率＝可比非关联交易毛利/可比非关联交易收入净额×100%

【例2-计算题】A公司从国外关联B公司以55万价格购进货物后销售给无关联的C公司价格为45万。假设毛利率合理的数额为20%，则税务机关可以调整的A公司的进货价格为多少？

学堂点拨

45×（1－20%）＝36（万元）。

3．成本加成法

以关联交易发生的合理成本加上可比非关联交易毛利作为关联交易的公平成交价格。

4．交易净利润法

以可比非关联交易的利润率指标确定关联交易的净利润。

5．利润分割法

根据企业与其关联方对关联交易合并利润的贡献计算各自应该分配的利润额。包括一般利润分割法和剩余利润分割法。

6．其他符合独立交易原则的方法

（二）转让定价方法管理

税务对企业实施转让定价纳税调整后，应自企业被调整的最后年度的下一年度起5年内实施跟踪管理。

在跟踪管理期内，企业应在跟踪年度的次年6月20日之前向税务机关提供跟踪年度的同期资料。

企业向境外关联方支付费用不符合独立交易原则，可在该业务发生纳税年度起10年内，实施特别纳税调整。

四、预约定价安排管理

预约定价安排是指企业就其未来年度关联交易的定价原则和计算方法，向税务机关提出申请，与税务机关按照独立交易原则协商、确认后达成的协议。

（一）预约定价安排的类型

预约定价安排分为单边、双边、多边三种类型。

（二）预约定价安排适用范围

1. 适用于主管税务机关向企业送达接收其谈签意向的《税务事项通知书》之日所属纳税年度起3至5个年度的关联交易。

2. 企业以前年度的关联交易与预约定价安排适用年度相同或类似的，经企业申请，税务机关可以将预约定价安排确定的定价原则和计算方法追溯适用于以前年度该关联交易的评估和调整。追溯期最长为10年。

3. 预约定价安排的谈签不影响税务机关对企业不适用预约定价安排的年度及关联交易的特别纳税调整和监控管理。

4. 预约定价安排一般适用于主管税务机关向企业送达接收其谈签意向的《税务事项通知书》之日所属纳税年度前3个纳税年度发生的关联交易金额4 000万人民币以上的企业。

第六节 国际税收征管合作

微信扫一扫
习题免费练

知识点 国际税收征管合作（★）

一、税收情报交换

（一）类型：专项情报交换、自动情报交换、自发情报交换以及同期税务检查、授权代表访问和行业范围情报交换等。

（二）应在税收协定生效并执行以后进行，税收情报涉及的事项可以溯及税收协定生效并执行之前。

我国情报交换通过国家税务总局进行。

（三）税收情报保密等级和保密期限：

秘密级（10年）：一般。

机密级（20年）：涉及偷税、骗税、严重违反税收法律法规的行为；缔约国主管当局有特殊保密要求的。

绝密级（30年）：涉及最重要的国家秘密，泄露会使国家安全和利益遭受特别严重损害的。

涉及其他部门或行业的秘密事项，按有关主管部门的保密范围确定密级。难以确定的，逐级上报总局确定。

【例1-2017-多选题】下列关于税收情报交换的表述中，正确的有（　　）。

A. 税收情报应作密件处理

B. 税收情报涉及的事项可以溯及税收协定生效并执行之前

C. 我国从缔约国主管当局获取的税收情报可以作为税收执法的依据

D. 税收情报交换在税收协定规定的权利和义务范围内进行

【答案】ABCD

二、海外账户税收遵从法案

美国《海外账户税收遵从法案》（简称FATCA），其主要目的是追查全球范围内美国富人的逃避缴纳税款行为。要求外国机构向美国税务机关报告美国账户持有人信息，若外国机构不遵守FATCA，美国将对外国机构来源于美国的所得和收入扣缴30%的惩罚性预提所得税。

（一）属美国国内法，但适用范围远远超出美国。美国公布以政府间合作方式实施FATCA的两种协议模式：

模式一：通过政府开展信息交换，包括互惠型和非互惠型两种子模式；

模式二：金融机构直接向美国税务机关报送信息。

2014年6月，中国按照模式一中的互惠型子模式与美国签订政府间协议。

（二）虽然金融机构负有尽职调查与信息报告义务，但举证责任最终仍由纳税人承担。如果某账户持有人不能证明自己并非美国纳税人或者无法向外国金融机构提供必要的证明文件，那么该账户持有人会被认定为“不合作账户持有人”，将被扣缴30%的预提所得税，并且将面临被关闭账户的风险。

【例2-2016-单选题】下列关于《海外账户税收遵从法案》的表述中，正确的是（　　）。

A.《海外账户税收遵从法案》规定举证责任最终由纳税人承担

B.《海外账户税收遵从法案》的主要目的是追查全球企业避税情况

C. 根据《海外账户税收遵从法案》被认定为“不合作账户持有人”将被扣缴40%的预提所得税

D.《海外账户税收遵从法案》仅适用于美国境内

【答案】A

学堂点拨

选项A，虽然金融机构负有尽职调查与信息报告义务，但举证责任最终仍由纳税人承担；选项B，《海外账户税收遵从法案》的主要目的是追查全球范围内美国富人的逃避税款行为；选项C，如果某账户持有人不能证明自己并非美国纳税人或者无法向外国金融机构提供必要的证明文件，那么该账户持有人会被认定为“不合作账户持有人”，将被扣缴30%的预提所得税，并且将面临被关闭账户的风险；选项D，《海外账户税收遵从法案》适用范围远超过美国辖区。

三、金融账户涉税信息自动交换标准

受G20委托，OECD（经济合作与发展组织）于2014年7月发布《金融账户涉税信息自动交换标准》（简称AEOI标准），为各国加强国际税收合作、打击跨境逃避税提供了强有力的工具。

四、税收公约

经国务院批准，我国于2013年8月27日签署了《多边税收征管互助公约》（以下简称《公约》），并于2015年7月1日由第十二届全国人民代表大会常务委员会第十五次会议批准。2015年10月16日，我国向经济合作与发展组织交存了《公约》批准书。根据《公约》的规定，《公约》将于2016年2月1日对我国生效，自2017年1月1日起开始执行。

（一）《公约》适用于根据我国法律由税务机关征收管理的税种，具体包括：企业所得税、个人所得税、城镇土地使用税、房产税、土地增值税、增值税、消费税、烟叶税、车辆购置税、车船税、资源税、城市维护建设税、耕地占用税、印花税、契税。

（二）我国税务机关现阶段与《公约》其他缔约方之间开展征管协助的形式为情报交换。

（三）以下事项属于《公约》批准书中我国声明保留内容：

1. 对上述税种以外的税种，不提供任何形式的协助；

2. 不协助其他缔约方追缴税款，不协助提供保全措施；

3. 不提供文书送达方面的协助；

4. 不允许通过邮寄方式送达文书。

（四）在我国政府另行通知前，《公约》暂不适用于香港特别行政区和澳门特别行政区。

【例3-2017-单选题】下列国际组织或机构中，发布了《金融账户涉税信息自动交换标准》的是（　　）

A. 联合国　　　　B. 世界银行

C. 经济合作与发展组织　　　　D. 世界贸易组织

【答案】C

学堂点拨

经济合作与发展组织于2014年7月发布了《金融账户涉税信息自动交换标准》。

第十三章　税收征收管理法

本章思维导图

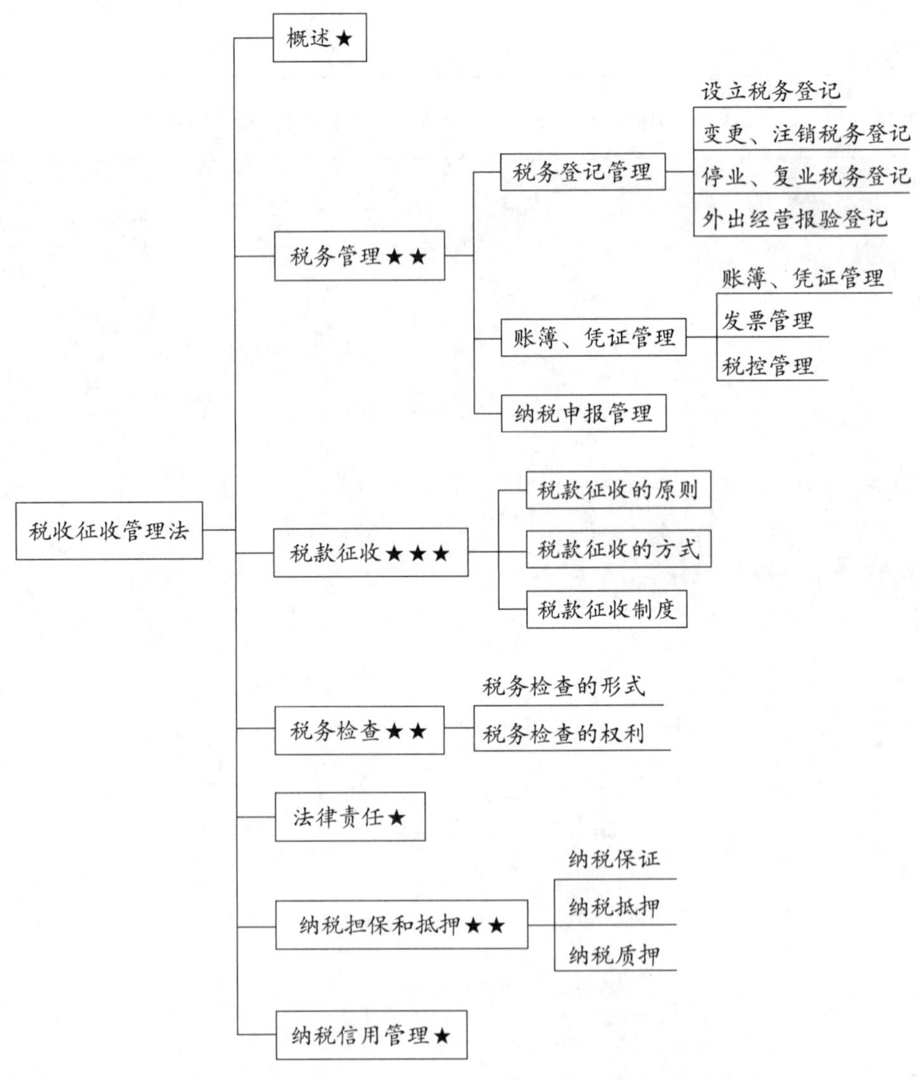

本章知识点精讲

微信扫一扫
习题免费练

第一节 概述

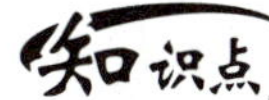

知识点 税收征收管理法的适用范围和遵守主体（★）

一、适用范围

凡依法由税务机关征收的各种税收的征收管理，均适用《税收征收管理法》。

学堂点睛

不适用税收征收管理法的情形：

海关征收的关税及代征的增值税、消费税，适用其他法律、法规的规定。

目前还有一部分政府收费由税务机关征收，如教育费附加。这些费用不适用《税收征收管理法》，不能采取该法律规定的措施，其具体管理办法由收费的条例和规章决定。

二、遵守主体

（一）税务行政主体：税务机关。

（二）税务行政管理相对人：纳税人、扣缴义务人和其他有关单位。

（三）有关单位和部门：如地方各级人民政府。

【例-2018-单选题】下列税费的征收管理，适用《税收征收管理法》的是（　　）。

A．房产税

B．地方教育附加

C．关税

D．海关代征消费税

【答案】A

学堂点拨

地方教育费附加属于费用，不适用《税收征收管理法》；海关征收的增值税和关税也不适用该法。

第二节 税务管理

微信扫一扫
习题免费练

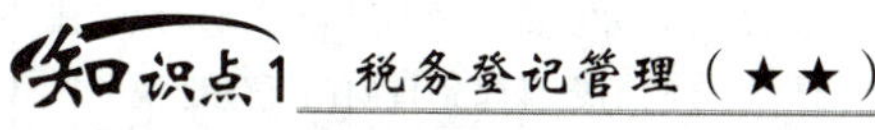

知识点1 税务登记管理（★★）

税务登记具体包括：设立、变更、注销、停业复业、外出经营报验登记。

一、设立税务登记

表 13-1　设立税务登记的适用范围及登记时间

适用范围	1. 领取营业执照从事生产经营的纳税人。 包括各类企业、企业在外地设立的分支机构和从事生产经营的场所、个体工商户、从事生产经营的事业单位。 2. 其他纳税人。 前款规定以外的纳税人，除国家机关、个人和无固定生产经营场所的流动性农村小商贩外，也应按规定办理税务登记。
登记时间	1. 自领取营业执照或其他部门批准设立之日起30日内。 2. 自纳税义务发生之日起30日内申请临时登记。 3. 扣缴义务发生之日起30日内。 4. 承包承租合同签订之日起30日内。 5. 境外企业在境内提供劳务，自项目合同或协议签订之日起30日内。

二、变更税务登记

表 13-2　变更税务登记的适用范围及登记时间

适用范围	改变住所和经营地点涉及主管税务机关变动的，应在迁出地办理注销税务登记，在迁入地办理开业税务登记。
登记时间	1. 纳税人税务登记内容发生变化的，应当自工商行政管理机关变更登记之日起30日内，持有关证件向原税务登记机关申报办理变更税务登记。 2. 不需要在工商行政管理机关办理变更登记，或者其变更登记的内容与工商登记内容无关的，应当自税务登记内容实际发生变化或自有关机关批准或者宣布变更之日起30日内，办理变更税务登记。

三、注销税务登记

表 13-3　注销税务登记的时间

注销时间	1. 纳税人发生解散、破产、撤销以及其他情形，依法终止纳税义务的：在向工商行政管理机关办理注销登记前。 2. 不需要在工商管理机关办理注销登记的：自有关机关批准或者宣告终止之日起15日内。 3. 被工商机关吊销营业执照的：自营业执照被吊销之日起15日内。 4. 境外企业在中国境内提供劳务的：应在项目完工、离开中国前15日内。 5. 因住所、经营地点变动而涉及改变主管税务机关的，应在申请办理变更、注销登记前，或者住所、经营地点变动前，向原税务机关办理注销税务登记，并自注销之日起30日内向迁达地税务机关申报办理税务登记。（先注销，再设立）

四、停业、复业登记

适用范围：定期定额征收的个体工商户。停业期间不得超过1年。

五、外出经营报验登记

（一）纳税人跨省经营的，应在外出生产经营以前，持税务登记证向主管税务机关申请开具《外出经营活动税收管理证明》。

纳税人在省税务机关管辖区域内跨县（市）经营的，是否开具《外出经营活动税收管理证明》由省税务机关自行确定。

（二）一地一证，有效期限一般为30日，最长不得超过180天。但建筑安装行业项目合同期限超过180天的，按照合同期限确定有效期限。

（三）纳税人外出经营活动结束，应当向经营地税务机关填报《外出经营活动情况申报表》，并结清税款、缴销发票。

（四）《外出经营活动税收管理证明》有效期届满后10日内，回原税务登记地税务机关办理缴销手续。

六、非正常户处理

列入非正常户超过3个月的，税务机关可以宣布其税务登记证件失效，其应纳税款按规定追征。

【例1-2018-单选题】下列情形中，纳税人应当注销税务登记的是（　　）。

A．纳税人改变生产经营方式的　　B．纳税人被工商行政管理部门吊销营业执照的

C．纳税人改变名称的　　D．纳税人改变住所和经营地点未涉及改变原主管税务机关的

【答案】B

学堂点拨

注销税务登记的适用范围：1．纳税人因经营期限届满而自动解散；2．企业由于改组、分立、合并等原因而被撤销；3．企业资不抵债而破产；4．纳税人住所、经营地址迁移而涉及改变原主管税务机关；5．纳税人被工商行政管理部门吊销营业执照；6．纳税人依法终止履行纳税义务的其他情形。

【例2-2013-单选题】下列关于税务登记时限的表述中，正确的是（　　）。

A．从事生产经营的纳税人，应当自领取营业执照之日起10日内办理税务登记

B．从事生产经营以外的纳税人，应当自纳税义务发生之日起15日内办理税务登记

C．税务登记内容发生变化的，应当自变更营业执照之日起20日内办理变更税务登记

D．境外企业在中国境内提供劳务的，应当自项目合同签订之日起30日内办理税务登记

【答案】D

学堂点拨

选项A，从事生产经营的纳税人，应当自领取营业执照之日起30日内办理税务登记。选项B，从事生产经营以外的纳税人，除国家机关和个人外，应当自纳税义务发生之日起30日内办理税务登记。选项C，纳税人税务登记内容发生变化的，应当自工商行政管理机关或者其他机关办理变更登记之日起30日内，持有关证件向原税务登记机关申报办理变更税务登记；不需要到工商行政管理机关或者其他机关办理变更登记的，应当自发生变化之日起30日内，持有关证件向原税务登记机关申报办理变更税务登记。

知识点2 账簿、凭证管理（★）

一、从事生产、经营的纳税人应当自领取营业执照或者发生纳税义务之日起15日内设置账簿。扣缴义务人应当自税收法律、行政法规规定的扣缴义务发生之日起10日内，设置扣缴税款账簿。

二、备案制度：凡从事生产、经营的纳税人必须将所采用的财务、会计制度和具体的财务、会计处理办法，自领取税务登记证件之日起15日内，及时报送主管税务机关备案。

三、保管期限：账簿、记账凭证、报表、完税凭证、发票、出口凭证以及其他有关涉税资料的保管期限，除另有规定外，应当保存10年。

四、发票管理

（一）增值税专用发票由国务院税务主管部门指定的企业印制；其他发票分别由省级国税、地税指定企业印制。

（二）对无固定经营场地或者财务制度不健全的纳税人申请领购发票，主管税务机关有权要求其提供担保人；不能提供担保人的，可以视其情况，要求其提供保证金，并限期缴销发票。

五、税控管理

不能按照规定安装、使用税控装置，损毁或者擅自改动税控装置的，由税务机关责令限期改正，可以处以2 000元以下的罚款；情节严重的，处2 000元以上1万元以下的罚款。

知识点3 纳税申报管理（★）

表 13-4 纳税申报管理的主要内容

纳税申报对象	纳税人和扣缴义务人。 【学堂点睛】纳税期内没有税款也应申报（零申报），减免税期间应申报。
申报期限	不同税种均有规定。
申报方式	直接申报、邮寄申报、数据电文。 【学堂点睛】实行定期定额缴纳税款的纳税人，可以实行简易申报、简并征期等申报纳税方式。
延期申报	因有特殊情况，经县以上税务机关核准，可延期申报。应在规定的期限提出书面延期申请，经核准，在核准的期限内办理。应当在纳税期内按照上期实际缴纳的税额或者税务机关核定的税额预缴税款，并在核准的延期内办理纳税结算。 【学堂点睛】延期申报不同于延期纳税。

【例3-2017-多选题】根据《税收征收管理法》规定，下列属于纳税申报对象的有（　　）。

A．代扣代缴义务人

B．享受减税的纳税人

C．纳税期内没有应纳税款的纳税人

D．享受免税的纳税人

【答案】ABCD

学堂点拨

纳税申报的对象为负有纳税义务的单位和个人（包括取得临时应税收入或发生应税行为的纳税人，享有减税、免税待遇的纳税人）和扣缴义务人。纳税人在纳税期内没有应纳税款的，也应当按照规定办理纳税申报。

【例4-2013-多选题】下列纳税申报方式中，符合《税收征收管理法》规定的有（　　）。

A. 直接申报　　B. 网上申报　　C. 邮寄申报　　D. 口头申报

【答案】ABC

学堂点拨

纳税申报的形式主要有以下三种：直接申报、邮寄申报、数据电文。

【例5-2011-单选题】下列各项关于纳税申报管理的表述中，正确的是（　　）。

A. 扣缴人不得采取邮寄申报的方式

B. 纳税人在纳税期内没有应纳税款的，不必办理纳税申报

C. 实行定期定额缴纳税款的纳税人可以实行简易申报、简并征期等申报纳税方式

D. 主管税务机关根据纳税人实际情况及其所纳税种确定的纳税申报期限不具有法律效力

【答案】C

学堂点拨

选项A，扣缴人可以采取邮寄申报。纳税人在纳税期内没有应纳税款的，也应当按照规定办理纳税申报；选项B，纳税人享受减税、免税待遇的，在减税、免税期间应当按照规定办理纳税申报；选项D，主管税务机关根据纳税人实际情况及其所纳税种确认的纳税申报期限一定具有法律效力。

第三节　税款征收

微信扫一扫
习题免费练

税款征收（★★★）

一、税款优先

（一）税收优先于无担保债权。

（二）纳税人发生欠税在前的，税收优先于抵押权、质权和留置权的执行。

有欠税的情况下设置抵押权、质权、留置权时，纳税人应当向抵押权人、质权人说明其欠税情况。

（三）税收优先于罚款、没收非法所得。

1. 纳税人欠缴税款，同时又被税务机关决定处以罚款、没收非法所得的，税收优先于罚款、没收非法所得。

2．纳税人欠缴税款，同时又被税务机关以外的其他行政部门处以罚款、没收非法所得的，税款优先于罚款、没收非法所得。

学堂点睛

税款属于一种特殊的债权。税款优先原则确定了在纳税人在多重负债情况下偿还债务的顺序。

二、税款征收的方式

包括：查账征收、查定征收、查验征收、定期定额征收、委托代征税款、邮寄纳税、其他方式。

三、税款征收制度

（一）代扣代缴、代收代缴税款制度

1．法定扣缴义务人应依法履行扣缴义务，否则会给予处罚，并责成限期补扣或补收。（50%～3倍）

2．纳税人不得拒绝扣缴义务人的代扣、代收，否则扣缴义务人应在1日内报告税务机关。不及时报告的，扣缴义务人承担责任。

3．扣缴义务人手续费只能由县（市）以上税务机关统一办理退库手续，不得在征收税款过程中坐支。

（二）延期缴纳税款制度

纳税人因有特殊困难，不能按期缴纳税款的，经省、自治区、直辖市国家税务局、地方税务局批准，可以延期缴纳税款，但最长不得超过3个月。

学堂点睛

1．特殊困难：

一是因不可抗力，导致纳税人发生较大损失，正常经营活动受到较大影响的；

二是当期货币资金在扣除应付职工工资、社会保险费后，不足以缴纳税款的。

2．细节规定：

（1）在规定期限内提出书面申请；

（2）必须经省、自治区、直辖市国家税务局、地方税务局批准，方为有效；

（3）延期期限最长不得超过3个月，同一笔税款不得滚动审批；

（4）批准延期内免予加收滞纳金。不予批准的，从缴纳税款期限届满之次日起加收滞纳金。

（三）税收滞纳金征收制度

纳税人未按照规定期限缴纳税款的，扣缴义务人未按照规定期限解缴税款的，税务机关除责令限期缴纳外，从滞纳税款之日起，按日加收滞纳税款万分之五的滞纳金。

（四）减免税收制度

1．纳税人在享受减免税待遇期间，仍应按规定办理纳税申报。

2．纳税人同时从事减免项目与非减免项目的，应分别核算；不能分别核算的，不能享受减免；核算不清的由税务机关核定。

3. 减免税分为：核准类减免税和备案类减免税。

（五）税额核定和税收调整制度

1. 税额核定制度。

表 13–5 税额核定适用的范围

核定范围	1. 依照法律、行政法规的规定可以不设置账簿的。 2. 依照法律、行政法规的规定应当设置但未设置账簿的。 3. 擅自销毁账簿或者拒不提供纳税资料的。 4. 虽设置账簿，但账目混乱或成本资料、收入凭证、费用凭证残缺不全，难以查账的。 5. 发生纳税义务，未按照规定的期限办理纳税申报，经税务机关责令限期申报，逾期仍不申报的。 6. 纳税人申报的计税依据明显偏低，又无正当理由的。

2. 税收调整制度：关联方交易价格调整。

不按照独立企业之间的业务往来收取或者支付价款费用，而减少其应纳税的收入或者所得额的，税务机关有权进行合理调整。

调整期限：一般为自该业务发生的纳税年度起3年内，特殊为10年。

（六）未办理税务登记的从事生产、经营的纳税人，以及临时从事经营纳税人的税款征收制度

执行程序：

1. 核定应纳税额。

2. 责令缴纳。

3. 扣押商品、货物。纳税人自扣押之日起15日内缴纳税款。

4. 解除扣押或者拍卖、变卖所扣押的商品、货物。

5. 抵缴税款。

（七）税收保全措施

表 13–6 税收保全措施的主要内容

形式	1. 书面通知纳税人开户银行或其他金融机构暂停支付纳税人相当于应纳税款的存款。 2. 扣押、查封纳税人的价值相当于应纳税款的商品、货物或其他财产。
适用范围	从事生产、经营的纳税人。 不包括非从事生产、经营的纳税人，也不包括扣缴义务人和纳税担保人。
法定程序	1. 税务机关有根据认为从事生产经营的纳税人有逃避缴纳税款义务行为的，可以在规定的纳税期之前，责令限期缴纳税款。 2. 在限期内，纳税人有明显转移、隐匿其应纳税的商品货物以及其他财产迹象的，税务机关应责令其提供纳税担保。 3. 如纳税人不能提供纳税担保，经县以上税务局（分局）局长批准，可以采取税收保全措施。 4. 纳税人限期内缴纳税款的，税收保全措施应立即解除，期满仍未缴纳税款的，转入强制执行措施。
细节规定	1. 个人及其所扶养家属维持生活必需的住房和用品，不在税收保全措施的范围之内。生活必需的住房和用品不包括机动车辆、金银饰品、古玩字画、豪华住宅或者一处以外的住房。税务机关对单价5 000元以下的其他生活用品，不采取保全和强制执行。

（续上表）

细节规定	2．税务机关确定应扣押、查封的商品、货物或者其他财产的价值时，还应当包括滞纳金和扣押、查封、保管、拍卖、变卖所发生的费用。 3．税务机关扣押商品、货物或财产时，必须开付收据；查封商品、货物或其他财产时，必须开付清单。 4．税务机关采取税收保全措施的期限一般不得超过6个月；重大案件需要延长的，应当报国家税务总局批准。

（八）税收强制执行措施

表 13-7　税收强制执行措施的主要内容

主要形式	经县级以上税务局（分局）局长批准，可以： 1．书面通知其开户银行或其他金融机构从其存款中扣缴税款； 2．扣押、查封、拍卖其价值相当于应纳税款商品、货物或其他财产，以拍卖所得抵缴税款。
适用范围	适用于从事生产经营的纳税人、扣缴义务人和纳税担保人。 【学堂点睛】税收保全仅适用于从事生产经营的纳税人。
法定程序	1．告诫在先：纳税人、扣缴义务人和纳税担保人未按照规定的期限缴纳或者解缴税款的，应当先行告诫，责令限期缴纳。 2．逾期仍未缴纳的，再采取强制执行措施。
细节规定	1．在扣缴税款的同时，可以处以不缴或者少缴税款50%以上5倍以下的罚款。 2．采取税收强制执行措施时，对纳税人、扣缴义务人、纳税担保人未缴纳的滞纳金必须同时强制执行。对纳税人已缴纳税款，但拒不缴纳滞纳金的，税务机关可以单独对纳税人应缴未缴的滞纳金采取强制执行措施。 3．拍卖或者变卖所得抵缴税款、滞纳金、罚款以及扣押、查封、保管、拍卖、变卖等费用后，剩余部分应当在3日内退还被执行人。

（九）欠税清缴制度

表 13-8　欠税清缴制度的主要内容

审批权限	省、自治区、直辖市国家税务局、地方税务局。
缴税时限	从事生产、经营的纳税人、扣缴义务人未按照规定的期限缴纳或者解缴税款的，纳税担保人未按照规定的期限缴纳所担保的税款的，由税务机关发出限期缴纳税款通知书，责令缴纳或者解缴税款的最长期限不得超过15日。
欠税清缴制度	1．离境清税： 欠税纳税人及其法定代表人需出境，应在出境前结清应纳税款或者提供担保，否则税务机关可通知出境管理机关阻止其出境。 2．改制纳税人欠税清缴制度： 纳税人有合并、分立情形的，应当向税务机关报告，并依法缴清税款。纳税人合并时未缴清税款的，应当由合并后的纳税人继续履行未履行的纳税义务；纳税人分立时未缴清税款的，分立后的纳税人对未履行的纳税义务应当承担连带责任。

（续上表）

欠税清缴制度	3．大额欠税处分财产报告制度： 欠缴税款数额在5万元以上的纳税人，在处分其不动产或者大额资产之前，应当向税务机关报告。 4．税务机关可以对欠缴税款的纳税人行使代位权、撤销权，即对纳税人的到期债权等财产权利，税务机关可以依法向第三者追索以抵缴税款。 5．欠税公告制度。

（十）税款的退还和追征制度

表 13-9　税款的退还和追征制度

退还	税务机关发现的：应当立即退还（无时间限制，无利息）。 纳税人自结算缴纳税款之日起3年内发现的：可以向税务机关要求退还多缴的税款并加算银行同期存款利息，税务机关及时查实后应当立即退还。
追征	1．税务机关责任：3年内要求补缴税款，不得加收滞纳金。 2．纳税人扣缴义务人责任：3年内可以追征税款、滞纳金；有特殊情况的追征期可以延长到5年。偷税、抗税、骗税无限期追征。

【例1–2014–单选题】下列关于税款扣缴制度的表述中，正确的是（　　）。

A．代扣税款手续费可以由税务所统一办理退库手续

B．个人收到的个人所得税扣缴手续费，应计征个人所得税

C．对扣缴义务人未履行扣缴义务的，可处以应扣未扣税款50%以上3倍以下的罚款

D．扣缴义务人履行扣缴义务时，可从所扣缴的税款中减除扣缴手续费后再上交税务机关

【答案】C

学堂点拨

选项A，代扣、代收税款手续费只能由县（市）以上税务机关统一办理退库手续，不得在征收税款过程中坐支；选项B，个人收到的个人所得税扣缴手续费，应计征增值税，不计征个人所得税；选项D，扣缴义务人履行扣缴义务时，不可从所扣缴的税款中减除扣缴手续费。

【例2–2017–单选题】根据《税收征收管理法》中延期缴纳税款制度的规定，下列表述中正确的是（　　）。

A．批准的延期期限内加收滞纳金

B．延期缴纳税款必须经县级税务机关批准

C．延期缴纳的同一笔税款不得滚动审批

D．延期缴纳税款的期限最长不得超过30天

【答案】C

学堂点拨

选项A，税务机关不予批准的延期纳税，从缴纳税款期限届满次日加收滞纳金。经批准的延期纳税，在批准的延期期限内免予加收滞纳金。选项B、D，纳税人因特殊困难不能按期缴纳税款的，经省、自治区、直辖市国家税务局、地方税务局批准，可延期缴纳税款，但最长不得超过3个月。

【例3-2013-单选题】税务机关采取的下列措施中，属于税收保全措施的是（　　）。

A．查封纳税人的价值相当于应纳税款的商品或货物

B．书面通知纳税人的开户银行从其银行存款中扣缴税款

C．拍卖纳税人其价值相当于应纳税款的商品用以抵缴税款

D．对纳税人逃避纳税义务的行为处以2 000元以上5 000元以下的罚款

【答案】A

学堂点拨

税务机关可以采取下列税收保全措施：1．书面通知纳税人开户银行或者其他金融机构冻结纳税人的金额相当于应纳税款的存款；2．扣押、查封纳税人的价值相当于应纳税款的商品、货物或者其他财产。

【例4-2014-单选题】下列关于退还纳税人多缴税款的表述中，正确的是（　　）。

A．纳税人发现多缴税款但距缴款日期已超过3年的，税务机关不再退还多缴税款

B．税务机关发现多缴税款的，在退还税款的同时，应一并计算银行同期存款利息

C．税务机关发现多缴税款但距缴款日期已超过3年的，税务机关不再退还多缴税款

D．纳税人发现当年预缴企业所得税款超过应缴税额的，可要求退款并加计银行同期存款利息

【答案】A

学堂点拨

选项A，纳税人自结算缴纳税款之日起3年内发现的，可以向税务机关要求退还多缴的税款并加算银行同期存款利息，税务机关及时查实后应当立即退还；选项B，税务机关发现的多缴税款，没有加算银行同期存款利息的规定；选项C，税务机关发现的多缴税款，没有规定多长时间内可以退还；选项D，不得加算银行同期存款利息。

第四节　税务检查

微信扫一扫
习题免费练

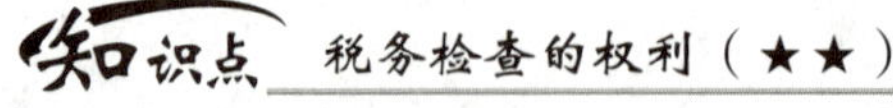

一、税务检查的形式

包括：重点检查、分类计划检查、集中性检查、临时性检查及专项检查。

二、税务检查的权利

表 13-10　税务检查的权利

权利	税务机关进行税务检查中的权利主要有：查账权、场地检查权、责成提供资料权、询问权、在交通要道和邮政企业的查证权、查核存款账户权。

（续上表）

查账权	经县以上税务局（分局）局长批准，可以将纳税人、扣缴义务人以前会计年度的账簿、记账凭证、报表和其他有关资料调回税务机关检查，但是税务机关必须向纳税人、扣缴义务人开付清单，并在3个月内完整退还；有特殊情况的，经设区的市、自治州以上税务局局长批准，税务机关可以将纳税人、扣缴义务人当年的账簿、记账凭证、报表和其他有关资料调回检查，但是税务机关必须在30日内退还。
场地检查权	税务机关有权到纳税人的生产、经营场所和货物存放地检查，但不得进入纳税人生活区进行检查。
查核存款账户权	经县以上税务局（分局）局长批准，凭全国统一格式的检查存款账户许可证明，查核从事生产、经营的纳税人、扣缴义务人在银行或者其他金融机构的存款账户；税务机关在调查税收违法案件时，经设区的市、自治州以上税务局（分局）局长批准，可以查询案件涉案人员的储蓄存款。

【例1-2016-多选题】下列方法中，属于税务检查方法的有（　　）。

A．全查法　　B．抽查法　　C．外调法　　D．现场检查法

【答案】ABCD

学堂点拨

税务检查方法有：全查法、抽查法、顺查法、逆查法、现场检查法、调账检查法、比较分析法、控制计算法、审阅法、核对法、观察法、外调法、盘存法、交叉稽核法。

【例2-2009-多选题】下列关于税务机关行使税务检查权的表述中，符合税法规定的有（　　）。

A．到纳税人的住所检查应纳税的商品、货物和其他财产

B．责成纳税人提供与纳税有关的文件、证明材料和有关资料

C．到车站检查纳税人托运货物或者其他财产的有关单据、凭证和资料

D．经县税务局长批准，凭统一格式的检查存款账户许可证，查询案件涉嫌人员的储蓄存款

【答案】BC

学堂点拨

本题考核税务检查的有关规定。税务机关不能到纳税人住所检查应纳税的商品、货物和其他财产；税务机关在调查税务违法案件时，经设区的市、自治州以上税务局（分局）局长批准，可以查询案件涉嫌人员的储蓄存款。

第五节　法律责任

微信扫一扫
习题免费练

知识点　各类法律责任（★）

部分法律责任节选：

一、违反税务管理基本规定行为的处罚

（一）根据《税收征收管理法》第六十条和《税收征收管理法实施细则》第九十条规定，纳税人有下列行为之一的，由税务机关责令限期改正，可以处2 000元以下的罚款；情节严重的，处2 000元以上1万元以下的罚款；

1. 未按照规定的期限申报办理税务登记、变更或者注销登记的；
2. 未按照规定设置、保管账簿或者保管记账凭证和有关资料的；
3. 未按照规定将财务、会计制度或者财务、会计处理办法和会计核算软件报送税务机关备查的；
4. 未按照规定将其全部银行账号向税务机关报告的；
5. 未按照规定安装、使用税控装置，或者损毁或擅自改动税控装置的；
6. 纳税人未按照规定办理税务登记证件验证或者换证手续的。

（二）纳税人不办理税务登记的，由税务机关责令限期改正；逾期不改正的，由工商行政管理机关吊销其营业执照。

（三）纳税人通过提供虚假的证明资料等手段，骗取税务登记证的，处2 000元以下的罚款；情节严重的，处2 000元以上10 000元以下的罚款。纳税人涉嫌其他违法行为的，按有关法律、行政法规的规定处理。

二、扣缴义务人违反账簿、凭证管理的处罚

《税收征收管理法》第六十一条规定："扣缴义务人未按照规定设置、保管代扣代缴、代收代缴税款账簿或者保管代扣代缴、代收代缴税款记账凭证及有关资料的，由税务机关责令限期改正，可以处2 000元以下的罚款；情节严重的，处2 000元以上5 000元以下的罚款。"

三、纳税人、扣缴义务人未按规定进行纳税申报的法律责任

《税收征收管理法》第六十二条规定："纳税人未按照规定的期限办理纳税申报和报送纳税资料的，或者扣缴义务人未按照规定的期限向税务机关报送代扣代缴、代收代缴税款报告表和有关资料的，由税务机关责令限期改正，可以处2 000元以下的罚款；情节严重的，可以处2 000元以上10 000元以下的罚款。"

四、对偷税的认定及其法律责任

《税收征收管理法》第六十三条规定："纳税人伪造、变造、隐匿、擅自销毁账簿、记账凭证，或者在账簿上多列支出或者不列、少列收入，或者经税务机关通知申报而拒不申报或者进行虚假的纳税申报，不缴或者少缴应纳税款的，是偷税。对纳税人偷税的，由税务机关追缴其不缴或者少缴的税款、滞纳金，并处不缴或者少缴的税款50%以上5倍以下的罚款；构成犯罪的，依法追究刑事责任。

扣缴义务人采取前款所列手段，不缴或者少缴已扣、已收税款，由税务机关追缴其不缴或者少

缴的税款、滞纳金，并处不缴或者少缴的税款50%以上5倍以下的罚款；构成犯罪的，依法追究刑事责任。”

五、进行虚假申报或不进行申报行为的法律责任

《税收征收管理法》第六十四条规定：“纳税人、扣缴义务人编造虚假计税依据的，由税务机关责令限期改正，并处5万元以下的罚款。纳税人不进行纳税申报，不缴或者少缴应纳税款的，由税务机关追缴其不缴或者少缴的税款、滞纳金，并处不缴或者少缴税款50%以上5倍以下的罚款。”

第六节 纳税担保和抵押

微信扫一扫
习题免费练

纳税担保和抵押（★★）

一、纳税保证

表 13-11 纳税保证的主要内容

概念	纳税保证人向税务机关保证，当纳税人未按照税收法律、行政法规规定或者税务机关确定的期限缴清税款、滞纳金时，由纳税保证人按照约定履行缴纳税款及滞纳金的行为。 税务机关认可的，保证成立；税务机关不认可的，保证不成立。
担保能力	1. 法人或组织财务报表资产净值超过需要担保的税额及滞纳金2倍以上。 2. 自然人或法人或组织拥有或依法可以处分的未设置担保的财产价值超过需要担保的税额及滞纳金。
纳税保证人	1. 国家机关、学校、幼儿园、医院等事业单位、社会团体不得作为纳税保证人。 2. 企业法人的职能部门不得作为纳税保证人。 3. 企业法人的分支机构有法人书面授权的，可以在授权范围内提供纳税担保。
纳税担保范围	1. 税务机关有根据认为从事生产、经营的纳税人有逃避纳税义务行为，在规定的纳税期之前经责令其限期缴纳应纳税款，在限期内发现纳税人有明显的转移、隐匿其应纳税的商品、货物以及其他财产或者应纳税收入的迹象，责成纳税人提供纳税担保的。 2. 欠缴税款、滞纳金的纳税人或者其法定代表人需要出境的。 3. 纳税人同税务机关在纳税上发生争议而未缴清税款，需要申请行政复议的。
担保责任	纳税保证为连带责任保证。 纳税人和保证人对所担保的税款及滞纳金承担连带责任。
纳税担保时限	1. 纳税担保从税务机关在纳税担保书签字盖章之日起生效。 2. 保证期间为纳税人应缴纳税款期限届满之日起60日内，履行保证责任的期限为15日。 3. 纳税保证期间内税务机关未通知纳税保证人缴纳税款及滞纳金以承担担保责任的，纳税保证人免除担保责任。

二、纳税抵押

表 13-12　纳税抵押的分类

可抵押财产	1. 抵押人所有的房屋和其他地上定着物。 2. 抵押人所有的机器、交通运输工具和其他财产。 3. 抵押人依法有权处分的国有的房屋和其他地上定着物。 4. 抵押人依法有权处分的国有的机器、交通运输工具和其他财产。 5. 经设区的市、自治州以上税务机关确认的其他可以抵押的合法财产。 【学堂点睛】以依法取得的房屋建筑物抵押的，该房屋占用范围内的国有土地使用权同时抵押。
不得抵押财产	1. 土地所有权。 2. 土地使用权，上述抵押范围规定的除外。 3. 学校、幼儿园、医院等以公益为目的的事业单位、社会团体、民办非企业单位的教育设施、医疗卫生设施和其他社会公益设施。（其他财产可抵押） 4. 所有权、使用权不明或者有争议的财产。 5. 依法被查封、扣押、监管的财产。 6. 依法定程序确认为违法、违章的建筑物。 7. 法律、行政法规规定禁止流通的财产或者不可转让的财产。 8. 经设区的市、自治州以上税务确认的其他不予抵押的财产。

三、纳税质押

（一）纳税质押分为动产质押和权利质押。

（二）纳税人逾期未缴清税款及滞纳金的，税务机关有权依法处置该动产或权利凭证以抵缴税款及滞纳金。

【例1-2018-多选题】根据《税收征收管理法》规定，下列情形中的企业不得作为纳税保证人的有（　　）。

A. 与纳税人存在担保关联关系的

B. 纳税信用等级被评为C级以下的

C. 有欠税行为的

D. 因有税收违法行为正在被税务机关立案处理的

【答案】ABCD

【例2-2016-单选题】纳税人的下列财产或财产权利，不得作为纳税质押品的是（　　）。

A. 房屋　　B. 汽车　　C. 活期存款单　　D. 定期存款单

【答案】A

学堂点拨

房屋可以作为纳税抵押品；纳税质押包括动产质押（现金以及其他除不动产以外的财产提供的质押）和权利质押（汇票、支票、本票、债券、存款单等权利凭证提供的质押）。

【例3-2015-多选题】具有特殊情形的企业不得作为纳税保证人。下列各项属于该特殊情形的有（　　）。

A．有欠税行为的

B．与纳税人存在担保关联关系的

C．纳税信用等级被评为C级以下的

D．因有税收违法行为正在被税务机关立案处理的

【答案】ABCD

第七节　纳税信用管理

微信扫一扫
习题免费练

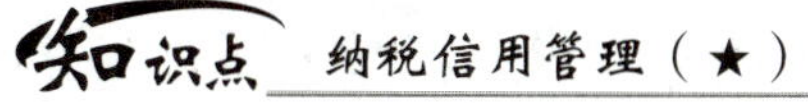

表 13-13　纳税信用管理的主要内容

适用范围	除已办理税务登记，从事生产、经营并适用查账征收的企业纳税人外，纳税信用管理试行办法还适用于以下企业纳税人： 1．首次在税务机关办理涉税事宜之日起事件不满一个评价年度的企业。（新设立企业） 评价年度：1月1日至12月31日 2．评价年度内无生产经营业务收入的企业。 3．适用企业所得税核定征收办法的企业。
组织实施	纳税信用信息采集工作由国家税务总局和省税务机关组织实施，按月采集。
评价	信用级别设A、B、M、C、D五级。纳税信用评价采取年度评价指标得分和直接判级方式。 1．年度评价指标得分采取扣分方式。纳税人评价年度内经常性指标和非经常性指标信息齐全的，从100分起评；非经常性指标缺失的，从90分起评。 2．直接判级适用于有严重失信行为的纳税人。
结果	1．税务机关每年4月确定上一年度纳税信用评价结果，并为纳税人提供自我查询服务。 2．税务机关对纳税人的纳税信用级别实行动态调整。 【学堂点睛】新增M级企业的激励措施：1．取消增值税专用发票认证；2．税务机关适时进行税收政策和管理规定的辅导。

第十四章　税务行政法制

本章思维导图

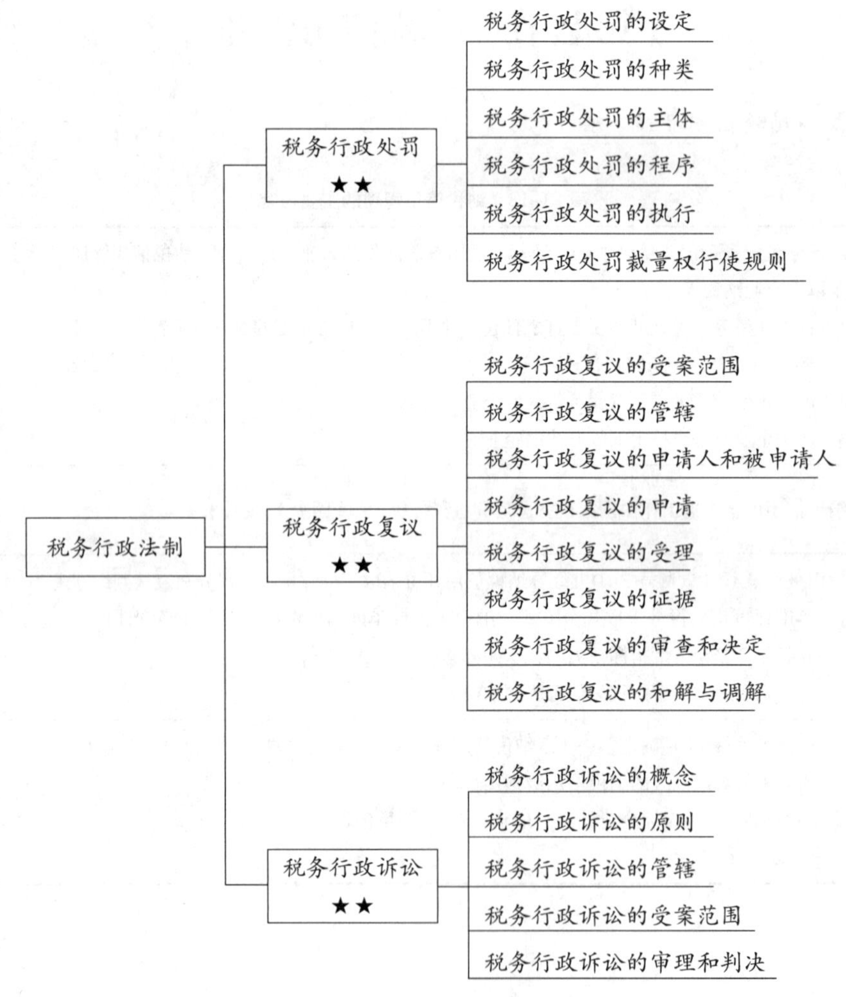
税务行政法制
税务行政处罚 ★★
税务行政处罚的设定
税务行政处罚的种类
税务行政处罚的主体
税务行政处罚的程序
税务行政处罚的执行
税务行政处罚裁量权行使规则
税务行政复议 ★★
税务行政复议的受案范围
税务行政复议的管辖
税务行政复议的申请人和被申请人
税务行政复议的申请
税务行政复议的受理
税务行政复议的证据
税务行政复议的审查和决定
税务行政复议的和解与调解
税务行政诉讼 ★★
税务行政诉讼的概念
税务行政诉讼的原则
税务行政诉讼的管辖
税务行政诉讼的受案范围
税务行政诉讼的审理和判决

本章知识点精讲

微信扫一扫
习题免费练

第一节　税务行政处罚

知识点　税务行政处罚（★★）

税务行政处罚是指公民、法人或者其他组织有违反税收征收管理秩序的违法行为，尚未构成犯罪，依法应当承担行政责任的，由税务机关给予行政处罚。

一、税务行政处罚的设定

税收的立法权主要集中在中央。

（一）全国人民代表大会及其常务委员会可以通过法律的形式设定各种税务行政处罚。

（二）国务院可以通过行政法规的形式设定除限制人身自由以外的税务行政处罚。

（三）国家税务总局可以通过规章的形式设定警告和罚款。税务行政规章对非经营活动中的违法行为设定罚款不得超过1 000元（不区分有无所得）；对经营活动中的违法行为，有违法所得的，设定罚款不得超过违法所得的3倍，且最高不得超过30 000元，没有违法所得的，设定罚款不得超过10 000元；超过限额的，应当报国务院批准。

二、税务行政处罚的种类

（一）罚款。

（二）没收财物和违法所得。

（三）停止出口退税权。

（四）法律、法规和规章规定的其他行政处罚。

三、税务行政处罚的主体

税务行政处罚的实施主体主要是县以上税务机关（包括稽查局）。

各级税务机关的内设机构、派出机构不具处罚主体资格，税务所可以实施罚款额在2 000元以下的税务行政处罚。

四、税务行政处罚的程序

（一）简易程序

适用情形：

1. 案情简单、事实清楚、违法后果比较轻微且有法定依据应当给予处罚的违法行为；

2. 给予的处罚较轻，仅适用于对公民处以50元以下和对法人或其他组织处以1 000元以下罚款的违法案件。

（二）一般程序

表 14-1　税务行政处罚一般程序

程序	调查与审查—听证—决定。

（续上表）

听证	税务行政处罚听证的范围是对公民作出2 000元以上或者对法人或其他组织作出10 000元以上罚款的案件。

五、税务行政处罚的执行

（一）当场收缴罚款：依法给予20元以下罚款或者不当场收缴罚款事后难以执行的情形。

（二）处罚收缴分离：由银行或其他金融机构代收罚款。

税务机关对当事人作出罚款行政处罚决定的，当事人应当在收到行政处罚决定书之日起15日内缴纳罚款，到期不缴纳的税务机关可以对当事人每日按罚款数额的3%加处罚款。

学堂点睛

加罚与滞纳金不同。加罚是迟交罚款的后果，而滞纳金是迟交税款的后果。

六、税务行政处罚裁量权行使规则

行政处罚裁量规则适用范围：

（一）税务机关应当责令当事人改正或者限期改正违法行为的，除法律、法规、规章另有规定外，责令限期改正的期限一般不超过30日。

（二）对当事人的同一个税收违法行为不得给予两次以上罚款的行政处罚。

当事人同一个税收违法行为违反不同行政处罚规定且均应处以罚款的，应当选择适用处罚较重的条款。

（三）当事人有下列情形之一的，不予行政处罚：

1．违法行为轻微并及时纠正，没有造成危害后果的；

2．不满14周岁的人有违法行为的；

3．精神病人在不能辨认或者不能控制自己行为时有违法行为的；

4．其他法律规定不予行政处罚的。

（四）当事人有下列情形之一的，应当依法从轻或者减轻行政处罚：

1．主动消除或者减轻违法行为危害后果的；

2．受他人胁迫有违法行为的；

3．配合税务机关查处违法行为有立功表现的；

4．其他依法应当从轻或者减轻行政处罚的。

（五）违反税收法律、行政法规应当给予行政处罚的行为在5年内未被发现的，不再给予行政处罚。

（六）行使税务行政处罚裁量权应当依法履行告知义务。在作出行政处罚决定前，应当告知当事人作出行政处罚决定的事实、理由、依据及拟处理结果，并告知当事人依法享有的权利。

（七）税务机关行使税务行政处罚裁量权涉及法定回避情形的，应当依法告知当事人享有申请回避的权利。税务人员存在法定回避情形的，应当自行回避或者由税务机关决定回避。

（八）当事人有权进行陈述和申辩。税务机关不得因当事人的申辩而加重处罚。

（九）税务机关对公民作出2 000元以上罚款或者对法人或者其他组织作出1万元以上罚款的行政处罚决定之前，应当告知当事人有要求举行听证的权利；当事人要求听证的，税务机关应当组织听证。

（十）对情节复杂、争议较大、处罚较重、影响较广或者拟减轻处罚等税务行政处罚案件，应当经过集体审议决定。

【例1–2017–多选题】根据现行税务行政处罚规定，下列属于税务行政处罚的有（　　）。

A. 行政罚款　　B. 加收滞纳金

C. 没收财物和违法所得　　D. 停止出口退税权

【答案】ACD

学堂点拨

现行执行的税务行政处罚种类主要有三种：罚款、没收财物和违法所得、停止出口退税权。

【例2–2016–单选题】下列关于税务行政处罚的设定中，正确的是（　　）。

A. 国务院可以通过法律的形式设定各种税务行政处罚

B. 国家税务总局可以通过规章的形式设定警告和罚款

C. 地方人大可以通过法律的形式设定各种税务行政处罚

D. 省税务机关可以设定税务行政处罚的规范性文件

【答案】B

学堂点拨

选项A，应该是全国人大及其常委会；选项C，应该是全国人大及其常委会；选项D，省税务机关可以制定税收法律、法规、规章之外的规范性文件。

【例3–2014–单选题】税务所可以在一定限额以下实施罚款作为税务行政处罚，该限额为（　　）。

A. 50元　　B. 2 000元　　C. 10 000元　　D. 50 000元

【答案】B

学堂点拨

各级税务机关的内设机构、派出机构不具有处罚主体，不能以自己的名义实施税务行政处罚。但是税务所可以实施罚款额在2 000元以下的税务行政处罚。

【例4–2010–多选题】下列关于税务行政处罚设定的表述中，正确的有（　　）。

A. 国家税务总局对非经营活动中的违法行为，设定罚款不得超过1 000元

B. 国家税务总局对非经营活动中有违法所得的违法行为，设定罚款不得超过5 000元

C. 国家税务总局对经营活动中没有违法所得的违法行为，设定罚款不得超过10 000元

D. 国家税务总局对经营活动中有违法所得的违法行为，设定罚款不得超过违法所得的3倍且最高不得超过30 000元

【答案】ACD

学堂点拨

税务行政规章对非经营活动中的违法行为设定罚款不得超过1 000元；对经营活动中的违法行为，有违法所得的，设定罚款不得超过违法所得的3倍，且最高不得超过30 000元，没有违法所得的，设定罚款不得超过10 000元；超过限额的，应当报国务院批准。

【例5-2009-单选题】下列关于税务行政处罚权的表述中，正确的是（　　）。

A．省地方税务局可以通过规范性文件的形式设定警告

B．国家税务总局可以通过规章的形式设定一定限额的罚款

C．省以下国家税务局的稽查局不具有税务行政处罚主体资格

D．作为税务机关派出机构的税务所不具有税务行政处罚主体资格

【答案】B

学堂点拨

选项A，国家税务总局可以通过规章的形式设定警告和罚款；选项C，省以下国家税务局的稽查局具有税务行政处罚主体资格；选项D，税务所可以在特别授权的情况下实施罚款2 000元以下的税务机关处罚。

【例6-2011-单选题】下列案件中，属于税务行政处罚听证范围的是（　　）。

A．对法人作出1万元以上罚款的案件

B．对公民作出1 000元以上罚款的案件

C．对法人作出没收非法所得处罚的案件

D．对法人作出停止出口退税权处罚的案件

【答案】A

学堂点拨

税务行政处罚听证的范围是对公民作出2 000元以上，或者对法人或其他组织作出1万元以上罚款的案件。

【例7-2014-单选题】下列税务行政处罚情形中，当事人可以在税务机关作出税务行政处罚决定之前要求听证的是（　　）。

A．某公司被处以5 000元罚款

B．某中国公民被处以500元罚款

C．某合伙企业被处以1 500元罚款

D．某非营利组织被处以15 000元罚款

【答案】D

学堂点拨

税务行政处罚听证的范围是对公民作出2 000元以上，或者对法人或其他组织作出1万元以上罚款的案件。

第二节 税务行政复议

微信扫一扫
习题免费练

知识点 税务行政复议（★★）

税务行政复议是指当事人不服税务机关及其工作人员作出的税务具体行政行为，依法向上一级税务机关提出申请，复议机关经审理对原税务机关具体行政行为依法作出维持、变更、撤销等决定的活动。

一、税务行政复议的受案范围（了解）

表 14-2 税务行政复议的受案范围

具体行政行为	征税行为：包括确认纳税主体、征税对象、征税范围、减税、免税及退税、抵扣税款、适用税率、计税依据、纳税环节、纳税期限、纳税地点和税款征收方式等具体行政行为，征收税款、加收滞纳金，扣缴义务人、受税务机关委托征收的单位作出的代扣代缴、代收代缴行为。
	行政许可、行政审批行为。
	发票管理行为：包括发售、收缴、代开发票等。
	税收保全措施、强制执行措施。
	行政处罚行为：包括罚款、没收财物和违法所得、停止出口退税权。
	不依法履行下列职责：办理税务登记证、开具出具完税凭证、外出经营活动税收管理征免、行政赔偿、行政奖励等。
	资格认定行为。
	不依法确认纳税担保行为。
	政府信息公开工作中的具体行政行为。

学堂点睛

税务行政复议的受案范围不仅包括税务机关作出的具体行政行为，还包括其作出具体行政行为所依据的规定（即抽象行政行为）。例如，纳税人可以因为税务机关核定的征收率争议而提起复议，同时可将其核定征收率所依据的相关规定一同提起复议。

二、税务行政复议的管辖

表 14-3 税务行政复议的管辖

作出具体行政行为的机关	行政复议管辖机关
各级税务局	上一级税务局
国家税务总局	国家税务总局（复议决定不服，可向人民法院提起诉讼或申请国务院最终裁决）
计划单列市税务局	国家税务总局

（续上表）

作出具体行政行为的机关	行政复议管辖机关
税务所（分局）、各级税务局的稽查局	所属税务局
两个以上税务机关共同行为	共同上一级税务机关
税务与其他行政机关共同行为	共同上一级行政机关
被撤销的税务机关撤销前行为	继续行使其职权的税务机关的上一级税务机关
税务机关作出逾期不缴纳罚款加处罚款决定	作出行政处罚决定的税务机关
对已处罚款和加处罚款都不服	作出行政处罚决定的税务机关的上一级税务机关

三、税务行政复议的申请人和被申请人

申请人：工商行政管理机关核准登记的企业，合伙人，主要负责人，共同推选代表，企业名义，近亲属，法定代理人，承受其权利义务的法人或组织等。第三人可参与复议。

被申请人：作出具体行政行为的税务机关等。

四、税务行政复议的申请

表 14–4　税务行政复议的申请

复议前置	必经复议的情况：税务机关作出的征税行为。 包括确认纳税主体、征税对象、征税范围、减税、免税及退税、抵扣税款、适用税率、计税依据、纳税环节、纳税期限、纳税地点和税款征收方式等具体行政行为，征收税款、加收滞纳金，扣缴义务人、受税务机关委托征收的单位作出的代扣代缴、代收代缴行为。 【学堂点睛】先纳税后申诉。（程序优于实体原则）
申请期限	申请人可以在知道税务机关作出具体行政行为之日起60日内提出行政复议申请。 因不可抗力或者被申请人设置障碍等原因耽误法定申请期限的，申请期限的计算应扣除被耽误的时间。
申请方式	书面申请、口头申请、电子邮件形式申请等。
受理	行政复议已经受理的，法定复议期间不得向人民法院提起行政诉讼。 申请人向人民法院提起行政诉讼，法院已经受理的，不得申请行政复议。

五、税务行政复议的受理

（一）收到复议申请后，5日内审查决定是否受理，并书面通知受理或补正材料。

（二）先复议后诉讼的，复议机关不受理或受理后超期不作答复的，申请人可以自收到不予受理决定书之日起或者行政复议期满之日起15日内，依法提起行政诉讼。

（三）行政复议期间具体行政行为不停止执行；但有下列情形之一的，可以停止执行：

1. 被申请人认为需要停止执行的；
2. 行政复议机关认为需要停止执行的；
3. 申请人申请停止执行，复议机关认为合理决定停止执行的；
4. 法律规定停止执行的。

学堂点睛

申请人不能自行决定停止执行。

六、税务行政复议的证据

举证责任：被申请人。

七、税务行政复议的审查和决定

（一）申请人在行政复议决定作出以前撤回行政复议申请的，经行政复议机构同意，可以撤回。

撤回后不得再以同一事实和理由提出复议申请。但申请人能证明撤回复议申请违背其真实意思表示的除外。

（二）行政复议机关应自受理申请之日起60日内作出复议决定。特殊情况经复议机关负责人批准可延期，但不超过30日。

（三）复议结论：维持、限期内履行、撤销、变更、责令重新作出行政行为。

（四）行政复议决定书一经送达，即发生法律效力。

（五）行政复议的中止和终止。

行政复议期间，有下列情形之一的，行政复议终止：

1. 申请人要求撤回行政复议申请，行政复议机构准予撤回的；
2. 作为申请人的公民死亡，没有近亲属，或者其近亲属放弃行政复议权利的；
3. 作为申请人的法人或者其他组织终止，其权利义务的承受人放弃行政复议权利的；
4. 申请人与被申请人依照本规则第八十七条的规定，经行政复议机构准许达成和解的；
5. 行政复议申请受理以后，发现其他行政复议机关已经先于本机关受理，或者人民法院已经受理的。

行政复议期间，有下列情形之一的，行政复议中止：

1. 作为申请人的自然人死亡，其近亲属尚未确定是否参加行政复议的；
2. 作为申请人的自然人丧失参加行政复议的能力，尚未确定法定代理人参加行政复议的；
3. 作为申请人的法人或者其他组织终止，尚未确定权利义务承受人的；
4. 作为申请人的自然人下落不明或者被宣告失踪的；
5. 申请人、被申请人因不可抗力，不能参加行政复议的；
6. 行政复议机关因不可抗力原因暂时不能履行工作职责的；
7. 案件涉及法律适用问题，需要有权机关作出解释或者确认的；
8. 案件审理需要以其他案件的审理结果为依据，而其他案件尚未审结的；
9. 其他需要中止行政复议的情形。

行政复议中止的原因消除后，应当及时恢复行政复议案件的审理。行政复议机构中止、恢复行政复议案件的审理，应当告知申请人、被申请人、第三人。

八、税务行政复议的和解与调解

适用范围：

（一）行使自由裁量权作出的具体行政行为，如行政处罚、核定税额、确定应税所得率等。

（二）行政赔偿。

（三）行政奖励。

（四）存在其他合理性问题的具体行政行为。

行政复议审理期限在和解、调解期间中止计算。

【例1-2018-多选题】对下列事项进行行政复议时，申请人和被申请人在行政复议机关作出行政复议前可以达成和解的有（　　）。

A．行政赔偿　　B．行政奖励　　C．行政处罚　　D．核定税额

【答案】ABCD

学堂点拨

对下列行政复议事项，按照自愿、合法的原则，申请人和被申请人在行政复议机关作出行政复议决定以前可以达成和解，行政复议机关也可以调解：

1．行使自由裁量权作出的具体行政行为，如行政处罚、核定税额、确定应税所得率等。

2．行政赔偿。

3．行政奖励。

4．存在其他合理性问题的具体行政行为。

【例2-2018-单选题】税务行政复议期间发生的下列情形中，应当终止行政复议的是（　　）。

A．作为申请人的公民死亡且没有近亲属

B．案件涉及法律适用问题，需要有权机关作出解释

C．作为申请人的公民下落不明

D．作为申请人的法人终止且尚未确定权利义务承受人

【答案】A

学堂点拨

行政复议期间，有下列情形之一的，行政复议终止：

1．申请人要求撤回行政复议申请，行政复议机构准予撤回的；

2．作为申请人的公民死亡，没有近亲属，或者其近亲属放弃行政复议权利的；

3．作为申请人的法人或者其他组织终止，其权利义务的承受人放弃行政复议权利的；

4．申请人与被申请人依照本规则第八十七条的规定，经行政复议机构准许达成和解的；

5．行政复议申请受理以后，发现其他行政复议机构已经先于本机关受理，或者人民法院已经受理的。

【例3-2017-单选题】纳税人对税务机关作出的下列行政行为不服时，应当先向行政复议机关申请复议后，才可以向人民法院提起行政诉讼的是（　　）

A．加收滞纳金　　B．税收保全措施

C．处以税款50%的罚款　　D．强制执行措施

【答案】A

学堂点拨

选项A，属于税务机关作出的征税行为，申请人对其不服的，行政复议是行政诉讼必经前置程序。选项B、C、D，行政复议不是行政诉讼必经前置程序。

【例4-2014-多选题】税务机关实施的下列具体行政行为中，属于行政复议受案范围的有（　　）。

A．代开发票　　B．税收保全措施

C．纳税信用等级评定　　D．增值税一般纳税人资格认定

【答案】ABCD

【例5-2016-多选题】下列申请行政复议的表述中，符合税务行政复议管辖规定的有（　　）。

A．对国家税务总局的具体行政行为不服的，向国家税务总局申请行政复议

B．对各级国家税务局的具体行政行为不服的，向其上一级国家税务局申请行政复议

C．对计划单列市国家税务局的具体行政行为不服的，向国家税务总局申请行政复议

D．对计划单列市地方税务局的具体行政行为不服的，向国家税务总局申请行政复议

【答案】ABC

学堂点拨

对计划单列市地方税务局的具体行政行为不服的，可以选择向省地方税务局或者本级人民政府申请行政复议。

【例6-2015-单选题】税务机关作出的下列行政行为，纳税人不服时可以申请行政复议也可以直接向人民法院提起行政诉讼的是（　　）。

A．罚款　　B．加收滞纳金　　C．确认抵扣税款　　D．确认征收范围

【答案】A

学堂点拨

选项A，属于税务行政处罚行为，纳税人对税务机关作出的税务行政处罚行为不服的，可以申请行政复议也可以直接向人民法院提起行政诉讼。选项B、C、D属于征税行为，纳税人对税务机关作出的征税行为不服的必须先申请行政复议。

第三节　税务行政诉讼

T813011

微信扫一扫
习题免费练

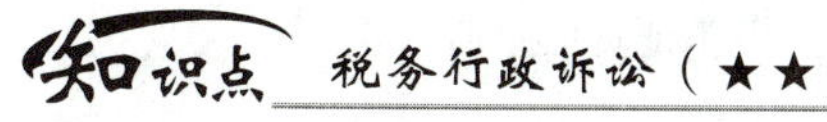

一、概念

（一）是由人民法院进行审理并作出裁决的一种诉讼活动。

（二）以解决税务行政争议为前提：

1．被告必须是税务机关或依法行使税务行政管理权的组织，而不是其他行政机关或组织；

2. 税务行政诉讼解决的争议发生在税务行政管理过程中；

3. 因税款征纳问题发生的争议，当事人在向法院提起诉讼前，必须先经过复议。

二、税务行政诉讼的原则

（一）人民法院特定主管原则。（只能受理因具体行政行为引起的税务行政争议案）

（二）合法性审查原则。（原则上不直接判决变更）

（三）不适用调解原则。

（四）起诉不停止执行原则。

（五）税务机关负举证责任原则。

（六）由税务机关负责赔偿的原则。

三、税务行政诉讼的管辖

（一）级别管辖：上下级法院之间受理第一审税务案件的分工和权限。

（二）地域管辖：同级法院之间受理第一审税务案件的分工和权限。包括一般地域管辖和特殊地域管辖。

一般由最初作出具体行政行为的税务机关所在地人民法院管辖。

经复议改变原具体行政行为的，原告可选择最初作出行为的税务所在地法院，或复议机关所在地法院。最先收到诉状的法院为一审法院。

（三）裁定管辖：包括移送管辖、指定管辖及管辖权的转移三种情况。

四、税务行政诉讼的受案范围

税务行政诉讼的受案范围与税务行政复议的受案范围基本一致。

包括各类具体行政行为，但不包括具体行政行为所依据的规定。（即抽象行政行为）

五、税务行政诉讼的审理和判决

判决种类：

（一）维持判决。

（二）撤销判决。

（三）履行判决。

（四）变更判决。

对一审判决不服，当事人可以上诉。对发生法律效力的判决，当事人必须执行，否则人民法院有权依对方当事人的申请予以强制执行。

【例-2015-多选题】下列原则中，属于税务行政诉讼的原则有（　　）。

A．合法性审查原则　　B．不适用调解原则

C．由税务机关负责赔偿原则　　D．纳税人负举证责任原则

【答案】ABC

学堂点拨

税务机关负举证责任原则而不是纳税人负举证责任原则。